经以济世
继往开来

贺教育部

社科司文科项目

成果出版

李岚清
两千又六

教育部哲学社会科学研究重大课题攻关项目
"十三五"国家重点出版物出版规划项目

进一步扩大服务业开放的模式和路径研究

A STUDY ON PATTERNS AND PATHS
OF PROMOTING FURTHER OPENING-UP
OF CHINESE SERVICE INDUSTRY

申明浩
等著

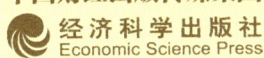

中国财经出版传媒集团
经济科学出版社
Economic Science Press

图书在版编目（CIP）数据

进一步扩大服务业开放的模式和路径研究/申明浩等著. —北京：经济科学出版社，2020.12
教育部哲学社会科学研究重大课题攻关项目 "十三五"国家重点出版物出版规划项目
ISBN 978 – 7 – 5218 – 2247 – 2

Ⅰ.①进… Ⅱ.①申… Ⅲ.①服务业 – 对外开放 – 研究 – 中国 Ⅳ.①F719

中国版本图书馆 CIP 数据核字（2020）第 263990 号

责任编辑：孙丽丽 纪小小
责任校对：郑淑艳
责任印制：范 艳

进一步扩大服务业开放的模式和路径研究
申明浩 等著
经济科学出版社出版、发行 新华书店经销
社址：北京市海淀区阜成路甲 28 号 邮编：100142
总编部电话：010 – 88191217 发行部电话：010 – 88191522
网址：www.esp.com.cn
电子邮箱：esp@esp.com.cn
天猫网店：经济科学出版社旗舰店
网址：http://jjkxcbs.tmall.com
北京季蜂印刷有限公司印装
787×1092 16 开 21.75 印张 440000 字
2022 年 6 月第 1 版 2022 年 6 月第 1 次印刷
ISBN 978 – 7 – 5218 – 2247 – 2 定价：92.00 元
（图书出现印装问题，本社负责调换。电话：010 – 88191510）
（版权所有 侵权必究 打击盗版 举报热线：010 – 88191661
QQ：2242791300 营销中心电话：010 – 88191537
电子邮箱：dbts@esp.com.cn）

课题组主要成员

首席专家 申明浩

主要成员 魏作磊　曾楚宏　杨永聪　陈丽娴
　　　　　　刘　胜　袁　静　黄　胜　张　慧

总 序

哲学社会科学是人们认识世界、改造世界的重要工具,是推动历史发展和社会进步的重要力量,其发展水平反映了一个民族的思维能力、精神品格、文明素质,体现了一个国家的综合国力和国际竞争力。一个国家的发展水平,既取决于自然科学发展水平,也取决于哲学社会科学发展水平。

党和国家高度重视哲学社会科学。党的十八大提出要建设哲学社会科学创新体系,推进马克思主义中国化、时代化、大众化,坚持不懈用中国特色社会主义理论体系武装全党、教育人民。2016年5月17日,习近平总书记亲自主持召开哲学社会科学工作座谈会并发表重要讲话。讲话从坚持和发展中国特色社会主义事业全局的高度,深刻阐释了哲学社会科学的战略地位,全面分析了哲学社会科学面临的新形势,明确了加快构建中国特色哲学社会科学的新目标,对哲学社会科学工作者提出了新期待,体现了我们党对哲学社会科学发展规律的认识达到了一个新高度,是一篇新形势下繁荣发展我国哲学社会科学事业的纲领性文献,为哲学社会科学事业提供了强大精神动力,指明了前进方向。

高校是我国哲学社会科学事业的主力军。贯彻落实习近平总书记哲学社会科学座谈会重要讲话精神,加快构建中国特色哲学社会科学,高校应发挥重要作用:要坚持和巩固马克思主义的指导地位,用中国化的马克思主义指导哲学社会科学;要实施以育人育才为中心的哲学社会科学整体发展战略,构筑学生、学术、学科一体的综合发展体系;要以人为本,从人抓起,积极实施人才工程,构建种类齐全、梯队衔接的高校哲学社会科学人才体系；要深化科研管理体制改革，发挥高校人才、智力和学科优势，提升学术原创能力，激发创新创造活力，建设中国特色新型高校智库；要加强组织领导、做好统筹规划、营造良好学术生态，形成统筹推进高校哲学社会科学发展新格局。

哲学社会科学研究重大课题攻关项目计划是教育部贯彻落实党中央决策部署的一项重大举措，是实施"高校哲学社会科学繁荣计划"的重要内容。重大攻关项目采取招投标的组织方式，按照"公平竞争，择优立项，严格管理，铸造精品"的要求进行，每年评审立项约40个项目。项目研究实行首席专家负责制，鼓励跨学科、跨学校、跨地区的联合研究，协同创新。重大攻关项目以解决国家现代化建设过程中重大理论和实际问题为主攻方向，以提升为党和政府咨询决策服务能力和推动哲学社会科学发展为战略目标，集合优秀研究团队和顶尖人才联合攻关。自2003年以来，项目开展取得了丰硕成果，形成了特色品牌。一大批标志性成果纷纷涌现，一大批科研名家脱颖而出，高校哲学社会科学整体实力和社会影响力快速提升。国务院副总理刘延东同志做出重要批示，指出重大攻关项目有效调动各方面的积极性，产生了一批重要成果，影响广泛，成效显著；要总结经验，再接再厉，紧密服务国家需求，更好地优化资源，突出重点，多出精品，多出人才，为经济社会发展做出新的贡献。

作为教育部社科研究项目中的拳头产品，我们始终秉持以管理创新服务学术创新的理念，坚持科学管理、民主管理、依法管理，切实增强服务意识，不断创新管理模式，健全管理制度，加强对重大攻关项目的选题遴选、评审立项、组织开题、中期检查到最终成果鉴定的全过程管理，逐渐探索并形成一套成熟有效、符合学术研究规律的管理办法，努力将重大攻关项目打造成学术精品工程。我们将项目最终成果汇编成"教育部哲学社会科学研究重大课题攻关项目成果文库"统一组织出版。经济科学出版社倾全社之力，精心组织编辑力量，努力铸造出版精品。国学大师季羡林先生为本文库题词："经时济世　继往开来——贺教育部重大攻关项目成果出版"；欧阳中石先生题写了"教育部哲学社会科学研究重大课题攻关项目"的书名，充分体现了他们对繁荣发展高校哲学社会科学的深切勉励和由衷期望。

伟大的时代呼唤伟大的理论，伟大的理论推动伟大的实践。高校哲学社会科学将不忘初心，继续前进。深入贯彻落实习近平总书记系列重要讲话精神，坚持道路自信、理论自信、制度自信、文化自信，立足中国、借鉴国外、挖掘历史、把握当代、关怀人类、面向未来，立时代之潮头、发思想之先声，为加快构建中国特色哲学社会科学，实现中华民族伟大复兴的中国梦做出新的更大贡献！

教育部社会科学司

前　言

经济服务化是三次产业演化规律的自然推演，基于世界发展指标（WDI）的研究表明，这一趋势是世界性的。然而，我国服务业增加值的比重滞后于工业化的总体进程，出现了"经济服务化悖论"，中国经济高速增长的奇迹背后是服务业发展相对滞后的现实。而且，服务业的专业化程度不高、劳动生产率增长缓慢等问题都困扰着我国经济的发展。中国的服务经济悖论，除了统计因素之外，生产性服务的内部化现象严重、国际代工的工业发展模式锁定是其中的重要原因。特别是，加入世界贸易组织（WTO）十余年来，我国货物贸易与服务贸易对世界贸易组织的承诺已经履行完毕，制造业开放程度和国际竞争力都达到一定水平，但依然存在垄断性服务业开放度低，教育、医疗等领域进展缓慢，多头管理严重，市场准入体制性障碍等问题，而且在已经开放的服务领域也存在名义开放与实际开放水平不符、对内开放与对外开放不同步的现象。

国内外经济规律表明，每一次经济危机都酝酿着新的转机。全球金融危机使多国经济陷入经济增速放缓阶段，货物贸易受阻，全球跨境服务需求，尤其是知识密集型服务业的跨国界交易成为推动世界经济的新引擎。服务贸易在全球价值链中的地位不断提升，绝大多数发达国家开始向产业链的服务环节延伸，全球跨国并购超过七成集中在服务领域。我国服务业也于2011年实际利用外资首次超过制造业，标志着我国利用外资正步入服务经济时代。如何抓住新一轮世界经济调整和国际产业转移的机遇，进一步融入世界服务分工体系，改变我国制造业"两头在外"导致核心能力不足的现状，攀升我国在全球价值链中的位次，提高我国产业的综合竞争力和构造现代产业发展新体系？这需要我们重新检视过去以吸引制造业外资为主导的开放思路，变革以边境开放和关税主权让渡为核心的"审批式"开放模式，推动模式转型、路径转轨，实现由"中国制造"向"中国创造"的转变、由"世界工厂"向"服务世界"的转变。

本书立足于服务经济理论、国际贸易理论和全球价值链理论等理论基础，通过对我国服务业开放带动制造业发展的作用机理以及服务业发展滞后机理的分析，论证服务业进一步开放的紧迫性和开放模式转型的必要性。在此基础上，抽象和凝练出中国服务业发展的若干科学问题，构建新一轮高水平对外开放时期我国服务业开放的分析框架。重点结合我国服务业对世界贸易组织的开放承诺和开放实践，在发现问题、找准短板的前提下，深入研究具有中国特色的服务业扩大对外开放新模式，以及从战略层面上探索我国服务业进一步扩大对外开放的可行路径。

本书主要由五章内容构成。第一章为"制造业与服务业联动推进服务业对外开放研究"，主要研究服务业开放带动制造业发展的作用机理，以及服务业开放对我国制造业发展的影响效应、存在的问题和优化策略。第二章为"全球价值链理论视角下中国服务业国际竞争力评价"，侧重于立足全球价值链理论视角构造服务业国际竞争力评价指标，进而对我国服务业国际竞争力进行科学测度。第三章为"中国服务业对外开放的模式选择"，该章在评估我国服务业对外开放现状的基础上，结合国际实践经验，对未来我国服务业对外开放的模式选择进行梳理。第四章为"我国服务业进一步扩大开放的'引进来'路径研究"，主要立足于"引进来"的视角，对我国服务业对外开放的基本现状、经济绩效、存在的问题进行归纳总结，进而提出进一步扩大开放的发展路径。第五章为"我国服务业进一步扩大开放的'走出去'路径研究"，该章在归纳总结我国服务业"走出去"相关理论和影响因素的基础上，分别对我国服务业在东盟、欧盟、非洲、美国等地的"走出去"路径进行了探索，并且以小肥羊为例对我国服务企业的国际化路径和模式进行剖析。

本书的编著是在教育部有关领导的大力支持和关心指导下，在教育部哲学社会科学研究重大攻关项目"进一步扩大服务业开放的模式和路径研究"(项目批准号:14JZD021)的资助下,整合了广东外语外贸大学粤港澳大湾区研究院、粤商研究中心、经济贸易学院、商学院等多家单位的学术骨干和研究力量共同完成的。编著工作得到了来自对外经济贸易大学、暨南大学、中山大学等高校学者的支持和协助,以及广东外语外贸大学隋广军书记、石佑启校长等校领导的指导和关心。全书写作提纲和总体组织审核由课题组首席专家申明浩负责,参加各章内容编著的主要人员有魏作磊、曾楚宏、杨永聪、陈丽娴、刘胜、袁静、黄胜、张慧、谢观霞、李垠慧等(排名不分先后)。课题研究团队成员、相关领域专家学者以及众多支持单位在多个方面为本书的出版工作贡献良多,在此对他们的辛勤付出表示衷心的感谢!

摘　要

　　受益于现代服务业改革发展举措、服务新业态新模式异军突起等有利条件，我国各行业融合升级进程不断提速，新旧发展动能持续转换。与此同时，服务贸易在全球价值链中的地位不断提高，绝大多数发达国家开始向产业链的服务环节延伸，全球跨国并购超过70%集中在服务领域。我国服务业也于2011年实际利用外资首次超过制造业，标志着我国利用外资正步入服务经济时代。

　　但不容忽视的是，我国服务业发展仍然面临很多"瓶颈"性问题。尤其是，我国服务业增加值的比重滞后于工业化的总体进程，出现了"经济服务化悖论"，中国经济高速增长的奇迹背后是服务业发展相对滞后的现实。上述悖论与经济服务化是三次产业演化的必然结果这一产业规律明显不同。研究表明，"经济服务化悖论"与我国服务业开放水平不高、体制机制不顺畅密切相关，同时服务业发展的相对滞后也导致我国制造业的转型升级进程受到阻碍，不利于现代化产业体系的构建。在这一背景下，深入探讨进一步扩大服务业开放的模式和路径，对于打造经济增长新路径、促进产业竞争力提升具有重要的现实意义。

　　围绕着"进一步扩大服务业开放的模式和路径研究"这一主题，本书分为五个章节对我国制造业与服务业联动关系、服务业竞争力的测算与比较、服务业开放的模式选择、服务业对外开放的"引进来"和"走出去"路径等内容进行了深入研究，相关章节的主要内容如下。

　　第一章：制造业与服务业联动推进服务业对外开放研究。本章在分析服务业开放带动制造业发展作用机理的基础上，构造面板数据回归模型，实证检验了服务业开放对我国制造业生产效率和增加值的影响效应。结果发现，受到法律建设不健全、行业分布层次低、来源分布不均衡等因素的影响，我国服务业开放对制造业发展的溢出带动效应还没有得到充分体现。为此，有必要参考发达国家在营商环境、人才培育、产业扶持等方面的实践经验，对我国服务业的开放思路进行优化调整，充分发挥服务业开放对制造业效率的促进作用。

第二章：全球价值链理论视角下中国服务业国际竞争力评价。本章基于全球价值链（GVC）视角，采用世界投入产出表（WIOTs）数据测算出1995~2011年中美两国服务业的比较优势指数，结果表明：与美国相比，中国服务业整体表现出明显的比较劣势，但是在发展质量上的差距在逐步缩小。按照要素密集度将服务业划分为劳动密集型服务业、资本密集型服务业和知识密集型服务业进行分析，得到的结论和整体比较的结果基本一致，凸显出美国服务业国际竞争力仍然要显著高于中国。

第三章：中国服务业对外开放的模式选择。本章应用了三种方法对我国服务业的对外开放水平进行测度，分别是：世界贸易组织对各国承诺开放度的测度，经济合作与发展组织（OECD）对各国服务业开放度的测度，基于服务进口依存度和服务外商直接投资限制指数的开放度测度。测算结果表明，我国服务业对外开放水平要高于发展中国家的平均水平，但是显著低于美国、欧盟和日本等发达经济体。从发达国家的实践经验来看，基于双边谈判形成的负面清单是其扩大服务业开放的重要模式，对我国探索服务业扩大对外开放具有重要的借鉴意义。

第四章：我国服务业进一步扩大开放的"引进来"路径研究。本章在对我国服务业"引进来"的现状进行梳理总结的基础上，指出我国服务业"引进来"过程中仍然存在引资质量差、结构不合理、限制因素多等突出问题。为此，在优化设计我国服务业的"引进来"路径时，需要从以下几方面着手：一是鼓励创新作为重点、提升外资引入质量；二是引导高端要素流入、优化外资投资结构；三是放宽市场准入领域、扩大服务开放格局；四是紧扣"一带一路"机遇、促进区域协调开放；五是扩大外资来源领域、汇集全球先进要素；六是探索新型引资模式、加强科技项目合作；七是拓展外资引入渠道、增加引资经济绩效；八是提高行业供给质量、强化行业引资优势。

第五章：我国服务业进一步扩大开放的"走出去"路径研究。本章首先回顾了服务业"走出去"的相关理论基础，在此基础上明确了我国服务业"走出去"的总体现状及其影响因素。进一步的研究发现，由于不同国家和地区在经济发展水平、法律制度体制、营商环境规则、资源要素禀赋等方面都存在显著差异，因此扩大我国服务业对外开放的"走出去"路径并不能一概而论，而是需要根据不同东道国的具体情况进行分析，做出有针对性的设计和安排。结合我国当前服务业对外投资布局以及"一带一路"发展的需要，本章重点探讨了我国服务业在东盟、欧盟、非洲以及美国四个国家和地区的"走出去"路径。

Abstract

Benefiting from the reform and development of the modern service industry, the process of integration and upgrading of various industries in China has been continuously accelerated. Meanwhile, the position of service trade in the global value chain continues to arise, most developed countries have extended the industrial chain to the service. More than 70% of global cross-border mergers and acquisitions are concentrated in the service sector. In China, the actual utilization of foreign capital of service industry also exceeded that of manufacturing industry from 2011, indicating that the era of service economy has come.

However, it should be noticed that the development of China's service industry still faces many bottlenecks. In particular, the proportion of the added value of China's service industry could not satisfy the need of industrialization, which is summarized as the "paradox of service-oriented economy". The development of service industry is relatively lagging behind the miracle of China's rapid economic growth. The paradox is obviously different from the fact that economic serviceization is powered by the evolution of the three industries, and it is closely related to the unsufficient opening and the lack of effieientintitution. Such a situation hinderes the transformation and upgrading process of China's manufacturing industry, and it is not conducive to the construction of modern industrial system. Under this background, it is of great practical significance to create a new path for economic growth and promote industrial competitiveness by further analysis.

Focusing on "patterns and paths of promoting futher opening-up of Chinese service industry", the book is divided into five chapters, namely the linkage and interaction of manufacturing industry and service industry, measurement and comparison of service industry competitiveness, patterns of futher opening-up, and paths of "bringing in" and "going out" of service industry. The main contents of the relevant chapters are as follows.

Chapter 1: promoting the opening-up of the service industry by the linkage of the manufacturing and service. Based on the analysis of the effect mechanism of service industry on manufacturing industry, we empirically tests the impact of the opening-up of service industry on the efficiency and added value of manufacturing industry. The result shows that, due to those factors like imperfect legal construction, low degree of industry distribution, and uneven distribution of sources, the spillover effect of the opening-up of service industry on the development of manufacturing industry has not been fully released. Therefore, considering the practical experience of developed countries, the opening-up of service industry should be optimized to promote the efficiency of manufacturing industry.

Chapter 2: the evaluation of the international competitiveness of China's service industry from the perspective of global value chain theory. Based on the Global Value Chain (GVC) perspective, this chapter uses the World Input – Output Table (WIOTs) data to calculate the comparative advantage index of the service industry of China and the United States from 1995 to 2011, respectively. The result shows that, compared with the United States, there is an obvious comparative disadvantage of China's service industry, but the gap is gradually narrowing. According to factor concentration, service industry could be devided into labor-intensive service industry, capital-intensive service industry and knowledge-intensive service industry. Upon the devision, the conclusions remain unchanged, highlighting the fact that China's service industry is lagging behind the United States.

Chapter 3: the patterns selection of the opening-up of China's service industry. This chapter applies three methods to measure the opening-up of China's service industry, including the openness indexes evaluated by WTO, OECD, and those measured by service import dependence and service foreign direct investment limitation. The results show that, the opening-up progress of China's service industry is faster than the average level of developing countries, but slower than that of developed economies such as the United States, the European Union and Japan. From the practical experience of developed countries, negative list based on bilateral negotiations is an important pattern to promote the opening-up progress of service industry.

Chapter 4: research on the "bringing in" path of promoting futher opening-up of China's service industry. Based on a summary of the status quo, we conclude that there are still many problems to introduce in service industry investment in China, such as unqualified investment, unreasonable structure and restrictive rules. To optimize the "bringing in" path, the following measures could be considered. First, encourage innovation and improve the quality of "bringing in". Second, attract high-end factor and optimize FDI structure. Third, reduce entrance limitations and promote the opening-up progress. Fourth, promote regional coordination upon the opportunity of "the Belt and Road" initiative. Fifth, collect high-end factors by expanding the fields of OFDI. Sixth, explore new patterns of attracting investment and strengthen cooperation in science and technology projects. Seventh, expand FDI channels to increase economic performance. Eighth, improve the quality of industry supply and strengthen the advantages of attracting industry investment.

Chapter 5: Research on the "going out" path of promoting futher opening-up of China's service industry. This chapter reviews the relevant theoretical basis of "going out" of service industry, and clarifies the overall status quo and influencing factors. Further research finds that, due to the significant regional differences in economic development level, legal system, business environment rules, resource factor endowments, etc., the "going out" path of China's service industry cannot be generalized. Instead, the arrangements should adapt to local conditions of different host countries. Considering the current layout and the construction of "the Belt and Road", this chapter focuses on the "going out" path of China's service industry in four specific countries and regions, including ASEAN, EU, Africa and the United States.

目 录

绪论 ▶ 扩大我国服务业对外开放的现状梳理、经验借鉴与路径实践　1

　　第一节　引言　1
　　第二节　"中国制造 2025"背景下服务业开放的战略意义　3
　　第三节　我国服务业对外开放的基本现状和存在的问题　7
　　第四节　提升服务业对外开放水平的国际经验和借鉴　32
　　第五节　进一步扩大我国服务业对外开放的模式实践　37
　　第六节　扩大我国服务业对外开放的几个重要抓手　41

第一章 ▶ 制造业与服务业联动推进服务业对外开放研究　44

　　第一节　引言　44
　　第二节　服务业开放带动制造业发展的作用机理　46
　　第三节　服务业 FDI 对我国制造业生产效率的影响　53
　　第四节　服务业开放对产业增加值率的影响　64
　　第五节　服务业开放带动制造业发展存在的问题　79
　　第六节　服务业开放带动制造业发展的国际经验　88
　　第七节　当前全球服务业 FDI 的流动特点　96
　　第八节　对策建议　102

第二章 ▶ 全球价值链理论视角下中国服务业国际竞争力评价　107

　　第一节　引言　107
　　第二节　全球价值链理论视角下中国服务业国际竞争力研究述评　108
　　第三节　全球价值链理论视角下中国服务业国际竞争力评价指标　123

第四节　全球价值链理论视角下中国服务业国际竞争力　127
第五节　中国服务业国际竞争力提升对策　134

第三章▶中国服务业对外开放的模式选择　140

第一节　引言　140
第二节　中国服务业对外开放现状评估　141
第三节　全球服务业对外开放经验借鉴　148
第四节　中国服务业对外开放实践和探索　159
第五节　中国服务业对外开放的模式选择　180

第四章▶我国服务业进一步扩大开放的"引进来"路径研究　183

第一节　引言　183
第二节　我国服务业"引进来"的现状分析　186
第三节　我国服务业"引进来"的经济作用效果分析　201
第四节　我国服务业"引进来"中存在的问题或风险　219
第五节　我国服务业进一步开放的路径选择　226

第五章▶我国服务业进一步扩大开放的"走出去"路径研究　233

第一节　引言　233
第二节　我国服务业"走出去"的影响因素　238
第三节　我国服务业"走出去"的总体现状　247
第四节　我国服务业在东盟的"走出去"路径　258
第五节　我国服务业在欧盟的"走出去"路径　266
第六节　我国服务业在非洲的"走出去"路径　275
第七节　我国服务业在美国的"走出去"路径　282
第八节　我国服务企业"走出去"——来自小肥羊的启示　288

参考文献　299

附录　312

后记　315

Contents

Introduction The Status Quo of Expanding China's Service Industry's Opening to the Outside World　1

1　Introduction　1
2　Strategic Significance of Open Service Industry in the Context of "Made in China 2025"　3
3　The Current Situation and Major Problems of China's Service Industry Opening to the Outside World　7
4　International Experiences and Lessons Learned in Enhancing the Opening-up of the Service Industry　32
5　Further Expand the Model Practice of China's Service Industry Opening to the Outside World　37
6　Several Important Grasp of Expanding the Opening up of China's Service Industry to the Outside World　41

Chapter 1　Promoting the Opening-up of the Service Industry by the Linkage of the Manufacturing and Service　44

1　Introduction　44
2　Mechanism of Service Industry Opening Driving Manufacturing Industry Development　46
3　The Impact of FDI on China's Manufacturing Efficiency　53

4 The Impact of the Opening of the Service Industry on the Industrial Value Added Rate   64

5 Problems in the Development of Manufacturing Industry Driven by the Opening Up of Service Industry   79

6 International Experience in Promoting the Opening Up of the Service Industry and Driving the Manufacturing Industry   88

7 Current Flow Characteristics of Global Service FDI   96

8 Countermeasures and Recommendations   102

Chapter 2 Evaluation of International Competitiveness of China's Service Industry from the Perspective of Global Value Chain Theory   107

1 Introduction   107

2 Reviews on the Research on the International Competitiveness of China's Service Industry from the Perspective of Global Value Chain Theory   108

3 The International Competitiveness Evaluation Index of Chinese Service Industry from the Perspective of Global Value Chain Theory   123

4 The International Competitiveness of China's Service Industry from the Perspective of Global Value Chain Theory   127

5 Countermeasures for Enhancing the International Competitiveness of China's Service Industry   134

Chapter 3 The Patterns Selection of the Opening-up of China's Service Industry   140

1 Introduction   140

2 Evaluation of the Current Situation of China's Service Industry Opening to the Outside World   141

3 Lessons from the Experience of Opening-up the Global Service Industry to the Outside World   148

4 Practice and Exploration of China's Service Industry Opening to the Outside World   159

5 The Patterns Selection of Opening up China's Service Industry to the Outside World   180

Chapter 4　Study on the "Bringing In" Path of Promoting Further Opening-up of China's Service Industry　183

　　1　Introduction　183

　　2　Analysis of the Status Quo of "Bringing In" Service Industry in China　186

　　3　Analysis of the Economic Effect of "Bringing In" in China's Service Industry　201

　　4　Problems in the "Bringing In" of China's Service Industry　219

　　5　The Patterns Selection of Further Openness in China's Service Industry　226

Chapter 5　Study on the "Going Out" Path of Promoting Further Opening-up of China's Service Industry　233

　　1　Introduction　233

　　2　Influencing Factors of "Going Out" in China's Service Industry　238

　　3　The General Situation of "Going Out" in China's Service Industry　247

　　4　The "Going Out" Path of China's Service Industry in ASEAN　258

　　5　The "Going Out" Path of China's Service Industry in the European Union　266

　　6　The "Going Out" Path of China's Service Industry in Africa　275

　　7　The "Going Out" Path of China's Service Industry in the U. S.　282

　　8　Chinese Service Enterprise "Going Out" —Inspiration from "Little Sheep"　288

References　299

Appendix　312

Postscript　315

绪　论

扩大我国服务业对外开放的现状梳理、经验借鉴与路径实践

第一节　引　言

2018年国务院《政府工作报告》指出：受益于现代服务业改革发展举措、服务新业态新模式异军突起等有利条件，我国各行业融合升级进程不断提速，新旧发展动能持续转换，经济结构出现重大变革。2013~2018年，消费贡献率由54.9%提高到58.8%，服务业比重从45.3%上升到51.6%，成为经济增长主动力。由此可以看出，服务业在打造我国经济增长新路径的过程中发挥了极为关键的作用。

特别是全球金融危机使多国经济陷入经济增速放缓阶段，货物贸易受阻，全球跨境服务需求尤其是知识密集型服务业的跨国界交易成为推动世界经济的新引擎。服务贸易在全球价值链中的地位不断提高，绝大多数发达国家开始向产业链的服务环节延伸，全球跨国并购超过70%集中在服务领域。我国服务业也于2011年实际利用外资首次超过制造业，标志着我国利用外资正步入服务经济时代。

虽然服务业正在逐步成为我国经济发展的重要引擎之一，但是，不容忽视的是，我国服务业发展仍然面临很多"瓶颈"性问题。加入世界贸易组织以来，我

国货物贸易与服务贸易对世贸组织的承诺已经履行完毕,制造业开放程度和国际竞争力都达到一定水平,但依然存在垄断性服务业开放度低,教育、医疗等领域进展缓慢,多头管理严重,市场准入体制性障碍等问题,而且在已经开放的服务领域也存在名义开放与实际开放水平不符、对内开放与对外开放不同步的现象。

研究发现,我国服务业增加值的比重滞后于工业化的总体进程,出现了"经济服务化悖论",中国经济高速增长的奇迹背后是服务业发展相对滞后的现实。这一状况与经济服务化是三次产业演化的必然结果这一产业规律明显不同。大部分发达国家和新兴市场国家是在人均国内生产总值(GDP)达到 3 000 美元左右时服务业得到快速发展的,也是在这个阶段服务业增加值占 GDP 中的比重持续快速上升,甚至有些新兴市场国家在人均 GDP 还没有达到 3 000 美元时,服务业就已经发展成为第一大产业了,如印度。国际货币基金组织发布的数据显示,印度 2010 年人均 GDP 为 1 265 美元,但是其服务业增加值占 GDP 的比重已达 59.3%。而中国服务业发展水平与经济大国、货物贸易大国地位不符,服务业占 GDP 的比重远低于发达国家 70%~80%的水平,服务贸易在贸易总额中的占比也远低于 20%左右的世界平均水平。① 中国经济的快速发展和服务业发展滞后并存不但与发达国家及一些新兴市场国家的发展历程不同,而且还与经典的发展经济学和贸易理论有很大差距。

中国的服务经济悖论,除了统计因素之外,生产性服务业的内部化现象严重、国际代工的工业发展模式锁定是其中的重要原因。中国是制造业大国,提升服务业发展水平的重点应当是生产率较高的生产性服务业,然而中国生产性服务业全要素生产率(TFP)增长率对整个服务业贡献却偏低,这一方面是由于生产服务市场内部化而导致生产服务的规模不大;另一方面则由于中国的生产性服务业没有像制造业和印度的软件业那样融入全球化分工体系。而对于发展中国家的中国来说,只有通过大量吸收外商直接投资,才能进入"全球价值链"生产体系,而只有进入该体系,才有机会集合全球优势生产要素,加强自身的比较优势并形成自身的竞争力,同时通过培育新的竞争力,实现"全球价值链"中国际分工位次的提升。然而,现有偏重于制造业的开放模式和管理体制约束了服务业的国际化发展路径。

首先,政府的开放观较陈旧,没有认清服务业是全球资本流动的大方向,片面依靠制造业的开放和数量增长来拉动经济增长。其次,政府的控制力是当前制约服务业自由进入退出的首要障碍,服务业的自由进入和开放对于服务业发展非

---

① 资料来源:谭洪波、郑江淮:《中国经济高速增长与服务业滞后并存之谜——基于部门全要素生产率的研究》,载于《中国工业经济》2012 年第 9 期,http://www.cssn.cn/glx/glx_jjgl/201310/t20131022_448791.shtml。

常重要，对于中国政府来说，一些服务行业经济属性之外的兼有属性被过分看重，从而对其实行国有垄断经营，不允许民间资本以及外资进入，导致服务业中可贸易性较高的生产服务业无法融入全球价值链，从而抑制了这些行业的发展。最后，行政性垄断也是造成生产性服务内部化现象严重的重要原因。因为外部的生产服务行业竞争不够充分有效且垄断性还比较强，因而所提供的服务在效率、质量、成本和品种等方面，往往都难以满足企业的客观需要，从而导致企业不得不通过内部自我供给来满足需求。此外，由于生产性服务的经验品特征及合同密集型特征非常明显，其交易对制度环境的敏感性极高，而且契约维护制度等市场制度的质量直接影响服务业发展水平。因此，推动生产服务外部化、专业化和国际化发展，提高服务业发展水平与层次，必须进一步深化改革，破除现有的管理体制和开放模式的束缚，促进市场制度的健全和市场环境的进一步改善。

在上述背景下，大力发展服务业是调整优化结构、打造中国经济升级版的战略选择；中国服务业发展滞后，最大制约是体制机制障碍，出路在于改革开放。因此，新形势下进一步扩大服务业开放、打破"经济服务化悖论"已经成为当前打造我国经济"升级版"、促进我国产业综合竞争力提升的重大课题。通过扩大服务业开放，重新检视过去以吸引制造业外资为主导的开放思路，变革以边境开放和关税主权让渡为核心的"审批式"开放模式，推动模式转型、路径转轨，实现由"中国制造"向"中国创造"的转变、由"世界工厂"向"服务世界"的转变，有助于我国更好地抓住新一轮世界经济调整和国际产业转移的机遇，进一步融入世界服务分工体系，改变我国制造业"两头在外"导致核心能力不足的现状，攀升我国在全球价值链的位次，提高我国产业的综合竞争力和构造现代产业发展新体系。

第二节 "中国制造2025"背景下服务业开放的战略意义

我国在2015年发布的《中国制造2025》中明确提出，要通过"三步走"实现制造强国的战略目标：第一步，到2025年迈入制造强国行列；第二步，到2035年中国制造业整体达到世界制造强国阵营中等水平；第三步，到新中国成立一百年时，综合实力进入世界制造强国前列。

改革开放以来，外资主导的制造业出口是保持我国经济快速增长的重要拉动力。外资大量进入在推动我国产业规模和经济总量快速扩张的同时，也带来了产业结构的失衡。其原因是外资主要集中在制造业，服务业开放未能同步跟进，制造业中加工型、出口型、生产型企业居多，而且大多属于跨国公司全球生产组织体系中的封闭环节，被"锁定"或"俘获"于国际产业链中的低端环节，产品线和产业链延伸不足，对本地的金融、研发、设计、技术服务、人力资源、物流、营销和品牌等生产性服务需求较少，使制造业与服务业之间内在的产业关联被割裂，产业链向服务业增值部分的延伸受到抑制，这是制约我国产业结构升级和制造业国际竞争力提升的重要因素。

因此，要实现《中国制造 2025》中提出的制造强国目标，就必须进一步扩大服务业开放水平，通过服务业对外开放促进价值创造由产业链中间的制造环节向两端的服务环节不断攀升，实现生产服务业和制造业高度融合互动，从而为构建现代产业发展新体系打好基础。"中国制造 2025"背景下服务业开放的战略意义主要体现在以下几个方面：一是有利于提高制造业专业化分工水平；二是有利于增强产业间关联与溢出效应；三是有利于带来市场竞争"鲶鱼效应"；四是有利于促进制造业形成核心竞争力。

一、提高制造业专业化分工水平

分工发展产生的规模经济、报酬递增和专业化水平提升是现代经济增长的基本源泉，国际贸易和服务业全球化是分工在全球范围内深入发展的表现形式。服务业在协调和控制企业内各类专业化作业部门的过程中发挥着非常重要的作用，它们是联结现代专业化经济部门的纽带，并随着生产规模扩大和生产过程复杂化而变得日益重要。随着分工产生的迂回生产链条不断延伸以及随之而来的本地市场向国内市场转变，服务需求随着中间产品种类和复杂程度而增加。特别是随着生产规模和专业水平的变化，为保证企业内计划、服务、协调、评估等工作的有效开展以及各独立专业化操作部门的优化配置，各类受薪的专业技术人才需求会相应增加。

生产服务是知识密集型中间产品，它的学习开发往往需要大量初始投入，而向市场提供的价格又不能太高。由于专业化分工产生的规模报酬，与只开展最终（货物）产品自由贸易（生产服务自给自足）相比，世界范围内生产服务自由贸易会产生帕累托改进，对贸易双方都有利。生产服务业对于协调和控制专业化生产进而实现规模报酬有重要作用，不断增长的生产服务业对经济扩张具有显著的积极作用，将一个完整生产过程分解为独立的专业化生产阶段既需要市场规模扩大也需要生产服务业的组织保障。此外，服务贸易不仅可以促进国内专业化水平提升，通过直接贸易或通过跨国公司获得的生产服务还会促进发展中国家的专业化分工和融入国际专业化进程,在实现国际规模报酬和全球价值链治理中发挥关键作用。

二、增强产业间关联与溢出效应

外资服务企业进入一国之后会通过产业关联与东道国建立复杂联系,由于生产经营水平通常比东道国企业高,外资企业在与关联企业互动过程中会通过技术(知识)溢出效应对当地企业产生积极作用。具体到外资服务企业与东道国制造业企业之间的关联,按照投入产出关系可以分为后向(上游)关联和前向(下游)关联。后向关联是企业与其供应商企业之间的产业联系,前向关联是企业与其客户企业之间的产业联系。

从后向关联看,外资服务企业进入东道国之后会以客户身份购买当地制造业的产品,外资企业对产品质量和技术标准的高要求会刺激或带动当地供应商提高产品质量和技术标准,如一家国际先进的大型超市的进驻往往会带动当地供应商不断提高产品质量和标准。除了直接的技术和质量要求带动刺激外,来自国外客户的商业信息、客户对生产经营人员的培训以及到客户企业的观摩学习等都会对当地制造业生产率提升产生积极影响。来自国外企业的采购会对本国制造业产生积极带动作用,同时服务业开放也有利于东道国吸引制造业外资。

从前向关联看,随着技术进步和分工深化,制造业服务化趋势不断加强,国际生产(服务)外包和全球价值链向纵深处发展,服务产出作为制造业中间投入的作用越来越重要,服务业的质量和价格显然会对下游制造业产生影响。同样,服务业外国直接投资(FDI)也会通过降低服务成本、改善服务质量、丰富服务产品内容、增强当地企业的服务获得性以及与制造业企业互动等多途径提高下游制造业生产率。服务业 FDI 对引资国下游制造业产生溢出效应的途径主要有三个:一是从成本、质量和多样化三方面改善服务市场供给;二是通过向制造业提供技术或知识密集型服务实现技术转移;三是通过向当地服务商开展服务外包带动东道国服务水平提升。

此外,相关研究发现,制造业中间服务投入比例越高,制造业生产率与中间服务提供企业生产率之间的关系越明显。从平均使用比例上看,服务业生产率每提高 10 个百分点将分别带动制造业生产率和出口增加额提高 0.3 个和 0.2 个百分点。同时,对交通运输和商贸流通服务业 FDI 的限制政策会对本国制造业出口产生很大的负面影响。

三、带来市场竞争"鲶鱼效应"

除了通过与上下游企业之间的产业关联产生技术（知识）溢出效应带动制造业发展之外，服务业 FDI 还会通过水平关联即竞争产生的"鲶鱼效应"促进东道国服务业发展进而提高当地制造业效率。国外服务企业进入东道国一方面可以为东道国同类企业提供学习模仿的对象，另一方面势必会加剧东道国服务市场竞争，迫使本土企业不得不改革创新，提高产品质量和降低产品成本，下游制造业由此能获得更多质优价廉的服务投入，进而提高生产效率。尽管东道国企业可以学习和模仿跨国企业的先进技术，但跨国企业的技术溢出效应还取决于东道国的竞争压力有多大，通常情况下竞争效应要比技术溢出效应更强。

另外，减少对服务业管制，充分发挥服务市场的竞争机制能够显著地提高下游制造业的增加值和生产率以及促进出口增长。同时，外国服务企业与东道国服务企业之间的竞争还有利于打破当地服务市场垄断，为东道国制造业尤其是市场谈判能力弱的小微企业提供更多便利服务。

四、促进制造业形成核心竞争力

随着全球经济一体化不断深化，同一产品产业链在世界范围内不断延伸，生产服务业在企业参与全球价值链治理和融入世界分工交易体系过程中发挥着越来越关键的作用。最终产品的比较优势不仅源于要素的密集度，而且源于生产服务投入的数量和技术。因此，生产服务贸易自由化能够改善一国最终产品的比较优势，对开放国货物贸易产生福利效应。

国际货物贸易的发展离不开交通、保险、金融等服务的投入，因而服务贸易自由化会使货物贸易的成本降低，刺激国际货物贸易进一步发展。服务贸易自由化使得国际货物贸易成本降低可以有两个渠道：一是从传统的比较优势中获得的成本收益；二是从生产全球化中获得收益。具体来说，对那些将生产分散在各个不同国家的企业而言，服务贸易壁垒的消除会减少全球化生产企业的服务成本，尤其是重复性固定成本，这一收益也是不容忽视的。

生产者服务贸易自由化会通过提供原先东道国缺失的关键服务来改变一国最终品的比较优势，从而影响一国最终品的贸易结构。服务业国际化程度与本国制造业出口市场份额存在明显正相关关系，进一步扩大服务业开放有利于促进制造业商品贸易，在增加制造业出口机会的同时提高制造业的出口份额。

第三节 我国服务业对外开放的基本现状和存在的问题[①]

在探讨进一步扩大我国服务业开放的模式和路径之前,有必要首先明确当前我国服务业对外开放的基本现状,在此基础上梳理出服务业开放已取得的成绩、存在的不足之处和所面临的发展"瓶颈"与障碍,为优化设计开放模式和开放路径提供对策依据。对我国服务业对外开放基本现状的梳理可以从以下五个方面着手:一是服务业"引进来"的现状;二是服务业"走出去"的现状;三是服务业开放水平的测算;四是服务业国际竞争力的评价;五是服务业对制造业影响的评估。在此基础上,可以进一步发现和提炼我国服务业对外开放过程中存在的主要问题。

一、"引进来"的现状

1. 总体情况

从服务业实际利用外资总额的情况来看,1997~2015 年,我国服务业实际利用外资总额从 104.83 亿美元上升为 811.38 亿美元,总体增长幅度高达 673.97%,平均每年的增长幅度达到 13.15%。在这一时期,我国服务业在实际利用外资总额中的占比从 23.16% 提高为 64.26%,总体增长幅度高达 177.41%,平均每年的增长幅度达到 6.47%。由此可见,随着我国经济的快速增长,服务业实际利用外资的数量和频率均呈现出明显的扩张趋势,服务业逐渐成为我国引用外资的主导产业(见图 0-1)。

从服务业外资企业数的角度来看,1997~2015 年,我国服务业外资企业数从 51 079 家上升为 305 378 家,总体增长幅度高达 497.85%,平均每年的增长幅度达到 8.66%。同一时期,我国服务业外资企业数占总外资企业数的比例从 21.67% 提高为 63.46%,总体增长幅度高达 192.83%,平均每年的增长幅度达到 7.88%。我国服务业外资企业数占总外资企业数的比例整体上表现为上升的趋势,这也说明服务业是我国吸引国际投资的主要产业领域(见图 0-2)。

[①] 除特别标注外,本章数据均来自历年《中国对外直接投资统计公报》。

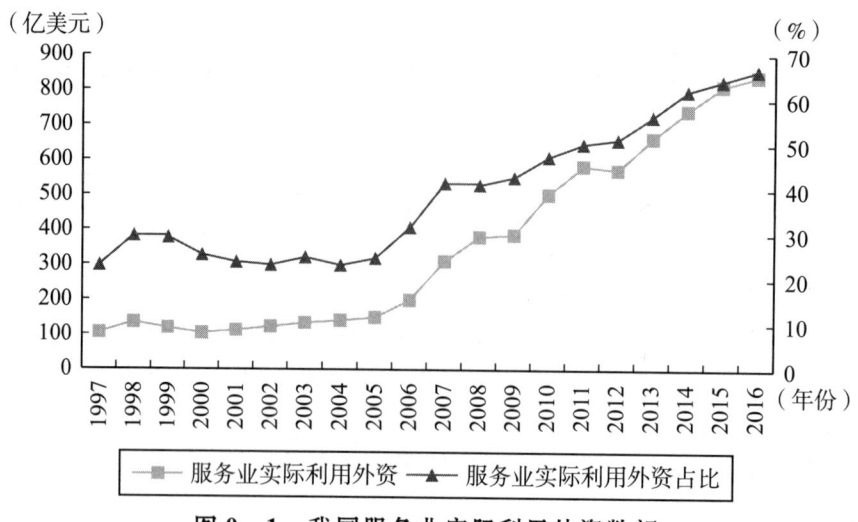

图 0-1 我国服务业实际利用外资数额

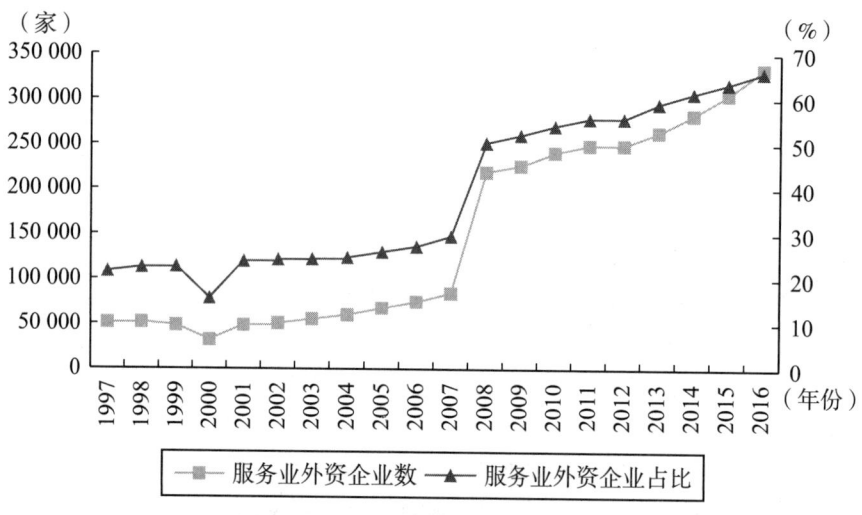

图 0-2 我国服务业外资企业数

2. 行业结构

虽然我国服务业实际利用外资数额在近年来维持了持续上升的趋势,但这一数值在各个行业间存在着显著差异。图 0-3 呈现了 2004~2016 年我国服务业分行业的实际利用外资数额占比情况,可以看出排名前三位的行业分别是房地产业、租赁和商务服务业及批发和零售业。其中,房地产业实际利用外资占比在各个年份均保持着领先的位置,2007 年外资占比高达 0.55。此外,除 2005 年、2015 年及 2016 年外,其他各个年份外资占比均高于 0.40 的水平。租赁和商务服务业及批发和零售业在观察期间的外资占比维持在 0.10~0.20 的水平,且未出现明显的增长趋势。其他服务业行业的外资占比均在 0.10 的水平之下,且在各个年份下数值变化不大,这说明我国服务业领域"引进来"还主要是以房地产业为主导,其他服务领域发展明显滞后。

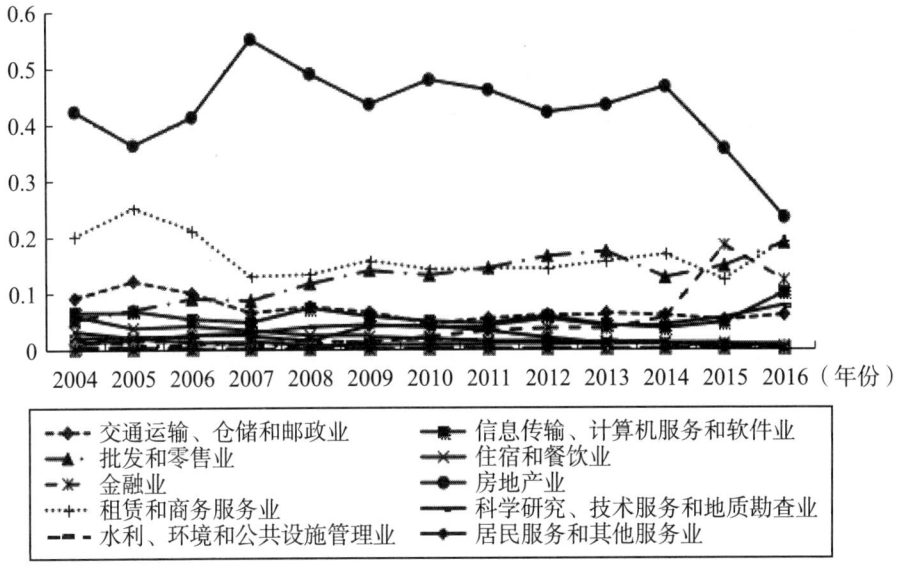

图 0-3 我国服务业分行业实际利用外资数额占比

通过分析各个行业的外资企业数也可以发现我国服务业"引进来"的行业结构差异。从 2004~2016 年我国服务业分行业的外资企业数占比情况来看,排名前四位的行业分别是批发和零售业,信息传输、计算机服务和软件业,租赁和商务服务业及房地产业。其中,批发和零售业外资企业数占比在大多数年份均保持着领先的位置,处于 0.15~0.40 的水平,且在观察区间呈现出明显增长的趋势。此外,信息传输、计算机服务和软件业外资企业数占比处在 0.10~0.30 的水平上,2004~2007 年处于 0.10 左右的低水平范围内,2008 年急速增长到 0.29 的水平,但 2009~2016 年又开始逐渐下降。租赁和商务服务业的外资企业数占比处在 0.1~0.2 的水平上,除 2008 年有所下降外,其他年份均呈现出上升趋势。房地产业的外资企业数占比在观察区间呈现出急速的下降趋势,从 2004 年的 0.21 水平降低到 2016 年的 0.05 水平。其他年份的外资企业占比均在 0.10 的水平之下,且各个年份变动幅度不大(见图 0-4)。

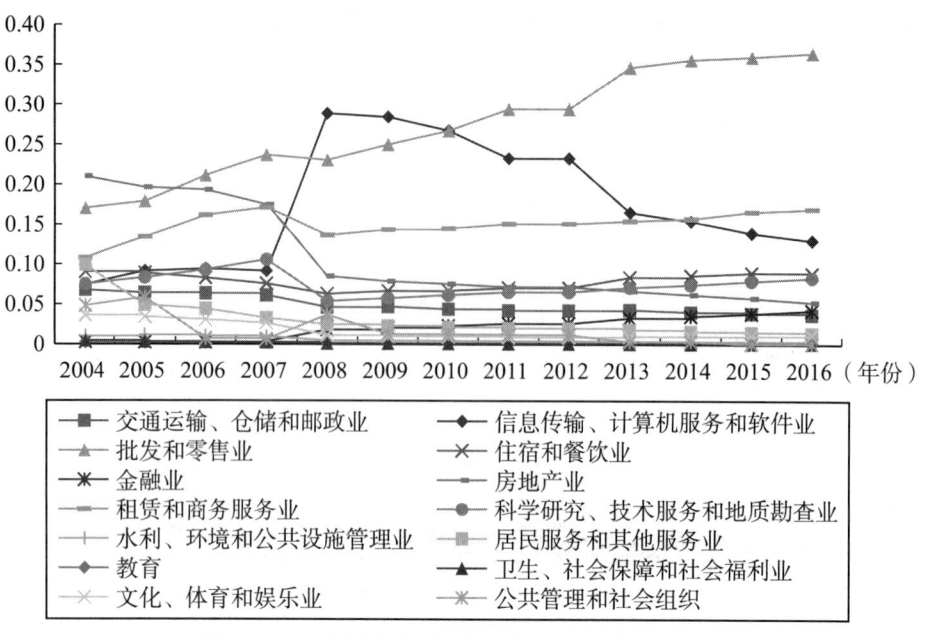

图中图例:
- 交通运输、仓储和邮政业
- 信息传输、计算机服务和软件业
- 批发和零售业
- 住宿和餐饮业
- 金融业
- 房地产业
- 租赁和商务服务业
- 科学研究、技术服务和地质勘查业
- 水利、环境和公共设施管理业
- 居民服务和其他服务业
- 教育
- 卫生、社会保障和社会福利业
- 文化、体育和娱乐业
- 公共管理和社会组织

图 0-4 我国服务业分行业外资企业数占比

3. 区域分布

2011~2016年，我国服务业引进外资项目及实际利用外资金额上升趋势明显，这表明近年来我国各区域服务业"引进来"均有了明显的发展。服务业吸收外资主要集中于东部地区，中西部地区尤其是中部地区服务业吸收外资明显不足，且服务业"引进来"占比整体呈现出下降的趋势，这说明中西部地区服务业的国际化水平相对较低（见表0-1）。

表 0-1　　　　　中国服务业利用外资的区域分布

区域	指标	2011年	2012年	2013年	2014年	2015年	2016年
全国	项目（个）	15 216	14 621	15 085	17 408	20 980	22 724
	实际金额（亿元）	582.5	571.9	662.2	740.9	811.3	838.9
东部地区	项目（个）	13 756	13 311	13 606	15 841	19 459	21 162
	项目占比（%）	90.4	91.0	90.2	91.0	92.8	93.1

续表

区域	指标	2011年	2012年	2013年	2014年	2015年	2016年
东部地区	实际金额（亿元）	486.3	477.7	557.1	629.2	706.4	762.6
	金额占比（%）	83.5	83.5	84.1	84.9	87.1	90.9
中部地区	项目（个）	731	664	762	816	708	727
	项目占比（%）	4.8	4.5	5.1	4.7	3.4	3.2
	实际金额（亿元）	23.7	33.4	39.0	42.5	42.9	25.7
	金额占比（%）	4.1	5.8	5.9	5.7	5.3	3.1
西部地区	项目（个）	729	646	717	751	813	835
	项目占比（%）	4.8	4.4	4.8	4.3	3.9	3.7
	实际金额（亿元）	72.5	60.8	66.1	69.2	62.0	50.6
	金额占比（%）	12.4	10.6	10.0	9.3	7.6	6.0

资料来源：2016年中国商务部外资统计数据。

4. 来源国（地区）分布

从我国服务业外资的来源国（地区）分布情况来看，流入我国的境外直接投资主要源于亚洲地区，其中中国香港地区一直是我国服务外资流入的最主要来源地。根据中国商务部2015年发布的《中国商务部外资统计》数据，可以看出我国服务业"引进来"的来源国（地区）排名前五分别是中国香港、新加坡、英属维尔京群岛、美国及日本。相应地，我国境外投资企业数和实际利用外资额度中，中国香港均排名第一，其中境外投资企业占所有来源国（地区）的49.33%，实际利用外资额度占所有来源国（地区）的77.15%。排名第二的外资来源国是新加坡，但境外投资企业占所有来源国（地区）的比例仅为3.00%，实际利用外资额度占所有来源国（地区）的比例仅为6.36%。由此可见，我国服务业引用外资主要集中在中国香港地区，而其他地区所占比例均较低（见表0-2）。

表0-2　2015年中国服务业境外投资前五位来源国（地区）分布

国家（地区）	企业数（个）	比重（%）	实际利用外资（万美元）	比重（%）
总计	21 561	100	8 537 526	100
中国香港	10 636	49.33	6 586 701	77.15
新加坡	647	3.00	542 995	6.36
英属维尔京群岛	307	1.42	499 943	5.86
美国	1 038	4.81	125 397	1.47
日本	502	2.33	103 074	1.21
其他国家（地区）合计	8 433	39.11	678 733	7.95

资料来源：2015年中国商务部外资统计数据。

5. 投资模式

现阶段，我国服务业引入外资的投资模式主要包括中外合资模式、中外合作模式、新建外资模式及外商投资股份制四种模式。其中，中外合资模式主要是为了扩大国际经济合作和技术交流，允许外国公司、企业和其他经济组织或个人与中国的公司、企业或其他经济组织共同设立合营企业的模式；中外合作模式则主要是为了实现资源共享及优势互补，中外双方以确立和完成一个项目而签订契约进行合作生产经营企业的模式；新建外资企业模式是外方为了开展母公司的全球战略，而独立自由地在中国境内新建企业的模式；外商投资股份制则是为了在全球范围内融通资金，以外方作为股东按认购股票的价格出资的投资模式。

由于近年来我国服务业引入外资在全部产业引入外资中占了较高的比例，所以我国服务业"引进来"的投资模式与我国"引进来"的投资模式基本一致。中国商务部2016年发布的《中国商务部外资统计》数据显示，中国外商投资模式主要以新建外资模式和中外合资模式为主，尤其集中在新建外资模式。具体来看，新建外资模式是我国引入外资最重要的方式，新建外资企业数占全部外商投资模式的75.33%，实际使用外资额度占全部外商投资模式的64.41%。中外合资模式则是另一种较常用的外商投资模式，中外合资企业数占全部外商投资模式的23.87%，实际使用外资额度占全部外商投资模式的22.59%。中外合作模式和外商投资股份制也是我国吸引外资流入的主要方式，但总体占比较低。由此可见，我国服务业"引进来"模式主要集中在新建外资企业和中外合资企业两种模式上，总体来看服务引入外资模式较单一（见表0-3）。

表0-3　　　　　　　　2016年中国外商投资模式统计

模式	企业数（个）	比重（%）	实际使用外资（亿美元）	比重（%）
总计	27 908	100.00	1 337.11	100.00
中外合资企业	6 662	23.87	302.04	22.59
中外合作企业	126	0.45	8.30	0.62
外资企业	21 024	75.33	861.26	64.41
外商投资股份制	86	0.31	88.42	6.61
其他	10	0.04	77.10	5.77

资料来源：2016年中国商务部外资统计数据。

二、"走出去"的现状

1. 投资流量

在2007~2015年，我国服务业对外投资额从195.6亿美元提高到了1 059.9亿美元，增长幅度高达441.7%，平均每年的增幅达到了55.2%。在这一时期，服务业对外投资额总体上呈现出"在波动中增长"的态势，而自2011年起则保持了稳定增长的势头。从总体上看，我国服务业对外投资的规模化扩张进程取得了较大的进展，更多的企业和资本通过在服务业领域的"走出去"进行了资源配置的全球布局。

虽然服务业对外投资额持续增长，但是服务业在我国对外投资总额中的占比却表现出了"稳中趋降"的特征。2007年，我国服务业对外投资占比为73.8%，2008年这一比值达到了82.5%。而到了2015年，服务业对外投资占比下降至72.8%，与2008年的峰值相比下降了10个百分点。导致服务业对外投资额有所增加但是份额却趋于下降的主要原因在于，受到国内生产要素成本上升、清洁生产标准提高、国际产能合作获得更多支持等因素的综合影响，我国制造业、建筑业、采矿业、农林牧渔业等工业部门和农业部门的对外投资额也出现了快速增长，而且总体增幅要高于服务业。例如，制造业和建筑业的对外投资流量分别从2007年的21.3亿美元和3.3亿美元增加到了2015年的199.9亿美元和37.4亿美元，增长幅度都远远超过了服务业，从而导致出现了服务业对外投资额上升但是份额却有所下降的情况（见图0-5）。

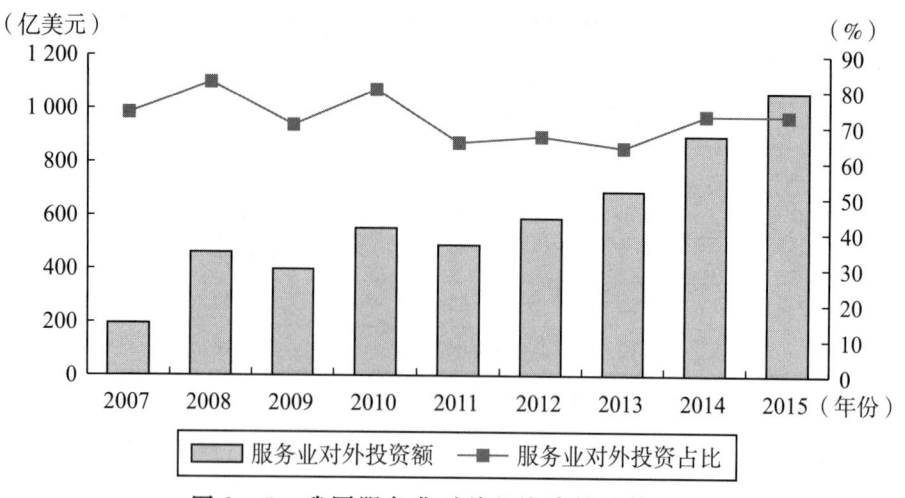

图 0-5 我国服务业对外投资流量及其占比

我国服务业对外投资额排名前三的细分行业包括租赁和商务服务业、金融业、批发和零售业。从 2007 年到 2015 年，三个行业的对外投资额分别从 56.1 亿美元、16.7 亿美元和 66.0 亿美元增加到了 362.6 亿美元、242.5 亿美元和 192.2 亿美元，增长幅度分别达到了 546.6%、1 353.7% 和 191.0%。在此期间，对外投资额出现下滑的行业只有交通运输、仓储和邮政业，投资额从 2007 年的 40.7 亿美元下降到了 2015 年的 27.3 亿美元，下降幅度为 32.9%。因此，虽然大多数服务业近年来都保持了较好的增长势头，但是不同行业在增长率上的差异仍然较为明显，个别行业甚至可能会出现负增长的情况。

2. 投资存量

从投资存量的角度来看，我国服务业对外投资存量逐年增加，从 2007 年的 899.2 亿美元增加到了 2015 年的 8 226.9 亿美元，增长幅度达到 814.9%。服务业在我国对外投资存量中的份额 2007 年为 76.3%，随后 2009 年一度下滑至 67.4%，到 2015 年恢复至 74.9%。从总体上看，服务业投资存量占比的变化情况和流量占比的情况相近，都表现出了趋于下降的特征（见图 0-6）。

从细分行业的角度来看，对外投资存量最大的三个行业依次是租赁和商务服务业、金融业、批发和零售业。2007~2015 年，上述三个行业的对外投资存量分别从 305.2 亿美元、167.2 亿美元、202.3 亿美元提高到了 4 095.7 亿美元、1 596.6 亿美元、1 219.4 亿美元，增长幅度也分别达到了 1 242.2%、854.9%、502.7%。除此之外，其他服务业的对外投资存量也出现了不同程度的增长，但是总体规模仍然远远落后于排名前三的服务业。此外，随着我国服务业对外投资流量的快速增长，服务业细分行业的对外投资存量增长速度也有所加快。

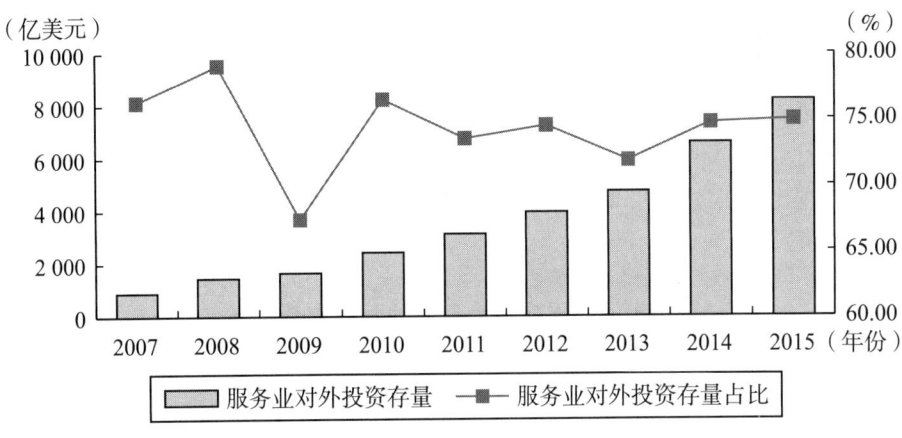

图 0-6 我国服务业对外投资存量及其占比

3. 行业份额

就服务业对外投资的流量分布情况来看，租赁和商务服务业所占份额最大，但是其份额已经从 2010 年的峰值 54.9% 下降到了 2015 年的 34.7%，五年间下降幅度达到了 20 个百分点，与其他服务业相比的份额优势已经被大幅度减弱。紧随其后的是金融业、批发和零售业，两个行业在 2015 年的服务业对外投资份额分别是 23.2% 和 18.4%。可以看到，排名靠前的三个行业对外投资份额加总超过了 3/4 的水平，其他 11 个行业的份额加总还不到 1/4，差距较为明显，表明对外投资流量高度集中于排名前三的行业。

从分行业境内投资者构成的角度来看，2015 年我国服务业的境内投资者主要集中于批发和零售业、租赁和商务服务业、住宿和餐饮业以及信息传输、软件和信息技术服务业，境内投资者数量分别达到了 6 956 家、1 616 家、658 家和 627 家。金融业虽然无论是投资流量还是投资存量都进入了前三名，但是境内投资者数量并不多，没有进入前九名，凸显了金融业资本高度集聚化以及对外投资过程中"数量少、规模大"的特征。相比之下，批发和零售业、租赁和商务服务业的境内投资者数量众多，表明这两个行业在国内市场上更趋近于完全竞争格局。此外，其他行业的投资流量和存量相对较小，而境内投资者相对较多，反映了行业对外投资分散化的特征。

4. 地区分布

从地区分布的角度来看，我国服务业对外投资高度集中于亚洲，在大洋洲和非洲的投资份额较小，在拉丁美洲、欧洲和北美洲的投资份额处于居中水平。值得关注的是，服务业在任意一个地区的投资存量中都占据了较高的份额，而且至少有两个细分行业在当地投资存量的所有行业排名中进入了前五强。其中，在服务业投资存量份额最高的拉丁美洲，在所有行业中排名进入前五的服务业就有租赁和商务服务业、金融业、批发和零售业以及交通运输、仓储和邮政业，四个行业的份额占比就达到了77.2%。在服务业投资存量份额最低的非洲，也有两个服务业排名进入了前五强，分别是第四位的金融业和第五位的科学研究和技术服务业，两个行业的总份额仅为14.1%。相比之下，我国服务业投资存量在拉丁美洲和亚洲表现出了显著的集聚特征，而在非洲和大洋洲表现出了显著的分散特征（见表0-4）。

表0-4　　　2015年我国在各大洲对外投资存量排名进入前五名的服务业

大洲	行业	行业中排名	投资存量（亿美元）	占比（%）
亚洲	租赁和商务服务业	1	3 313.1	43.1
	金融业	2	1 030.9	13.4
	批发和零售业	3	1 004.3	13.1
	小计		5 348.3	69.6
非洲	金融业	4	34.2	9.9
	科学研究和技术服务业	5	14.6	4.2
	小计		48.8	14.1
欧洲	金融业	3	153.4	18.3
	租赁和商务服务业	4	80.0	9.6
	批发和零售业	5	58.6	7.0
	小计		292.0	34.9
拉丁美洲	租赁和商务服务业	1	602.5	47.7
	金融业	2	230.7	18.3
	批发和零售业	4	96.2	7.6
	交通运输、仓储和邮政业	5	45.5	3.6
	小计		974.9	77.2
北美洲	金融业	2	121.7	23.3
	租赁和商务服务业	3	65.7	12.6
	房地产业	5	37.6	7.2
	小计		225.0	43.1

续表

大洲	行业	行业中排名	投资存量（亿美元）	占比（%）
大洋洲	房地产业	2	29.9	9.3
	金融业	3	25.6	8.0
	租赁和商务服务业	4	23.4	7.3
	小计		78.9	24.6

资料来源：《2015年度中国对外直接投资统计公报》。

5. 投资模式

并购是我国服务企业"走出去"对外投资的重要方式。从2015年的情况来看，除了公共管理、社会保障和社会组织行业没有发生并购事件之外，其他13个服务业都出现了并购事件。并购金额最大的前五个行业依次是信息传输、软件和信息技术服务业，金融业，文化、体育和娱乐业，租赁和商务服务业，住宿和餐饮业，并购金额分别达到了84.1亿美元、66.1亿美元、32.3亿美元、31.3亿美元和27.1亿美元，合计并购金额在服务业并购总额中的占比达到了71.6%。相比较来看，2015年金融业并购数量为18起，远远低于租赁和商务服务业的77起，但是并购金额前者却是后者的两倍，凸显了不同行业间的并购情况存在较大差异，在制定相应的监管和激励政策时也需要区别对待（见表0-5）。

表0-5　　　　　2015年我国服务业分行业并购情况

行业	数量（个）	金额（亿美元）	并购金额占比（%）	排名
信息传输、软件和信息技术服务业	58	84.1	25.0	1
金融业	18	66.1	19.7	2
文化、体育和娱乐业	21	32.3	9.6	3
租赁和商务服务业	77	31.3	9.3	4
住宿和餐饮业	11	27.1	8.1	5
批发和零售业	81	26.6	7.9	6
房地产业	21	20.7	6.2	7
科学研究和技术服务业	43	17.6	5.2	8
交通运输、仓储和邮政业	11	16.1	4.8	9
水利、环境和公共设施管理业	4	8.8	2.6	10

续表

行业	数量（个）	金额（亿美元）	并购金额占比（%）	排名
卫生和社会工作	10	4.3	1.3	11
居民服务、修理和其他服务业	12	1.2	0.4	12
教育	6	0.2	0.1	13
公共管理、社会保障和社会组织	0	0	0	14
合计	373	336.4	100	—

资料来源：《2015年度中国对外直接投资统计公报》。

三、开放水平的测度

1. 世界贸易组织对各国承诺开放度的测度

在霍克曼（Hoekman, 1996）频度分析法的基础上，马丁·罗伊（Martin Roy, 2011）对这一方法进行了改良，对 WTO 成员国在服务贸易协议（GATS）中的服务贸易开放承诺水平进行了指数化的测量，进而构建起了区域贸易协定服务业开放承诺数据集（Dataset of services commitments in regional trade agreements）。其中，以 100 表示完全开放，以 0 表示完全不开放。这一数据库涵盖了 67 个区域贸易协定（RTAs）中的 53 个 WTO 成员国（欧盟 EU-15 整体作为其中之一），覆盖了模式一（跨境存在）的 142 个分部门和模式三（商业存在）的 152 个分部门。

由于 GATS 涉及的经济体样本数目繁多，此处选取中国、印度、巴西、墨西哥作为发展中国家的主要代表，而选取美国、欧盟、日本、韩国和澳大利亚作为发达国家的主要代表。从总体指数来看，发展中国家服务业的平均承诺开放度指数为 32.95，而发达国家服务业的平均承诺开放度指数为 53.74。其中，中国在服务业的总体开放度指数为 39.31，要明显高于发展中国家的平均水平。但是，美国、欧盟和日本在服务业的总体开放度指数分别达到了 55.40、55.29 和 52.58。与发达国家相比，中国服务业对外开放度仍然处于偏低水平（见图 0-7）。

从模式一（跨境存在）来看，发展中国家的平均承诺开放度指数为 27.16，而发达国家的平均承诺开放度指数为 48.27。其中，中国服务业在模式一的开放度指数为 40.14，明显要高于发展中国家的平均水平。但是，美国、欧盟和日本在模式一的开放度指数分别达到了 54.23、50.88 和 43.49。由此可见，中国服务业对外开放度仍有一定程度的提升空间。

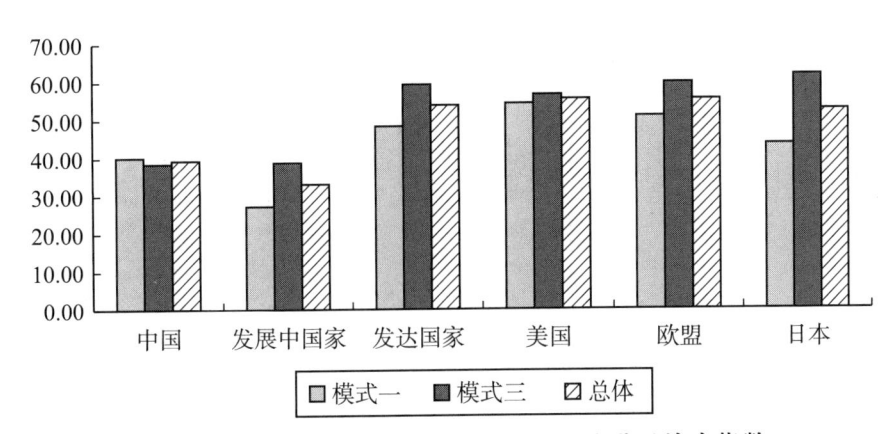

图 0-7 主要经济体的 WTO GATS 承诺开放度指数

资料来源：根据 WTO 数据库 Dataset of services commitments in regional trade agreements (RTAs) 计算整理。

从模式三（商业存在）来看，发展中国家的平均承诺开放度指数为 38.73，而发达国家的平均承诺开放度指数为 59.21。其中，中国服务业在模式三的开放度指数 38.49，略低于发展中国家的平均水平。并且，美国、欧盟和日本在模式三的开放度指数分别达到了 56.58、59.70 和 61.68，与发达国家相比，中国服务业对外开放度仍然处于偏低水平。

从分部门在服务贸易协议（GATS）中的承诺水平这一维度进行分析，可以看出：中国计算机服务的平均承诺开放度指数为 60，在分行业中达到了最高，但仍落后于发展中国家和发达国家的计算机服务平均承诺开放度指数；而健康与社会服务的平均承诺开放度在行业中最低。

与发展中国家分行业的平均承诺开放度指数相比，中国在大部分分部门的 GATS 承诺开放度相对更高。在 17 个服务业分部门中，中国在 12 个分部门的服务业开放度都相对更高，而在计算机服务、建筑服务、健康和社会服务、旅游服务、休闲服务 5 个服务业分部门的开放度要低于发展中国家的平均水平。而与发达国家相比，中国在绝大多数服务业分部门的 GATS 承诺开放度都低于发达经济体的平均水平。在 17 个服务业分部门中，除了银行和视听服务部门外，其余的服务业分部门承诺开放度都要低于发达国家，特别是在计算机服务、电信服务和休闲服务这三个服务业分部门中的差距更加突出（见图 0-8）。

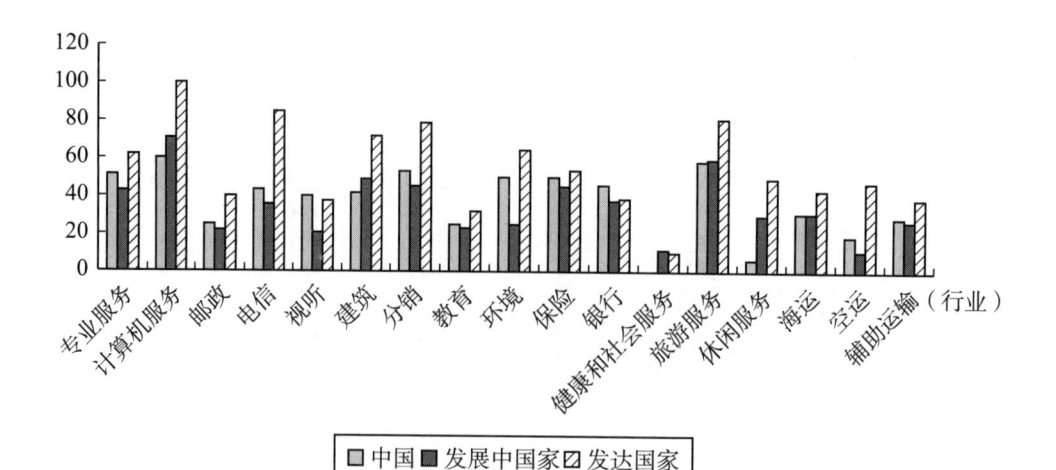

图 0-8 主要经济体的 WTO GATS 承诺开放度指数（分部门）

资料来源：根据 WTO 数据库 Dataset of services commitments in regional trade agreements (RTAs) 计算整理。

根据上述在 WTO 服务贸易协定中承诺水平的跨国比较来看，中国服务业的开放度要明显低于发达国家的平均水平，但要略高于发展中国家的平均水平。从不同的模式来看，中国在服务业跨境提供上的开放度要高于发展中国家的平均水平，在服务业商业存在上的开放度与发展中国家的平均水平基本持平。但是，中国无论是在服务业跨境提供方面的开放度抑或是服务业商业存在方面的开放度均要滞后于发达国家，特别是商业存在方面的开放度差距更大。从不同分行业来看，中国在计算机服务、建筑服务和休闲服务的承诺开放度不仅要低于发达国家的平均水平，也要低于发展中国家的平均水平，因此，在未来的 WTO 服务贸易谈判中，这些服务业行业可能会面临着更为紧迫的开放压力。

2. 经济合作与发展组织（OECD）对各国服务业开放度的测度

经济合作与发展组织（OECD）在 2014 年推出了服务贸易限制指数（Services Trade Restrictiveness Index，STRI），它是一个独特的、以证据为基础的诊断工具，提供了 44 个国家 22 个行业部门（占全球服务贸易 80%）在服务贸易壁垒上的最新数据，第一次以全面的、可比较的信息帮助决策者与全球最佳实践进行比较，选择改革范围基准，并评估其可能的影响；同时，这一指数也能为贸易谈判时清理阻碍贸易和商业活动的服务贸易限制，并为服务贸易商在进入国外市场时明确其必须遵守的要求提供参考。

2017 年我国修订的《外商投资产业指导目录》将外资投资行业分为四类：鼓励、限制、禁止和允许。由于这一目录与《扩大的国际收支服务分类》（EBOPS）或国际标准行业分类（ISIC）不同，因此很难精确地匹配 STRI 部门和目录行业部门。总的来看，在 STRI 包含的服务部门中，一部分建筑部门、一些工程活动、公路货运、海运、分销行业属于鼓励外商进入行业；大部分的电影、广播、邮政和国内快递服务属于禁止外商进入行业，而其他行业则需要在满足不同的条件后才能进入。如果外国投资进入目录中列出的服务部门，则需要事先授权，这一批准需要满足对中国经济产生净经济利益的条件。在新形势下，中国也正在为谋求在国内提供服务的人员进行劳动力市场测试，包括跨国公司调职人员、合同服务供应商及独立服务供应商。资本转让、跨国并购与兼并要满足特定的条件和限制。

与所有国家的 STRI 得分均值相比，在中国 22 个行业部门里，建筑服务、铁路货运服务和工程服务三个部门 STRI 得分相对最低。建筑在《外商投资产业指导目录》中属于允许投资行业类别。对一些特定市场，特别是超过指定跨距或高度阈值的住宅建筑，只对认证建筑师准入。外商企业可以成立建筑师事务所，并雇用认证建筑师。在铁路货运部门，中国政府保持对各大公司的控制权，其中一些关键部门和环节是不准入的。在工程服务部门，外国人必须取得注册工程师资格才能在中国执业。

相比之下，中国的快递服务、电影服务和广播服务三个部门 STRI 指数得分在所有国家平均得分中相对最高。这三个行业都列在外国投资禁止准入行业的名单中。然而，在国际贸易中这些市场并不是完全封闭的。快递业务中，外资快递公司可从事跨境商业活动，为从国外邮递到国内的快递提供服务。在电影行业，禁止外资成立电影制作与发行公司，但允许合作制作。剧院的放映也受到严格的配额限制。在广播节目中，允许外国公司和当地公司签订合作项目来制作电视节目。

3. 基于服务进口依存度和服务外商直接投资限制指数的开放度测量

对于服务进口依存度，可以采用服务进口与服务业增加值的比值来衡量，数据来自世界银行数据库。测算结果表明，所选取的发展中国家在模式一（跨境提供）下的服务业实际开放度要略低于发达国家，分别为 0.0768 和 0.0886。其中，中国的服务业进口依存度为 0.0783，略高于发展中国家，但要明显低于发达国家（见图 0-9）。

对于服务业外商直接投资依存度，可以采用商业服务外商直接投资限制指数（FDI Regulatory Restrictiveness Index）来衡量，数据来自 OECD 数据库。测算结果表明，中国商业服务业 FDI 限制指数仍然较高，不仅高于发达国家平均水平，也高于发展中国家平均水平，说明我国在服务业模式三（商业存在）的开放度仍然相对偏低，未来有较大的提升空间（见图 0-10）。

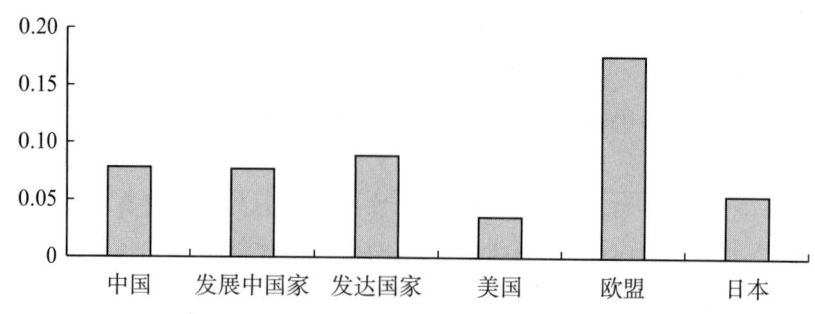

图 0-9 2016 年主要经济体的服务进口依存度

资料来源：根据世界银行数据库测算。

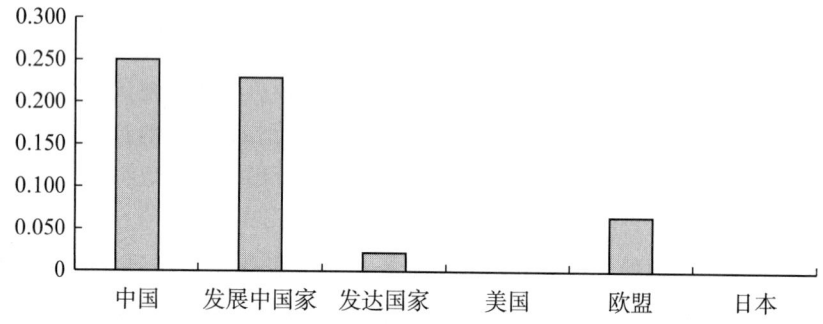

图 0-10 2016 年主要经济体商业服务业 FDI 限制指数

资料来源：根据 OECD 数据库测算。

因此，从服务进口依存度来看，中国在服务跨境提供方面的开放度与发展中国家水平基本相当，但要低于发达国家。而从服务业外商直接投资限制指数来看，我国在服务业商业存在方面的开放度要明显低于发达国家和发展中国家。

四、国际竞争力的评价

1. 总体竞争力测算结果

基于全球价值链（GVC）视角，可以采用世界投入产出表（WIOTs）数据测算出 1995~2011 年中美两国服务业的出口贸易增加值，并据此运用修正的显性比较优势指数（RCA）计算出相应的净出口显性比较优势指数（NRCA）和一般显性比较优势指数（TRCA），通过中美比较明确中国服务业的总体竞争力（见表 0-6）。

表 0-6　　1995~2011 年中美两国服务业 RCA 指数

年份	基于出口增加值测算的 NRCA		基于出口总值测算的 TRCA	
	中国	美国	中国	美国
1995	0.6623	1.2894	0.6591	1.7217
1996	0.6296	1.2866	0.5866	1.7016
1997	0.7023	1.2618	0.8400	1.6046
1998	0.7268	1.2411	0.9087	1.6079
1999	0.7410	1.2720	0.8879	1.6397
2000	0.7551	1.2813	0.9187	1.6168
2001	0.7653	1.2779	0.9492	1.6100
2002	0.7960	1.2734	0.9969	1.6772
2003	0.7672	1.2826	0.9223	1.6942
2004	0.7714	1.2828	0.8509	1.7309
2005	0.7717	1.3134	0.7859	1.7314
2006	0.7584	1.3278	0.7333	1.7472
2007	0.7605	1.3357	0.6794	1.7507
2008	0.7792	1.3167	0.6961	1.6907
2009	0.7632	1.2578	0.6358	1.6248
2010	0.7900	1.2860	0.6807	1.7015
2011	0.8044	1.2915	0.7089	1.6933
平均值	0.7497	1.2869	0.7906	1.6791
标准差	0.0450	0.0240	0.1230	0.0499
标准差系数（%）	6.00	1.86	15.56	2.97

无论是基于出口增加值测算的 NRCA 指数，还是基于出口总值测算的 TRCA 指数，1995~2011 年中美两国服务业的国际竞争力都存在显著差异，即中国服务业整体表现出持续性的比较劣势，而美国服务业整体却表现出持续性的比较优势。

然而，值得注意的是，无论是中国还是美国，基于出口增加值测算的 NRCA 指数与基于出口总值测算的 TRCA 指数均存在一定差异。如 1995~2011 年美国服务业的 NRCA 指数明显小于 TRCA 指数，且 NRCA 指数与 TRCA 指数呈现出相反趋势；1997~2005 年中国服务业整体的 NRCA 指数明显小于 TRCA 指数，而 2006~2011 年的 NRCA 指数却明显大于 TRCA 指数。

具体来说，在报告期内，虽然中国服务业整体表现出明显的比较劣势，但是这种"比较劣势"正在逐步改善，NRCA 指数呈现快速上升趋势，其值由 1995 年的 0.6623 上升到 2011 年的 0.8044，并已超过"弱比较优势"所要求的 0.8 的临界值。与中国服务业相反，虽然美国服务业整体表现出持续性较强的比较优势，但 NRCA 指数却相对稳定，上升幅度并不大，其值由 1995 年的 1.2894 上升到 2011 年的 1.2915。基于此，虽然 1995~2011 年中国服务业出口竞争力整体弱于美国，但这种差距却在不断缩小。

2. 分行业竞争力测算结果

从分行业竞争力测算结果来看，1995~2011 年中美两国服务业各产业部门的国际竞争力存在显著的差异。总体来看，中国服务业细分行业中具有持续性显性比较优势的部门主要集中于劳动密集型服务业和资本密集型服务业，而美国则主要集中于知识密集型服务业。

具体来看，在中国服务业细分行业部门中，住宿和餐饮业，电力、煤气及水的生产和供应业，燃油零售批发（不含汽车及摩托车），水上运输，内陆运输等行业具有持续性显性比较优势。这些行业主要是劳动密集型服务业或资本密集型服务业。其中，住宿和餐饮业属于典型的劳动密集型服务业，水上运输属于典型的资本密集型服务业，其间它们的 NRCA 指数均值都高于 1.5，这一测算表明这两个行业具有较强的国际竞争力，是中国服务业参与国际分工合作和竞争的核心部门。

与此相反，在中国服务业细分行业中，公共管理和国防及社会保障业、建筑业、租赁和商务服务业、旅行社业务、房地产业、零售（不含汽车及摩托车）、教育、金融业等行业具有持续性显性比较劣势。这表明从贸易增加值指标看，这些行业（部门）还没有取得比较优势。相对于前一类行业而言，这类行业（部门）大部分属于知识密集型服务业。这主要是由于在全球价值链的国际分工体系下，中国看似从事高端"产业"，然而处于专业化分工的位置却是"低端生产环节和阶段"，因而其创造的出口增加值总量是相对有限的。特别地，公共管理和国防及社会保障业属于典型的知识密集型服务业，而其 NRCA 指数均值竟低于 0.1，表明该行业的出口竞争力很弱，严重影响了中国服务业的竞争地位，这是未来整体提升中国服务业国际竞争力的关键行业。虽然考察前期的卫生和社会工作、邮政与通讯业的 NRCA 指数值相对较小，处于显性比较劣势，但是自 2005 年后中国这两个行业的国际竞争力出现逆转，具有显性比较优势。

从时间趋势来看，1995~2011 年中美两国服务业的显性比较优势演变趋势既表现出一定的差异性也呈现出一定的相似性，即考察期内中美两国的知识密集型服务业的 NRCA 指数主要呈现出相似的上升趋势，而劳动密集型服务业和资本密集型服务业的 NRCA 指数却主要表现出相异的变化趋势。

具体来说，在劳动密集型服务业中，中国的建筑业、旅行社业务的 NRCA 指数表现出下降趋势，而美国则呈现出上升趋势；中国的燃油零售批发（不含汽车及摩托车），零售（不含汽车及摩托车）的 NRCA 指数表现出上升趋势，而美国则呈现出相反趋势；中美两国的住宿和餐饮业却都表现出一致的下降趋势。中国大部分劳动密集型服务业的 NRCA 指数下降表明，伴随中国劳动力成本的上升，一些传统的劳动密集型服务业出口竞争优势正逐步减弱，中国应加快从劳动密集型向资本密集型和知识密集型的发展模式转换，进而实现朝着"升级"方向积极演进。在资本密集型服务业中，中国的电力、煤气及水的生产和供应业、水上运输、邮政与通讯业、房地产业表现出上升趋势，而美国则呈现出下降趋势；中国的内陆运输、航空运输业的其他配套和辅助业务表现出下降趋势，而美国则相反。在知识密集型服务业中，除了教育外，金融业、租赁和商务服务业、公共管理和国防及社会保障业、卫生和社会工作、其他社区、社会及个人服务业均表现出一致的上升趋势，这意味着知识密集型服务业已成为提升中美两国未来服务业国际竞争力的重要驱动力，也是未来国际贸易的主战场。

3. 按要素密集度划分的行业竞争力测算

按照上述细分产业部门的分析可知，中美两国服务业细分产业部门所呈现出的差异性与要素密集特征具有密切关系。在此基础上，可以进一步深入分析中美两国具有不同要素密集度特征的服务业的国际竞争力差异及其演变趋势，主要涉及劳动密集型服务业、资本密集型服务业和知识密集型服务业。

从测算结果来看，1995~2011 年中美两国具有不同要素密集度特征的服务业的国际竞争力存在显著差异。总体来说，报告期内，中国的资本密集型服务业具有持续性的竞争优势，而美国的劳动密集型服务业和知识密集型服务业具有持续性的竞争优势。中国劳动密集型服务业的 NRCA 指数相对较低，但呈现出显著的上升趋势，其值由 1995 年的 0.7489 上升到 2011 年的 0.8473。虽然中国劳动密集型服务业还不具备显著的显性比较优势，但已呈现出由比较劣势向比较优势转变的良好势头（见图 0-11）。

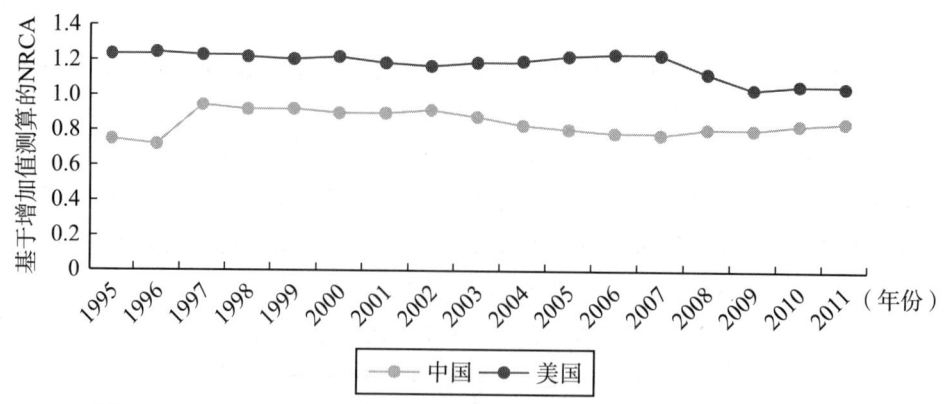

图 0-11　1995～2011 年中美两国劳动密集型服务业 NRCA 指数

中国劳动密集型服务业国际竞争力相对较弱主要有两个方面的原因：(1) 相对于以服务经济为主的美国等发达国家而言，中国之前的改革开放主要是以制造业开放为主，服务业开放相对落后，导致包括劳动密集型服务业在内的很多产业部门可能缺乏出口优势；(2) 在全球价值链国际分工模式下，劳动密集型服务业也存在着"上游"和"下游"环节，中国许多劳动密集型服务业主要还是处于附加值相对较低的"下游"环节。美国劳动密集型服务业的 NRCA 指数介于资本密集型服务业与知识密集型服务业之间，且始终保持着显性比较优势，但其 NRCA 指数值却呈现出显著的下降趋势，由 1995 年的 1.2351 下降到 2011 年的 1.0481，意味着美国劳动密集型服务业的出口竞争优势正在不断减弱。相对于其他类型服务业而言，中国资本密集型服务业的 NRCA 指数基本保持着最高水平，其值由 1995 年的 0.8995 上升到 2011 年的 1.1177，这些都表明中国资本密集型服务业是目前中国服务业参与国际竞争的"可依托"或"主导"产业，这也是与目前中国实施"一带一路"倡议迈向资本输出新时代相一致的（见图 0-12）。

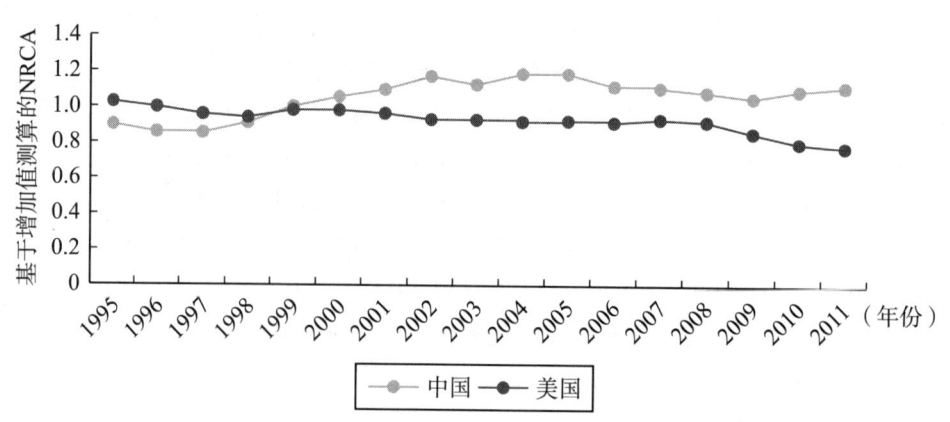

图 0-12　1995～2011 年中美两国资本密集型服务业 NRCA 指数

在三类服务业中，美国资本密集型服务业的 NRCA 指数相对最低，并由显性比较优势逐步转变为显性比较劣势，其 NRCA 指数值由 1995 年的 1.0272 下降到 2011 年的 0.7790，意味着美国资本密集型服务业的国际竞争力正在逐步减弱，从而在一定程度上限制了美国服务业国际竞争力的整体提升。中国知识密集型服务业的国际竞争力最低，与美国相比存在很大差距。在报告期内，中国知识密集型服务业始终处于绝对竞争劣势，但其 NRCA 指数却呈现出显著的上升趋势，由 1995 年的 0.4398 上升到 2011 年的 0.5951，这意味着中国知识密集型服务业的国际竞争力虽然较弱，但却在不断加速提升。美国知识密集型服务业始终保持着绝对竞争优势，其 NRCA 指数同样呈现出显著的上升趋势，由 1995 年的 1.5008 上升到 2011 年的 1.7576，这意味着美国知识密集型服务业具有极强的国际竞争力，并且是目前美国服务业参与国际竞争的"可依托"或"主导"产业。由此可见，伴随着知识密集型服务业在国民经济中的前瞻性、领导性和驱动性作用不断增强，中美两国重视发展知识密集型服务业，使得知识密集型服务业的国际竞争力都逐步增强，这也再次表明了知识密集型服务业是未来中美两国提升国际竞争力优势的关键所在（见图 0 – 13）。

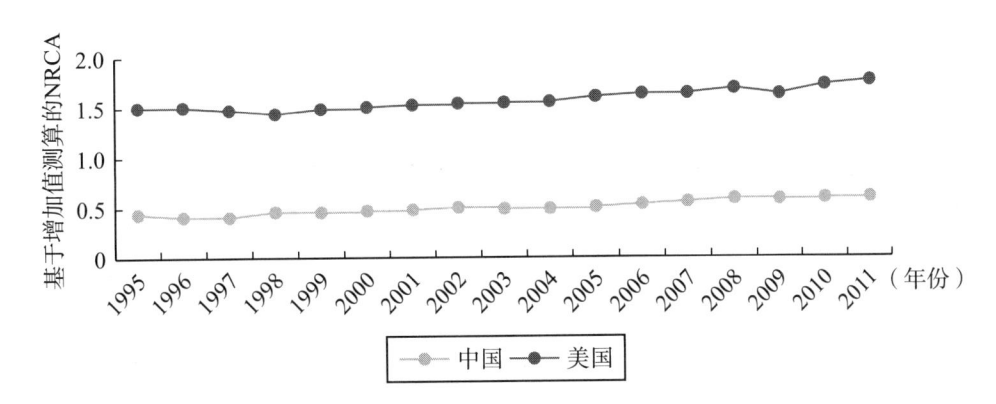

图 0 – 13　1995～2011 年中美两国知识密集型服务业 NRCA 指数

从总体上看，在报告期内，基于出口增加值测算的 NRCA 指数与基于出口总值测算的 TRCA 指数衡量的中美两国服务业国际竞争力存在显著差异，这意味着传统的基于出口总值测算的 TRCA 指数确实存在"高估"或"低估"国际竞争力的现象。同时，中美两国服务业整体国际竞争力差距呈现不断缩小趋势。其中，中国服务业整体表现出持续性的比较劣势，但这种"比较劣势"的状况正在逐步改善，而美国服务业整体表现出持续性的比较优势，且这种"比较优势"较为稳定。

中国服务业细分行业中具有持续性显性比较优势的部门主要集中于劳动密集

型服务业和资本密集型服务业,而美国则主要集中于知识密集型服务业。中美两国知识密集型服务业的 NRCA 指数呈现出相似的上升趋势,而劳动密集型服务业和资本密集型服务业的 NRCA 指数却表现出相异的变化趋势。首先,中国资本密集型服务业具有持续性的竞争优势,而美国的劳动密集型服务业、知识密集型服务业具有持续性的竞争优势。其次,中国劳动密集型服务业的 NRCA 指数相对较低,但呈现出显著上升趋势,而美国劳动密集型服务业始终保持着显性比较优势,但已呈现出下降趋势。最后,中国资本密集型服务业的 NRCA 指数基本保持在最高水平,表明资本密集型服务业是目前中国服务业参与国际竞争的"主导"产业。而美国资本密集型服务业正由比较优势转变为比较劣势,在一定程度上制约了美国服务业国际竞争力的整体提升。此外,中国知识密集型服务业始终处于绝对竞争劣势,但 NRCA 指数呈现出上升趋势,意味着中国知识密集型服务业的国际竞争力虽然较弱,但却在不断加速提升。美国知识密集型服务业始终保持绝对竞争优势,且 NRCA 指数同样呈现出上升趋势,意味着美国知识密集型服务业具有极强的国际竞争力,是目前美国服务业参与国际竞争的"主导"产业。

五、对制造业影响的评估

1. 服务业 FDI 对我国制造业生产效率的影响

课题组采用了 2005~2014 年中国制造业 15 个行业的面板数据测算中国制造业全要素生产率(TFP)指数及其各分解项的值,在此基础上利用全要素生产率(TFP)和劳动生产率(LP)两个指标衡量制造业生产效率,实证检验服务业 FDI 对中国制造业全要素生产率的影响及其传导机制,并从专业化分工和技术溢出两个角度分析服务业 FDI 作用于下游制造业生产效率的理论机制。

具体来说,课题组采用法勒等(Fare et al., 1994)构建的 DEA 曼奎斯特(Malmquist)指数法来测算全要素生产率的变化。在利用 DEAP 2.1 软件计算出 Malmquist 生产率指数(TFP)的基础上,可以将 TFP 进一步分解为技术进步(TC)和技术效率变化(EC),即 $TFP = TC \times EC$。当技术进步或技术效率变化大于 1 时,表示它们是全要素生产率 TFP 增长的源泉,反之则是 TFP 下降的原因。

为了从服务业 FDI 垂直溢出的角度来考虑服务业 FDI 对制造业生产率增长的影响,课题组借鉴费尔南德斯(Fernandes, 2012)的方法,构造了一个服务业 FDI 与制造业的关联指数。潜在的假定是:使用较多服务作为中间投入的制造业行业会从服务业 FDI 的增长中获益更多。结合中国投入产出表中的数据,将制造业各行业对服务业的直接消耗系数与服务业 FDI 存量占服务业增加值的比重相乘，就得到了服务业 FDI 与制造业各行业的关联指数。

根据服务业 FDI 与制造业的关联指数年均值变动情况，可以看出服务业 FDI 与制造业总体关联指数除了在 2006~2008 年有大幅下降以外，基本呈稳定上升态势，这一趋势和我国制造业全要素生产率的上升趋势大致相同（见图 0-14）。

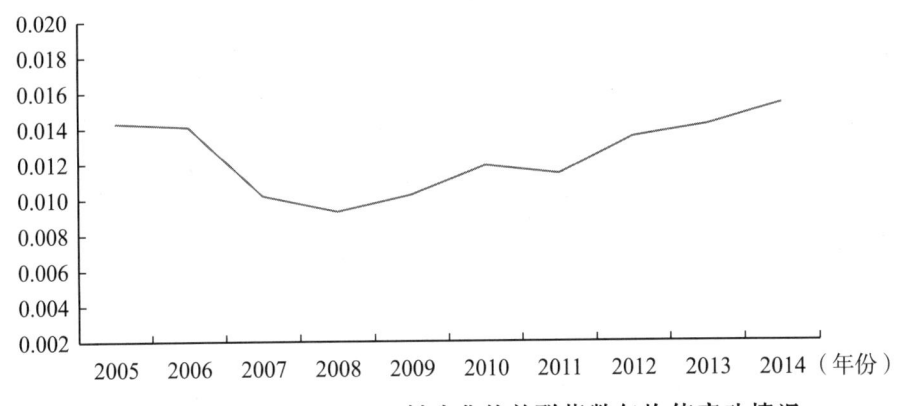

图 0-14　服务业 FDI 与制造业的关联指数年均值变动情况

限于篇幅，本书不予展示具体的模型设定与检验步骤，仅报告最终的回归结果。从总体上看，检验结果显示，当期中服务业 FDI 与制造业的全要素生产率（TFP）呈现微弱的负相关关系，从分解项来看，服务业 FDI 与制造业的技术进步（TC）的关系显著为负，与技术效率（EC）则呈现微弱的正相关，但在统计上并不显著。对服务业 FDI 滞后一期再进行回归的结果表明：服务业 FDI 与制造业的全要素生产率呈正相关关系，系数为 0.128，且在 5% 的水平上统计显著，其中服务业 FDI 对制造业技术进步的促进作用较大，为 0.13，这一系数在 1% 的显著水平上统计显著。这表明，服务业 FDI 对制造业全要素生产率的提升作用存在着滞后效应，而且从传导机制来看，服务业 FDI 主要是通过技术进步来促进制造业全要素生产率的提升。

在对 FDI 进行滞后一期回归之后，技术效率的系数从 0.023 提升到了 0.058，这表明在后期服务业 FDI 对制造业的技术效率提升作用是不断增进的，这需要我国制造业企业不断加强对国外企业先进技术的吸收利用，从而提高其技术效率。同时，实证研究还发现：科研投入能够显著促进我国制造业全要素生产率提升，无论是对技术效率还是技术进步都有显著的提升作用；出口交货值对制造业的全要素生产率具有显著正向影响，但对技术效率的影响为负；资本密集度与生产率、技术效率和技术进步呈现负相关，可能的解释是资本深化对技术进步也会产生负面作用；企业规模对制造业的技术进步存在促进作用，但对技术效率却存在相反的作用。

从总体上看，服务业 FDI 在当期并不能促进我国制造业全要素生产率的提升，甚至存在反作用。FDI 滞后一期的促进作用显著，且是通过技术进步促进全要素生产率的增长。出现这一结果的可能原因有三个：

第一，我国服务业 FDI 的行业分布不均衡。2005~2014 年，我国房地产行业吸引的外商直接投资所占比重一直比较大，平均维持在 40% 左右，2014 年占比高达 46.73%；而知识密集度高的服务业，如金融业、信息传输软件业等行业的 FDI 吸收较少，就 2014 年来说金融业 FDI 占比只有 5.64%。服务业 FDI 对下游制造业的作用机制之一就是基于生产服务业与制造业的互动关系，生产服务业具有高知识高技术密集的特点，服务业 FDI 能够把大量的人力资本和知识资本引入制造业的生产过程中，从而促进制造业技术进步。因此，我国服务业 FDI 行业分布过于集中在房地产、商贸等非生产性服务行业会影响其对下游制造业生产效率的提升作用。但随着我国吸收生产服务业 FDI 越来越多，这种情况也会随之改善。

第二，我国制造业对服务业尤其是生产性服务业的吸收不足。我国制造业对物质消耗较高，而与产品制造相关的金融、市场销售等生产性服务投入偏低，我国制造业生产方式的落后限制了企业对生产服务的需求，这也可能减弱生产服务业 FDI 对本土制造业生产效率的提升作用。

第三，FDI 进入前期的"学习成本"的影响。在 FDI 流入的初期，制造业企业要想获得技术转移，可能需要投入较大的"学习成本"，即制造业企业在引进上游外资企业的先进技术或管理理念时，为了让自身的人员配备和管理方法与其相匹配，初期需要投入的各种成本（学习、管理成本等）也相应增多，因此在初期服务业 FDI 会产生一定的负面作用，尤其是如果制造业企业不能对外资技术进行完全吸收消化并应用于实际时。而且，外资企业在与本土的上下游行业企业进行合作时，会有明显的选择性，那些处于龙头地位的企业会不断发展，而其他企业会受到抑制而发展缓慢，甚至渐渐退出竞争。

2. 服务业开放对经济增加值率的影响

为探究服务业开放对经济增加值率的影响，课题组利用 21 个行业 2004~2011 年的面板数据构建计量模型进行实证分析，包括静态模型估计、动态模型估计和门槛模型估计。此处的服务业开放是指服务业开放度，体现的是通过服务业开放所带来的效果，主要以服务业开放渗透率来表示。为此，可以借鉴阿诺德等（Arnold et al., 2011）的方法，以各项服务业在各行业中间投入的比重为权重，测算服务业开放度（见图 0-15）。

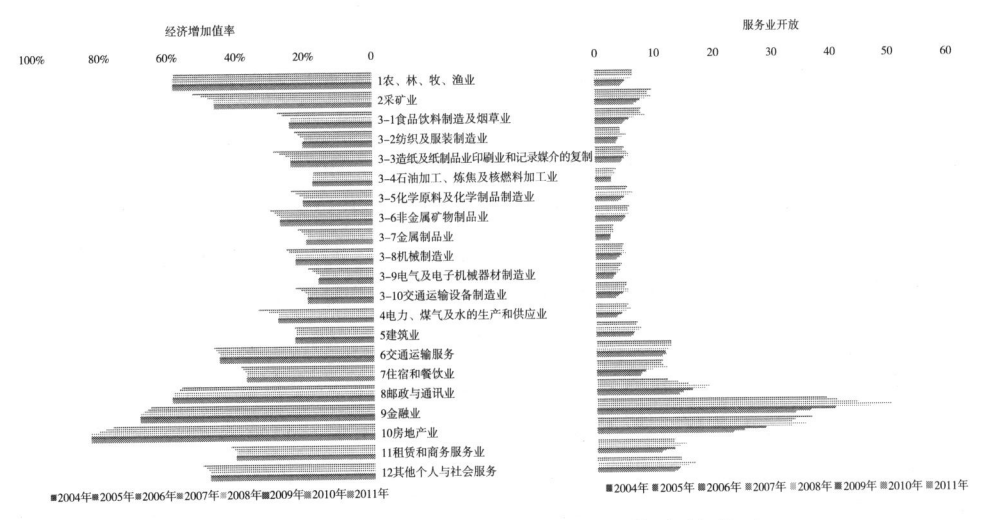

图 0-15 服务业开放与经济增加值率的关系

从服务业开放与经济增加值率的关系来看，开放程度越高的行业，经济增加值率也就越高。但不同行业具有各自独特的特性，发展所需要的投入要素比重也各有侧重，对经济增加值率的贡献大小也不尽相同。其中，开放程度最高的是服务业，尤其是金融业，中国承诺加入WTO后，五年内取消外资银行在中国经营人民币业务的地域限制和在中国经营人民币业务的客户限制等；其次是房地产业，开放程度呈逐渐降低的趋势，但经济增加值率呈上升状态。再次分别是邮政与通讯业、交通运输服务、其他个人与社会服务、租赁和商务服务业、住宿和餐饮业，这些服务业行业的对外开放程度与经济增加值率也呈现明显的正相关关系。对于制造业，其各细分行业的对外开放水平较低，相应的增加值率也偏低，但两者呈现明显的正相关关系。对于农、林、牧、渔业以及采矿业，主要依赖于劳动力的投入，对外开放水平较低，但增加值率高于制造业，说明相对制造业，其产出超过生产过程的中间投入价值。

进一步的实证结果表明，前期经济增加值率和当期经济增加值率正相关，服务业开放也显著地和经济增加值率正相关；服务业开放对经济增加值率的促进水平在1%水平上显著，服务业开放每提高1%，经济增加值率将会相应提高0.0127%。基于门槛回归的结果显示，产业集聚的门限效应明显存在于服务业开放与经济增加值率的关系中。在产业集聚程度较低区间，服务业开放对经济增加值率的促进作用并不显著；而产业集聚程度位于居中区间时，服务业开放对经济增加值率在1%水平上显著。在产业集聚程度较高区间，服务业开放对经济增加值率的促进作用同样不显著。综合权衡这三个不同产业集聚程度区间的回归结果可以看出，随着产业集聚程度的提高，服务业开放的经济增加值率效应也日益增加。

产业集聚程度处于较低区间和较高区间时,服务业开放对经济增加值率的促进作用并不明显,主要的原因在于:在产业集聚程度较低的区间,产业集聚水平较低,尚未能形成规模经济和范围经济,与行业生产相配套的硬件设备和软件设施都较欠缺,招商引资能力较差,而且产业集聚水平较低的行业主要是农、林、牧、渔业,其他个人与社会服务等,主要用于民生,大多数需要政府干预或财政支持,服务业开放水平较低,因此对外开放对经济增加值率的促进作用也就不显著,这些行业的经济增加值率提高是由其他因素引起的,如物质资本和人力资本等。而在产业集聚程度较高的区间,一般而言,随着一个行业集聚程度的提高,行业发展形成一定的规模,技术成熟和实现专业化生产,行业发展的上、中、下游企业已经实现紧密连接,形成专业化链条,如果进一步扩大这些行业的对外开放程度,势必会引起竞争,竞争可能是良性竞争或恶性竞争,因此有可能促进经济增加值率的提高或抑制经济增加值率的提升,就出现了对经济增加值率的促进作用不显著的情况。

第四节 提升服务业对外开放水平的国际经验和借鉴

美国、英国等发达国家服务业在国民经济总量中的占比普遍超过80%,无论是服务业对外开放水平还是服务业竞争力都显著高于我国。从总体上看,发达国家在负面清单模式、人才培育政策、营商环境营造、产业平台建设、配套激励政策等方面都具备丰富的实践经验,部分发展中国家和转型经济体也参照发达国家服务业发展的经验进行了实践。通过对标国际高标准投资贸易规则,可以很好地对我国服务业对外开放实践中尚存在的薄弱环节进行"补短板",尽可能做到尊重市场规律和国际惯例,为服务企业创造一个更为友好和宽松的国际化、法治化营商环境,提升我国服务业发展的质量和效率。

一、负面清单模式

1. 美国

自1982年美国与埃及首次签署双边投资条约(BIT)以来,根据联合国贸易和发展会议(UNCTAD)的IIA Databases公布的数据,截至2015年美国已签署了近50个BIT。美国一直提倡投资自由化,实行准入前国民待遇加负面清单的管理模式,"法无禁止即可为",除负面清单和法律法规中明确列出的不符措施外,其他所有行业与部门均对外资开放。其通过签订双边投资条约和自由贸易协定(FTA)在全球范围内推行其高标准的外商投资负面清单管理模式,形成世界标准和惯例。

美国对外投资长期以来持开放态度,对外商投资实施准入前国民待遇,外商投资进入美国一般无须审批,只需按照一定的程序直接申报即可。虽然美国没有专门针对外资总的限制性措施,但也不可能做到完全意义上的投资自由化。一方面,美国通过与投资相关的联邦、州及地方相关法律法规对外资特定行业进行限制,如金融业、商业服务业、通信业、航空运输业和海运业等;另一方面,美国通过安全审查制度对外资并购进行限制。美国2012年BIT范本的负面清单中不仅包含措施列表和行业列表,还将金融服务以附件形式单独列出。其中,附件一列明了9项有关美国中央政府和地方各州的不符措施。附件二列出了通信、有线电视、社会服务等6个行业,保留未来实施权利的不符措施,特别指出航空、渔业、海事、电信这4个行业不适用最惠国待遇。附件三包括13条关于金融服务的不符措施。美国负面清单中列明的不符措施分为七大类,主要包括了股权比例限制、从业资格限制、区域限制和政府优惠等。其中,金融业所涉及的不符措施较多。可见,在服务业对外开放时,美国依然对其优势产业如金融业、商业服务业和通信业仍会适当保护,避免全盘放开。而对不占优势产业如交通运输业,则采取谨慎开放、审慎保护原则,以避免开放力度过大给这些产业带来巨大的冲击。

2. 韩国

采用负面清单的《美韩自由贸易协定》(U. S. – Korea Free Trade Agreement, KORUS FTA)于2012年3月15日正式生效,主要内容包括了服务业、投资者保护、知识产权保护以及劳工权利和环境保护等。在服务业方面,韩美自由贸易协定扩大了包括电信和电子商务在内的诸多服务行业的市场准入和投资机会,也扩大了美国视听产品在韩国的市场机会。

在《美韩自由贸易协定》中,不符措施主要由现有不符措施,以及有权保留或进一步采取的不符措施两大部分组成。现有不符措施中,基本涉及的是服务业。

3. 澳大利亚

中澳自由贸易协定(Free Trade Agreement)于2015年12月20日正式生效。在服务领域,澳方承诺自协定生效时对中方以负面清单方式开放服务部门,成为世界上首个对我国以负面清单方式作出服务贸易承诺的国家。中方则以正面清单方式向澳方开放服务部门。

澳方服务业负面清单主要集中在市场准入、国民待遇和最惠国待遇，较少涉及业绩要求、高级管理人员和董事会的硬性规定和要求。此外，澳方服务业清单中还有中央政府和地方政府两个层面不同的规定，除了中央政府对服务业负面清单的一般规定外，一些服务业领域还存在地方层面的特殊规定。具体来看，澳方在专业服务、运输服务、分销服务、教育服务、通信服务等领域存在相对较多的不符措施。

4. 代表性发展中国家

印度、印度尼西亚、菲律宾等已经实行负面清单管理模式的发展中国家，其经济发展阶段、产业发展特征与中国更为接近，因而，其负面清单设计对中国而言极具参考价值。归结来看，发展中国家一般会将教育、通信、文化等敏感领域纳入负面清单，而对金融领域等敏感行业领域则没有以负面清单的形式进行规制，如菲律宾对金融领域的投资管理模式仍适用国内银行法。类似地，为了吸引外商直接投资，印度尼西亚政府一直致力于通过改革税收、清关、投资框架和金融业等政策措施，放松管制和简化投资及经商许可程序，为投资者创造有利的投资环境。特别是，印度尼西亚政府2016年6月公布了新的投资负面清单（DNI），其中删除了35个行业，这意味着政府放宽外资准入限制，外资可在35个行业中独资控股，它们大多属于创意产业部门。

二、人才培育政策

服务产品具有无形性和不可储存性等特性，服务产品的交易往往需要供需双方"面对面"交互完成。生产服务尤其是各类专业服务通常是知识、技术或信息密集型行业，专业服务的传递往往需要专业人才与客户的互动。服务业开放对东道国制造业的带动离不开专业人才跨境流动实现的技术（知识）传递。也正是通过专业人才的现场指导、演示、建议、培训、互动等活动，外商服务企业的先进技术、知识和经验等才得以传递给上下游制造业企业。因此，人员流动在服务业技术专业过程中发挥着关键作用，一国的劳工和移民政策自然也就对服务业开放实现的技术转移产生主要影响。

从实践经验来看，优惠的人才政策是发达国家促进本国产业创新的普遍做法。加利福尼亚州硅谷的成功和美国的移民政策密不可分，尤其是1965年的《哈特·塞勒法案》和1990年的《移民归化法案》，两者都增加了对具有高度技能移民及其家属的特别签证，后者把高技能移民的数量增加了近2倍，从每年54 000人增加到每年140 000人，国外出生者占硅谷熟练科学家和工程师的1/3，其中印度人和华人占多数，约占移民总数的75%。

2005年德国实施《移民法》，为有选择地引进高级专业人才提供了法律保障，也标志着德国正式迈入移民国家行列。为解决德国专业人才短缺，吸引除欧盟外的世界高技术人才，2012年8月1日，德国正式开始实施"蓝卡法案"，向高级技术人才发放欧盟"蓝卡"，简化了高级技术人才申请居留许可的手续，降低了高级技术人才留在德国的门槛。

2012年日本法务省制定了"高级人才积分制度"，吸引高级学术研究人员、高级专业技术人员、高级企业经营管理人员三个领域类别的高级人才，以百分制从学历、工作经历、年收入等评价人才，满70分5年就可以获得原本需要10年才能拿到的永久居住权并享受相关政策优惠待遇。

除了优惠政策吸引外，一些国家还通过建设世界级研究机构（基地）吸引人才。2009年韩国投入122亿韩元施行世界级研究机构计划，该计划要求入选该计划的研究机构主任必须是从国外招聘的卓越科学家，机构的研究人员中必须有50%的研究人员来自国外。2003年，日本施行尖端研究基地计划，资助本国学术机构与学术领先国家的研究机构和大学等开展双边或多边合作，达到吸引人才、培养人才、提高前沿领域研究水平的目的。

三、法律保障体制

市场经济是法治经济，完善的法律法规体系对界定和保护产权、保障合约履行、维护市场秩序、形成安全预期、处理贸易纠纷等至关重要，其既是自由贸易健康发展的制度基础，也是促进服务业开放和扩大利用外资的基本保障。通过完善的法律法规保障服务贸易顺利发展也是国际上的普遍做法。

例如，德国政府在联邦一级和州一级法律基础上，编制《电信法》《建筑法》《招投标法》《银行法》《保险法》《多媒体法》等行业性法律法规为服务业发展提供公平、规范的法律环境。德国政府还通过了《电信服务数据保护法》，并根据发展信息和通信服务的需要对《刑法》法典、《传播危害青少年文字法》《著作权法》和《报价法》等做了必要的修改和补充。为适应欧盟统计要求，德国于2000年12月颁布了《服务业统计法》，并于2001年开始对上个报告年度进行了首次服务业结构年度统计调查。2002年8月，德国又颁布了《特定服务业景气统计法令》，规定自2003年第一季度起，开始实施特定服务业季度统计调查，进一步完善了德国服务业统计，为更好地掌握德国服务业的经济实力、结构特征和发展状况提供了可靠依据。

类似地，欧盟也通过一些具体的法律来保障成员国之间各类专业服务贸易的发展，如欧洲共同体理事会发布的《促进律师自由提供服务有效实施的指令》就允许成员国有选择地将有关不动产转让法律文书的准备、土地利益的转让等方面的业务保留给特定种类的律师；要求成员国承认其他成员国赋予的律师身份；其他成员国律师在东道国应以其母国授予的头衔提供服务，东道国不得要求该律师在一个行业组织登记注册。如果其他成员国律师是在东道国出庭代理或辩护，该律师应与东道国律师联合提供服务。

四、产业平台建设

从全球发达地区的实践经验来看，以高校为核心的产业聚集区是吸引生产服务业外资的主要平台。这主要是因为生产服务有着与工农业不同的产业关联特性。硅谷是美国吸引外来投资的主要集中地，硅谷的百年辉煌历程表明，以斯坦福大学为代表的旧金山湾区高校为硅谷源源不断地提供人才、技术、理念支撑，实现知识、信息、资源等在创新网络中的流动和传递，成为硅谷专业服务业与制造业融合互动、促进产业创新升级的重要动力源，斯坦福大学产业园还充当了整个硅谷产业发展的孵化器。大学除了为硅谷提供了重要的人才和技术支撑外，校友关系还增强了合作者之间的信任，降低了市场交易费用，来自同一所大学的企业家和工程师相互提携、相互捧场促进了技术传播和合作。美国其他地区的科研开发区大多是高校或者围绕高校而设立，州政府在区内投巨资建立设施先进、功能完善的科研园孵化器，使之成为创业者的天堂，例如为伊利诺伊大学设立的科研开发区曾被评为美国十大顶尖科研园之一。类似地，1984 年创建的慕尼黑高科技工业园区是德国最为重要的鼓励高科技创新成果向企业转化的科技园区。园区配套建设了先进的硬件设施和服务体系，并可从慕尼黑大学、慕尼黑工业大学和慕尼黑理工大学获得大量的科研成果和科技人才。同时，园区还吸引了慕尼黑市多家科研机构的入驻，提升了整体科研质量，直接或间接为巴伐利亚州乃至全德国的各行各业输送大量的科技工人和创新产品。

除了大学以外，从企业创新发展角度看，行业协会为企业尤其是小企业提供的咨询、信息、培训、法律、商务等生产服务是企业直接或间接获得生产服务和创新发展的重要源泉。例如，发达的行业协会组织被认为是"第三意大利"取得成功的一个主要因素，各种名目繁多的协会组织向中小企业提供全方位的服务，其中涉及贸易、运输、技术、科研、融资、纳税、市场、人才培训、法律咨询、商情信息等多个领域的专业服务，是一个涵盖产业链上中下游的有力保障系统，企业只需负责内部的生产经营。另一个例子是，德国法兰克福工商会（Chamber of Commerce and Industry，CCI）除了为其会员提供培训、信息、咨询等服务外，还通过设立海外常驻机构和德国联合会网络（German Chamber Network，AHK）

帮助德国和外国公司开展国际业务，为本国工商企业尤其是中小企业从事外贸、对外投资和技术转让等国际业务提供咨询服务、国际工程招标资料以及解决国际商务纠纷援助等。

五、配套激励政策

知识和技术密集型生产服务业具有无形性、不可储存性、定制性、个性化以及客户需求的零星性、偶发性、不易标准化等特性，这使得专业服务企业只有达到一定规模的固定客户群才能生存下去，也只有达到一定规模，专业服务企业的成本优势才能显现。为了吸引高科技和创新型企业外商投资，许多国家都通过不同形式的优惠政策帮助专业生产服务企业度过困难的起步阶段。

奥朗德就任总统时，法国政府积极鼓励企业进行科研创新，投入到科研创新领域的财政补贴高达350亿欧元，同时还规定如果企业从事研发活动，将会有相当于研发成本30%的税收减免，并且首次加入该计划的企业，还能享受第一年40%、第二年35%的额外税收减免，结果到2012年底已经有2 000多家在法国的外国企业享受到研发税收抵免的优惠政策。2012年在法的外国研发中心的科研经费支出占到全法国研发机构的20%，这些优惠政策对吸引外国投资者来法设立研发中心从事研发和创新工作发挥了积极的作用。

类似的例子还有，美国各州、各城市为吸引外国直接投资实施的"一揽子激励计划"，包含免税、补贴、低息债券资助贷款，以及贷款担保、雇员培训、改善当地投资环境、土地补贴以及特殊的租期规定等多种激励措施，肯塔基州花费500万美元为日本丰田公司在本地的日本雇员建立日本学校。除此以外，韩国政府2003年专门设立了位于韩国西部的港口城市仁川、南部港口城市釜山和光阳等三个经济特区，在这些经济特区投资的外资公司将获得一系列财务优惠待遇，包括10年内免交公司税、管理人员的个人所得税税率将被统一降至17%。此外，在韩国大德研究园区等地专门设置自由技术区和外资专用高科技园区，对高科技产业和研发机构实施无偿租赁和减免法人税等优惠政策。

第五节 进一步扩大我国服务业对外开放的模式实践

从发达国家和部分发展中国家在服务业对外开放领域的实践经验来看，负面清单是扩大服务业开放的重要模式，尤其是负面清单模式的实践往往不是单边行为，而是会通过双边或者多边经贸谈判予以推进。此外，境内关外的模式在服务业对外开放过程中也发挥着重要作用，是探索服务业开放模式和开放路径的重要实践之一。从我国扩大服务业对外开放的实践来看，负面清单、境内关外和双边谈判在服务业开放过程中所扮演的角色日趋重要，对已经取得的实践经验进行归纳总结，有利于提升我国服务业对外开放的效率。

一、负面清单

我国自贸试验区的第一份负面清单来自上海自贸区，设立之初为190项，2014年，调整减少至139项；2015年，在自贸区扩围之际，该清单又减至122项，同时扩展到上海、广东、天津、福建四个自贸区。2017年版负面清单为95项，覆盖现有的所有自贸试验区。《自由贸易试验区外商投资准入特别管理措施（负面清单）（2017年版）》依据《国民经济行业分类》（GB/T 4754—2011）来编制，划分为15个门类、40个条目、95项特别管理措施。其中特别管理措施包括具体行业措施和适用于所有行业的水平措施。按照规定，凡是在《自贸试验区负面清单》之内的非禁止投资领域，须进行外资准入许可。《自贸试验区负面清单》之外的领域，在自贸试验区内按照内外资一致原则实施管理。

与2015年版相比，2017年版的负面清单减少了10个条目、27项措施，负面清单缩减至百项以内。减少的条目包括轨道交通设备制造、医药制造、道路运输、保险业务、会计审计、其他商务服务6条，同时整合减少了4条。减少的27项特别管理措施中，涉及服务业的主要包括：交通运输业2项，信息技术服务业1项，金融业4项，租赁和商务服务业4项，教育1项，文化、体育和娱乐业共2项。从具体内容看，在金融业的对外开放中，取消了"外国银行分行不可从事《中华人民共和国商业银行法》允许经营的'代理发行、代理兑付、承销政府债券'"的特别管理措施。同时还取消了"外资银行获准经营人民币业务须满足最低开业时间要求"，以及"境外投资者投资金融资产管理公司须符合一定数额的总资产要求"。在保险业务领域，也取消了"非经中国保险监管部门批准，外资保险公司不得与其关联企业从事再保险的分出或者分入业务"的特别管理措施。而在文化、体育和娱乐业中，演出经纪机构虽然属于限制类，须由中方控股，但是"为设有自贸试验区的省份提供服务的除外"，比2015年版负面清单提出的"为本省市提供服务的除外"范围更广。

此外，负面清单持续缩短的同时，实施的范围也随着自贸试验区试点的增多而不断扩大。2013年版和2014年版负面清单只在上海自贸试验区实施，2015年版负面清单覆盖上海、广东、天津、福建四个自贸试验区，而新的2017年版负面清单，则覆盖现有的 11 个自贸试验区。香港特别行政区、澳门特别行政区、台湾地区投资者在自贸试验区内投资参照《自贸试验区负面清单》执行。

负面清单并非一次性开放，不能一蹴而就，而是会有很多可选的方案，在性质、模式和职能方面各不相同，适用的目标也不同。进行负面清单管理，需要考虑中国自身是否有相匹配的国际经贸治理能力以及产业政策，避免导致承担国际法上的不利后果。对于我国来说，实施负面清单的主要问题是服务业部门发展的底子还较为薄弱。在这种条件下，让处于发展中的我国确定是否将一个很弱的服务部门或尚未出现的服务部门列入负面清单是很困难的。目前还没有国家能够对服务业开放的影响做全面的量化分析，像日本、韩国这样的国家都是到 2002 年才在其投资协定中首次采用基于负面清单的准入前国民待遇条款。因此，中国应根据各自经济发展水平与承受能力，对具体产业及部门的投资自由化进程做出务实有序的安排。为此，应充分发挥自贸试验区、自由港压力测试作用，深入开展服务业负面清单管理。对标国际上服务投资贸易的最高标准和规则，在自贸区、自贸港进行试点，先试先行，探索更为成熟的、稳健的"服务业外资准入负面清单管理"，在条件允许的情况下再进行推广应用。

二、境内关外

《关于建立更紧密经贸关系的安排》（CEPA）是我国服务业负面清单境内关外的特殊实践。CEPA 于 2003 年开始实施，符合资格的港澳产品、企业和居民在进入内地市场时可享有优惠待遇。CEPA 实施以来，粤港澳三方已签署 10 份补充协议和 2 份服务贸易协议（即《服务贸易协议》及《关于内地在广东与香港基本实现服务贸易自由化的协议》），逐步充实 CEPA 的内容。在先行先试经验的基础上，2015 年 11 月 27 日，内地和香港签署了《内地与香港 CEPA 服务贸易协议》并从 2016 年 6 月 1 日起正式实施。这是首个内地全境以准入前国民待遇加负面清单方式全面开放服务贸易领域的自由贸易协议，标志着内地全境与香港基本实现服务贸易自由化。同时，2015 年 11 月 28 日签署了《内地与澳门 CEPA 服务贸易协议》。总的来看，服务贸易协议正文对与 CEPA 的关系、适用范围、双方义务、国民待遇、最惠待遇、金融审慎原则、保障措施、例外条款、保留的限制性措施、跨境服务、电信及文化专章、特殊手续和信息要求、投资便利化等分别作出原则性规定。其附件主要包括：一是内地对香港在商业存在模式下以负面清单方式保留的限制性措施；二是内地对香港在跨境服务、电信领域、文化领域以正面清单方式新增的开放措施及对 CEPA 以往协议内容的重述。

《内地与香港CEPA服务贸易协议》主要的亮点包括：一是开放力度大、水平高。内地对香港开放服务部门将达到153个，涉及世界贸易组织160个服务部门的95.6%，其中62个部门实现国民待遇，比《关于内地在广东与香港基本实现服务贸易自由化的协议》增加4个部门。使用负面清单的领域，限制性措施仅120项，比《关于内地在广东与香港基本实现服务贸易自由化的协议》负面清单中132项限制性措施减少12项，且其中的28项限制性措施进一步放宽了准入条件。跨境服务、文化、电信等使用正面清单的领域，新增开放措施28项。二是明确在内地全境给予香港最惠待遇，即今后内地与其他国家和地区签署的自由贸易协定中，只要有优于CEPA的措施均将适用于香港。三是进一步建立健全与负面清单模式相适应的配套管理制度，除了《内地与香港CEPA服务贸易协议》保留的限制性措施及电信、文化领域的公司，金融机构的设立及变更外，香港服务提供者在内地投资《内地与香港CEPA服务贸易协议》开放的服务贸易领域，其公司设立及变更的合同、章程审批改为备案管理，以更加便利香港业者进入内地市场。其中，涉及义务主要为国民待遇，限制性措施主要为商业存在。内地与香港基本实现服务贸易自由化不仅有利于香港巩固国际金融、贸易、航运等中心地位和发展新兴现代服务业，也将为内地服务业发展带来新的活力，有利于内地与香港经济的全面深入融合，实现两地经济共同发展。

三、双边谈判

中国于1982年与瑞典签订第一个双边投资协定，至今已有多年历史。根据中国商务部条约法律司2016年12月公布的数据，中国总计与104个国家或地区签订了双边投资协定（Bilateral Investment Treaty），前期签约国家以发达国家为主，后期以发展中国家为主，体现了我国从吸引外资诉求向对外投资需求的转变过程。随着与更多的发达国家与发展中国家签订协议，中国逐渐接受了更高的标准，也不再有"资本引入"或"资本输出"的偏向性，更加注重对外直接投资促进与吸引外资保护的双向平衡。

从行业管制的维度来分析，金融、医疗、教育及文化等服务业是开放重点。服务业管制水平往往与开放潜力正相关，现行管制水平越高意味着未来开放潜力越大。根据外商投资产业指导目录的限制情况对各行业进行的评估来看，我国金融、通信、医疗、教育、文化等服务业目前限制较大，未来将是美方要求中国服务业开放的重点。

第六节　扩大我国服务业对外开放的几个重要抓手

"一带一路"、自由贸易试验区和粤港澳大湾区都是进一步扩大我国服务业对外开放的重要抓手。为此,有必要紧密围绕上述三个重要战略部署和平台载体积极开展扩大服务业开放的试点工作,在充分参考借鉴发达国家服务业开放与发展实践经验的基础上,结合我国服务业发展的基础和条件,不断探索扩大我国服务业对外开放的新模式、新路径,做到动态调整、持续优化,提升我国服务业对外开放的水平和发展效益。

一、"一带一路"

"一带一路"倡议在进一步扩大我国服务业对外开放的过程中扮演着极为关键的角色,尤其是对我国服务业"引进来"与"走出去"发挥着直接的推动作用。总体来看,"一带一路"对扩大我国服务业对外开放的支撑作用主要体现在以下三个方面。

一是服务业新业态、新模式的培育。"一带一路"产能合作离不开新商业模式的支撑,这也给我国服务业新业态、新模式的发展创造了更广阔的市场空间。在新的商业模式下,将会出现数据重构商业、模式塑造格局以及流量改写未来的趋势,其中,数据重构商业主要依靠的是物联网、大数据等技术手段,模式塑造格局主要依靠的是平台战略与组织变革,流量改写未来主要依靠的是C2C、B2C、O2O等商业模式的兴起与变革。

二是投融资服务新体系的建设与完善。可以支持"一带一路"沿线国家企业在我国证券交易所上市融资,探索在国内证券交易所挂牌交易基于"一带一路"沿线国家股票指数、债券等产品的交易所交易基金(ETF)。推动国内法人证券公司、基金管理公司在"一带一路"沿线国家募集资金,运用人民币合格境外机构投资者(RQFII)机制在境内开展证券投资业务。积极研究探索设立人民币海外投资基金,并将外币实时支付系统的服务范围延伸至"一带一路"沿线国家。通过投融资服务新体系的建设与完善,支持服务企业和制造企业更好地"走出去"开展对外投资活动。

三是服务企业国际化网络的协同发展。为了加快国内服务企业"走出去"的步伐,可以通过在"一带一路"沿线国家搭建重点合作平台、互动交流、战略合作等方式,充分挖掘和发挥国际商业网络资源的优势,实现优势互补、共同发展,进一步拓展我国与"一带一路"沿线国家的合作空间和渠道。一方面,可以紧密围绕"一带一路"沿线国家和地区的区位条件和要素禀赋,共同规划建设一批服务业发展集聚区和产业合作创新平台。另一方面,可以鼓励"一带一路"沿线国家的服务企业进入国内市场,与国内企业建立多层次的合作关系,形成互为依靠、互利发展的格局。

二、自贸试验区

从进一步提升服务业开放水平的角度来考虑,自贸试验区在推动服务贸易自由化进程中的目标和任务主要体现在优化提升服务贸易结构和模式以及推动服务业投资便利化、双向化这两个方面。

首先,优化提升服务贸易结构和模式。借助自贸区建设,对服务产品结构、进出口结构和出口市场结构进行优化提升。通过营造国际化、法治化营商环境,强化对服务业的知识产权保护力度,鼓励服务贸易企业进行模式创新和业态创新,提高特色服务、技术密集型服务等高附加值服务在服务贸易中的比重;在培育服务业出口增长点的同时,鼓励本土制造业在研发服务、生产服务、信息服务等环节加强与服务业的对接,依托互联网、大数据、物联网等现代信息技术实现制造业与服务业的融合发展;围绕海上丝绸之路建设,加强自贸区与国外市场的联系,重点拓展新兴发展中国家的服务业市场,并且鼓励服务企业通过离岸服务、中外合资等形式进入发达国家市场。此外,支持物流、检测、认证等服务业领域第三方机构的发展,逐步探索和制定行业标准,争取继"中国制造"之后形成具有广泛影响力的"中国服务"和"中国标准"。

其次,推动服务业投资便利化、双向化。在自贸区的框架下,探索进一步推动服务业的管理体制由粗放型、审批式转型为效益型、监管式,建立和完善"双重负面清单管理列表+专门行政法规""市场主导+企业主体+政府引导"的新型管理模式,建立以提高效益和质量为目的、负面清单管理为核心、完善监管体制为保障的服务业开放体系;通过负面清单管理模式对服务业的市场准入、监管要求和保留措施进行全面梳理,减少和消除不必要的行政干预,为服务企业提供清晰、便捷的投资指引,切实解决好以往服务企业投资时所遭遇的"玻璃门"和"天花板"现象,并且逐步实现无纸化、智能化、动态化、一站式监管,提升服务业投资的便利化程度。在此基础上,通过在自贸区内打造服务信息供需平台,推动服务业实现"引进来"与"走出去"的双向互动。一方面,鼓励服务业的技术引进和消化吸收再创新，并且支持高水平外资服务企业进驻自贸区，为本土制造业转型升级提供服务保障；另一方面，支持服务企业通过绿地投资、跨国并购、中外合作等形式走出国门，提升服务业在境外的商业存在，带动国内的劳务输出和服务出口。

三、粤港澳大湾区

在 CEPA 协议的框架下，粤港澳地区已经基本实现了服务贸易自由化。根据商务部数据，截至 2014 年，开放部门达 153 个，涉及世界贸易组织服务贸易 160 个部门总数的 95.6%，其中 58 个部门将完全实现国民待遇。[①] 因此，粤港澳大湾区作为构建开放型经济新体制的试验田之一，在推动服务业高水平对外开放上具有独特的优势。通过在粤港澳大湾区"先行先试"，将其打造成为进一步扩大服务业开放、实现服务贸易自由化的高地，不仅能够为在全国范围内促进服务业开放提供可复制、可借鉴的经验，也有利于我国现代产业体系的构建。

根据循序渐进、安全高效、市场主导的原则，可以探索粤港澳大湾区在金融、医疗等细分产业领域对民营内资和外商投资扩大开放，通过实行准入前国民待遇加负面清单的管理模式消除阻碍产业发展的行政壁垒和体制障碍，逐步扩大产业部门开放的领域和范围，优化提升投资结构和模式以及推动投资的便利化和双向化，将粤港澳大湾区打造成为扩大服务业开放的示范性区域。

特别是，粤港澳大湾区在金融领域具有较强的国际竞争力，与国际市场接轨程度较高，具备探索金融创新先行先试的基础条件。为此，可以在粤港澳大湾区开展人民币资本项目可兑换、人民币跨境使用、外汇管理改革等试点推广工作，率先开展地方国有金融资产管理和法人金融机构改革，建设连通境内外的金融要素跨境交易平台，大力发展离岸金融业务，为国内企业的境外资金需求提供便利。通过粤港澳大湾区在金融领域的扩大开放，提升我国制造业和服务业参与国际市场分工、实现价值攀升的意愿与能力。

[①] 《〈内地与香港 CEPA 关于内地在广东与香港基本实现服务贸易自由化的协议〉在香港签署》，商务部网站，http://www.mofcom.gov.cn/article/ae/ai/201412/20141200837788.shtml。

第一章

制造业与服务业联动推进服务业对外开放研究

第一节 引 言

20世纪90年代以来，尤其是1995年1月《服务贸易总协定》和《与贸易有关的知识产权协定》（TRIPs）生效之后①，伴随现代交通与信息技术的迅猛发展，全球范围内服务业对外开放步伐加快，服务业逐步成为全球资本流向的主要领域。70年代早期服务业占全球FDI存量的比重只有1/3，1990年还不足一半，进入21世纪服务业成为全球FDI存量在三次产业中的主要分布行业。② 根据联合国贸易和发展会议发布的2017年《世界投资报告》，截至2015年，服务业已占到全球FDI存量（25.6万亿美元）的62.5%（16万亿美元）。服务经济全球化已成为当前世界经济一体化的突出特征和主要潮流。2001年12月中国加入WTO后，服务业对外开放步伐逐步加快，服务业实际利用外商直接投资从2001年的

---

① 《服务贸易总协定》的核心内容是成员国在服务贸易领域实行最惠国待遇、国民待遇、市场准入、透明度及支付的款项和转拨的资金的自由流动。《与贸易有关的知识产权协定》（TRIPs）主要涉及版权及相关权、商标、地域标识、工业品外观设计、专利、集成电路布图设计、未公开的信息（包括商业秘密）等七种知识产权的保护。

② 2004年联合国贸易和发展会议（UNCTAD）发布的年度《世界投资报告》的主题即为"转向服务业"（The Shift Towards Services）。

111.7亿美元增加到2017年的1 310亿美元，服务业占中国实际利用外商直接投资金额的比重也从2001年的23.8%上升到了2017年的70.8%。① 目前服务业已成为中国新增吸收利用外商直接投资的主要领域。服务业外商直接投资对中国弥补服务业发展资本短缺、学习国际服务业先进技术与管理经验、促进本地服务市场竞争、提高服务业竞争力发挥了重要作用。但是与全球服务业资本流动趋势和中国制造业对外开放的深度相比，目前中国服务业对外开放水平仍然不高。从2019年我国服务业利用外商直接投资的总量来看，服务业利用外商直接投资总额只有68.97%。从2019年我国服务业内部各行业利用外商直接投资结构来看，批发和零售业、住宿和餐饮业、房地产业、租赁和商务服务业占到服务业利用外商直接投资总额的58.23%，各类知识技术密集型的专业服务业开放层次不高。从2019年我国服务业利用外商直接投资的来源地结构看，我国引进的外商直接投资中80%来自香港地区，来自欧美等发达国家的外商直接投资比重很低。进一步扩大服务业对外开放、提高服务业利用外资水平仍是当前我国重要的经济发展战略。

加快推进供给侧结构性改革、努力提高产品和服务质量、着力构建现代产业发展新体系是当前我国经济发展面临的核心任务。从发达国家的实践经验看，产业发展水平的提升以及产业发展新体系的构建是产业结构不断优化升级的过程，是社会分工不断深化、专业化水平不断提升和资源配置效率不断提高的过程，也是价值创造由产业链中间的制造环节向两端的服务环节不断攀升的过程（Porter, 1985；Bryson, 1997）。现代产业发展新体系的基本特征是产业发展主要依赖技术、知识和人力资本的投入，生产服务业和制造业高度融合互动成为产业发展主线，生产服务业尤其是技术和知识密集型生产服务业成为产业竞争力的基础（Kox, Henk L. M. and Rubalcaba, Luis, 2007；刘志彪，2007）。改革开放40多年来，外资主导的制造业出口是保持我国经济快速增长的重要拉动力。外资大量进入在推动我国产业规模和经济总量快速扩张的同时，也带来了产业结构的失衡（魏作磊，2006）。其原因是外资主要集中在制造业，服务业开放未能同步跟进，制造业中加工型、出口型、生产型企业居多，而且大多属于跨国公司全球生产组织体系中的封闭环节，被"锁定"或"俘获"于国际产业链中的低端环节，产品线和产业链延伸不足，对本地的金融、研发、设计、技术服务、人力资源、物流、营销和品牌等生产性服务需求较少，使制造业与服务业之间内在的产业关联被割裂，产业链向服务业增值部分的延伸受到抑制，这是制约我国产业结构升级、制造业

---

① 2017年数据根据《中华人民共和国2017年国民经济和社会发展统计公报》中的数据计算，其他来自《中国统计年鉴》。

国际竞争力提升以及构建现代产业发展新体系的重要因素（吕政等，2006）。

从产业关联角度讲，服务业与制造业存在密切的产业关联。服务业既可以是制造业产出的需求者（后向关联），也可以是制造业生产投入的供给方（前向关联），服务业发展无疑会对制造业产生影响。服务业对外开放会影响引资国制造业生产（竞争力）具有理论上的必然性，通过扩大服务业对外开放促进制造业竞争力提升也有理论上的可行性。因此，通过扩大服务业对外开放来提升我国制造业竞争力对我国现代产业发展新体系的构建无疑具有重大战略意义。本章的主要内容包括：基于产业融合视角，研究服务业开放与制造业竞争力提升的实现机制、我国服务业开放对制造业的实际影响、发达国家（地区）扩大服务业开放促进制造业竞争力提升的成功经验、制约我国生产服务业开放的深层次因素以及全球服务业资本流动的新趋势，最后提出通过服务业开放带动我国制造业竞争力提升的实现途径和政策保障。

第二节　服务业开放带动制造业发展的作用机理

服务业对外开放是指一国通过取消或放松各种限制，积极主动扩大服务业领域的对外经济交流，服务贸易是服务业对外开放的基本形式。根据1994年WTO签署的《服务贸易总协定》，服务贸易有四种提供方式：一是跨境交付（cross-border supply），指服务的提供者在一成员方的领土内，向另一成员方领土内的消费者提供服务的方式，如工程设计、咨询等；二是境外消费（consumption abroad），指服务提供者在一成员方的领土内，向来自另一成员方的消费者提供服务的方式，如旅游、留学等；三是商业存在（commercial presence），指一成员方的服务提供者在另一成员方领土内设立商业机构，在后者领土内为消费者提供服务的方式，如外商直接投资（绿地投资）或跨境并购；四是自然人流动（movement of natural persons），指一成员方的服务提供者以自然人的身份进入另一成员方的领土内提供服务的方式，如专家讲学、国际佣人等。从服务贸易满足的对象来看，服务贸易可以进一步分为以满足最终消费为主的生活服务贸易和以满足企业生产需求为主的生产服务贸易。由于本章重点从产业关联视角讨论服务业对外开放问题，所以关注的重点是生产服务贸易。另外，与工农业产品可以标准化大规模生产实现远距离运输贸易不同，由于服务业产出往往具有无形性、不可储存性、个性化等特征，服务贸易的发生往往需要供应商与客户面对面近距离交互接触，这就使得商业存在成为生产服务最重要的贸易形式，同时它也是各国服务贸易谈判和服务业开放涉及的重点领域。本章在讨论服务业开放与制造业互动关系过程中所涉及的服务业开放形式主要也是商业存在，即外资服务企业（通过直接设立企业或并购）进驻对中国制造业的影响，描述外资企业进入的指标主要是服务业实际利用外商直接投资额。

增加资本供给和丰富商品种类是外资企业进驻对东道国最直接、最明显的影响，但外资进入对东道国经济增长（增长效率）的影响是学术界关注的重点和热点，有关这方面的文献非常丰富（Lim，2001；Doytch，2005；Crespo and Fontoura，2007）。早期文献对外资进入影响的关注主要集中在制造业，关注的核心问题是外资进入对东道国的技术（知识）溢出（扩散）效应（technology/knowledge spillover/diffusion effects）。多数研究表明，在劳动力技术熟练、高收入和发达金融市场条件下，FDI进入会产生明显的技术溢出效应进而促进东道国经济增长（Borensztein et al.，1998；Blomstrom et al.，1994；Alfaro et al.，2008）。但也有研究显示，在不同的国别和产业领域，FDI的技术溢出效应并不明显（Gorg and Strobl，2001；Lipsey，2004）。

与制造业全球化相比，服务业全球化发展起步较晚，对服务业开放影响的理论研究也相对滞后（Hoekman，2006）。1995年《服务贸易总协定》的生效在很大程度上消除了服务业全球化的制度障碍，促进了全球服务业领域FDI迅速增长。随着服务业吸收FDI比重的不断提高，服务业FDI的影响日益受到学术界关注。大量研究显示，服务业FDI会对东道国产生明显的技术转移效应（OECD，2006），并对东道国经济增长效率产生积极影响（Markusen，1989；Francois，1990；Markusen and Venables，1998；Markusen，Rutherford and Tarr，2005；Eschenbach and Hoekman，2006；Jensen et al.，2007；Arnold，Javorcik and Mattoo，2011；Fernandes and Paunov，2012；Arnold J. M.，Javorcik B.，Lipscomb M. and A. Mattoo，2016）。专门针对服务业开放对制造业影响的理论分析和实证研究起步更晚，但是发展迅速，近年已成为全球服务业开放研究领域的一个重点。本书按照服务业开放带动制造业发展作用机理的研究思路对现有文献进行梳理。

一、通过专业分工提升制造效率

分工发展产生的规模经济、报酬递增和专业化水平提升是现代经济增长的基本源泉（斯密，1776；杨格，1928），国际贸易和服务业全球化是分工在全球范围内深入发展的表现形式，从分工和专业化视角认识服务业开放（自由化）的影响首先进入学者视野。生产服务研究开拓者格林菲尔德（Greenfield，1966）指出，服务业在协调和控制企业内各类专业化作业部门的过程中发挥着非常重要的作用，它们是联结现代专业化经济部门的纽带，并随着生产规模扩大和生产过程复杂化而变得日益重要。卡图赞（Katouzian，1970）认为，随着分工产生的"迂回生产"链条不断延伸以及随之而来的本地市场向国内市场转变，服务需求随着"中间产品种类和复杂程度"而增加。金（Gold，1981）发现，随着生产规模和专业水平的变化，为保证企业内计划、服务、协调、评估等工作的有效开展以及各独立专业化操作部门的优化配置，各类受薪的专业技术人才需求会相应增加。马库森（Markusen，1989）认为生产服务是知识密集型中间产品，它的学习开发往往需要大量初始投入，而向市场提供的价格又不能太高。他将服务业作为知识密集型中间投入品（生产服务）纳入一个垄断竞争模型分析后发现，由于专业化分工产生的规模报酬，与只开展最终（货物）产品自由贸易（生产服务自给自足）相比，世界范围内生产服务自由贸易会产生帕累托改进，对贸易双方都有利。弗朗索瓦（Francois，1990）通过一个模型演示了生产服务在联系、协调和控制专业化独立作业部门中的显著作用，他认为生产服务业对于协调和控制专业化生产进而实现规模报酬有重要作用，不断增长的生产服务业对经济扩张具有显著的积极作用，将一个完整的生产过程分解为独立的专业化生产阶段既需要市场规模扩大也需要生产服务业的组织保障。服务贸易不仅可以促进国内专业化水平提升，通过直接贸易或跨国公司获得的生产服务还会促进发展中国家的专业化分工和融入国际专业化进程，在实现国际规模报酬（international returns to scale）和全球价值链治理中发挥关键作用。弗朗西斯科和路易斯（Francisco L. Rivera - Batiz and Luis A. Rivera - Batiz.，1992）通过一个包含内生专业化和外部规模经济的模型分析了外资流入生产服务业对引资国的影响，他们发现在垄断竞争市场环境下，外商直接投资促进了引资国商务服务业（business services sector）专业化发展并提高了相关产业生产率。

二、通过产业关联产生技术溢出

外资服务企业进入一国之后会通过产业关联与东道国建立复杂联系，由于生产经营水平通常比东道国企业高，外资企业在与关联企业互动过程中会通过技术（知识）溢出效应对当地企业产生积极作用（Miroudout，2006）。具体到外资服务企业与东道国制造业企业之间的关联，按照投入产出关系可以分为后向（上游）关联（backward or upstreamlinkages）和前向（下游）关联（forward or downstreamlinkages）。后向关联是企业与其供应商企业之间的产业联系，前向关联是企业与其客户企业之间的产业联系。

从后向关联看，外资服务企业进入东道国之后会以客户身份购买当地制造业产品,外资企业对产品质量和技术标准的高要求会刺激或带动当地供应商提高产品质量和技术标准,如一家国际先进的大型超市的进驻往往会带动当地供应商不断提高产品质量和标准。除了直接的技术和质量要求带动刺激外,来自国外客户的商业信息、客户对生产经营人员的培训以及到客户企业的观摩学习等都会对当地制造业生产率提升产生积极影响。李等(Rhee et al.,1984)对韩国、法肯姆普斯等(Fafchamps et al.,2002)对摩洛哥、布莱克和格特勒(Blalock and Gertler,2004)对印度尼西亚以及范·比塞布罗克(Van Biesebroeck,2003)对9个非洲国家的实证分析都显示,来自国外企业的采购会对本国制造业产生积极带动作用。还有文献表明服务业开放有利于东道国吸引制造业外资,如马克·冯·德鲁尔和迈克尔·瑞安(Marc Von Der Ruhr and Michael Ryan,2005)的研究发现,20世纪70年代后期日本在欧洲的跨国银行吸引了大量日本制造业客户的资本进入欧洲。

从前向关联看,随着技术进步和分工深化,制造业服务化趋势不断加强,国际生产(服务)外包和全球价值链向纵深处发展,服务产出作为制造业中间投入的作用越来越重要,服务业的质量和价格显然会对下游制造业产生影响。同样,服务业FDI也会通过降低服务成本、改善服务质量、丰富服务产品内容、增强当地企业的服务获得性以及与制造业企业互动①等多途径提高下游制造业生产率(Arnold,Javorcik and Mattoo,2011;Fernandes and Paunov,2012)。联合国贸易和发展会议(UNCTAD,2004)从三个方面全面分析了服务业FDI对引资国下游制造业产生溢出效应(spillover effects)的途径:从成本、质量和多样化三方面改善服务市场供给;通过向制造业提供技术或知识密集型服务实现技术转移;通过向当地服务商开展服务外包带动东道国服务水平提升。近年来的大量实证研究从不同视角验证了服务业开放(FDI)对制造业的积极作用。玛图、阿迪特亚、兰迪普·拉辛德兰和阿尔温德·苏布拉马尼安(Mattoo, Aaditya, Randeep Rathindran and Arvind Subramanian,2006)研究发现,在控制了其他影响因素之后,金融和电信部门开放国家的经济增长比其他不开放国家快1个百分点。伯特兰、斯喀乐和塞斯玛(Bertrand,Scholar and Thesmar,2007)实证研究表明,1985年法国解除银行业管制改革提高了制造业的生产效率。阿诺德等(Arnold et al.,2007)研究表明,服务业自由化对捷克共和国制造业企业全要素生产率有显著促进作用。哈沃奇坎德·李(Javorcikand Li,2008)实证估计出零售服务业FDI对罗马尼亚制造业全要素生产率具有明显促进作用。弗朗索瓦和沃尔兹

---

① 与工业品贸易实现技术(知识)溢出明显不同的是,通过服务贸易溢出的很多无形技术(知识)[如窍门(know-how)、策略(tactics)、流程(process)等]需要客户与供应商交互模仿才能实现。

(Francois and Woerz, 2008) 对 OECD 国家的研究显示，商务服务业 (business services) FDI 对东道国制造业出口、增加值和就业有很强的正向促进作用。费尔南德斯 (2009) 对东欧国家实证估计显示，金融与基础设施服务业对外开放对下游制造业劳动生产率有明显促进作用。阿诺德等 (2010) 还发现，银行、电信和交通服务改革对印度制造业全要素生产率具有显著促进作用。费尔南德斯和波诺夫 (Fernandes and Paunov, 2012) 发现，服务业开放可以解释 1992~2004 年智利制造业生产率为何提高 5%。杜根·拉哈贾和瓦雷拉 (V. Duggan, S. Rahardja and G. Varela, 2013) 对印度尼西亚 1997~2009 年的经验分析表明，印度尼西亚制造业全要素生产率增长的 8% 可以由服务业 (重点是交通运输和水电气等部门) 开放解释。伯纳德·霍克曼和本·谢泼德 (Bernard Hoekman and Ben Shepherd, 2017) 利用世界银行企业调查数据研究发现，制造业中间服务投入比例越高，制造业生产率与中间服务提供企业生产率之间的关系越明显。从平均使用比例上看，服务业生产率每提高 10 个百分点，将分别带动制造业生产率和出口增加额提高 0.3 个和 0.2 个百分点。研究还发现，对交通运输和商贸流通服务业 FDI 的限制政策会对本国制造业出口产生很大负面影响。

三、通过市场竞争带来"鲶鱼效应"

除了通过与上下游企业之间的产业关联产生技术 (知识) 溢出效应带动制造业发展之外，服务业 FDI 还会通过水平关联 (horizontal linkages)，即竞争产生的"鲶鱼效应"促进东道国服务业发展进而提高当地制造业效率 (Miroudout, 2006)。国外服务企业进入东道国一方面可以为东道国同类企业提供学习模仿对象，另一方面势必会加剧东道国服务市场竞争，迫使本土企业不得不改革创新，提高产品质量和降低产品成本，下游制造业由此能获得更多质优价廉的服务投入，进而提高生产效率。王和布罗斯多姆 (Wang and Blomstrom, 1992) 在研究跨国企业技术溢出效应时指出，尽管东道国企业可以学习和模仿跨国企业的先进技术，但跨国企业的技术溢出效应还取决于东道国的竞争压力有多大，通常情况下竞争效应要比技术溢出效应更强。弗朗索瓦和舒克内希特 (Francois and Schuknecht, 1999) 借助拉姆齐模型和寡头垄断模型研究了金融服务业开放和经济增长的关系，重点关注了金融服务贸易产生的促进竞争效应，从理论和实证两个方面论证了金融服务贸易自由化和金融部门内竞争程度之间存在正向关系，而金融部门竞争程度与经济增长存在正向关系。巴罗内 (Barone, 2011) 运用投入产出表和 OECD 衡量服务部门管制的相关指标 (包括交通、能源、电信和商务服务业) 研究了服务部门反竞争法规对于下游制造业和经济增长的负面影响，结果显示，减少对服务业的管制，充分发挥服务市场的竞争机制能够显著地提高下游制造业的增加值和生产率以及促进出口增长。另外，外国服务企业与东道国服务企业之间的竞争还有利于打破当地服务市场的垄断，为东道国制造业（尤其是市场谈判能力弱的小微企业）提供更多便利服务。贾沃契克、凯勒和蒂布特（Javorcik，Keller and Tybout，2008）的实证研究表明，沃尔玛（Walmart）进驻墨西哥降低了当地洗涤产品制造商的分销成本。沃尔玛进驻之前当地制造商通常是自己将产品销往单个超市，沃尔玛建立的中央仓库派送系统节省了单个企业的派送成本。另外，沃尔玛在多地的扩张还为厂商提供了更多扩大销路的机会，节省了厂商以前与小批发零售企业的交易成本，这对那些受运输和交易成本所困而不能远销异地的小企业尤其有利。

四、通过带动出口产生规模效应

随着全球经济一体化不断深化，同一产品产业链在世界范围内不断延伸，生产服务业在企业参与全球价值链治理和融入世界分工交易体系过程中发挥着越来越关键的作用。马芮威耶克等（Marrewijk et al.，1997）在结合要素禀赋理论和Spence - Dixit - Stiglitz垄断竞争模型的基础上，构建了一个一般均衡模型以分析最终产品的比较优势和生产服务业之间的关系，认为最终产品的比较优势不仅（直接）源于要素的密集度，而且源于生产服务投入的数量和技术。因此，生产服务贸易自由化能够改善一国最终产品的比较优势，对开放国货物贸易产生福利效应。迪尔多夫（Deardorff，2001）从货物贸易和服务贸易关系的角度来分析服务贸易自由化的影响，认为国际货物贸易的发展离不开服务的投入（如交通、保险、金融等服务的投入），因而服务贸易自由化会使货物贸易的成本降低，刺激国际货物贸易进一步发展。迪尔多夫还指出，服务贸易自由化使国际货物贸易成本降低可以有两个渠道：一是从传统的比较优势中获得的成本收益；二是从生产全球化中获得收益。具体来说，对那些将生产分散在各个不同国家的企业而言，服务贸易壁垒的消除会减少全球化生产企业的服务成本，尤其是重复性固定成本，这一收益也是不容忽视的。马库森（Markusen，2005）探讨了生产者服务贸易自由化影响一国商品贸易模式的理论逻辑，认为生产者服务贸易自由化可以为东道国提供关键的缺失服务投入，即东道国进而利用这些"关键服务投入"发挥比较优势来进行生产或出口最终产品。也就是说，生产者服务贸易自由化会通过提供原先东道国缺失的关键服务来改变一国最终品的比较优势，从而影响一国最终品的贸易结构。沃尔夫梅尔（Wolfmayr，2008）对16个OECD国家1995~2000年的实证分析发现，服务业国际化程度与本国制造业出口市场份额存在明显正相关关系,进一步扩大服务业开放有利于促进制造业商品贸易。马里亚·巴斯(Maria Bas,2014)对印度的经验证据表明,1994~2004年印度能源、交通和通信等服务业自由化改革不仅增加了印度制造业出口的机会,还提高了印度制造业的出口份额。

五、异质性在作用机理中的影响

尽管大量实证研究表明服务业开放(FDI)可以通过多种渠道促进当地制造业效率提升,但是由于服务业内部行业繁多、各行业属性差异显著、服务统计困难以及考察服务业影响所控制的其他变量千差万别,服务业开放对制造业的影响也存在一些争议或质疑。UNCTAD(2004)的研究报告就指出,服务业FDI在带来技术(知识)溢出效应的同时对本地竞争性服务企业存在挤出风险,另外服务业FDI技术(知识)溢出效应的大小与东道国初始经济社会条件有关。玛丽亚·巴斯(2014)在企业异质性模型框架下研究了服务贸易自由化对以交通、电信、能源等服务业作为投入的制造业出口企业绩效的影响,印证了服务贸易自由化对制造业出口绩效有直接的促进作用,但影响比较明显的是那些初始效率较高的企业。迪米安等(Damijan et al.,2015)引入企业异质性分析,对6个欧盟国家2003~2008年企业层面的数据、经济结构数据和投入产出表进行了回归分析,结果显示:服务业FDI能显著促进下游制造业生产率提升,但内资制造业企业比外资企业的效率提升更大;服务业FDI对下游制造业的垂直溢出效应还取决于企业规模、所有权结构、最初的生产率水平以及供给和需求部门之间的技术强度等因素;服务业FDI对小企业生产率的提升比大企业更为明显;对服务业FDI按行业分类进行回归分析后发现,能源服务部门FDI对于内资企业效率提升影响最大。迪米安等(2015)对中东欧国家服务业FDI的分析在肯定了服务业FDI对下游制造业有积极溢出作用的同时也指出,溢出效应与下游制造业企业规模、行业、吸收能力以及服务业自身行业属性有关,其中小企业与东道国企业(相对当地外资制造业)受到服务业FDI溢出效应更明显。贝弗莉等(Beverelli et al.,2017)利用57个国家的数据进行实证检验表明,服务业FDI促进东道国下游制造业效率的效果受东道国制度质量(腐败程度、法律制度、规制质量等)影响,制度质量越好服务业FDI对下游制造业的带动越明显。

第三节 服务业 FDI 对我国制造业生产效率的影响[①]

服务业外商直接投资推动的服务业全球化成为吸引全球学者关注的重点领域，大量实证研究表明，服务业 FDI 不仅有助于弥补东道国资本短缺、为东道国创造更多就业机会，还可以从增加供给、降低成本、提高质量和丰富服务种类等多方面提升东道国服务供给水平。除了满足最终消费需求外，作为中间投入，提升其他产业尤其是制造业生产效率是服务业产出的另一主要功能。服务业 FDI 对制造业绩效的影响是近年来国际学术界关注的一个重点内容。通过扩大服务业对外开放提升服务业发展水平进而促进制造业发展水平是各国吸引服务业 FDI、深化服务业开放的一个重要政策目标。2001 年加入 WTO 以来，我国服务业对外开放步伐加快，服务业 FDI 占 FDI 总额的比重持续攀升，从 2011 年的 44.9% 提高到 2015 年的 61.1%。目前服务业利用外资已经成为我国吸收利用外资的重点领域。那么，服务业 FDI 的流入对我国制造业生产效率影响如何？理清这一问题对于进一步扩大我国服务业对外开放、发挥服务业 FDI 对我国产业结构调整的促进作用无疑具有重要意义。

从前文的理论分析和文献回顾中我们可以看出，服务业（重点是生产服务业）开放可以通过促进分工深化和协调组织专业化生产帮助东道国实现国内报酬递增和国际报酬递增，可以通过前向关联和后向关联带动东道国上下游制造业企业提高效率，可以通过水平关联（竞争效应）促进东道国服务业发展进而带动制造业发展，还可以通过提高国际比较优势促进东道国制造业出口。国外学术界对制造业开放促进制造业效率提升的实证检验非常丰富。与国外相比，我国学者对这一问题的研究相对薄弱。尚涛和陶蕴芳（2009）运用基于 VAR 模型的脉冲响应函数与方差分解法分析了 1982~2006 年我国生产性服务贸易开放与五类制造业国际竞争力之间的长期动态影响特征，结果表明，我国生产性服务贸易开放程度的提高是促使各部门制造业国际竞争力水平不断提高的重要原因。夏晴（2011）、刘艳（2013）等利用制造业行业面板数据对服务业 FDI 和制造业的生产效率进行了检验。魏作磊、余颖（2013）利用中国 25 个省的面板数据考察了生产服务业 FDI 与制造业竞争力的关系。张艳等（2013）使用 1998~2007 年中

[①] 本部分曾发表于魏作磊、刘海红：《服务业 FDI 提升了我国制造业的生产效率吗》，载于《财经理论研究》2017 年第 3 期，第 62~71 页。

国制造业企业面板数据检验了中国服务贸易自由化对制造业企业生产率的影响，发现服务贸易自由化促进了制造业企业生产率的提高。

在目前学术界研究的基础上，下面我们将采用2005~2014年中国制造业15个行业的面板数据测算中国制造业全要素生产率（TFP）指数及其各分解项的值，利用全要素生产率（TFP）和劳动生产率（LP）两个指标衡量制造业生产效率，实证检验服务业FDI对中国制造业全要素生产率的影响及其传导机制，并从专业化分工和技术溢出两个角度分析服务业FDI作用于下游制造业生产效率的理论机制。

一、计量模型、变量与数据描述

（一）计量模型设定

为研究服务业FDI的关联效应对我国制造业生产率的影响，本书构建如下基础方程：

$$\ln TFP = \alpha_i + \beta_1 \ln SL + \beta_2 \ln K + \beta_3 \ln R + \beta_4 \ln E + \beta_5 \ln S + \eta_i + \varepsilon_{it} \quad (1.1)$$

同时，为了进一步探究服务业FDI通过何种传导机制影响制造业的全要素生产率，我们将全要素生产率（TFP）分解为技术进步（TC）与技术效率（EC），由此构建了如下方程：

$$\ln TC = \alpha_i + \beta_1 \ln SL + \beta_2 \ln K + \beta_3 \ln R + \beta_4 \ln E + \beta_5 \ln S + \eta_i + \varepsilon_{it} \quad (1.2)$$

$$\ln EC = \alpha_i + \beta_1 \ln SL + \beta_2 \ln K + \beta_3 \ln R + \beta_4 \ln E + \beta_5 \ln S + \eta_i + \varepsilon_{it} \quad (1.3)$$

其中，下标i和t分别代表行业和年份，α代表截距项，η为不随时间变化的行业效应，ε代表了整个回归方程的误差项，服从独立同分布。其他变量的具体含义如下：

TFP、TC和EC分别代表全要素生产率、技术进步与技术效率；SL为服务业FDI与制造业的关联指标，衡量服务业FDI对下游制造业生产率的影响；这里有一个潜在的假定：在其他条件不变的情况下，使用中间服务投入较多的部门能够获得较大的生产率增长。K为制造业的资本密集度；R为制造业的研发投入；E为企业出口交货值；S为企业规模。

本书重点考察服务业FDI与制造业的关联指数（SL）对制造业全要素生产率的影响。

(二) 变量与数据描述

1. 制造业全要素生产率的测算

本书采用法勒等（1994）构建的 DEA 曼奎斯特（Malmquist）指数法来测算全要素生产率的变化。假设每个决策单位即每个行业使用两种生产要素（劳动与资本）生产单个产品，我们用制造业各行业的"工业总产值"来表示产出，各行业的"全部从业人员年平均人数"来表示劳动投入，各行业的"固定资产净值"来表示资本投入。利用 DEAP 2.1 软件可以计算出 Malmquist 生产率指数（tfpch，TFP），并且可以将 TFP 进一步分解为技术进步（techch，TC）和技术效率变化（effch，EC），即：$TFP = TC \times EC$。当技术进步或技术效率变化大于 1 时，表示它们是全要素生产率 TFP 增长的原因，反之则是 TFP 下降的原因。

由于本书是对全要素生产率进行回归分析，而不是全要素生产率指数，因此需要对各指数进行变换。Malmquist 生产率指数是指相对于上一年的生产率变化率，由此我们假设 2004 年 TFP 为 1，则 2005 年 TFP 为 2004 年 TFP 乘以 2005 年 Malmquist 生产率指数；2006 年 TFP 为 2005 年 TFP 乘以 2006 年 Malmquist 生产率指数，依此类推。EC 和 TP 计算方法与 TFP 的计算一样。

"工业总产值""全部从业人员年平均数""固定资产净值年平均余额"的数据均来自《中国工业经济统计年鉴》。"工业总产值"根据工业生产者出厂价格指数平减为 2005 年的可比价格，"固定资产净值年平均余额"根据固定资产价格投资指数平减为 2005 年可比价格。

2. 服务业 FDI 与制造业关联指数的构造

为了从服务业 FDI 垂直溢出的角度来考虑服务业 FDI 对制造业生产率增长的影响，我们借鉴费尔南德斯（2012）的方法，构造了一个服务业 FDI 与制造业的关联指数。

投入产出数据来自 2005 年、2007 年、2010 年和 2012 年中国投入产出表。其中，2005～2006 年、2007～2009 年、2010～2011 年和 2012～2014 年的直接消耗系数分别根据 2005 年、2007 年、2010 年、2012 年的中国投入产出表的数据进行计算。

潜在的假定是：使用较多服务作为中间投入的制造业行业会从服务业 FDI 的增长中获益更多。结合中国投入产出表中的数据，我们将制造业各行业对服务业的直接消耗系数与服务业 FDI 存量①占服务业增加值的比重相乘,就得到了服务业 FDI 与制造业各行业的关联指数。具体计算公式如下:

$$ServicesLinkage = \alpha_{it} \times \frac{SFDI_t}{SVA_t} \qquad (1.4)$$

其中,α_{it} 表示制造业 i 在 t 年内对服务业的直接消耗系数;$SFDI_t$ 表示服务业 FDI 在 t 年的存量;SVA_t 表示第 t 年服务业的增加值。

3. 控制变量的选取

R 是制造业企业的科研投入,用规模以上工业企业研究与试验发展经费表示。研发是技术进步与生产率增长的重要源泉之一,工业企业研发投入具有两种作用,一方面可以提高工业企业自身的创新能力,另一方面也会增强工业企业对来自生产服务中的技术的消化吸收能力。科研投入被认为是技术进步与生产率增长的重要源泉,技术进步是引起改革开放以来中国经济增长的重要原因,而这种技术进步应源于本土创新能力的提升,而并非外商直接投资。K 是资本密集度,用"制造业固定资产净值÷从业人员数"来衡量。空间经济学和经济增长理论认为,资本积聚是劳动生产率提高的源泉之一。E 代表制造业企业的出口交货值,用来代替制造业出口规模。S 代表企业规模,用"企业平均从业人员数"来衡量,计算方法为"制造业从业人员数÷企业单位数"。

以上数据来自国家统计局官网、《中国工业经济统计年鉴》和《中国统计年鉴》。所有数据都用固定资产价格指数调整到了 2005 年的不变价格。本书采用 2005~2014 年中国 15 个制造业行业的面板数据,由于《中国统计年鉴》及《中国工业经济统计年鉴》中的行业分类与投入产出表的行业分类不完全一致,本书将两者的制造业行业进行分类合并,使其与投入产出表中的制造业行业分类一致,最终采用的 15 个行业分别为食品制造及烟草加工业、纺织业、服装皮革羽绒及其制品业、木材加工及家具制造业、造纸印刷及文教用品制造业、石油加工、炼焦及核燃料加工业、化学工业、非金属矿物制品业、金属冶炼及压延加工业、金属制品业、通用专用设备制造业、交通运输设备制造业、电气机械及器材制造业、通信设备、计算机及其他电子设备制造业、仪器仪表及文化办公用机械制造业。

---

① 服务业 FDI 存量根据戈登·史密斯在 1951 年开创的永续盘存法计算,具体公式为 $S_t = I_t + (1-\delta) \times S_{t-1}$,其中,$S$ 为服务业 FDI 的存量,I 表示服务业 FDI 的净流入量,δ 为折旧率,t 指第 t 年。参考梁琦和施晓苏(2004)的处理方法,直接取折旧率为 10%,则以 1997 年的流量数据除以 10% 作为基期的流量。各年的服务业 FDI 和服务业增加值分别根据固定资产投资价格指数和第三产业 GDP 平减指数调整为 1998 年不变价格。服务业 FDI 即服务业"实际使用外资额"以及服务业增加值的数据来自《中国对外经济统计年鉴》和国家统计局官网,并分别根据固定资产投资价格指数和服务业增加值指数平减到了 2005 年的不变价格。

(三) 数据描述

1. Malmquist 全要素生产率指数计算结果

本书对全要素生产率的分解是通过软件 DEAP 2.1 来实现的，得到的结果显示：2001~2011 年我国制造业绝大部分行业的全要素生产率（TFP）都一直处于增长的状态，只有极个别的行业在个别年份的 TFP 值是下降的。2005~2007 年我国制造业各行业技术效率和技术进步率都呈上升态势。2007 年之后受金融危机的影响，技术效率和技术进步率都出现了大幅下降，2009 年之后，制造业各行业的技术效率较稳定，而技术进步率水平波动较大。表 1-1 是制造业各年各项生产率指数变动均值，从表中可以看出制造业各年各效率指数的平均值在大部分的年份都是上升的。

表 1-1　　　　　　　制造业各年各项生产率指数变动均值

年份	tfpch	effch	techch
2005	1.001	0.967	1.035
2006	1.063	0.995	1.068
2007	1.176	1.094	1.075
2008	1.040	1.014	1.026
2009	1.031	1.092	0.944
2010	1.043	1.000	1.043
2011	1.144	1.029	1.112
2012	0.997	1.009	0.989
2013	1.038	1.014	1.023
2014	0.996	1.006	0.990
均值	1.051	1.021	1.029

表 1-2 是制造业各行业各项生产率指数均值，从表中可以看出各行业全部效率指数基本上都是上升的，技术效率和技术进步对全要素生产率的作用相差不大，技术进步的作用稍微大一些。这说明中国制造业生产率显著增长主要依靠技术的进步，相对于大幅度技术进步，新技术的利用效率不高，消化吸收能力有待增强。

表 1-2　　　　　　　制造业各行业各项生产率指数均值

firm	tfpch	effch	techch
1	1.065	1.044	1.020
2	1.066	1.040	1.025
3	1.038	1.008	1.030
4	1.066	1.041	1.024
5	1.084	1.045	1.038
6	1.070	1.000	1.070
7	1.043	1.006	1.037
8	1.088	1.066	1.020
9	1.046	1.013	1.032
10	1.025	1.000	1.025
11	1.049	1.019	1.029
12	1.052	1.030	1.021
13	1.034	1.007	1.028
14	1.021	1.000	1.021
15	1.027	1.003	1.024
均值	1.051	1.021	1.029

2. 服务业 FDI 关联指数

图 1-1 是服务业 FDI 与制造业的关联指数年均值变动情况，可以看出服务业 FDI 与制造业总体关联指数除了在 2006~2008 年有大幅下降外，基本呈稳定上升态势。这一趋势和我国制造业全要素生产率的上升趋势大致相同。

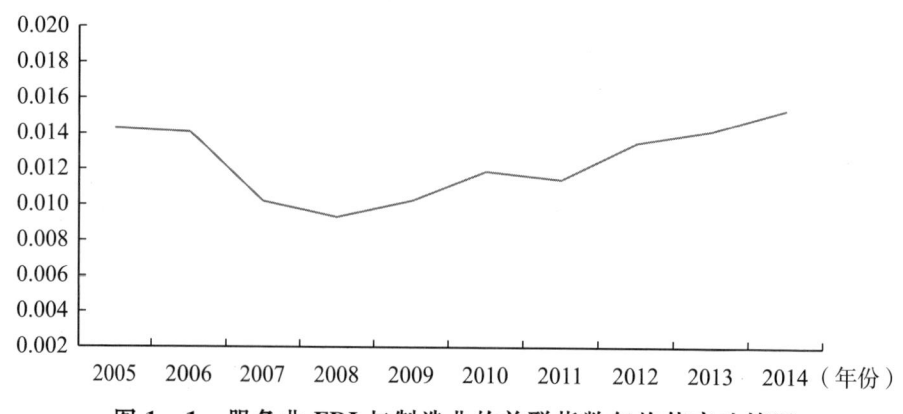

图 1-1　服务业 FDI 与制造业的关联指数年均值变动情况

二、实证结果与分析

(一) 实证结果

本书通过 F 统计量检验和 Hausman 检验最终选择了个体固定效应模型。考虑到面板数据的复杂性会使模型分析可能产生异方差和序列相关性,本书采用"截面加权"方法和加入因变量的滞后一期作为控制变量来消除截面异方差和时间序列相关。经过 Hausman 检验,本书回归均采用固定效应模型(FE),回归结果见表 1-3。考虑到 FDI 行为的滞后性,我们对 FDI 做了滞后一期的回归,回归结果如表 1-4 所示。

表 1-3　　　　　　　　固定效应回归结果

被解释变量	全要素生产率	技术进步	技术效率
$\ln SL$	-0.082* (0.043)	-0.077*** (0.025)	0.0226 (0.047)
$\ln R$	0.262*** (0.028)	0.0544*** (0.0127)	0.175*** (0.034)
$\ln E$	0.0624* (0.037)	0.087*** (0.021)	-0.107** (0.043)
$\ln K$	-0.252*** (0.067)	-0.005 (0.029)	-0.203*** (0.072)
$\ln S$	-0.059 (0.051)	0.081*** (0.023)	-0.111** (0.054)
AR(1)	0.478*** (0.081)	0.265*** (0.088)	0.553*** (0.072)
cons	-0.958 (0.813)	-1.993*** (0.410)	1.625 (0.866)
F 值	98.046	47.101	68.676
Prob > F 值	0.000	0.000	0.000
R^2	0.945	0.892	0.923

续表

被解释变量	全要素生产率	技术进步	技术效率
调整的 R^2	0.935	0.873	0.910
Hausman 值	119.198	78.032	34.049
Prob > H 值	0.000	0.000	0.000
模型	Fe	Fe	Fe

注：括号内为标准误；*、**、*** 分别表示在 10%、5%、1% 水平上显著。Hausman 检验的零假设是 FE 和 RE 的估计系数不存在系统性差异，若拒绝原假设则采用 FE 模型。

表1-4　　　　　　　　FDI 滞后一期回归结果

被解释变量	全要素生产率	技术进步	技术效率
$\ln SL_{t-1}$	0.128 ** (0.054)	0.132 *** (0.028)	0.058 (0.044)
$\ln R$	0.230 *** (0.032)	0.051 *** (0.015)	0.151 *** (0.032)
$\ln E$	0.060 (0.035)	0.070 *** (0.020)	-0.072 * (0.040)
$\ln K$	-0.258 *** (0.068)	-0.105 *** (0.030)	-0.150 ** (0.065)
$\ln S$	-0.124 ** (0.058)	0.028 (0.024)	-0.161 *** (0.056)
AR(1)	0.411 *** (0.083)	0.361 *** (4.259)	0.346 *** (4.480)
cons	0.897 (0.974)	0.614 (0.433)	1.496 (0.785)
F 值	87.538	40.815	75.759
Prob > F 值	0.000	0.000	0.000
R^2	0.946	0.892	0.939
调整的 R^2	0.936	0.870	0.926
Hausman 值	104.226	58.352	30.663
Prob > H 值	0.000	0.000	0.000
模型	FE	FE	FE

注：括号内为标准误；*、**、*** 分别表示在 10%、5%、1% 水平上显著。Hausman 检验的零假设是 FE 和 RE 的估计系数不存在系统性差异，若拒绝原假设则采用 FE 模型。

表1-3显示,当期中服务业FDI与制造业的全要素生产率（TFP）呈现微弱的负相关关系时,从分解项来看,服务业FDI与制造业的技术进步（TC）的关系显著为负,与技术效率（EC）则呈现微弱的正相关,但在统计上并不显著。本书对服务业FDI滞后一期再进行回归,得到了表1-4的结果。

表1-4显示,服务业FDI与制造业的全要素生产率呈正相关关系,系数为0.128,且在5%的水平上统计显著,其中服务业FDI对制造业技术进步的促进作用较大,为0.132,这一系数在1%的显著水平上统计显著。

这表明,服务业FDI对制造业全要素生产率的提升作用存在着滞后效应,而且从传导机制来看,服务业FDI主要是通过技术进步来促进制造业全要素生产率的提升,这一研究结论与刘艳（2013）、邱爱莲等（2014）研究的基本结论相同。

在对FDI进行滞后一期回归之后,技术效率的系数从0.0226提升到了0.058,这表明在后期,服务业FDI对制造业的技术效率提升作用是在不断增进的,这需要我国制造业企业不断加强对国外企业先进技术的吸收利用,从而提高其技术效率。

科研投入能够显著促进我国制造业全要素生产率提升,无论是对技术效率还是技术进步都有显著的提升作用,这与大多数学者的研究结果一致。出口交货值对制造业的全要素生产率具有显著正向影响,但对技术效率的影响为负。邱斌等（2009）认为可能是由于中国还没有形成完善的市场体系和公平竞争的市场制度,缺乏预算软约束等因素,出口没能对生产率的增长产生正向影响。

资本密集度与生产率、技术效率和技术进步呈现负相关,可能的解释是资本深化对技术进步也会产生负面作用。企业规模对制造业的技术进步存在促进作用,但对技术效率却存在相反的作用。

（二）原因分析

上述回归结果表明,服务业FDI在当期并不能促进我国制造业全要素生产率的提升,甚至存在反作用。FDI滞后一期的促进作用显著,且是通过技术进步促进全要素生产率的增长。出现这一结果的可能原因有三：

第一,我国服务业FDI的行业分布不均衡。2005～2014年,我国房地产行业吸引的外商直接投资所占比重一直比较大,平均维持在40%左右,2014年占比高达46.73%；而知识密集度高的服务业,如金融业、信息传输软件业等行业的FDI吸收较少,就2014年来说金融业FDI占比只有5.64%。[①]

---

① 笔者根据国家统计局官网公布的我国服务业实际使用外商直接投资金额计算得出。

根据前面的理论分析，服务业 FDI 对下游制造业的作用机制之一就是基于生产服务业与制造业的互动关系，生产服务业具有高知识、高技术密集的特点，服务业 FDI 能够把大量的人力资本和知识资本引入制造业的生产过程中，从而促进制造业技术进步。因此我国服务业 FDI 行业分布过于集中在房地产、商贸等非生产性服务行业会影响其对下游制造业生产效率的提升作用。但随着我国吸收生产服务业 FDI 越来越多，这种情况也会随之改善。

第二，我国制造业对服务业尤其是生产性服务业的吸收不足。魏作磊和陈丽娴（2016）的研究表明，我国制造业对物质消耗较高，而与产品制造相关的金融、市场销售等生产性服务投入偏低，我国制造业生产方式的落后限制了企业对生产服务的需求，这也可能减弱生产服务业 FDI 对本土制造业生产效率的提升作用。

第三，FDI 进入前期的"学习成本"的影响。徐宏毅等（2016）指出，在 FDI 流入的初期，制造业企业要想获得技术转移，可能需要投入较大的"学习成本"，即制造业企业在引进上游外资企业的先进技术或管理理念时，为了让自身的人员配备和管理方法与其相匹配，初期需要投入的各种成本（学习、管理成本等）也相应增多，因此在初期，服务业 FDI 会产生一定的负面作用，尤其是如果制造业企业不能对外资技术进行完全吸收消化并应用于实际时。

而且，外资企业在本土的上下游行业企业进行合作时，会有明显的选择性，那些处于龙头地位的企业会不断发展，而其他企业会受到抑制而发展缓慢，甚至渐渐退出竞争。

（三）稳健性讨论

制造业生产效率是本书的被解释变量，制造业生产效率的衡量对于模型的估计结果至关重要。本书采用劳动生产率（LP）代替全要素生产率（TFP）来衡量制造业的生产效率以求进一步的稳健性分析，基准方程如式（1.1）所示。

估计结果显示（见表1-5），服务业 FDI 对下游制造业的影响的确存在滞后效应，在当期系数为负，滞后一期之后在 1% 的显著性水平上提高了制造业的劳动生产率。

对于控制变量，各系数大小波动不大，显著性也没有发生实质性变化，与表1-3的估计结果基本一致，说明本书研究结果是基本可靠的，即服务业 FDI 能够促进下游制造业的生产效率，但这种作用存在一定的时滞。

表1-5　　　　　　　　稳健性检验结果

被解释变量	劳动生产率	滞后一期	劳动生产率
lnSL	-0.061 (0.045)	lnSL_{t-1}	0.162*** (0.049)
ln$R$	0.278*** 0.029	ln$R$	0.262*** (0.029)
ln$E$	0.047 (0.040)	ln$E$	0.029 (0.036)
ln$K$	0.496*** (0.070)	ln$K$	0.492*** 0.065
ln$S$	-0.088 (0.052)	ln$S$	-0.182*** (0.054)
AR(1)	0.438*** (0.083)	AR(1)	0.321*** (0.086)
cons	3.378*** (0.086)	cons	5.299*** (0.869)
F值	661.446	F值	650.319
Prob > F值	0.000	Prob > F值	0.000
R^2	0.991	R^2	0.992
调整的R^2	0.990	调整的R^2	0.990
Hausman值	50.398	Hausman值	53.139
Prob > H值	0.000	Prob > H值	0.000
模型	FE	模型	FE

注：括号内为标准误；*** 表示在1%水平上显著。Hausman检验的零假设是FE和RE的估计系数不存在系统性差异，若拒绝原假设则采用FE模型。

三、结论与启示

本节在前文研究基础上首先从理论上提炼出服务业FDI作用于下游制造业生产效率的理论机制，一是专业化分工加深机制，二是FDI技术溢出机制。然后利用DEA-Malmquist非参数分析法测算了2005~2014年中国制造业全要素生产率（TFP）指数及其分解项的值，结合投入产出表数据，对服务业FDI与中国制造业全要素生产率的关系进行了实证检验。结论显示：

第一，服务业FDI对下游制造业生产效率存在积极的提升作用，但这种提升作用存在一定时滞效应。在当期,服务业 FDI 并不会促进下游制造业的生产效率,但其滞后一期的提升效果则非常显著。这启示我国应该加大力度引进服务业外商直接投资,尤其是鼓励外商在生产服务领域进行直接投资,打破我国服务业 FDI 行业分布不均的现象,充分发挥服务业 FDI 对制造业生产效率的长远影响。

第二,从全要素生产率的分解项来看,服务业 FDI 在当期对技术进步的作用为负,但滞后一期则显著为正,这表明我国服务业 FDI 主要是通过促进制造业技术进步,从而促进其全要素生产率提升的。服务业 FDI 对当期的技术效率作用为正,但在统计上并不显著,这表明我国企业对国外企业先进技术的吸收不足。因此,一方面,我国要加大对服务业 FDI 的引进,以期通过促进制造业的技术进步来促进其全要素生产率的提升。另一方面,优化服务业 FDI 结构,加大知识技术密集型服务业 FDI 的引进,促进制造业企业对国外企业先进技术的吸收利用,提高制造业技术效率从而提高全要素生产率。

第四节 服务业开放对产业增加值率的影响[①]

随着经济全球化程度的加深,世界经济格局正发生着深刻变革,各国经济之间的互联互动十分密切。中国作为全球第二大经济体,正日益融入全球经济脉络,进一步扩大对外开放水平,尤其是服务业开放,对我国吸收外资、引进技术、发展生产、推动经济体制改革有着重要作用。这也是我国经济进入新常态后,深入开展供给侧结构性改革的重要内容。在中国过去近 40 年的发展历程中,高投入、低产出的粗放型经济增长模式已逐渐暴露出弊端,资源短缺、能源枯竭和环境恶化等问题日益显现。因此经济发展需更加注重"质量",而不是"数量",经济增加值率反映了中间消耗与总产出的情况,能更好测度经济发展的"质量"。在当前经济背景下,服务业开放是适应经济发展趋势的需要,本节主要探讨进一步扩大服务业对外开放水平能否提高我国经济增加值率?服务业开放需要达到多高程度对经济增加值率的贡献最优?本章试图通过研究分析找到这一问题的答案,为我国政府如何扩大服务业开放以及开放到多大程度来促进经济增加值率的提高提供建议。

现有文献中,对服务业开放与经济增长关系的研究主要有两类。一是关于金

[①] 陈丽娴、沈鸿、魏作磊:《服务业开放提高了经济增加值率吗——基于产业集聚视角的门槛回归分析》,载于《国际贸易问题》2016 年第 10 期,第 85~95 页。

融部门和电信行业等特定服务业行业的开放对经济增长的作用。普遍认为，金融部门的开放会促进经济增长（Ross Levine, 2001；Soukhakian, 2007；Qayyum, 2007）。穆林德和瑞安（Murinde and Ryan, 2003）认为，金融服务业促进经济增长的理论机制是，金融部门的开放有助于打破本国金融市场的垄断，促进金融市场有序竞争，实现部门生产效率的提高，并最终促进本国经济增长。阿迪提亚·马图（Aaditya Mattoo, 2006）的实证分析也表明，电信和金融服务行业开放的国家其经济增长率要比不开放国家平均高出1.5%。马图等（Mattoo et al., 2006）利用跨国数据进行计量实证分析，研究结论显示金融和电信行业的开放会影响长期经济增长。尤塞尔（Yucel, 2009）使用JJ协整检验和格兰杰因果关系检验分析土耳其的贸易开放与经济增长的关系，得出两者存在正相关关系的结论。穆罕默德·沙赫巴兹（Muhammad Shahbaz, 2012）使用ARDL分析方法，得出长期贸易开放会促使经济增长的结论。然而惠等（Hye et al., 2014）基于巴基斯坦1971~2011年的数据分析，认为贸易自由化和金融自由化在短期对经济增长具有正面影响，在长期与经济增长却是负相关关系。

二是从整体上研究服务贸易自由化或服务业开放对经济增长的影响，国外学者进行了详细的探讨。劳拉·阿尔法罗（Laura Alfaro, 2003）认为不同部门对经济增长的影响不一致，其中服务业部门的对外直接投资对经济增长的作用是模棱两可的。科乌生和萨维德斯（Khoury and Savvides, 2006）在对低收入国家和高收入国家进行门槛回归模型分析时，发现服务贸易开放对低收入国家的经济增长有正面作用，对高收入国家的促进作用并不明显。达什（Dash, 2013）运用印度数据，使用协整和格兰杰因果关系检验方法分析认为：整体服务业和细分服务业自由贸易与经济增长有长期正相关关系，服务业进出口与经济增长为双向因果关系。国内许多学者也对中国服务贸易与经济增长之间的关系进行了详细研究。危旭芳和郑志国（2004）实证分析认为服务进出口额与GDP存在正相关关系，且在中国当前，服务业进口对国民经济增长的促进作用要大于服务业出口。庄丽娟和贺梅英（2005）认为随着中国服务业市场逐步开放，服务业外商直接投资对经济增长的作用不可低估。查冬兰和吴晓兰（2006）选取1998~2003年江苏省服务业各行业为研究样本，得出服务业主要行业外国直接投资对行业经济增长有不同影响的结论。杨春妮（2007）认为服务业直接投资主要是通过资本效应、产业结构升级效应和人力资本积累效应促进经济增长。陈景华（2010）的实证分析指出，服务业外商直接投资和外包能够为承接国的发展带来正面的经济效应。石士钧（2012）的研究结果也表明，我国服务业FDI与经济增长之间存在着长期稳定的协整关系。

总体来看，现有研究存在以下不足。首先，相关研究大都基于省际层面或跨国层面的数据分析，对服务业开放的衡量也多是服务业贸易总额和服务业 FDI，忽略了行业发展的异质性对行业间服务开放水平及其渗透率的差异影响。其次，大多数研究关注服务业开放的经济增长效应，多采用人均 GDP 或人均 GDP 增长率表示经济增长，随着经济发展更加侧重"质量"而不是"数量"，对经济增长的内涵需要重新考量。最后，大多数文献运用传统的线性回归模型，没有考虑不同的服务业开放水平对经济增加率的影响是否一致。因此，本书基于行业层面数据，从行业主动吸收服务业贸易总额和对外直接投资两个角度对服务业开放进行测算，并使用产业集聚作为门槛变量，运用门槛回归分析方法，实证分析服务业开放对经济增加值率的影响，以求在视角、数据和方法等方面丰富现有研究。

一、计量模型构建与数据描述

（一）计量模型构建与说明

为探究服务业开放对经济增加值率的影响，本书利用 21 个行业 2004~2011 年的面板数据构建计量模型进行实证分析，包括静态模型估计和动态模型估计。为了分析不同产业集聚水平下服务业开放对经济增加值率的影响差异，进行门槛实证检验。

1. 静态模型估计

$$EVAR_{it} = \alpha_1 seropeness_{it} + X'_{it}\beta + \delta_t + \eta_i + \varepsilon_{it} \quad (1.5)$$

$$EVAR_{it} = \alpha_1 sfdi_{it} + X'_{it}\beta + \delta_t + \eta_i + \varepsilon_{it} \quad (1.6)$$

其中，$i=1,2,\cdots,N$ 表示不同行业；$t=1,2,\cdots,T$ 表示时间；$EVAR_{it}$ 表示行业 i 在第 t 年的经济增加值率；$seropeness_{it}$ 表示服务业开放水平；$sfdi_{it}$ 表示对外直接投资的服务业渗透率；X'_{it} 是除服务业开放之外的一系列控制变量组成的向量，包括物质资本和劳动投入；δ_t 表示时间非观测效应，主要反映除服务开放以外，随时间变化因素所发生的影响；η_i 表示行业非观测效应，反映了行业间持续存在的差异；ε_{it} 表示与时间和行业无关的随机误差项。

2. 动态模型估计

由于经济发展是个动态过程，前期经济增加值率不可避免会影响当期经济增加值率，故采用动态面板进行估计。考虑内生性问题，采用差分 GMM 和系统 GMM 方法。

$$\Delta EVAR_{it} = \gamma \Delta EVAR_{it-1} + \alpha_1 \Delta seropeness_{it} + \Delta X'_{it}\beta + \Delta \delta_t + \Delta \varepsilon_{it} \quad (1.7)$$

$$\Delta EVAR_{it} = \gamma \Delta EVAR_{it-1} + \alpha_1 \Delta sfdi_{it} + \Delta X'_{it}\beta + \Delta \delta_t + \Delta \varepsilon_{it} \quad (1.8)$$

$$EVAR_{it} = \gamma EVAR_{it-1} + \alpha_1 seropeness_{it} + X'_{it}\beta + \delta_t + \eta_i + \varepsilon_{it} \quad (1.9)$$

$$EVAR_{it} = \gamma EVAR_{it-1} + \alpha_1 sfdi_{it} + X'_{it}\beta + \delta_t + \eta_i + \varepsilon_{it} \quad (1.10)$$

3. 门槛回归模型估计

由于服务业对外开放是一个循序渐进的过程，在不同年份开放的行业数目不一致，如果简单地对服务业开放进行划分，就不能真实反映服务业开放对经济增加值率的差异影响。而产业集聚可以较好地体现服务业开放效果。产业集聚是指同一产业在某个特定地理区域内高度集中，产业资本要素在空间范围内不断汇聚的过程。一般认为，产业集聚程度越高，服务业开放水平也就越高，两者的具体关系表现如下：产业集聚程度的提高，有助于实现规模经济、范围经济，促进分工深化，降低生产成本和交易成本，加强技术、管理知识的交流和人力资源的培养与利用，加快专业性外部服务业及配套设施的发展。产业生产规模的扩大和生产效率的提高必然会促使厂商扩大生产规模，进行招商引资，而且会吸引其他厂商进入该行业，即会扩大对外开放水平，进而提高经济增加值率。

针对这一情况，本书采用汉森（Hansen，1999）的门槛回归分析方法。关于门槛变量的选取，主要是考虑产业集聚。为了检验服务业开放对于经济增加值率的促进作用是否随着产业集聚程度的提高而增大的这种条件作用，本书的实证过程主要采用了非线性的门槛回归方法，单一门槛模型设定如下，可以由此扩展到多门槛的情形。

$$EVAR_{it} = \alpha_i + X_{it}\theta + seropeness'_{it}\beta_1 \times I(ia_{it} \leq \gamma) + seropeness'_{it}\beta_2 \times I(ia_{it} > \gamma) + \varepsilon_{it} \quad (1.11)$$

在式（1.11）中，ia_{it} 为门槛变量（产业集聚）；$I(\cdot)$ 是一个示性函数，相应的条件成立时取值为1，否则取值为0；ε_{it} 为白噪声项，其他变量含义同式（1.1）。用下面的方式表示式（1.11）可能更为清晰：

$$EVAR_{it} = \begin{cases} \alpha_i + X_{it}\theta + seropeness'_{it}\beta_1 + \varepsilon_{it} & (ia_{it} \leq \gamma) \\ \alpha_i + X_{it}\theta + seropeness'_{it}\beta_2 + \varepsilon_{it} & (ia_{it} > \gamma) \end{cases} \quad (1.12)$$

依据门槛变量 ia_{it} 与门槛值 γ 的相对大小，可以将可观察到的样本划分为几个不同的区间。区间的差异反映在回归系数 β_1 和 β_2 的不同上，且要求门槛变量 ia_{it} 是不随时间改变的，ε_{it} 服从均值为0，方差为 σ_ε^2 有限的独立、同分布。

对门槛面板数据模型的估计，本书借鉴汉森（1999）的估计方法，采用两阶段最小二乘法。第一步，对于给定的门槛值（γ），计算相应的残差平方和（SSR），进而将所有SSR中的最小值所对应的 γ 作为门限值，记为 $\hat{\gamma}$；第二步，利用 $\hat{\gamma}$ 值划分不同区间，来估计模型不同区间的系数并作相关分析。此外，在对门槛值的存在进行考察并对其大小进行估计时，需要对模型是否存在"门限效应"进行检验。由于未知参数将导致检验统计量的分布为非标准的，采用汉森

(1999) 提出的"自体抽样法"(bootstrap) 来计算检验统计量的渐进分布,用以检验门槛效应的显著性。在拒绝原假设,即存在门限效应的情况下,主要是通过似然比检验构造"非拒绝域"$[c(\alpha) = -2\ln(1-\sqrt{1-\alpha})]$ 来解决分布的非标准态问题。

(二) 数据描述与说明

1. 经济增加值率

经济增加值率的测算借鉴陈锡康和杨翠红 (2011) 的计算方法,主要是利用非竞争进口型投入产出模型。令 a_{vIij} 为第 j 个产业部门的增加值系数(从业人员报酬、营业盈余等),又称为最初投入系数,$a_{vIij} = \dfrac{v_{Iij}}{x_{Ii}}$,即第 j 个产业部门单位产值中第 i 类增加值所占的比重 ($j = 1, 2, \cdots, m$,表示产业部门);a_{vij} 为第 j 种产品的第 i 类增加值系数,$a_{vij} = \dfrac{v_{ij}}{x_i}$,即第 j 种产品单位产值中第 i 类增加值所占的比重 ($j = 1, 2, \cdots, n$,表示产品),则有:

$$a_{vij} = \sum_{k=1}^{m} a_{vIij} d_{kj} \qquad (1.13)$$

式 (1.13) 表示为第 j 种产品的第 i 类增加值系数等于各产业部门的第 i 类增加值系数的加权平均数,其权数为第 j 种产品由各产业部门生产的比重。用矩阵表示:

$$A_v = A_{VI} D \qquad (1.14)$$

其中,A_v 和 A_{VI} 分别为产品和产业部门的增加值系数矩阵。A_v 即本书所需的增加值率,为计算经济增加值率,且与其他经济变量相对应,在用 WTO 服务贸易数据库、《中国统计年鉴》《中国工业统计年鉴》与世界投入产出数据库的数据相匹配后,测算了 21 个行业的增加值率。① 数据来源为世界投入产出数据库 (WIOD)。

2. 服务业开放

目前现有研究对服务业开放和服务贸易自由化程度的度量主要从两个角度进行。第一类从服务贸易数量的角度,考察具体行业或企业吸收的服务贸易进口水

---

① 1 农、林、牧、渔业;2 采矿业;3~1 食品饮料制造及烟草业;3~2 纺织及服装制造业;3~3 造纸及纸制品业印刷业和记录媒介的复制业;3~4 石油加工、炼焦及核燃料加工业;3~5 化学原料及化学制品制造业;3~6 非金属矿物制品业;3~7 金属制品业;3~8 机械制造业;3~9 电气及电子机械器材制造业;3~10 交通运输设备制造业;4 电力、煤气及水的生产和供应业;5 建筑业;6 交通运输服务;7 住宿和餐饮业;8 邮政与通讯业;9 金融业;10 房地产业;11 租赁和商务服务业;12 其他个人与社会服务。

平。按照关税与贸易总协定（GATT）的定义，服务贸易的提供方式有四种，即商业存在、跨境支付、过境消费和自然人流动。商业存在是指成员方的服务提供者在另一成员方领土内设立商业机构，在后者领土内为消费者提供服务的方式，即服务业吸收的外商直接投资。因此，不少文献采用服务业 FDI 的数据计算服务业开放，如阿诺德等（2015）和费尔南德斯和波诺夫（2011）。由于 FDI 只是国际服务进入国内市场的方式之一，以这种方式考察服务业开放可能会低估服务业开放的程度。陈启斐和刘志彪（2014）用国际收支口径（Balance of Payment，BOP）的服务贸易进出口数据，构建了制造业各行业的生产性服务进口指数，作为服务业开放的指标。第二类研究从对外贸易和投资政策出发，在定性分析的基础上构建服务贸易限制指数。如阿诺德等（2011）利用欧洲复兴开发银行（European Bank for Reconstruction and Development，EBRD）发布的《转型报告 2014》（*Transition Report* 2004）中对捷克银行业、电信业、电力、交通等服务业改革程度进行衡量的指数作为服务业开放的度量。张艳等（2013）和宋丽丽等（2014）根据《中国服务贸易具体承诺减让表》和世界银行设计的服务贸易限制指数（Service Trade Restriction Inedx，STRI）计算方法，测算了我国服务业分行业的贸易限制指数。

本书服务业开放是指服务业开放度，体现的是服务业开放所带来的效果，主要以服务业开放渗透率来表示。借鉴阿诺德等（2011）的方法，为了了解服务业开放对各行业的影响程度，即服务业开放渗透率，以各项服务业在各行业中间投入的比重为权重，测算了服务业开放（*seropeness*），公式如下：

$$seropeness_{jt} = \sum a_{jkt} services-opening_{kt} \qquad (1.15)$$

其中，a_{jkt} 为分行业 j 对服务业 k 的投入依赖程度，由投入产出表中各服务业在制造业中间投入中的比重得到，数据来自世界投入产出数据库（World Input-Output Database，WIOD）。服务业分行业开放度的计算公式为：

$$services-opening_{kt} = \frac{M_k}{P_K + M_k - E_k} \qquad (1.16)$$

其中，$services\_opening_{kt}$、M_k、P_k、E_k 分别为服务业分行业开放度、进口额、增加值和出口额，数据来自 WTO 服务贸易数据库、世界投入产出数据库和《中国统计年鉴》。

由于 WTO 服务贸易数据库、《中国统计年鉴》和世界投入产出数据库中对服务业的行业分类各不相同，为尽可能在三者之间寻求统一，使指标计算尽可能准确，本节参考陈启斐和刘志彪（2014）的做法进行归类（见表1-6），并剔除了若干缺乏共性的行业类别。另外，《中国统计年鉴》对制造业的分类依据《国民经济行业分类（GB/T 4754—2002）》，与 WIOD 投入产出表的标准 NACE

Rev.1 不一致，我们借鉴张翊等（2015）的方法，将两者对应起来，从而可从 WIOD 投入产出表获得制造业分行业的服务中间投入比重。①

表 1-6　　　　　　　　服务业行业分类

合并后	WTO 服务贸易统计	国民经济行业分类	WIOD 投入产出表
交通运输服务	交通服务	交通运输与仓储业	内陆运输、水运、空运；其他辅助的运输活动、旅行社活动等
住宿与餐饮	旅游服务	住宿和餐饮业	住宿和餐饮
信息服务	通信服务、计算机和信息服务	信息传输、计算机服务和软件业	邮政和电信
金融服务	保险服务、金融服务	金融业	金融业
租赁与商务服务	其他商务服务	租赁和商务服务业	租赁和其他商务活动
其他个人与社会服务	个人文化和娱乐服务；政府服务	文化、体育和娱乐业；卫生、社会保障和社会福利业；水利、环境和公共设施管理业；居民服务和其他服务业；公共管理和社会组织；教育	公共管理和国防及社会保障业；教育；卫生和社会工作；其他社区社会及个人服务业；私人雇佣的家庭服务业

3. 对外直接投资的服务业渗透率

由于对外直接投资（FDI）只是国际服务进入国内市场的方式之一，会低估服务业开放程度，本节采用分行业对外直接投资的服务业渗透率表示分行业对外直接投资的情况，测算公式如下：

$$sfdi_{jt} = \sum a_{jkt} services\text{-}sfdi_{kt} \qquad (1.17)$$

其中，$sfdi_{jt}$、$services\text{-}sfdi_{kt}$、$a_{jkt}$ 分别表示分行业对外直接投资的服务业渗透率、服务业对外直接投资、分行业 j 对服务业 k 的投入依赖程度。服务业对外直接投资数据源于《中国统计年鉴》；a_{jkt} 的含义和计算同上。

---

① 由于个别变量计算需要 2002 年分行业数据，而工艺品及其他制造业、废弃资源和废旧材料回收加工业两个行业从 2003 年开始统计。且在后面计算产业集聚指标时，由于皮革、毛皮、羽毛（绒）及鞋类制品业，木材加工及木、竹、藤、棕、草制品业，橡胶及塑料制品业的分地区分行业就业人数缺失，因此将以上 5 个制造业行业数据剔除，保留了 10 个制造行业样本。

4. 产业集聚

度量产业集聚程度的方法有很多,本节采用的是空间基尼系数法,测算公式如下:

$$G_i = \sum_{j=1} (x_{ij} - s_{ij})^2 \qquad (1.18)$$

其中,G_i 表示行业 i 集聚度;x_{ij} 表示地区 j 就业人数占全国就业人数的比重;s_{ij} 表示 j 地区 i 行业就业人数占全国 i 行业就业人数的比重。G 的值在 0 和 1 之间,若 G 的值越是接近 0,那么该地区的产业分布越均衡,若 G 的值越接近 1,则产业集聚程度越强。制造业分行业数据来自《中国工业统计年鉴》,2004 年的数据缺失,以 2005 年的数据代替;其余数据来自《中国统计年鉴》。

5. 物质资本

对物质资本的测算采取永续盘存法(PIM),计算公式如下:

$$K_{it} = \frac{I_{it}}{P_{it}} + (1-\delta) K_{it-1} \qquad (1.19)$$

其中,K_{it} 表示 i 行业 t 年的资本存量;I_{it} 为固定资产投资,以全社会固定资产投资总额表示;P_{it} 表示固定资产投资价格指数;δ 表示折旧率;K_{it-1} 表示第 $t-1$ 年的资本存量。由于数据的可获取性,在对资本投入测算时存在以下难点:一是关于基年资本存量的确定。借鉴徐现祥、周吉梅和舒元(2007)的方法,计算公式为:$K_{i,2003} = \frac{I_{i,2003}}{0.03 + g_i}$。$g_i$ 为 2003~2011 年的分行业 i 产出的年均增长率。二是折旧率的确定。参考卜永祥和靳炎(2002)的做法,按 5% 计算。数据来源为制造业行业的全社会固定资产投资总额数据来自《中国工业统计年鉴》;其余分行业的全社会固定资产投资总额数据源于《中国统计年鉴》;此外,固定资产投资价格指数等数据均来自《中国统计年鉴》。

6. 劳动投入

主要以劳动就业人数表示劳动投入状况。其中,制造业行业的劳动投入是指全部从业人员年平均人数(万人),数据来自《中国工业统计年鉴》;其余分行业的劳动投入是指按行业分城镇单位就业人员数(年底数,不含私营单位),数据来自《中国统计年鉴》。

(三)特征化事实

服务业开放与经济增加值率的关系由图 1-2 可知,整体而言,开放程度越高的行业,经济增加值率也就越高。但不同行业具有各自的特性,发展所需要的投入要素比重也各有侧重,对经济增加率的贡献大小也不尽相同。本节分三次产业讨论,首先开放程度最高的是服务业,尤其是金融业,中国承诺加入 WTO 后,五年内取消外资银行在中国经营人民币业务的地域限制和在中国经营人民币业务的客户限制等,其对外开放程度在 2007 年达到最高,经济增加值率这一年也达到最高,为 0.6895。其次是房地产业,开放程度呈逐渐降低的趋势,但经济增加值率呈上升状态,最高达到 0.8338。再次分别是邮政和通讯业、交通运输服务、其他个人和社会服务业、租赁和商务服务、住宿和餐饮业,这些服务业行业的对外开放程度与经济增加值率也呈现明显的正相关关系。对于制造业,其各细分行业的对外开放水平较低,相应的增加值率也偏低,但两者呈现明显的正相关关系。对于农、林、牧、渔业以及采矿业,主要依赖于劳动力的投入,对外开放水平较低,但增加值率高于制造业,说明相对制造业,其产出超过生产过程的中间投入价值。

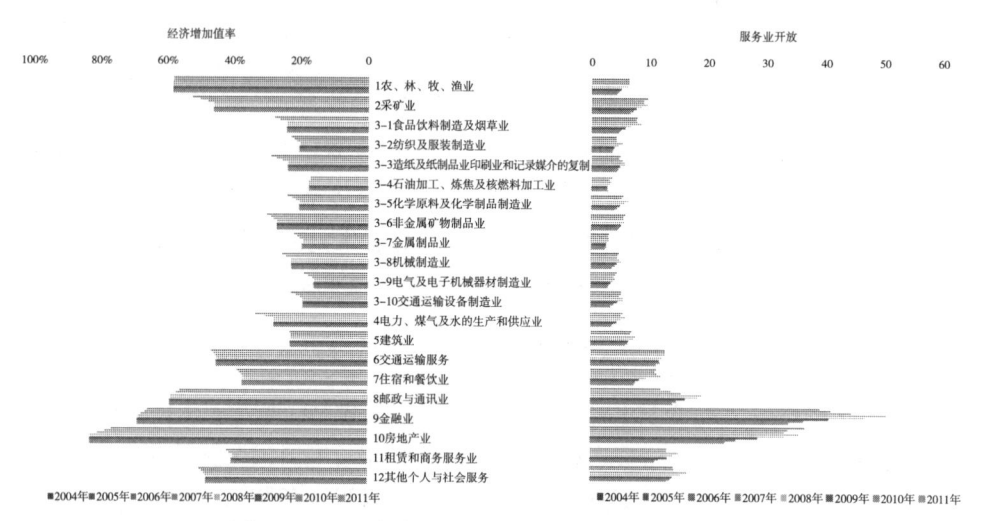

图 1-2 服务业开放与经济增加值率的关系

二、实证结果与分析

(一) 线性回归模型估计

表 1-7 中的模型 1 和模型 2 报告了式 (1.5) 的静态面板模型估计结果,模型 3 和模型 4 报告了式 (1.7)、式 (1.9) 的动态面板模型估计结果。报告结果均显示,服务业开放的回归系数为正且至少在 10% 的显著性水平上具有正面影响。在静态面板模型 1 和模型 2 中,Hausman 检验表明,在 1% 的显著性水平下拒绝了随机效应模型原假设,接受固定效应模型。此外,还进一步控制了非观测的行业固定效应和年份固定效应。实证结果表明,服务业开放对经济增加值率在

10%水平上显著,服务业开放每提高1%,经济增加值率都提高了0.0148%;物质资本均在10%的显著性水平提高了经济增加值率;劳动投入对经济增加值率的促进作用在可检验水平并不显著。

考虑到两方面的内生性——解释变量间可能存在某种程度的互动关系所导致的内生性问题;实际模型中无法将所有影响经济增加值率的解释变量罗列出来,回归方程中可能会遗漏变量。本节采取动态面板GMM估计方法解决内生性问题。模型3和模型4估计了式(1.7)、式(1.9),进一步将经济增加值率的一阶滞后项纳入分析。Sargan检验结果显示在5%的显著性水平上,无法拒绝原假设(所有工具变量均有效),即工具变量是有效的;AR(1)和AR(2)检验结果都显示误差项存在一阶自相关,不存在二阶自相关,故接受原假设误差项无自相关。因此,差分GMM和系统GMM估计是有效的。从模型3和模型4的结果看,前期经济增加值率和当期经济增加值率正相关,本书所关注的服务业开放也显著地和经济增加值率正相关;服务业开放对经济增加值率在1%水平上显著,服务业开放每提高1%,经济增加值率将分别提高0.0177%、0.0127%;物质资本和劳动投入分别在1%、10%的显著性水平促进了经济增加值率的提高。

表1-7　　　　FE、RE、系统GMM和差分GMM估计结果

变量	模型1	模型2	模型3	模型4
	FE	RE	系统GMM	差分GMM
$Seropeness$	0.0148* (0.0161)	0.0148* (0.0161)	0.0177*** (0.0011)	0.0127*** (0.0002)
$Capital$	0.0352* (0.0101)	0.0352* (0.0101)	0.0103*** (0.0007)	0.0031*** (0.0002)
$Labor$	0.0136 (0.0112)	0.0136 (0.0112)	0.0036* (0.0010)	0.0010* (0.0010)
$L.evar$			0.9714*** (0.0011)	0.5327*** (0.0032)
常数项	0.5664*** (0.1287)	0.7951*** (0.1262)	-0.0981*** (0.0069)	0.2132*** (0.0106)
AR(1)			1.4484 (0.0475)	-2.8763 (0.0040)
AR(2)			0.9827 (0.3257)	-1.0112 (0.1726)

续表

变量	模型 1 FE	模型 2 RE	模型 3 系统 GMM	模型 4 差分 GMM
Sargan 检验			18.4546 (0.9806)	20.4965 (0.4900)
Hausman 检验	34.88 (0.0000)			
F 检验值	7.48 (0.0000)	35 925.39 (0.0000)		
行业效应	是	是		
年份效应	是	是		
R^2(within)	0.3531	0.3531		
样本数	168	168	147	126

注：括号内为标准值；*、*** 分别表示在 10%、1% 水平上显著；Hausman 检验的零假设是固定效应与随机效应的估计系数无系统性差异。AR、Hansen 检验和 F 统计量括号里的数分别为 prob > z、prob > z、prob > F(chiz) 的值。

(二) 门槛效应检验与结果分析

前文在不考虑产业集聚的情况下，探讨了服务业开放对经济增加值率的影响，在此基础上进一步讨论在不同的产业集聚水平下服务业开放对经济增加值率的影响差异，也就是进行门槛实证分析，然后对上述两种情况作比较分析。

1. 门槛效应检验

在进行门槛回归分析前需要确定门槛的个数和大小，然后再确定门槛模型的形式。本节对门槛效果进行检验的结果如表 1-8 和表 1-9 所示，相关计量操作在 Stata 13.0 软件中进行。

对式（1.11）进行估计，结果显示：单一门槛和双重门槛的检验效果都非常显著，相应的自抽样 P 值分别为 0.063、0.000，且分别在 10% 和 1% 水平上显著；而三重门槛效果并不显著，自抽样 P 值为 0.127。两个门槛的估计值和相应的 95% 置信区间如表 1-9 所示，相应的门槛值分别为 0.008 和 0.207。

根据门槛值可以将产业集聚度划分为低集聚度（$ia \leqslant 0.008$）、中等集聚度（$0.008 < ia \leqslant 0.207$）和高集聚度（$ia > 0.207$）三种情况。因此，下文将基于两重门槛模型进行分析。

表1-8　　　　　　　　　　门槛效应检验

项目	F值	P值	临界值		
			1%	5%	10%
单一门槛检验	10.158*	0.063	12.100	12.100	10.256
双重门槛检验	22.199***	0.000	6.996	5.745	3.517
三重门槛检验	0.000	0.127	0.000	0.000	0.000

注：P值和临界值均为采用 Bootstrap 法反复抽样得到的结果，*和***分别表示在10%和1%水平上显著。

表1-9　　　　　　　　　　门槛值估计结果

项目	门槛估计结果	95%置信区间
门槛值 γ_1	0.008	[0.005, 0.295]
门槛值 γ_2	0.207	[0.018, 0.295]

表1-10列示了不同年份不同服务业开放程度的行业数目。不同年份不同区间的行业数目有波动，表明对服务业开放程度进行主观划分是不合理的，采取门槛回归模型分析是必要的；而且发现每个行业落在不同区间与客观事实相符合，因此依据产业集聚度进行划分是合理的。

表1-10　　　　　不同年份各个区间内的行业数目　　　　　单位：个

项目	2004年	2005年	2006年	2007年	2008年	2009年	2010年	2011年
$ia \leq 0.008$	7	7	7	7	5	4	4	4
$0.008 < ia \leq 0.207$	10	10	10	10	11	12	12	12
$ia > 0.207$	5	5	5	5	5	5	5	5
合计	22	22	22	22	21	21	21	21

2. 门槛回归结果与分析

由表1-11的门槛回归结果可知，产业集聚的门限效应明显存在于服务业开放与经济增加值率的关系中。在产业集聚程度较低区间（$ia \leq 0.008$），服务业开放对经济增加值率的促进作用并不显著；而当产业集聚程度位于（$0.008 < ia \leq 0.207$）区间时，服务业开放对经济增加值率在1%水平上显著，系数由集聚水平较低时的 0.0088 提高到 0.0133。在产业集聚程度最高区间（$ia > 0.207$）时，服务业开放对经济增加值率的促进作用同样不显著。综合权衡这三个不同产业集聚程度区间的回归结果可以看出，随着产业集聚程度的提高，服务业开放的经济增加值率效应也日益增加。从控制变量来看，物质资本对经济增加值率的推动作用在1%水平上显著；劳动力投入与经济增加值率呈现负相关关系，且在1%水平上显著，这可能与各行业比重有关，一些行业已经转向依靠中间品投入和物质资本投入。

表 1-11　　　　　　　　　　　门槛回归结果

解释变量	系数估计值	t 统计量	P 值
$Seropeness$ $(ia \leqslant 0.008)$	0.0088	1.30	0.000
$Seropeness$ $(0.008 < ia \leqslant 0.207)$	0.0133	13.84	0.000
$Seropeness$ $(ia > 0.207)$	0.0046	1.40	0.165
$Capital$	0.0099	9.07	0.000
$labor$	-0.0001	-5.15	0.000

当产业集聚程度在区间 $(ia \leqslant 0.008)$ 和 $(ia > 0.207)$ 内，出现服务业开放对经济增加值率的促进作用不显著的进一步讨论。在 $(ia \leqslant 0.008)$ 区间，产业集聚水平较低，尚未能形成规模经济和范围经济，与行业生产相配套的硬件设备和软件设施都较欠缺，招商引资能力较差，而且产业集聚水平较低的行业主要是农、林、牧、渔业，其他个人与社会服务业等，主要用于民生，大多数需要政府干预或财政支持，服务业开放水平较低，因此对外开放对经济增加值率的促进作用也就不显著，这些行业的经济增加值率提高是由其他因素引起的，如物质资本和人力资本等。

在 $(ia > 0.207)$ 区间，一般而言，随着一个行业集聚程度的提高，行业发展形成一定的规模，技术成熟和实现专业化生产，行业发展的上、中、下游企业已经实现紧密连接，形成专业化链条，如果进一步扩大这些行业的对外开放程度，势必会引起竞争，竞争可能是良性竞争或恶性竞争，因此有可能促进经济增加值率的提高或抑制经济增加值率的提升，就出现了对经济增加值率的促进作用不显著的情况。

三、稳健性检验

服务业开放是本节的核心解释变量，服务业开放变量的测算对于模型的估计结果至关重要。为了进一步考察估计结果的可靠性,本节采用对外直接投资的服务业渗透率(SFDI)来表示服务业开放,对式(1.6)、式(1.8)、式(1.10)重新估计,以求进一步的稳健性分析。

表1-12报告了稳健性估计结果。静态和动态面板估计结果显示,$SFDI$的系数符号和显著保持不变,系数大小变化也不大,且均在1%的显著性水平上提高了经济增加值率;对于控制变量,物质资本和劳动投入的系数大小波动不大,系数符号和显著性也没有发生实质性变化,与表1-7的估计结果基本一致,说明本节研究结果是可靠的,即服务业开放会提高经济增加值率。

表1-12　　　　　　　　稳健性检验结果

变量	模型5	模型6	模型7	模型8
	FE	RE	系统GMM	差分GMM
fdi	0.0135*	0.0135*	0.0234***	0.0226***
	(0.0130)	(0.0130)	(0.0025)	(0.0020)
$Capital$	0.0367***	0.0367***	0.0055***	0.0098***
	(0.0096)	(0.0096)	(0.0009)	(0.0011)
$Labor$	0.0131	0.0131	0.0040**	0.0052***
	(0.0112)	(0.0112)	(0.0023)	(0.0007)
$L.evar$			0.9010***	0.4883***
			(0.0201)	(0.0156)
常数项	0.3774	0.6052**	-0.3102***	-0.0958***
	(0.2659)	(0.2634)	(0.0249)	(0.0214)
AR(1)			-0.9342	-0.8508
			(0.0960)	(0.0037)
AR(2)			-1.6645	-2.9057
			(0.3502)	(0.3949)
Sargan检验			17.0671	19.3899
			(0.9900)	(0.5601)
Hausman检验	52.12			
	(0.0000)			
F检验值	7.52	35990.96		
	(0.0000)	(0.0000)		

续表

变量	模型 5 FE	模型 6 RE	模型 7 系统 GMM	模型 8 差分 GMM
行业效应	是	是		
年份效应	是	是		
R^2(within)	0.3543	0.3543		
样本数	168	168	147	126

注:括号内为标准值;*、**、***分别表示在1%、5%、10%水平上显著;Hausman检验的零假设是固定效应与随机效应的估计系数无系统性差异。AR、Hansen检验和F统计量括号里的数分别为 prob > z、prob > z、prob > F(chiz) 的值。

四、结论与启示

随着经济全球化程度的加深,中国日益融入全球经济脉络,进一步扩大服务业对外开放水平能提高我国经济增加值率吗?对此本节进行了详细的讨论,对服务业开放从多角度进行了测算,考虑到不同的服务业开放水平对经济增加值率的影响是不一致的,构建门槛回归模型,采用产业集聚作为门槛变量,对服务业开放与经济增加值率进行实证分析。

研究结果显示,在产业集聚程度较低区间($ia \leq 0.008$),服务业开放对经济增加值率的促进作用不显著;而产业集聚程度位于($0.008 < ia \leq 0.207$)区间时,服务业开放对经济增加值率在1%水平上显著,系数由集聚水平较低时的0.0088提高到0.0133;在产业集聚程度最高区间($ia > 0.207$)时,服务业开放对经济增加值率的促进作用同样不显著。对研究结论进行了分析可知,在产业集聚水平较低区间,尚未能形成规模经济和范围经济,与行业生产相配套的硬件设备和软件设施都较欠缺,招商引资能力较弱,服务业开放水平也就偏低,相应地提高经济增加值率的能力较差;在产业集聚水平较高区间,服务业对外开放的良性竞争和恶性竞争同时存在,造成对经济增加值率的促进作用不明显。

基于上述研究,本节得到了以下几点启示:服务业开放诚然可以通过吸收外资、引进技术、发展生产、推动经济体制改革等提高经济增加值率,但要注意不同服务业开放水平对经济增加值率的促进作用是不同的。因此,发挥对服务业开放提高经济增加值率的积极作用,须循序渐进,不能一味推崇。在服务业开放水平较低阶段,政府应给予资金补贴、政策扶持和方向指引,提高产业集聚程度,形成规模经济和范围经济,增强招商引资的能力,逐渐提高服务业开放水平,进入产业集聚中等水平阶段,提高经济增加值率;在服务业开放水平较高阶段,政府要发挥"看得见的手"的作用,配合好市场这只"看不见的手",对市场发展做出及时反应和有效监管,尽量避免行业间的恶性竞争,积极鼓励良性竞争和有序竞争,形成良好的市场竞争氛围,在服务业开放程度高的阶段,同样可以提高经济增加值率。

第五节 服务业开放带动制造业发展存在的问题

改革开放尤其是2001年加入WTO以来,我国积极扩大服务业对外开放,服务业吸收利用外资发展迅速,对我国弥补服务业发展资本短缺、学习国际服务业先进技术与管理经验、促进本地服务市场竞争、提高服务业竞争力发挥了重要作用。在第三节和第四节的实证分析中我们还发现,服务业开放可以提高我国制造业竞争力和产业增加值率。但是与全球服务业资本流动态势、发达国家服务业开放与制造业互动态势、全国制造业产业升级形势以及构建开放型经济新体制的要求相比,目前我国服务业利用外资仍存在行业结构层次低、资金来源地单一、片面政绩观不利于服务业开放、服务贸易法律建设相对滞后、外资制造业产业内生性弱以及引进外资区域发展不平衡等问题。

一、行业分布层次低

从前文述及的大量文献中我们已经知道,服务业FDI对东道国制造业有明显的促进作用。但服务业内部行业门类繁多、属性各异,能对制造业产生明显溢出促进作用的是那些与制造业产业关联密切的服务业,学术界关注比较多的也是被实证研究证明显著的服务业,包括金融、通讯、运输、商贸等涉及商品与生产要素流通以及知识技术密集型的各类专业服务(商务服务)行业。目前服务业已成为我国三大产业中实际利用外商直接投资占比最大的部门,2017年接近70%[①]。但是从服务业实际利用外商直接投资的行业分布来看,我国服务业利用外资的行业层次偏低,不利于对制造业产生溢出带动效应。表1-13是2005~2015年我国服务业实际利用外商直接投资的行业构成,可以看出近十年来我国服务业实际利用外商直接投资占比不断提高,从2005年的24.7%提高到了2015年的

---

① 根据《中华人民共和国2017年国民经济和社会发展统计公报》中的数据计算。

64.3%。但是从服务业内部各行业来看,占服务业利用外资最大的部门是房地产业,最高年份(2007年)超过了50%,2005~2015年累计44.1%。与制造业升级产业关联密切的金融、科技、流通等部门实际利用外商直接投资在整个服务业中的占比都不足10%。服务业实际利用外商直接投资主要集中在房地产业不利于我国制造业吸收发达国家先进服务业的技术溢出。

表1-13　　2005~2015年中国服务业实际利用外商直接投资的行业分布　　　　单位:%

项目	2015年	2013年	2011年	2009年	2007年	2005年	2005~2015年
服务业占全部实际利用FDI比重	64.3	56.3	50.2	42.8	41.4	24.7	47.7
交通运输、仓储和邮政业	5.2	6.4	5.5	6.6	6.5	12.2	6.3
信息传输、计算机服务和软件业	4.7	4.4	4.6	5.8	4.8	6.8	5.1
批发和零售业	14.8	17.4	14.5	14	8.6	7	13.5
住宿和餐饮业	0.5	1.2	1.4	2.2	3.4	3.8	1.7
金融业	18.4	3.5	3.3	1.2	0.8	1.5	5.3
房地产业	35.7	43.5	46.1	43.6	55.2	36.3	44.1
租赁和商务服务业	12.4	15.6	14.4	15.8	13	25.1	15.2
科学研究、技术服务和地质勘查业	5.6	4.2	4.2	4.3	3	2.3	4.3
水利、环境和公共设施管理业	0.5	1.6	1.5	1.4	0.9	0.9	1.2
居民服务和其他服务业	0.9	1	3.2	4.1	2.3	1.7	2
教育	0	0	0	0	0.1	0.1	0.1
卫生、社会保障和社会福利业	0.2	0.1	0.1	0.1	0	0.3	0.1
文化、体育和娱乐业	1	1.2	1.1	0.8	1.5	2	1.1
公共管理和社会组织		0	0	0	0	0	0

资料来源:根据各年《中国统计年鉴》中的数据整理。

从全球资本流动趋势来看,服务业资本跨国流动活跃是当前经济全球化的一个突出特征。如果从服务业内部行业来看,商务服务、金融保险、交通运输、信息通讯等生产服务业是服务业跨国资本流向集中的行业。图 1-3 是 2010~2016 年全球服务业绿地投资和跨国并购的行业分布。从图中可以看出，除了水、电与煤气等基础设施和建筑服务外，全球服务业绿地投资主要发生在商务服务、金融保险、交通仓储与通讯等服务业。而商务服务、金融保险、交通仓储与通讯等行业更是占到了全球服务业跨国并购的 79.8%。全球资本流动向服务业集中是全球经济一体化向纵深发展的必然趋势。交通、通讯和信息技术的快速发展加速了全球生产要素自由流动，带来了国际产业分工格局的深刻变化，促进了全球市场融合不断深化。跨国公司全球配置资源加快了价值链、供应链与产业链跨境整合，促进了以服务外包为代表的服务业跨国投资快速发展。生产服务业全球化成为世界经济一体化深入发展的必然趋势，生产服务业国际化水平已成为一国参与全球经济治理的重要支撑。

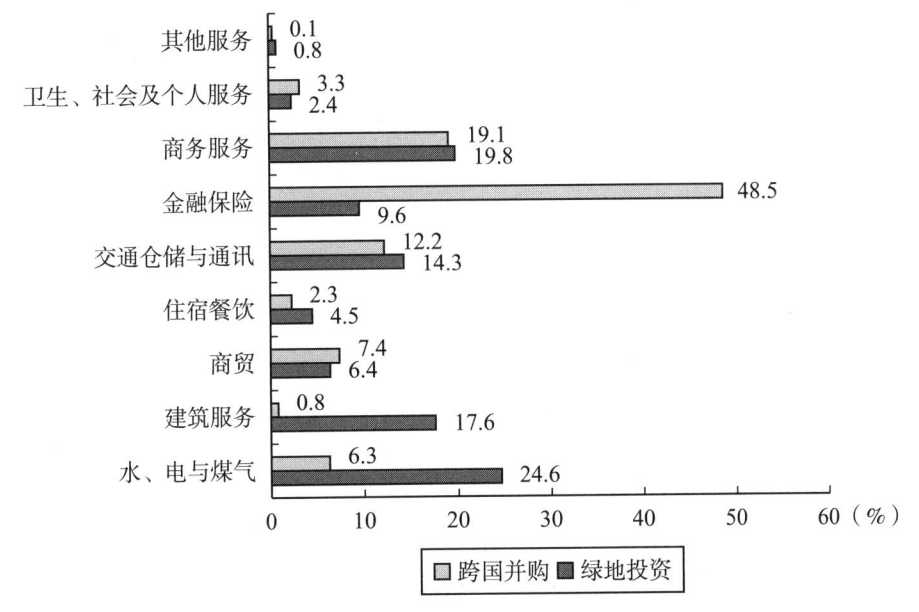

行业	跨国并购 (%)	绿地投资 (%)
其他服务	0.1	0.8
卫生、社会及个人服务	3.3	2.4
商务服务	19.1	19.8
金融保险	48.5	9.6
交通仓储与通讯	12.2	14.3
住宿餐饮	2.3	4.5
商贸	7.4	6.4
建筑服务	0.8	17.6
水、电与煤气	6.3	24.6

图 1-3　2010~2016 年全球服务业绿地投资与跨国并购行业分布

资料来源：根据联合国贸发会议（United Nations Conference on Trade and Development）《世界投资报告 2017》整理。

中国目前已成为全球重要的制造业基地，但制造业"大而不强"的局面仍未根本改变。当前我国正在通过供给侧结构性改革、构建开放型经济新体制等多战略措施提升我国经济发展效率和构建现代产业新体系，实现由制造大国向制造强国转变。发达国家的实践经验表明，制造业由大变强的过程本质上是技术进步和分工深化推动的专业化水平不断提升的过程，是产业链不断延伸实现报酬递增的过程，在这一过程中，产业链价值创造的环节逐步由中间的加工制造环节向两端的服务环节攀升，知识、技术和信息密集型生产服务业推动的制造业服务化是其重要表现形式。外商直接投资是改革开放以来推动我国制造业壮大的重要力量，但是由于服务业开放步伐长期落后于制造业，进驻中国的制造业外资主要集中在产业链中间的加工组装制造环节，产业链两端的服务环节仍然掌控在跨国公司母国，这是制约中国制造业升级的重要"瓶颈"，也是制约我国构建现代产业体系的突出短板。突破产业链低端俘获困境、加快制造业与产业升级密切相关的生产服务业开放，需要抢抓全球资本流动向服务业集中和发达国家外包服务生产环节的历史机遇，进一步拓宽外商投资领域，扭转服务业利用外商直接投资流向行业结构单一的局面。具体来讲，当前应重点按照《国务院关于扩大对外开放积极利用外资若干措施的通知》的要求，进一步扩大金融保险、信息通讯、文化教育等服务领域的对外开放，同时围绕《中国制造2025》确定的"制造强国"战略目标，鼓励外商企业投资工业设计和创意、研发服务、工程咨询、仓储物流、检验检测认证等各类专业生产性服务业，弥补产业升级短板，打破"两头在外、中间在内"的全球产业链困境，发挥服务业外商投资企业技术溢出和竞争促进作用，带动我国产业链向两端服务环节攀升，加快由"制造大国"向"制造强国"的转变。

二、外资来源地单一

通过学习先进技术经验带动市场竞争来促进国内服务业发展进而带动国内产业优化升级是东道国服务业开放的主要战略诉求，实现这一目标需要引资国重点引进发达地区先进生产服务业。目前全球先进生产服务业主要集中在美国、日本、欧洲等发达地区，这些国家和地区生产服务业专业化水平高，技术与知识要素密集，生产要素整合能力强，与其他产业尤其是制造业关联互动强，技术溢出效应大，是中国服务业招商引资和学习借鉴的主要对象。扩大引进美日欧等发达国家和地区服务业外商直接投资，不仅可以促进国内服务业竞争，还可以带动相关产业尤其是制造业效率提升。但是从投资来源地看（见表1-14），1997~2015年中国实际利用外商直接投资的70.6%来自亚洲地区，其中中国香港一地就超过了50%，2015年亚洲地区更是占到了82.5%。2010年以来，来自美日欧等发达国家和地区的外商直接投资合计所占比重都不足10%。外资投资来源地结构单一不利于中国向美日欧等发达国家和地区服务业学习借鉴，不利于中国承接全球生产服务外包促进制造业升级。为更好发挥服务业开放对制造业的提升带动作用，中国需进一步拓宽服务业外资来源地，加强同欧美日跨国公司的合作。当前应该重点利用发达国家开展服务外包机遇，利用我国广阔的市场优势和改革开放积累的引资经验，进一步提升国际化、法治化营商环境，积极承接先进跨国公司服务外包，加大吸引国际跨国公司投资力度，吸引更多欧美日等地发达服务业跨国公司来华投资，构建新型对外开放经济体系。具体到招商引资，应重点聚焦我国生产服务业薄弱环节，通过精准招商、产业链招商，补齐产业链服务短板，增强生产服务保障功能，促进生产服务业与制造业融合互动，助推制造业国际竞争力提升。

表1-14　　　　　　1997~2015年中国实际利用外商直接投资来源分布　　　　　单位：%

国家（地区）	1997~2015年	2015年	2014年	2013年	2012年	2011年	2010年
亚洲	70.6	82.5	82.5	80.5	77.6	77.2	73.4
其中：中国香港	50.1	68.4	68	62.4	58.7	60.8	57.3
日本	6	2.5	3.6	6	6.6	5.5	3.9
新加坡	5	5.5	4.9	6.1	5.6	5.3	5.1
中国台湾	3.2	1.2	1.7	1.8	2.5	1.9	2.3
中国澳门	0.7	0.7	0.5	0.4	0.5	0.6	0.6
韩国	4.1	3.2	3.3	2.6	2.7	2.2	2.5
欧洲	6.9	5.5	5.6	5.9	5.6	5.1	5.6
北美洲	5.4	2.4	2.7	3.5	3.4	3.1	3.8

注：部分国家和地区投资金额较小，故未列出。
资料来源：根据各年《中国统计年鉴》中的数据整理。

三、片面的政绩观念

1994年我国实施的分税制改革极大调动了地方政府发展经济的积极性，追求地方GDP和财政收入快速增长成为各级地方政府发展经济的主要驱动力。通过工业园区的形式大力招商引资是改革开放尤其是1992年以来我国各级政府大力推动工业和地方经济发展的重要举措，也是GDP政绩考核和增加地方财政收入双重压力驱动下我国经济快速发展的一个重要经验（周黎安，2007）。但是，GDP政绩考核与地方财政收入激励在调动地方政府发展经济积极性的同时也带来了一些不利于长期经济可持续发展的负面效应。

首先，保持当地GDP与税收快速增长的行政考核压力使地方政府在制定产业发展战略时往往缺乏整体产业链观念，招商引资过程中更愿意将政策资源投向那些固定资产投资规模大、对当地税收贡献大、经济效益见效快的产业，对于固定资产投资规模小、直接经济效应慢但对制造业产业链整体素质提升有重要意义的生产服务业关注不够，这也是为什么长期以来我国实际利用外资主要集中于工业和房地产业的深层次因素。

其次，轻资产重人才是生产服务业尤其是知识和技术密集型服务业行业的重要行业特征，这一特征使得生产服务业短期内往往难以形成对当地 GDP 的直接贡献，因而也往往难以被纳入地方政府招商引资政策资源的优先考虑范围。

再次，与工业产品可跨区域甚至漂洋过海进行贸易不同，服务产品具有无形性、不可储存性、生产消费同时性等特性，服务产品跨区域远距离可贸易性差，这就要求服务产品生产必须接近需求者，服务的客户主要面向本地企业为主，同时只有客户业务量超过一定规模才能支撑生产服务业生存发展[1]，这使得通过招商引入的生产服务业往往需要经历比较长的培育期才能稳定发展，才能对地方税收和 GDP 产生直接影响，但是政府官员对任期内经济绩效的优先关注使得地方政府很难将招商重点放在经济效益见效慢的生产服务业领域。

最后，生产服务业具有很强的人力资本密集型特点，服务业通过技术（知识）溢出带动制造业效率提升更多是通过专业人才来实现的。因此，相对制造业，生产服务业对产业发展环境的要求更高，尤其是对围绕聚集服务消费人气和积累人力资本的公共环境配套服务要求更高。片面追求显性的 GDP 政绩和地方财税使地方政府将更多政策资源用到制造业、房地产、产业园区等固定资产投资大、商业属性强、税收贡献大的行业，教育、医疗、公共交通等需要大量政策资源支持、GDP 税收贡献不大、非营利性的行业发展普遍存在短板。这已成为地方政府吸引专业人才促进生产服务业开放的突出因素。

四、法律建设较滞后

服务业涉及领域广泛，内部各行业属性差异很大，服务产品可标准化程度低，服务提供往往还涉及专业人员的跨境流动，由此引起的贸易纠纷也很复杂。尤其是与制造业升级密切的知识、技术和信息密集型专业服务往往是个性化程度高、服务内容更新快、产品信息不对称性强，服务业外商直接投资又涉及行政、立法、司法以及贸易、金融监管、海关、劳工权利保障、环保、知识产权、反垄断、人民币兑换等多部门、多领域，深化服务业开放需要的法律支持复杂。目前我国已经颁布《对外贸易法》《商业银行法》《海商法》《保险法》《证券法》《广告法》及《外资金融机构管理条例》等一系列涉及服务业开放的法律法规，

---

[1] 李江帆：《第三产业经济学》，广东人民出版社1990年版，第 80~81、163~178 页。

初步建立了服务贸易法的基本框架,但与发达国家成熟的服务贸易法律体系以及深化服务业开放的形势要求相比仍有很大差距,整个体系还不能为服务行业的发展起到有力的促进和保护作用。

一些行业尤其是新兴服务业行业法律法规仍存在盲点,现行服务行业普遍存在不少法律规范缺损现象,如行业统计、质量标准、市场规范等。有的服务贸易领域的规范主要表现为各职能部门的规章和内部规范,某种程度上已影响到法律的统一性和透明度,使得企业的信用测评、行业数据、预测分析等难以考证,出现部分地区服务业统计难的现象,少量数据甚至是通过简单估算获得,而且对数据来源及其可靠性缺少第三方的监督和审核机制。①②

另外,从作为我国服务业进一步扩大开放重点区域的各大自贸区的实践来看,国内外法律冲突以及自贸区内部与国家层面的法律冲突是服务业扩大开放的突出问题,如上海自贸区在建设国际金融中心以及人民币国际化自由兑换过程中开展的金融改革就涉当前我国《公司法》《商业银行法》《证券法》《物权法》《担保法》等一系列基础性法律规范的临调来配合③。加快服务贸易立法,建立完善的服务贸易法律法规体系,形成与国际服务贸易通行规则兼任衔接服务贸易管理体系,营造更为法治化、国际化的商业运营环境是进一步深化我国服务业对外开放,促进制造业升级面临的迫切任务。

五、产业内生性较弱

改革开放以来,依靠本地廉价要素资源和广阔市场大规模引进发达国家(地区)转移的制造资本是我国制造业规模迅速扩张和经济保持快速增长的重要因素。大规模招商引资带动了我国制造业快速增长、成就了"中国制造"的全球地位,同时也暴露出了明显的局限性,即位于产业链某一片段的外资企业与中国本地经济的产业关联不强。外资制造业中加工型、出口型、生产型的代工企业、贴牌企业居多,而且大多从属于某一跨国公司全球生产组织体系中的封闭环节,外资企业生产什么、如何生产以及为谁生产往往被母公司或国外发包公司决定,结果被"锁定"或"俘获"于全球价值链中的低端环节,产品线和产业链在我国延伸不足,对我国本地的金融、研发、设计、技术服务、人力资源、物流、营销和品牌等生产服务需求较少,使制造业与服务业之间内在的、有机的产业关联被

---

① 金世和:《中国服务贸易与欧美比较分析及启示》,载于《全球化》2014 年第 9 期,第 60~70 页。
② 张洋:《服务贸易发展的国际经验及借鉴》,载于《宏观经济管理》2016 年第 4 期,第 87~92 页。
③ 高全喜:《上海自贸区法治创新进入"深水区"》,载于《南风窗》2017 年第 9 期,第 20~22 页。

割裂，产业链向"微笑曲线"两端的生产服务环节增值延伸受到抑制。

另外，从目前我国外资企业集中的珠江三角洲地区来看，产业集群是制造业发展的一个重要产业组织形态，但是从发展层次来看，这些产业集群多数是同类产业或者零部件配套产业在某一特定空间的简单集聚，集群的产业功能单一，缺少来自专业化生产服务业强有力的支撑，产业升级缓慢。而在集群与集群之间，还存在着以地方政府作为主体的、以行政边界为特征的区域间恶性竞争，难以建立各个产业集群共享的生产服务平台，使得生产服务业难以与制造业有效融合互动。制造业的产业内生性不强不利于我国服务业开放带动制造业升级。

六、区域发展不平衡

随着对外开放不断扩大，中国每年吸引外商直接投资迅速增长，目前中国已成为全球外商直接投资的主要流入目的地，外商直接投资对中国经济增长和产业结构升级发挥了重要作用。但是从区域分布来看，外商直接投资在我国分布极不平衡。表1-15是截至2016年外商直接投资在我国东部、中部、西部地区的分布情况，从中可以看出，我国美国一直提倡投资自由化，实行准入前国民待遇加负面清单的管理模式吸引的外商直接投资主要集中在我国东部地区。东部地区吸引外商直接投资的金额和企业数目都超过了全国的80%，中西部地区合计吸引外商直接投资的金额和企业数目占全国比重都不足20%。由于外商直接投资超过80%集中在东部地区，显然我国服务业吸引的外商直接投资主要也集中在东部地区。

表1-15　截至2016年东部、中部、西部地区外商直接投资情况

地方名称	企业数	比重（%）	实际使用外资金额（亿美元）	比重（%）
东部地区	725 609	83.93	15 084.05	80.46
中部地区	89 091	10.31	1 409.82	7.52
西部地区	49 604	5.74	1 189.34	6.34
有关部门	199	0.02	1 062.96	5.67
总计	864 503	100.00	18 746.17	100.00

注：有关部门项下包含银行、证券、保险行业吸收外商直接投资数据。东部地区：北京、天津、河北、辽宁、上海、江苏、浙江、福建、山东、广东、海南；中部地区：山西、吉林、黑龙江、安徽、江西、河南、湖北、湖南；西部地区：内蒙古、广西、四川、重庆、贵州、云南、陕西、甘肃、青海、宁夏、新疆、西藏。

资料来源：商务部外资统计（http://www.fdi.gov.cn/1800000121_10000317_8.html）。

另外，从我国吸引外商直接投资最多的省份——广东来看，外资分布的区域不平衡问题也很突出。1979~2016年全国实际利用外商直接投资金额共计17 655.23亿美元，其中广东省占到了22.7%，达到4 008.49亿美元。虽然广东利用外资水平总体上走在全国前列，但是全省各地区之间存在巨大差距。

图1-4是2005~2015年珠三角实际利用外商直接投资占广东全省的比重。从图中可以看出近十年来广东实际利用外商直接投资主要集中在珠三角，最多的年份珠三角占到了95.3%，最少的年份也占到了88.3%，十年间珠三角平均占到了91.2%，而粤东西北地区近十年实际利用外商直接投资不到全省的10%。这说明与珠三角地区相比，粤东西北地区利用外资水平很低，显然粤东西北地区服务业利用外资水平也很低。

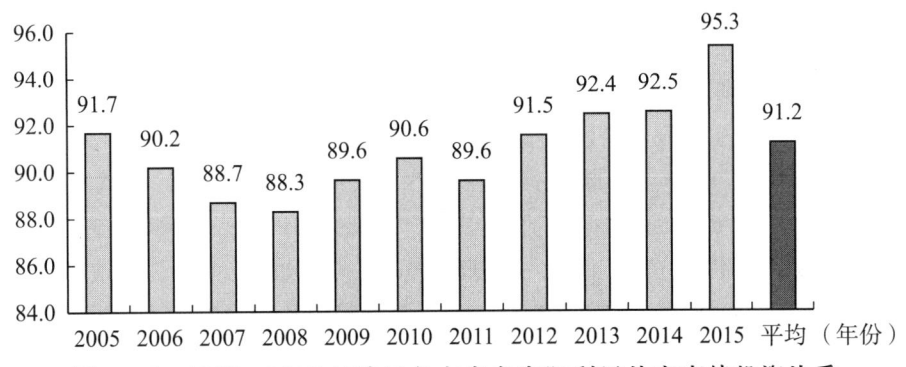

图1-4　2005~2015年珠三角占广东实际利用外商直接投资比重

资料来源：根据各年《广东省统计年鉴》中的数据计算。

服务业利用外资区域发展水平不均衡是我国不同地区经济发展起点不同、对外开放起步不同以及区域优势不同等多种因素综合作用的结果，有其历史合理性。但是在当前我国正努力实施区域协调发展战略，强化举措推进西部大开发、深化改革加快东北等老工业基地振兴以及发挥优势推动中部地区崛起是党的十九大确定的重大战略任务，服务业外商直接投资在我国区域间严重的持续不均衡发展，不利于先进的外资服务企业与中西部地区制造业的有效对接，也不利于我国全面深化对外开放和区域经济均衡协调发展。

第六节 服务业开放带动制造业发展的国际经验

一、服务贸易法律法规

市场经济是法治经济，完善的法律法规体系对界定和保护产权、保障合约履行、维护市场秩序、形成安全预期、处理贸易纠纷等至关重要，是自由贸易健康发展的制度基础，也是促进服务业开放和扩大利用外资的基本保障。通过完善的法律法规保障服务贸易顺利发展也是国际上的普遍做法。

例如，依靠法律手段维护本国贸易利益就是美国政府的一贯手段，《1974年贸易法》第301条款授权总统对阻碍美国服务贸易出口的国家进行报复，援引该条款美国多次处理双边服务贸易争端，涉及航空运输、海上运输、广告、广播、电影发行、建筑与工程、保险等部门。《1988年贸易和竞争综合法案》则对《1974年贸易法》的有关条款进行了修改，形成了"超级301"条款和"特别301"条款，把保护范围由商品扩展到劳务、投资、知识产权等领域，迫使日本、韩国等开放保险市场、建筑市场，迫使东南亚国家开放航空市场，迫使发展中国家开放潜力巨大的保险、电信、金融、专业服务等市场。[1] 1985年美国国会通过了《国际投资和服务贸易调查法》，授权美国商务部经济分析局（BEA）为美国服务贸易的首要统计和发布机构，并授权BEA进行各行业服务交易的强制性调查以及国际直接投资的强制性调查，从而保障了美国服务贸易统计工作的顺利进行，并对政策制定、多双边谈判有重要意义。[2]

德国政府在联邦一级和州一级法律基础上，编制《电信法》《建筑法》《招投标法》《银行法》《保险法》《多媒体法》等行业性法律法规为服务业发展提供公平、规范的法律环境。德国政府还通过了《电信服务数据保护法》，并根据发展信息和通信服务的需要对《刑法》法典、《传播危害青少年文字法》、《著作权法》和《报价法》等做了必要的修改和补充。为适应欧盟统计要求，德国于2000年12月颁布了《服务业统计法》，并于2001年开始对上个报告年度进行了首次服务业结构年度统计调查。2002年8月，德国又颁布了《特定服务业景气

---

[1] 张洋：《服务贸易发展的国际经验及借鉴》，载于《宏观经济管理》2016年第4期，第87~92页。
[2] 金世和：《中国服务贸易与欧美比较分析及启示》，载于《全球化》2014年第9期，第60~70页。

统计法令》，规定自 2003 年第一季度起，开始实施特定服务业季度统计调查，进一步完善了德国服务业统计，为更好地掌握德国服务业的经济实力、结构特征和发展状况提供了可靠依据。①

欧盟还通过一些具体的法律来保障成员国之间各类专业服务贸易发展，如欧共体理事会发布的《促进律师自由提供服务有效实施的指令》就允许成员国有选择地将有关不动产转让法律文书的准备、土地利益的转让等方面的业务保留给特定种类的律师；要求成员国承认其他成员国赋予的律师身份；其他成员国律师在东道国应以其母国授予的头衔提供服务，东道国不得要求该律师在一个行业组织登记注册。如果其他成员国是在东道国出庭代理或辩护，该律师应与东道国律师联合提供服务。②

二、人才通行便利政策

服务产品具有无形性和不可储存性等特性，服务产品的交易往往需要供需双方"面对面"交互完成。生产服务尤其是各类专业服务通常是知识、技术或信息密集型行业，专业服务的传递往往需要专业人才与客户的互动。服务业开放对东道国制造业的带动离不开专业人才跨境流动实现的技术（知识）传递。也正是通过专业人才的现场指导、演示、建议、培训、互动等活动，外商服务企业的先进技术、知识和经验等才得以传递给上下游制造业企业。因此，人员流动在服务业技术专业过程中发挥着关键作用，一国的劳工和移民政策自然也就对服务业开放实现的技术转移产生主要影响（Miroudout，2006）。

从实践经验来看，优惠的人才政策是发达国家促进本国产业创新的普遍做法。加州硅谷的成功和美国的移民政策密不可分，尤其是 1965 年《哈特·塞勒法案》和 1990 年的《移民归化法案》，两者都增加了对具有高度技能移民及其家属的特别签证，后者把高技能移民的数量增加了近 2 倍，从每年 54 000 人增加到每年 140 000 人，国外出生者占硅谷熟练科学家和工程师的 1/3，其中印度人和华人占多数，约占移民总数的 75%。1998 年中国和印度移民经营着硅谷 1/4 的高科技企业。③

---

① 中华人民共和国驻德使馆经商参处．转引自商务部网站：http://www.mofcom.gov.cn/article/i/dxfw/jlyd/201512/20151201199867.shtml．

② 鲍晓华、高磊：《中国专业服务贸易：发展现状、国际经验及政策建议》，载于《外国经济与管理》2014 年第 9 期，第 61～72 页。

③ 阿伦·拉奥、皮埃罗·斯加鲁菲：《硅谷百年史——创业时代》，人民邮电出版社 2016 年版，第 22～23 页。

2005年德国实施《移民法》,为有选择地引进高级专业人才提供了法律保障,也标志着德国正式迈入移民国家行列。为解决德国专业人才短缺,吸引除欧盟外的世界高技术人才,2012年8月1日,德国正式开始实施"蓝卡法案",向高级技术人才发放欧盟"蓝卡",简化了高级技术人才申请居留许可的手续,降低了高级技术人才留在德国的门槛。

2012年日本法务省制定了"高级人才积分制度",吸引高级学术研究人员、高级专业技术人员、高级企业经营管理人员三个领域类别的高级人才,以百分制从学历、工作经历、年收入等评价人才,满70分5年就可以获得原本需要10年才能拿到的永久居住权并享受相关政策优惠待遇。

除了优惠政策吸引外,一些国家还通过建设世界级研究机构(基地)吸引人才。2009年韩国投入122亿韩元实施世界级研究机构计划,该计划要求入选该计划的研究机构主任必须是从国外招聘的卓越科学家,机构的研究人员中必须有50%的研究人员来自国外。2003年,日本实施尖端研究基地计划,资助本国学术机构与学术领先国家的研究机构和大学等开展双边或多边合作,达到吸引人才、培养人才,提高前沿领域研究水平的目的。①

三、资格互认优化环境

商务服务业②是发达国家服务经济发展的主要推动力,也是近年来全球服务业开放的重点领域。根据埃德林和霍(Edlin and Haw, 2014)的估计,美国各类专业化商务服务业从业人员占全社会就业的比重从20世纪50年代的5%上升到了2010年的1/3。

根据2017年联合国贸易和发展会议上的《世界投资报告》,2010~2016年商务服务占全球服务业绿地投资和跨国并购总额的20%左右。作为知识和技术密集型服务业,商务服务是生产服务的核心部分,也是实现知识和技术从服务业向制造业溢出的主要载体(Miroudot, 2006)。知识密集型生产服务产品往往具有无形性、个性化、专用性和不易标准化等特性,这使得商务服务市场的信息不对称性非常突出。为了保护消费者(客户)利益,各个国家都会通过市场准入和资

---

① 易丽丽:《发达国家人才吸引政策新趋势及启示》,载于《国家行政学院学报》2016年第3期,第45~49页。
② 商务服务业又可分为知识密集型商务服务业(knowledge intensive business services)和操作性商务服务业(operational business services)。知识密集型商务服务业包括软件和计算机服务、战略与管理咨询、审计和会计服务、法律和税务顾问、市场服务、民意调查、工程技术服务、人员培训、猎头服务等。操作性商务服务包括安全服务、设备租赁、设施管理、清洁、行政服务、簿记服务、临时劳务招募以及其他操作性服务(如宴会、翻译、呼叫中心等)(Hildegunn, 2016)。

格许可等形式对各类专业化知识型生产服务市场进行管理。但受经济技术水平、法律制度、文化习俗等因素影响，各个国家对各类专业化商务服务的市场准入和从业人员资格认证存在差异，这是制约各类知识技术密集型商务服务贸易发展的突出因素（Hildegunn，2016）。

推动不同国家之间服务从业人员专业资格互认、创造平等的市场准入环境成为各个国家之间（国际组织）服务贸易谈判的重点内容。欧盟先后通过了Directive 89/48/EEC、Directive 92/51/EEC 和 Directive 2005/36/EC 等指令推动成员国之间的专业资格互认并对欧洲经济区（European Economic Area，EEA）专业服务业开放产生了积极作用（Hildegunn，2016）。

1998年5月1日，澳大利亚和新西兰签署的《跨塔斯曼海互认协定》（The Trans-Tasman Mutual Recognition Arrangement，TTMRA）开始生效。协定规定，除医药专业以外，澳、新任何一方具有执业资格的专业人员，如在对方开业，将获得与其在本国一样的开业权利，两者不需要额外的评价或者考试。

美国与欧盟进行的《跨大西洋经济伙伴关系协议》（The Transatlantic Trade and Investment Partnership，TTIP）谈判中的一项重要内容就是对工程师、保险等服务领域的专业资格互认。

四、行业优惠激励政策

知识和技术密集型生产服务业具有无形性、不可储存性、定制性、个性化以及客户需求的零星性、偶发性、不易标准化等特性，这使得专业服务企业只有达到一定规模的固定客户群才能生存下去，也只有达到一定规模，专业服务企业的成本优势才能显现。为了吸引高科技和创新型企业外商投资，许多国家都通过不同形式的优惠政策帮助专业生产服务企业度过困难的起步阶段。

根据环球网报道，奥朗德就任总统时，法国政府积极鼓励企业进行科研创新，投入科研创新领域的财政补贴高达350亿欧元，同时还规定如果企业从事研发活动，将会有相当于研发成本30%的税收减免，并且首次加入该计划的企业，还能享受第一年40%、第二年35%的额外税收减免，结果到2012年底已经有2 000多家在法国的外国企业享受到研发税收抵免的政策优惠。2012年在法的外国研发中心的科研经费支出占到全法国研发机构的20%，这些优惠政策对吸引外国投资者来法设立研发中心从事研发和创新工作发挥了积极的作用。①

美国各州、各城市为吸引外国直接投资实施的"一揽子激励计划"包含免

---

① 《法国外商投资法律制度体系调研》，环球网，http://china.huanqiu.com/article/9CaKmJDsTG。

税、补贴、低息债券资助贷款、以及贷款担保、雇员培训、改善当地投资环境、土地补贴、特殊的租期规定等多种激励措施，肯塔基州花费500万美元为日本丰田公司在本地的日本雇员建立日本学校。①

韩国政府2003年专门设立了位于韩国西部的港口城市仁川、南部港口城市釜山和光阳三个经济特区，在这些经济特区投资的外资公司将获得一系列财务优惠待遇，包括10年内免缴公司税、管理人员的个人所得税税率将被统一降至17％、在韩国大德研究园区等地专门设置自由技术区和外资专用高科技园区、对高科技产业和研发机构实施无偿租赁和减免法人税等。②

五、行业协会发展经验

行业协会是现代市场经济体系的重要组成部分，承担着保持市场健康发展过程中单个企业想做而无力做、政府想做能做但不适合做的职能，在规范市场秩序、协调行业关系、服务企业发展方面发挥着关键作用。它不仅是联结政府与企业的纽带，也是实现制造业与生产服务企业互动对接的桥梁。

从企业创新发展角度看，行业协会为企业尤其是小企业提供的咨询、信息、培训、法律、商务等生产服务是企业直接或间接获得生产服务和创新发展的重要源泉。从各国服务业开放促进制造业效率提升的实践经验来看，不同规模制造业企业受到服务业外商直接投资的溢出带动效果不同，其中小企业受到的溢出带动效应最大（Miroudot，2006；Damijan et al.，2015）。大企业自身通常具有很强技术研发和自我服务能力，小企业受规模所限，从市场上获得专业化服务可以享受专业化分工带来的低成本。

但同样受自身规模小的约束，小企业单独搜寻、获取各类专业服务的交易成本往往很高，很多情况下也是单个企业无力办到的，借助行业协会实现制造企业与专业生产服务的对接也就成为各国的普遍做法。

例如，发达的行业协会组织被认为是"第三意大利"③ 取得成功的一个主要

---

① 季建林：《美国地方政府招商引资面面观》，载于《吉林省经济管理干部学院学报》2005年第2期，第9~14页。

② 张仁开：《韩国利用外商R&D投资的经验及启示》，载于《世界科技研究与发展》2006年第10期，第96~99页。

③ 第三意大利是指20世纪70年代经济快速发展的意大利东北和中部地区，以区别于意大利经济较为落后的南部地区（第二意大利）和经济曾经一度繁荣但20世纪70年代以后开始衰退的西北地区（第一意大利），它具体包括翁布里亚、马尔凯、艾米利亚—罗马涅、弗留利—威尼斯·朱利亚、威尼托、特伦蒂诺—上阿迪杰和托斯卡纳7个大区。

因素①，各种名目繁多的协会组织向中小企业提供全方位的服务（见表 1 – 16），其中涉及贸易、运输、技术、科研、融资、纳税、市场、人才培训、法律咨询、商情信息等多个领域的专业服务，是一个涵盖产业链上中下游的有力保障系统，企业只需负责内部的生产经营。

表 1 – 16　　　　　　意大利行业协会的"纯服务中心"

所有者	● 制造商协会； ● 地方政府； ● 中小企业支持机构，或三者共同参与	
服务内容	● 信用担保； ● 出口保险/推广； ● 商品展销的组织； ● 市场/技术信息提供； ● 客户评价、咨询； ● 人员培训	● 废物管理与污染控制； ● 质量认证与商标审批； ● 产品推广与创新支持； ● 原材料批量采购； ● 产品性能测试
作用	● 成为联系政府部门与私营企业的纽带，成为推动政府部门与区内企业开展广泛协作的有效平台。 ● 推动产业区的整体发展。各个企业独立发展，需求不同，问题不同，中介机构将着眼点放在区域的长期发展而非只看重部分个体。 ● 提高产业区企业治理水平。从事专业研究，提供专业服务，给予企业有效指导和帮助，从整体上提高企业治理水平	
部分机构	机构	CITER，ENEA，Promosedia，FIT – CADA，Quality Consortia
	服务项目	信息服务、针对中小企业的研发支持服务、市场推广支持服务、废物处理设备支持服务、品牌质量认证
	所在区域	卡尔皮（Carpi）、普拉托（Prato）、曼扎诺（Manzano）、阿尔其尼亚诺（Arzignano）
	特定行业	针织品与纺织行业、针织品与纺织行业、家具行业、皮革与陶瓷行业、食品加工业

注：纯服务中心（real service centers）是指为中小企业提供除资金支持以外的所有服务支持的服务中心，这些服务包括贷款担保、出口保险、产品推广、客户评定、污染控制、原材料批量采购、产品性能测试、产品质量认证和商标审批、人员培训等。详见 Michele Clara. *Real Service Centers in Italian Industrial Districts Lessons Learned from a Comparative Analysis*，http：//www.unido.org。

资料来源：根据联合国工业发展组织学者米歇尔·克拉拉（Michele Clara）的研究论文"Real Service Centers in Italian Industrial Districts Lessons Learned from a Comparative Analysis"整理。

---

① Patrizio Bianchi, Lee M. Miller, Silvano Bertini. *The Italian SME Experience and Possible Lessons for Emerging Countries*, UNIDO, 1997.3.

印度工业联合会（Confederation of Indian Industry，CII）是成立于1895年，有着一百多年历史的著名协会，该协会的核心任务包括促进工业研发和投资、技术和研发合作、为企业提供最新的资讯、发现和解决小企业的特殊需求、提高小企业竞争力、促进印度工业全球化等。例如，该协会曾与科技部合作成立全球创新与技术联盟（GITA），使用印度双边工业研发基金，实施印度/加拿大、印度/以色列等工业合作开发项目；与科技部合作建立"技术出口发展组织"（TEDO），提高全球市场中印度技术知识、技术密集产品的竞争力[①]；设立解决竞争和贸易纠纷的仲裁机构，解决会员在国内外经营中遇到的纠纷。

德国法兰克福工商会（Chamber of Commerce and Industry，CCI）除了为其会员提供培训、信息、咨询等服务外，还通过设立海外常驻机构和德国联合会网络（German Chamber Network，AHK）帮助德国和外国公司开展国际业务，为本国工商企业尤其是中小企业从事外贸、对外投资和技术转让等国际业务提供咨询服务、国际工程招标资料以及解决国际商务纠纷援助等。[②]

六、产业集聚发展平台

从全球发达地区的实践经验来看，以高校为核心的产业聚集区是吸引生产服务业外资的主要平台。这主要是因为生产服务有着与工农业不同的产业关联特性。从后向关联看，生产服务业在提供中间服务时也需要各类投入要素，除了合适的专业技术人才之外，靠近知识、信息、技术的集散地或者原创地至关重要，这就要求专业生产服务供应商必须与特定的专业顾问机构、互补生产服务供应商、研究机构、大学等保持联系。从前向关联看，生产服务业超过一半的产出是被其他服务业组织和制造业企业总部或区域总部购买，而不是由企业的生产部门购买。生产服务业的产业关联特性决定了生产服务业的空间分布主要集中在以高校为中心的产业聚集区中。硅谷是美国吸引外来投资的主要集中地，硅谷的百年辉煌历程表明，以斯坦福大学为代表的旧金山湾区高校为硅谷源源不断地提供人才、技术、理念支撑，实现知识、信息、资源等在创新网络中的流动和传递，成为硅谷专业服务业与制造业融合互动促进产业创新升级的重要动力源，斯坦福大学产业园还充当了整个硅谷产业发展的孵化器。大学除了为硅谷提供了重要的人才和技术支撑外，校友关系还增强了合作者之间的信任，降低了市场交易费用，

---

① Sharmila Kantha. CII Annex, Lodhi Institutional Area, 24 - 25, http：//www.cii.in/。
② Zum Magazin. Suchen auf der Website der IHK Frankfurt am Main, AHK - Mitgliedschaften2018, https：//www.frankfurt - main.ihk.de/english/。

来自同一所大学的企业家和工程师相互提携、相互捧场促进了技术传播和合作。美国其他地区的科研开发区大都是高校或者围绕高校而设立,州政府在区内斥巨资建立设施先进、功能完善的科研园孵化器,使之成为创业者的天堂,如为伊利诺伊大学设立的科研开发区曾被评为美国十大顶尖科研园之一。1984年创建的慕尼黑高科技工业园区是德国最为重要的鼓励高科技创新成果向企业转化的科技园区。园区配套建设了先进的硬件设施和服务体系,并可从慕尼黑大学、慕尼黑工业大学和慕尼黑理工大学获得大量的科研成果和科技人才。同时,园区还吸引了慕尼黑市多家科研机构的入住,提升了整体科研质量,直接或间接为巴伐利亚州乃至全德国的各行各业输送大量的科技工人和创新产品。①

七、细分领域分类管理

服务业内部行业繁多,属性各异。尽管从经济效率讲服务业开放有利于提升东道国服务业效率以及通过产业关联带动上下游制造业效率提升,但是由于一些服务部门被认为会涉及国家安全和公共安全,许多国家在对外开放过程中都会对这些服务部门作出限制。法国政府就规定外国投资者直接或间接收购信息技术行业系统评估和鉴定、信息系统安全产品和服务、军民两用产品和技术、数字应用加密和解密系统等一些特殊服务业,须事先获得法国财政部批准。另外,法国政府还设立战略投资基金(FSI),在关键时期对能源、汽车、航空、高技术等"战略性"企业采取各种方法进行干预,避免这些企业在遭遇危机或经营不善时被外资并购。② 2017年7月12日,德国政府通过备受争议的新法规对德国现行《对外经济法》进行修订,根据新规,如果并购涉及所谓的"关键性基础设施",即被认为是"对公共秩序和安全的威胁",德国政府就可以阻止并购。新规所涉企业包括为电网、电站和供水系统提供软件服务的公司,银行、电信网络、医院、机场和车站的软件供应商,以及掌握相关行业云端大数据的企业等。③ 就连以自由贸易著称的美国,对外国投资也并非毫无限制,出于国家经济利益和安全的考虑,对外国投资者投资原子能、卫星通信、国防以及火力发电等重点领域、关键行业均存在一定限制,规定必须由本国公民、企业或组织控制(洪群联,2014)。

---

① 张武军、谢辉:《德国大学科技园的特点与启示》,载于《科技进步与对策》2009年第10期,第149~152页。
② 根据中华人民共和国驻法兰西共和国大使馆经济商务参赞处发布的资料整理,详见 http://fr.mofcom.gov.cn/。
③ 根据新华社报道整理,详见《德国限制外资新规惹批评》,新华网,http://news.xinhuanet.com/2017-07/13/c_1121316399.htm。

"9·11"事件后,美国对外商投资限制进一步严格。2007年时任美国总统布什签署了《外商投资与国家安全法案》,该法案对外资进入美国某些行业进行了全面的限制。该法案规定,除了传统意义上的"国防安全"以外,"国家安全"还应涵盖一切"如果遭破坏或受外国人控制将对美国的国家安全构成威胁的系统与资产",如银行、关键技术、基础设施等领域。外资并购若对美国在某些关键技术领域的世界领先地位构成威胁,或对美国本土就业造成负面影响,也将视为威胁美国国家安全。同时,美国总统有权中止或禁止任何被认为对美国国家安全构成威胁的外资并购、收购或接管美国公司的商业行为。外国公司以及外方持股20%以上的美国公司都不能经营基础电信服务。外国公司不能经营广播、电视业务,而且受外国法律管辖的公司、20%的股权由国外持有的公司,或者受某一美国公司直接或间接控制,且这一公司25%的股权由国外持有,都不能经营广播、电视业务。美国对法律、咨询、会计、审计、建筑和相关工程服务、咨询等专业服务的监管权保留在州一级,各州在许可证发放和注册上存在各种各样的限制,一个在国外合格的专业人员在进入某一州时,必须遵守和满足大量的当地法律和法规要求。

第七节 当前全球服务业FDI的流动特点[①]

跨国流动资本向服务业集中是21世纪以来全球资本流动的一个突出特征,服务业全球化目前已成为经济全球化的重要表现形式。跨国公司主导的外商直接投资(FDI)是国际资本向服务业流动的主要形式,外商直接投资主要包括绿地投资(green field investment)和跨国并购(cross-border M&As)两种形式。本节将结合《2017年世界投资报告》,对当前全球服务业FDI的流动特点进行分析。

一、全球FDI继续保持向服务业流动态势

截至2015年,全世界FDI存量的2/3集中在服务业,这与全球服务经济发展趋势基本一致。图1-5给出了2008年以来全球服务业跨境并购、绿地投资的发生额及其占当年全球跨境并购、绿地投资的比重。

[①] 本节所用数据来自联合国贸易和发展会议发布的《2017年世界投资报告》。

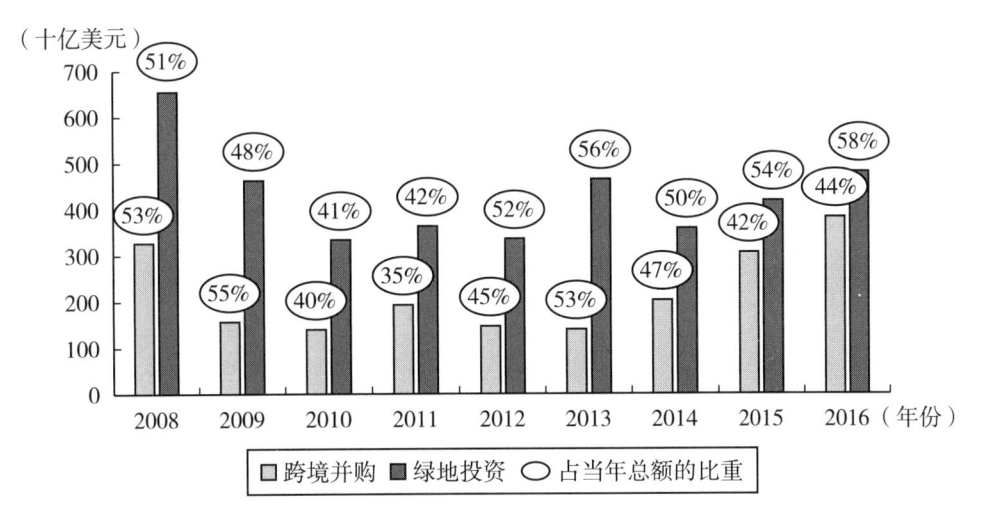

图 1-5　全球服务业跨国并购和绿地投资发生额及其所占比重

从图 1-5 中可以看出，受全球金融危机影响，2008~2010 年三年中全球服务业跨境并购和绿地投资发生额及其所占比重均有所下降，两者所占份额由 2008 年的 53% 和 51% 分别下降到了 2010 年的 40% 和 41%。2011~2014 年服务业跨境并购和绿地投资波动基本平稳。2014~2016 年服务业绿地投资资本额和所占比重均逐渐上升，服务业跨境并购份额虽有所下降，但并购金额保持上升，由 2014 年的 2 025 亿美元上升到了 2016 年的 3 831 亿美元，到 2016 年服务业在全球跨境并购和绿地投资所占份额分别达到了 44% 和 58%，仍占据主导地位。总体来看，资本长期向服务业转移这一趋势在金融危机爆发之后达到稳定状态。

二、全球服务业 FDI 主要流向发达经济体和发展中经济体

从总量来看，全球服务业 FDI 流入量由 2015 年的 7 250 亿美元上升到了 2016 年的 8 643 亿美元，增加了 19.2%。从流入区域分布来看，发达经济体和亚洲发展中经济体是全球服务业 FDI 的主要集中地。表 1-17 给出了 2015 年和 2016 年不同经济体的服务业 FDI 流入量及其占全球服务业流入量的份额。可以看出，全球服务业 FDI 流入发达经济体和亚洲发展中经济体的总量（比重）分别由 2015 年的 4 104 亿美元（56.7%）和 2 250 亿美元（31.1%）上升到了 2016 年的 4 868 亿美元（56.4%）和 2 359 亿美元（27.3%），流入额分别增加了 18.6% 和 4.8%。2016 年发达经济体和亚洲发展中经济体吸引的服务业 FDI 占全球服务业 FDI 流入量的比重超过了 80%，成为全球服务业资本主要流入地。

表 1-17　　2015~2016 年按经济体划分的全球服务业 FDI 流入量及份额

经济体/地区	服务业 FDI 流入量（百万美元）		占比（%）	
	2015 年	2016 年	2015 年	2016 年
发达经济体	410 386	486 815	56.7	56.4
发展中经济体——非洲	35 442	80 866	4.9	9.4
发展中经济体——亚洲	225 014	235 873	31.1	27.3
拉丁美洲和加勒比地区	38 089	50 054	5.3	5.8
转型经济体	15 203	10 302	2.1	1.2

资料来源：UNCTAD，《2017 年世界投资报告》。

从服务业 FDI 流入方式来看，只有发达经济体以跨国并购形式流入的 FDI 超过以绿地投资形式流入的外资，其余经济体外资来源的主要形式均为绿地投资（见图 1-6）。转型经济体和欠发达经济体引入 FDI 主要以绿地投资为主，亚非地区的发展中经济体绿地投资流入的 FDI 分别是跨国并购的 7.8 倍和 7.2 倍，拉丁美洲和加勒比地区是 4.7 倍。从各投资方式 FDI 流入的增长率来看，发达经济体、拉丁美洲和加勒比地区两种方式均呈上升趋势，而转型经济体两种投资方式均呈下降趋势。以绿地投资方式进入的 FDI 在亚非地区的发展中经济体和欠发达经济体分别同比增长 92.36%、13.56% 和 0.13%，以跨国投资方式进入的 FDI 分别同比下降 779.8%、34.5% 和 52.0%。

	非洲（发展中经济体）	亚洲（发展中经济体）	拉丁美洲和加勒比地区	转型经济体	发达经济体	欠发达经济体
绿地投资	70 975	209 057	41 217	11 148	148 413	32 099
跨国并购	9 891	26 816	8 837	-846	338 402	184

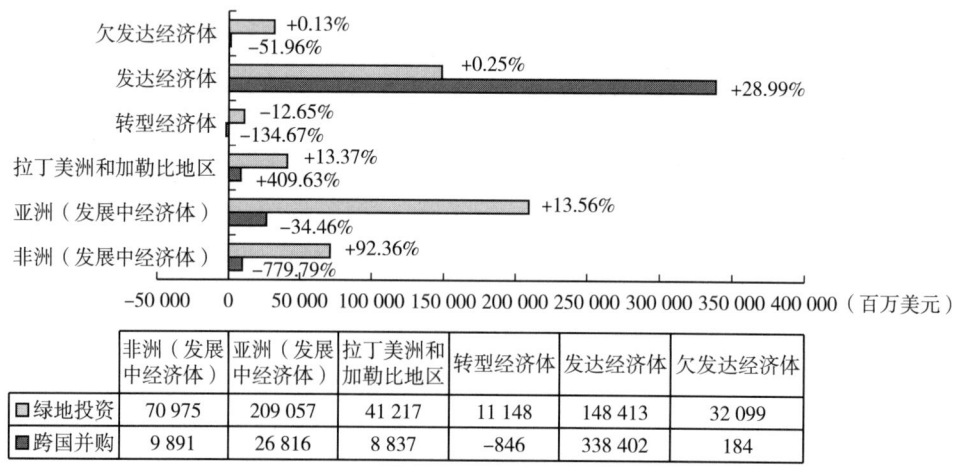

图 1-6　2016 年服务业 FDI 流入方式及增长率

三、发达经济体和亚洲发展中经济体是全球服务业 FDI 主要流出地

从服务业 FDI 的流出总量来看（见表 1-18），发达经济体和亚洲发展中经济体是服务业 FDI 的流出地区，两者合计占全球服务业 FDI 流出总量比重超过 96%，其他经济体所占比重不足 4%。

从增长率来看，2016 年来自非洲的发展中经济体和转型经济体 FDI 流出总量均减少，分别同比下降 49.67% 和 39.62%。欠发达经济体流出总量上升幅度较大，达到 83.9%，来自亚洲的发展中经济体和发达经济体分别同比增加 38.2% 和 23.0%，拉丁美洲和加勒比地区外资流出基本持平，仅增长 7.29%。其中亚洲发展中经济体的增长主要得益于中国。

表 1-18　　2016 年和 2015 年主要经济体外资流出量与占比

经济体/地区	服务业 FDI 流出量（百万美元）		份额（%）	
	2015 年	2016 年	2015 年	2016 年
发达经济体	488 208	600 300	63.7	64.3
发展中经济体——非洲	14 661	7 819	1.9	0.8
发展中经济体——亚洲	253 743	318 826	33.1	34.1
拉丁美洲和加勒比地区	2 800	3 004	0.4	0.3
转型经济体	6 671	4 028	0.9	0.4

从服务业 FDI 的流出方式来看，发达经济体主要依靠跨国并购，发展中经济体主要依靠绿地投资，这主要是由经济发展水平所决定的。从增长率来看，以绿地投资方式流出的 FDI 在欠发达经济体、转型经济体和亚洲的发展中经济体都保持较高的增长率，分别同比增长 85.59%、94.55% 和 43.94%，非洲发展中经济体同比下降 52.45%，发达经济体基本持平。以跨国并购方式流出的 FDI 在发达经济体及拉丁美洲和加勒比地区保持较高增长率，分别达到 46.04% 和 43.29%，其余经济体均呈现下降趋势，其中转型经济体减少幅度最大达到 174.18%，这主要是由于金融保险行业 FDI 流出同比下降了 94.0%。欠发达经济体和亚非的发展中经济体分别同比下降 30.77%、44.23% 和 52.45%（见图 1-7）。

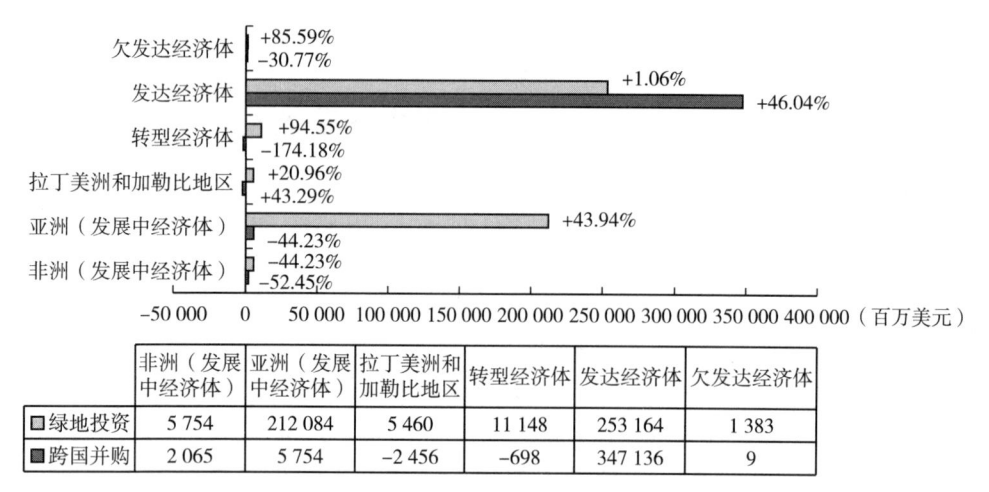

	欠发达经济体	+85.59% -30.77%
	发达经济体	+1.06%　+46.04%
	转型经济体	+94.55% -174.18%
	拉丁美洲和加勒比地区	+20.96% +43.29%
	亚洲（发展中经济体）	+43.94% -44.23%
	非洲（发展中经济体）	-44.23% -52.45%

	非洲（发展中经济体）	亚洲（发展中经济体）	拉丁美洲和加勒比地区	转型经济体	发达经济体	欠发达经济体
■ 绿地投资	5 754	212 084	5 460	11 148	253 164	1 383
■ 跨国并购	2 065	5 754	-2 456	-698	347 136	9

图 1-7　2016 年服务业 FDI 流出方式

四、金融保险和商务服务是全球 FDI 流向的热点领域

从服务业内部结构来看（见表 1-19），除了电力、煤气和供水等公共基础设施服务业外，金融保险、商务服务、交通仓储与通讯等生产服务业是服务业跨国资本流向集中的行业，其中又以金融保险和商务服务为重点。2015 年和 2016 年金融保险业 FDI 流出、流入占比分别为 37.9%、39.6% 和 13.9%、10.6%，其流出形式主要为跨国并购（占流出额比重超过 90%），主要来源国家为发达经济体和亚洲发展中经济体。2016 年金融保险业 FDI 流出量为 2 437 亿美元，占跨国并购 FDI 流出量的 28.1%，与 2015 年的 2 653 亿美元相比，下降了 8.9%，但仍占据主要地位，是全球 FDI 流出的重点领域。商务服务同样也是全球 FDI 流动的热点领域，占据服务业 FDI 集中的第三大行业，流动形式主要为绿地投资，主要来源地为发达经济体和亚洲发展中经济体（主要是中国）。2016 年的商务服务 FDI 流出量占比为 23.1%，比 2015 年提高 8.8 个百分点。

表 1-19　2015 年和 2016 年全球服务业 FDI 流量行业分布　　单位：%

行业	2015 年		2016 年	
	流入	流出	流入	流出
金融保险	13.9	37.9	10.6	39.6
商务服务	19.4	14.3	17.8	23.1
交通仓储与通讯	4.8	4.3	7.1	9.6
电力、燃气与供水	22.0	20.0	23.0	29.1

续表

行业	2015 年		2016 年	
	流入	流出	流入	流出
贸易服务	4.6	3.2	8.3	6.2
建筑服务	0.7	13.4	1.1	21.6

资料来源：UNCTAD，《2017 年世界投资报告》。

五、制造业海外分支机构是服务业 FDI 的重要形式

从全球 FDI 存量来看（见图 1-8），服务业所占比重逐年增加，2015 年达到 16 万亿美元，占全球 FDI 存量的 65%，制造业和基础产业分别为 26% 和 6%。但从控制服务业 FDI 存量的母公司行业属性来看，其中至少 1/3 是制造业和基础产业跨国公司的海外分支机构，也就是说，许多服务业 FDI 项目本质上是制造业（基础产业）的海外分支机构。这些分支机构从事的海外活动包括区域总部、后台功能、金融控制、采购或物流中心、分销或售后服务、研发等，在东道国这些活动通常都归类到服务业。通过对包括制造业和基础产业在内的全球最大 15 000 家跨国公司海外附属机构的调查发现，超过一半（约 52%）附属机构从事的海外活动是服务业。[①]

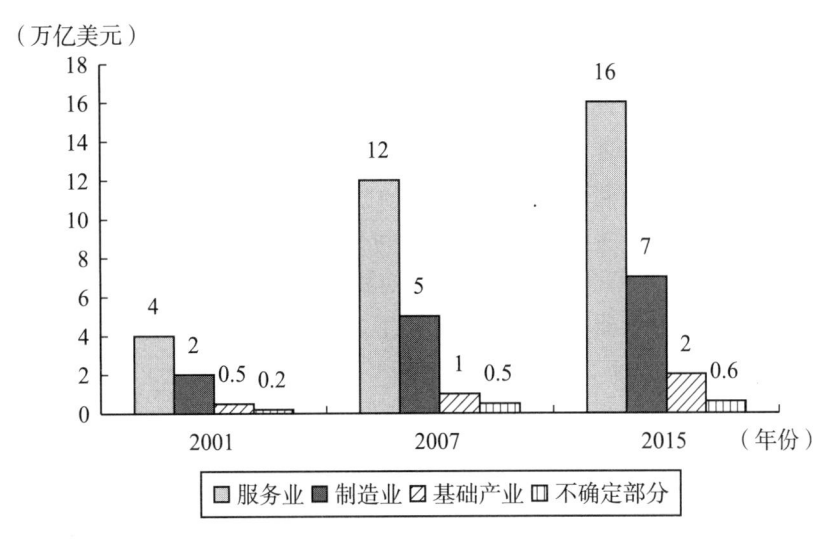

图 1-8 按行业估计的全球外商直接投资存量

---

① 数据来自联合国贸易和发展会议发布的《2017 年世界投资报告》（英文版），第 22 页。

图 1-9 是制造业和基础产业海外分支机构从事的各类服务活动所占比例，其中以批发零售（占 43%）和金融保险活动（占 19%）为主。所以，全球服务业 FDI 流动不是孤立的服务业资本流动，服务业资本流动很大程度上是制造业全球化的延伸和表现形式。

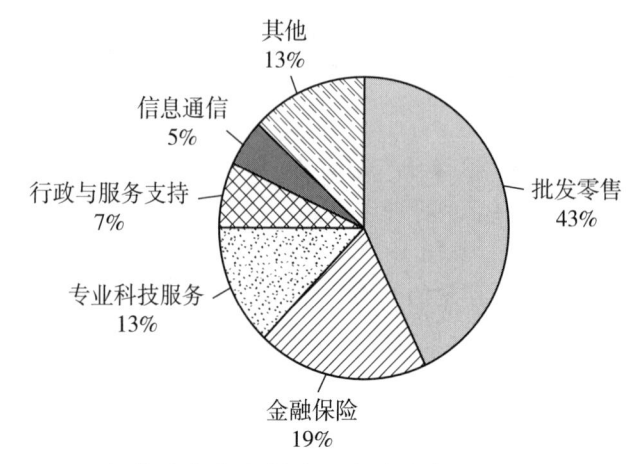

图 1-9　2016 年基础产业和制造业海外分支机构各类服务活动分布

第八节　对策建议

利用外资是我国对外开放基本国策的重要内容，进一步提高利用外资尤其是提高现代服务业利用外资水平是我国构建开放型经济新体制的重要工作着力点。根据前文对我国服务业利用外资存在问题的分析，本节认为我国应从优化服务业利用外资产业结构、改善外商直接投资空间分布结构、拓宽服务业外资来源地、增强国际规则和知识产权意识、建立有效的制造业与服务业融合互动平台、加快培育创新型服务人才、树立科学的招商引资观等多方面进一步提高服务业利用外资水平。

一、优化服务业利用外资产业结构

抢抓全球资本流动向服务业集中和发达国家外包服务生产环节的历史机遇，进一步拓宽外商投资领域，扭转我国服务业利用外商直接投资流向行业结构单一局面。具体来讲，当前应重点按照《国务院关于扩大对外开放积极利用外资若干措施的通知》要求和习近平总书记在博鳌亚洲论坛2018年年会上的主旨演讲精神，进一步扩大金融保险、信息通信、文化教育等服务领域的对外开放，同时围绕《中国制造2025》确定的"制造强国"目标，鼓励外商企业投资工业设计和创意、研发服务、工程咨询、仓储物流、检验检测认证等各类专业生产性服务业，弥补产业升级短板，打破"两头在外、中间在内"的全球产业链困境，带动我国产业链向两端服务环节攀升，加快我国由"制造大国"向"制造强国"的转变。

二、改善外商直接投资的空间分布

全面建成小康社会、率先实现现代化是今后五年我国的奋斗总目标。强大的服务经济是实现全面小康和现代化的基本特征与重要保证。全面小康不能留盲区、存死角，扩大服务业开放提高服务业发展水平在各地区之间不能此强彼弱、差异悬殊。目前我国（服务业）利用外资发展存在严重的区域不平衡，东部地区尤其是珠三角和长三角地区是我国（服务业）吸收利用外资的主要地区，中西部地区利用外资水平以及接受外资溢出带动效应远远落后于东部地区，这是造成我国中西部地区与东部地区经济发展水平和产业结构层次不均衡的重要因素，也与党的十九大提出的区域协调发展战略方向不符。扩大服务业对外开放是加快中西部地区服务业发展进而带动产业升级的重要途径，也是促进我国区域协调发展和实现全面小康的重要保障。这就要求我国在扩大服务业利用外资工作中应着重促进区域之间的协调发展。具体来讲就是要围绕当前我国西部大开发、东北地区等老工业基地振兴、中部地区崛起以及乡村振兴等重大战略部署，结合资源禀赋和经济发展内外环境，在充分发挥有效市场作用的基础上，通过优惠政策引导现代生产服务业领域的外资向食品加工、资源开采和深加工、能源开发利用、机制制造以及城市公用设施等中西部地区具有资源禀赋优势或经济社会发展急需行业投资，通过产业链合作带动中西部地区工业转型升级，促进我国服务业对外开放和工业转型升级的均衡发展。

三、拓宽服务业外商投资的来源地

欧美日等发达国家和地区的服务业专业化水平高，技术与知识要素密集，与其他产业尤其是制造业关联互动强，技术溢出效应大。扩大引进美日欧等发达地区服务业外商直接投资，不仅可以促进国内服务业竞争，还可以带动相关产业尤其是制造业效率提升。当前我国外商直接投资来源地主要集中在香港，这不利于我国学习借鉴发达国家先进服务业经验提升自身产业层次。深化服务业对外开放，应进一步拓宽服务业外资来源地，重点加强同欧美日跨国公司的合作，利用我国广阔的市场优势和改革开放积累的引资经验，进一步提升国际化、法治化营商环境，积极承接先进跨国公司服务外包，加大吸引国际跨国公司投资力度，吸引更多欧美日等国发达服务业跨国公司来华投资，构建出新型对外开放经济体系。

四、增强国际规则和知识产权意识

与货物贸易相比，服务贸易具有生产与消费同时性、不可储存性、无形性、产品质量标准化程度低等特性，服务贸易涉及的隐含条款和连带责任也相对繁杂，因而知识产权保护对服务贸易发展尤为重要。长期以来，知识产权意识不够、知识产权保护力度不强，假冒、伪造、盗版、泄密等侵犯知识产权行为屡禁不止，这是制约我国扩大吸引知识和技术密集型生产服务业外资的突出因素。扩大生产服务业对外开放，必须加快建设国际化、法治化营商环境，营造尊重知识产权、保护知识产权的社会氛围。首先要建立健全服务贸易知识产权保护长效机制，加大服务贸易涉及的版权、专利、商标等知识产权的执法监管力度，打击各类侵权和违约行为。其次要努力提高我国服务产品标准化水平，加快国内知识产权法律法规与国际法律、标准和惯例的对接靠拢，提高吸引服务业外商直接投资政策措施的透明度和执行力。最后要积极加入知识产权国际公约并认真履行保护保密的责任义务，通过加大教育培训和宣传力度等措施提高企业员工国际知识产权和相关法律规则的熟悉程度与应用能力。

五、建立有效的产业融合互动平台

从发达国家的实践经验看，生产服务业与制造业的融合互动离不开交流合作平台的媒介纽带作用，扩大服务业对外开放促进制造业和服务业互动融合需要重视合作交流平台建设。首先，鼓励国内制造业企业依托龙头企业或行业协会搭建行业公共服务平台，有针对性地为我国制造业企业与国际先进生产服务企业牵线搭桥，促进国内制造业与外资服务企业有效对接，加快我国制造业企业向全球价值链高端环节攀升。其次，以粤港澳大湾区建设为契机，充分发挥香港国际商务经验丰富、熟悉中国市场运行和毗邻珠三角全球制造业基地的独特优势，以香港市场为媒介平台吸引全球生产服务业与中国尤其是珠三角制造业对接，开拓服务业对外开放新局面。再次，以改革开放以来我国大量引进的制造业跨国公司为基础，鼓励跨国公司将研发设计、检验检测、区域性销售采购中心、市场服务等产业链中的服务环节设在中国，促进中国生产服务业发展。最后，以 2018 年 11 月我国举办首届中国国际进口博览会为契机，搭建新兴技术、服务外包、创意设计、市场服务等生产服务国际贸易专业平台，形成国内制造业与国外专业生产服务业融合互动的长效机制。

六、加快培育创新型专业服务人才

生产服务业是知识和技术密集型行业，各类创新型服务人才是实现生产服务业和制造业融合对接的核心要素。而中国制造业与国外生产服务业的有效对接，除了专业技术人才之外，还需要具有国际商务、国际知识产权、国际金融、国际规则惯例等相关专业知识和技能的创新型人才。生产服务业尤其是新兴服务业和知识技术密集型服务业所需的高层次专业人才缺乏是制约我国制造业和国际现代生产服务业对接的重要因素。通过制造业与服务业联动扩大我国服务业对外开放必须加快培育创新型服务人才。首先，通过便利化的出入境政策、宽松的居留择业条件、充足的经费支持、优越的政府奖学金等手段加快营造国际一流的创新型服务人才环境，吸引海外优秀人才来华留学、择业和工作。其次，围绕中国制造业升级急需的生产服务环节，通过放宽海外培训机构来华的市场准入、与国际先进生产服务企业合作、派遣优秀人才出国培训学习等多种途径培养服务型创新人才。再次，加大财政支出支持高等院校、培训结构以及行业协会等加大服务型创新人才的培养和培训，为服务业改革、开放和发展提供充足的人力资源保障。最后，加快我国服务业和服务业人才的标准化、国际化进程，为国际优秀服务业人才出入我国服务业人才市场提供良好的市场环境。

七、树立科学的服务业招商引资观

政绩考核是促进我国各级地方政府招商引资的主要动力，也是改革开放以来我国扩大对外开放的重要法宝。通过量化的经济指标考核（或行政引导）是当前我国鼓励招商引资、推动产业结构调整的重要举措。量化考核激励在提高地方政府招商引资积极性的同时，也产生了一些只重眼前绩效不顾长远发展的消极影响，主要表现在一些地方政府为了急于完成招商任务、提高本地 GDP 和税收，往往会优先引进硬件投资大、GDP 和税收贡献大的外商企业，如房地产、高档酒店等，而对一些短期内产出和税收贡献不明显、不直接的外商投资企业，如研发设计、市场服务等重视不够。事实上，不同的经济社会发展阶段、资源禀赋条件以及区域分工态势背景下一个地区适合引进的产业资本各有不同。如果单纯为了完成下达的招商任务而饥不择食地快速引进不适合本地经济长远内生发展需要的资本，结果可能适得其反，不仅解决不了产业发展短板，还会由于不平等的产业政策干扰了其他产业正常的升级发展路径。在新的历史发展阶段，国际环境、科学技术、国内发展条件等都在发生变化，相应的政绩考核指标也要适时调整。首先，要改变"唯 GDP""重 GDP"、只重引资总量的政绩考核观，确实扭转重硬件投资轻公共服务供给、重眼前轻长远、重速度轻质量、重总量轻结构的招商引资老路子，政绩考核指挥棒要引导各级政府重视产业链两端的服务环节尤其是产业链提升的服务短板。其次，上级政府部门考核下级部门要更加注重地区之间的资源禀赋和区域分工，不能不加区分地机械套用单一招商任务进行考核，量化指标要充分结合当地实际，要相对指标与绝对指标相结合、定量指标与定性指标相结合，将招商考核指挥棒指向鼓励下级政府打造本地比较优势、实现区域联动、带动产业链升级、促进制造业与服务业融合发展上。最后，产业主管部门考核要打破机械的产业分类边界，要有产业融合和大产业观念，要注重不同行业分管部门的协同联动，招商引资过程中要更加注重大产业链招商、新业态招商以及弥补产业链短板的精准招商。

第二章

全球价值链理论视角下中国服务业国际竞争力评价

第一节 引　言

在我国改革开放初期，受制于要素资源禀赋约束，我国主要是以高消耗、高污染以及低附加值的制造业参与国际分工体系，制造业一度成为粗放型经济发展的"代名词"，因此倡导大力发展服务业，把提升服务业比重和水平作为产业结构调整和优化升级的战略重点。我国服务业首次超过第二产业是在2013年，此后中国经济正式迈入"服务化"时代。

然而，这种发展快速、规模巨大的服务业并未给我国服务业带来显著的国际竞争优势，实际上我国服务贸易逆差仍在不断扩大。虽然我国服务业国际竞争力有所提升，但并不具备显著的国际竞争优势，目前还难以成为我国参与国际合作和竞争的"主导"产业，这在一定程度上也意味着我国服务业发展存在"急于求成""急功近利"的现象，其只是在"低端链条"上盲目摊铺子，不仅没真正加速产业结构优化升级，反而使得相关的产业或贸易政策脱离了现实的经济发展阶段。因此，我们应在尊重产业演进规律的前提下，客观认识我国服务业在全球价值链中的比较劣势，并积极依托相对优势产业，更加广泛地融入全球价值链分工体系中，而不是政府直接干预、盲目铺摊子。

同时,还应积极参与全球价值链下贸易增加值统计方法的国际交流与合作,并以此为突破口推动国际经济治理结构改善,以及进一步扩大对外开放,加强区域经济合作,推动贸易便利化和自由化,进而营造出更加有利于我国服务业参与全球价值链的发展环境。

第二节 全球价值链理论视角下中国服务业国际竞争力研究述评

一、全球价值链理论

全球价值链理论是随着国际分工理论的演进和发展而逐渐兴起的,其直接根源于理论界对产业链、商品链和价值链等理论的研究。产业链研究起源最早,主流古典学派从宏观经济视角基于绝对优势和比较优势等理论,研究劳动生产率、专业化生产对各产业部门技术经济关联程度和时空布局关系的影响(张辉,2004)。

与"全球价值链"这一概念最早相关的就是美国著名的战略管理学家波特(Porter,1985)提出的"价值链"一词。波特在《竞争优势》一书中首次提到"价值链"概念,为全球价值链理论的深入研究奠定了基础。"每一个企业都是在设计、生产、销售、发送和辅导其产品的过程中进行种种活动的集合体。其创造价值的过程,可分解为一系列互不相同但又互相关联的增值活动,这些相互联系的价值活动,共同作用为企业创造利润,从而形成企业的价值链。"波特(1985)认为,公司的价值创造过程主要由基本活动(含生产、营销、运输和售后服务等)和支持性活动(含原材料供应、技术、人力资源和财务等)两部分完成,这些活动在公司价值创造过程中是相互联系的,由此构成公司价值创造的行为链条,这一链条可称为价值链。

在研究的初始阶段,波特的价值链更加偏重于从微观企业内部分析企业价值增值与竞争优势。随着分工程度不断加深,波特开始将研究重心由企业内部转向企业外部,同时也将价值链空间分布纳入研究范畴。波特还提出价值系统的概念,进一步奠定了全球价值链概念的基础。在波特看来,不仅公司内部存在价值链,一个公司价值链与其他经济单位的价值链也是相连的,任何公司的价值链都存在于一个由许多价值链组成的价值体系,而且该体系中各价值行为之间的联系对公司竞争优势的大小有着至关重要的影响。

与波特同期，科格特（Kogut，1985）对"全球价值链"的概念演进也作出了贡献。价值链基本上就是技术与原料和劳动融合在一起形成各种投入环节的过程，然后通过组装把这些环节结合起来形成最终商品，最后通过市场交易、消费等最终完成价值循环过程。科格特（1985）认为，国际商业战略的设定形式实际上是国家的比较优势和企业的竞争能力之间相互作用的结果。当国家比较优势决定了整个价值链条各个环节在国家或地区之间如何空间配置时，企业的竞争能力就决定了企业应该在价值链条上的哪个环节和技术层面上倾其所有，以便确保竞争优势。与波特强调单个企业竞争优势的价值链观点相比，这一观点首次从区域与国家层面分析价值链垂直分布与空间再配置的关系，深化了波特的价值链理论，比波特更能反映价值链的垂直分离与全球空间再配置之间的关系，因而对全球价值链理论的形成至关重要（张辉，2004）。

随后，霍普金斯和沃勒斯坦（Hopkins and Wallerstein，1994）提出了"商品链"（commodity chains）的概念，将其定义为"旨在为完成商品的劳动与生产过程的网络"。他们指出：这种商品链形式在整个资本主义世界体系中早已存在，各商品链当中的节点具有以下四种特性：（1）紧邻着个别节点前后的商品流动；（2）各个节点内的生产关系（劳动运用的形式）；（3）主要的生产组织，包括技术与生产单位的规模；（4）生产的地理位置。商品链的观点随后被广泛用于世界体系理论的研究（熊英等，2009）。

1999年，美国杜克大学教授加里·格雷菲（Garry Gereffi）在管理学价值链理论的基础上，首次提出了全球商品链这一概念。格雷菲（1990）通过对美国零售业价值链的研究，将商品因跨国生产所形成分布在各地且彼此相互联系的企业及相关机构组织等一体化生产网络定义为"全球商品链"。他首次将价值链概念与产业全球组织联系起来，并依据跨国公司在全球价值链中所处地位不同，将全球商品链划分为生产者驱动型价值链与采购者驱动型价值链，同时认为生产者驱动型价值链主要以制造业跨国公司为主导，这些跨国公司通过掌握核心技术，实现全球范围内的直接投资，将少量非核心制造环节外包形成以生产者为主导的全球生产网络，而购买者驱动主要以拥有强大品牌优势及国内广阔销售渠道的发达国家企业为主导。通过大型零售商、经销商与品牌制造商以跨国采购与外包形式将订单分给发展中国家合约商，实现商品的跨国生产。相较于之前的价值链和商品链，全球商品链更加注重对商品地理空间维度的把控（乔小勇等，2016）。

随着全球商品链理论应用范围的日趋广泛，许多学者对"全球商品链"这一名称提出了质疑。因为在研究以零部件和中间产品为交易对象的供应链时，"商品"这一称谓很难反映出生产链条上各环节的价值创造行为和收入归属情况，而这恰恰是反映不同国家国际分工地位的关键（李玮，2017）。因此在2000年9月的意大利Bellagio学术研讨会上，以格雷菲等为代表的一干学者正式将"全球商品链"更名为"全球价值链"。

格雷菲（2001）在《价值链的价值》一文中突破商品的概念，分别从全球价值链治理体系、演变和升级等方面对全球价值链理论进行了系统全面分析，突出全球价值链的基本概念与理论框架。他认为价值链的形成，是企业不断参与价值链并从中获取必要技术能力与服务支持的过程，从此全球价值链理论的基本概念以及理论框架构造得以完成。格雷菲（2001）提出的全球价值链理论弥补了价值链和商品链研究的局限性，对价值空间流动、协调、重组以及治理等领域的研究更加深刻，其指出用网络、动态、空间等特征描述和分析全球价值的空间分布、产生源泉、分配机制。

随后，联合国工业发展组织总结过往研究，发表《通边创新和学习来参与竞争全球价值链》一文，给出了全球价值链的官方定义，重点突出全球价值链是链接各种企业及经济活动的网络组织集，并开始注重企业契约关系的建立与联结方式的变化。全球价值链（Global Value Chains，GVC）是指"在全球范围内，连接某产品生产、销售和服务等不同价值增值环节的跨企业和跨区域网络组织，其内容包含产品的概念设计、研发、生产制造、市场营销、售后服务，及最终消费和回收处理的整个过程"（UNIDO，2002）。开普林斯基和莫里斯（Kaplinsky and Morris，2001）认为，全球价值链主要包括研发设计、生产制造、市场影响和售后服务等价值创造环节，而战略价值环节成为不同产业中最具竞争优势的环节。全球价值链上各个价值环节通过跨国生产网络组织的片段化生产和空间转移串联在一起。

此后，亨德森等（Henderson et al.，2002）试图通过全球生产网络（Global Production Network，GPN）的概念来修正价值链的"线性"视角。他们强调，全球化的生产组织体系内不但存在着价值链上下游间的"垂直"关联，而且也普遍存在着横跨多条价值链的"水平"关联，甚至"对角"关联；因此生产网络的概念更有助于我们正确理解全球化的生产组织模式。伴随着"模块化"生产方式的日益普及，某些产业的全球价值链逐渐呈现出了模块化分工的全新组织特征，斯特金和川上（Sturgeon and Kawakami，2010）将其定义为模块价值链（value chain modularity），并强调了平台领导企业在该类价值链治理方面的重要作用（李玮，2017）（见表2-1）。

表 2-1　　　　　　　　GVC 相关概念的梳理

名称	定义	与 GVC 的联系	研究重点
价值链	设计、生产、营销、交货以及对产品起辅助作用的各种活动的集合	提出价值链的概念，将研究视角深入企业价值创造的各具体环节	价值链不同环节的价值创造和企业竞争优势的形成
增值链	技术与原材料、劳动相结合，生产最终产品以及营销和配送的全过程	从比较优势和竞争优势两个维度分析了价值创造过程的跨国分工和布局机制	产品生产过程的垂直专业化和跨国生产布局战略
商品链	最终商品形成的劳动和产品加工网络	提出商品链的概念，及生产劳动分工的网络视角	不同产业环节的跨国劳动分工问题
全球商品链	围绕产品设计、制造、营销等价值增值环节构建的跨国组织间协作网络和关联集群	从投入产出、空间布局和商品链治理3个维度构建了全球商品链（GCC）的理论体系	界定了两种类型的全球商品链治理模式，分析了其对发展中国家产业升级的影响
全球生产网络	价值链不同功能环节生产活动的跨国布局和功能集聚所形成的层级式分工协作网络	强调全球化生产组织体系同时具备"垂直""水平"，甚至"对角"关联的网络化特征	全球生产网络的形成及其参与国经济和社会发展带来的影响

资料来源：李玮：《全球价值链理论和发展中国家产业升级问题研究》，载于《工业技术经济》2017 年第 1 期，第 22~31 页。

全球商品链一开始是从输入输出结构、地域性和治理结构三个维度提出来的，此后又加入了制度框架的因素，从而形成了四个维度：（1）投入产出结构：价值链是按照价值增值活动的序列串联起来的一系列流程。（2）地域性：价值链中的各环节超越了国家界限，是一种生产空间集中或散布的地理网络，其中包括不同规模和形态的企业，因此形成了真正的全生产体系。（3）治理结构：链条的治理者对商品链进行统一组织、协调和控制。（4）制度框架：全球化过程的制度性架构，地方、国家和国际情况与政策在各个节点上如何对商品链形成产生影响（熊英等，2009）。

赫梅尔斯（Hummels，1998）认为，产品被分解为多阶段生产、两个及以上国家实现增值、参与过程中至少一国使用进口中间品是全球价值链的基本特征。跨国企业在产品设计研发、生产制造、市场营销等价值增值过程中承担微观主体和主导力量，并且通过对外贸易和投资等方式跨国外包非核心环节巩固自身核心竞争力的同时，实现低成本和高效率价值增值目标。由"微笑曲线"可知，全球价值链分工利益在国际间分配呈现出非均衡性，发达国家凭借资本、技术、管理、营销网络等，主导着增值能力较强的分工环节并分布在价值链两端；发展中国家凭借自然资源、劳动力等要素，处于增值能力较弱的分工环节并分布在价值链底端，因此要素禀赋性质及其报酬决定了企业所有者在生产环节上具有的竞争优势，对全球价值链具有主导和控制能力（张二震，2003；林毅夫等，2003；曹明福等，2005）。全球生产网络是全球价值链分工的重要特征，要素禀赋差异、生产分割技术和交通通信技术等为全球价值链分工提供了动力源泉；跨国企业根据治理环境和交易费用调整国际市场与跨国企业的所有权及控制权，在此基础上通过垂直一体化和离岸外包形成全球生产合作网络；产品技术复杂度越高，分工拆解的工序就越多，越可能通过专业化分工获得规模经济，最终形成的全球价值链分工网络也就越趋复杂（李国学等，2008）。

全球价值链理论是在价值链、价值增值链、全球商品链的基础上不断形成与完善的。通过对全球价值链理论的梳理，可以看出全球价值链理论研究已经在概念描述、治理体系等方面取得显著成果（张辉，2004）。

（一）全球价值链的动力机制

全球价值链的动力机制要追溯到全球商品链的动力机制研究。"全球商品链的动力机制"是由格雷菲正式提出来的，全球价值链的动力机制与全球商品链的动力机制本质上是相同的。从根本上讲，动力机制的研究实际上就是探讨在经济全球化过程中，发展中国家与发达国家之间如何分工合作和竞争的问题，尤其是发达国家在新的分工体系中攫取更多利润的时候，发展中国家如何利用经济全球化带来的机遇完成产业升级，最终步入发达国家行列（张辉，2006）。

格雷菲提出了一种二元动力机制说，将全球商品链的运行分为生产者驱动型和采购者驱动型。生产者驱动，指由生产者投资来推动市场需求，形成全球生产供应链的垂直分工体系，投资者可以是拥有技术优势、谋求市场扩张的跨国公司，也可以是力图推动地方经济发展、建立自主工业体系的本国政府；采购者驱动，指拥有强大品牌优势和国内销售渠道的经济体通过全球采购和贴牌生产（OEM）等生产组织起来的跨国商品流通网络，形成强大的市场需求，拉动那些奉行出口导向战略的发展中地区的工业化。我国学者张辉（2004）从动力根源、核心能力、进入障碍、产业分类、典型产业部门、制造企业的业主、主要产业联系、主导产业结构和辅助支撑体系9个方面对这两类动力机制进行了详细的比较，见表2-2。

表 2–2　　　　　生产者和采购者驱动的全球价值链比较

项目	生产者驱动的价值链	采购者驱动的价值链
动力根源	产业资本	商业资本
核心能力	研究与发展、生产能力	设计、市场营销
进入障碍	规模经济	范围经济
产业分类	耐用消费品、中间商品、资本商品等	非耐用消费品
典型产业部门	汽车、计算机、航空器等	服装、鞋、玩具等
制造企业的业主	跨国企业、主要位于发达国家	地方企业、主要在发展中国家
主要产业联系	以投资为主线	以贸易为主线
主导产业结构	垂直一体化	水平一体化
辅助支撑体系	重硬环境轻软环境	重软环境轻硬环境
项目	生产者驱动的价值链	采购者驱动的价值链
典型案例	英特尔、波音、丰田、海尔、格兰仕等	沃尔玛、国美、耐克、戴尔、锐步等

张辉（2004）指出，以产业资本为原动力的全球价值链条更加强调技术的研究与发展、生产工艺的不断改进、产品的不断更新和通过产业的垂直一体化来强化规模经济效应和加强基础设施等硬件的建设等方面；而以商业资本为原动力的全球价值链条则强调市场营销、拓展销售渠道获得范围经济，将制造业从产业链条中分离出去、加强信息等软环境的建设。由此看出，在参与全球竞争的产业发展过程中，如果该产业参与的是生产者驱动的全球价值链条，那么以增强核心技术能力为中心的策略就是合乎全球竞争规则的正确路径；同样，那些参与采购者驱动的全球价值链的产业，就更应强调"销售渠道"等的拓展，来获取范围经济等方面的竞争优势。

关于全球价值链内涵动因研究，要素禀赋观点认为生产分散化过程中的完全竞争、规模经济以及比较优势是其基础动因（Sanyal and Jones, 1982; Dixit and Grossman, 1982; Jones and Kierzkowski, 1988; 卢锋, 2004; 曾净, 2005）；不同国家和地区要素密集度差异形成的要素价格均等化趋势是融入全球价值链的基础动因（Grossman and Helpman, 2002; Lalletal, 2004）。交易费用及制度成本观点认为，国际运输技术进步、运输成本降低、通信费用下降、市场开放程度提高以及优惠贸易协定等导致的离岸外包强度增加和贸易便利化能够解释全球价值链分工的主要原因（Amdt Kei-MuYi, 2003; 陈菲, 2005; 徐康宁等, 2006; 张纪, 2007）。企业生产组织成本选择观点则认为企业参与全球价值链体系的关键在于合作厂商的双赢合约、相对工资水平、外包组织成本、对方接包能力等（Grossman and Helpman，2003；Antras and Garicano，2008）。动力源泉观点认为生产者驱动和消费者驱动是全球价值链各个环节在国际空间分解、交换以及重组的动力源泉（Gereffi，1999；2001a；2001b）。总之，以上观点都将降低交易成本，提高交易效率，扩大规模效应作为形成全球价值链的基本动因。

（二）全球价值链的治理

由于主导价值链战略价值环节的发达国家与亟须通过嵌入价值链分工实现产业升级的发展中国家之间存在紧密的利益博弈，因此治理结构问题一直是全球价值链的重要研究内容（Gereffi，1994）。作为一种制度安排，全球价值链的治理问题被大多数学者认为是全球价值链理论中的核心问题（熊英和马海燕，2010）。全球价值链治理是指通过制度安排和关系协调等非市场化机制或虚拟组织，实现生产分割、劳动分工、空间重构和价值分配（Humphrey and Schmitt，2002）。全球价值链治理类型主要包括以质量、价格、劳动、环境及其适用范围为主的规则制定治理，以各类行为主体监测为主的监督裁决性治理，以规则咨询协助、政府代理执行等机构为主的执行性治理（Kaplinsky and Morris，2003）。根据跨国企业间协调能力强弱，可以将全球价值链治理模式划分为相对平等关系的网络型治理模式、控制主导战略价值环节的准层级治理模式和跨国公司及其分支机构降低交易费用的层级治理模式（Humphrey，2002）。汉弗莱和施密茨（Humphrey and Schmitz，2000）根据企业间的权利关系和分工地位，将GVC的治理模式划分为：公平市场型（arm's length market relations）、网络型（network）、准层级制（quasi-hierarchy）和层级制（hierarchy）4种类型（见表2-3）。其中，公平市场型和层级制分别处于治理层次的最低端和最高端，前者依靠价格机制协调经济活动，后者则依靠行政命令管理生产。网络型和准层级制作为介于它们之间的两种治理形态，其最大的差异在于前者的合作主体间权利地位平等，而后者则是买方处于主导地位（李玮，2017）。

表2-3　　　　　　　　GVC的治理类型及权利关系特征

治理类型	关系特征
市场型	交易标的为标准化产品，买方无须担心供方的生产能力，也不需要为供方制定具体的产品规格和生产数量
网络型	参与企业多为具备前沿技术开发能力的领军企业，双方合作地位平等，且资源互补性较强，研发活动的开展和产品规格的确定都依赖彼此间的合作

续表

治理类型	关系特征
准层级制	买方拥有较强的市场力量,并对产品的规格和数量进行严格把控,在供应商的能力无法保证产品供给时,买方会选择给予适当的资金和技术支持
层级制	买方通过直接投资或纵向一体化的方式控制相关生产活动,母公司在为附属企业制定生产规格的过程中会涉及部分技术转让

资料来源:李玮:《全球价值链理论和发展中国家产业升级问题研究》,载于《工业技术经济》2017 年第 1 期,第 22~31 页。

此后,格雷菲等(2005)通过对交易复杂度、信息可编码程度和供应商能力 3 个维度变量特征的考察,进一步将 GVC 的治理类型归纳为:市场型(markets)、模块型(modular)、关系型(relational)、俘获型(captive)和层级制(hierarchy)5 种模式。其中,关系型和俘获型大致可以等同于网络型和准层级制的治理模式。在此基础上,全球价值链治理模式又被细化为市场契约主导型治理、企业等级制治理、依附核心环节型治理、模块分解化型治理和特殊关系型治理 5 种主要治理模式(Sturgeon,2002;Gereffi et al.,2005)。总而言之,发达国家与发展中国家的跨国企业都是通过参与片段化分解、空间重组、网络治理等价值链分工方式,在全球价值链的开放体系中不断重构自身核心竞争力,由此构成提升企业竞争优势和价值增值的根本逻辑(见表 2-4)。

表 2-4　　　　　　　　GVC 的治理类型及其决定因素

治理模式			交易复杂程度	信息可编码程度	供应商能力	企业间权利的不对称程度
市场型			低	高	高	低
网络	网络	模块型	高	高	高	↑
		关系型	高	低	高	|
	准层级	俘获型	高	高	低	↓
层级型			高	低	低	高

资料来源:李玮:《全球价值链理论和发展中国家产业升级问题研究》,载于《工业技术经济》2017 年第 1 期,第 22~31 页。

我国学者李玮(2016)指出,通过进一步区分"模块型"和"关系型"的治理模式,可以突出反映出信息特性对价值链上治理关系造成的影响。在关系型治理模式下,由于信息可编码化程度较低,大量默会知识需要在面对面的技术合作和交流过程中传递,这要求买方与供应商之间建立更加紧密的合作关系与技术联络机制。在模块型治理模式下,产品的技术信息可以通过编码化的"系统规则"低成本地传递给供应商;而供应商可以在遵循这些"标准"的情况下,享有模块内的设计和开发自由,并可以通过将关键技术信息"封装"进模块内部的方式,来减少不必要的知识外溢。模块化分工的这一全新的特点令买卖双方之间信息和产品交换的效率大大提升,其治理模式也更加接近于市场型。

根据乔小勇等(2016)的总结,国内外学者在全球价值链治理的相关研究主要分为以下几个方面:第一,全球价值链治理方式带来的影响。彼得罗贝利和拉贝洛蒂(Pietrobelli and Rabellotti, 2011)将创新体系与全球价值链理论相结合,认为全球价值链的内部治理是动态的,并处于不断的调整和变化中,全球价值链的多种治理方式会形成多种学习机制。吉斯加尔德和哈默(Giisgaard and Hammer, 2011)对切花产业和香蕉产业价值链进行研究,发现全球价值链的治理方式是影响各层劳动力在价值链上权利分布的重要因素,但劳动力也能依靠龙头企业的势力获取权利。特哈达等(Tejada et al., 2011)发现在全球旅游业价值链中,企业治理方式的不同会导致企业升级路径的显著差异。拉森(Larsen, 2014)发现由于食品类商品存在文化地域性,因而价值链治理应注重符合市场需求的创新;认为价值链的整合程度和管理机制对企业创新具有重要影响,并提出价值链中的质量管理是产品创新过程的核心。裴长洪等(2014)对WWZ贸易增加值进行分解,认为负面清单管理模式推动大国服务业在全球价值链分工体系中占据了更加有利的主导地位,现代服务业受负面清单管理模式影响最大。

第二,影响全球价值链治理的因素。庞特和斯特金(Ponte and Sturgeon, 2014)对全球价值链治理问题进行模块化处理分析,认为非政府组织、标准制定者和社会运动日益增长的影响力是宏观层面上影响全球价值链治理的关键因素。埃洛拉等(Elola et al., 2013)通过研究地方产业集群的产生、演化发展以及其嵌入全球价值链的过程,发现价值链的治理模式同时受全球因素和地方因素的影响,且同一价值链中可存在几种不同的治理模式。许南和李建军(2011)在中国代工企业的全球价值链治理模式影响因素上达成共识,认为受现有国际贸易格局影响,发展中国家长期从事加工生产,代工环节的利润附加值低,其中以珠三角地区企业为代表的代工企业大多数处于俘获型或层级型价值链治理模式之中,同时遭受到主导企业的严格控制。许晖等(2014)认为品牌制造(OBM)、业务流程外包(BPO)等嵌入路径和原价值链环节深度嵌入、新价值链嵌入等嵌入方式是影响全球价值链治理的重要因素。王克岭和罗斌等(2013)认为全球价值链治理的内在影响因素包括标准化程度、技术发展与创新、供应商与采购商的关联度以及政策因素四个方面。王然和邓伟根(2010)指出,考察影响全球价值链治理模式的动态演进规律应从供应商能力、产品信息的可编码性以及产品交易的复杂程度三个角度出发。

第三，全球价值链治理模式选择。有关全球价值链治理模式选择的相关研究以国内学者为主，且关注点大多集中在制造业领域。曾繁华等（2015）从全球价值链治理角度出发，认为中国新型制造业应抓住模块化"三高"治理机遇，利用参与各方在关系上的互补性和对等性，实现制造业在全球价值链中的转型升级。张杰和刘志彪（2007）针对中国目前多数制造业企业处于俘获型价值链治理模式的现状，提出构建国内价值链，依托国内市场的充分发展来突破俘获型治理网络，改进制造企业的价值链治理现状。奥罗和普里特-查德（Oro and Prit-chard，2011）发现，随着企业发展策略和制度环境变化与外部经济的周期性循环，贸易价值链的不同环节会相互影响，重新组合。同时提出应围绕区域制度环境转变选择同贸易规则以及贸易政策交互推进的价值链治理方式。国内外学者对全球价值链治理的研究不拘泥于治理模式本身的分类，而是将重点放在价值链治理方式带来的影响和影响全球价值链治理的因素上。其中影响全球价值链治理的因素包括社会组织、贸易环境、标准化程度、贸易政策、人文水平、产品交易复杂度等方面（乔小勇等，2016）。

（三）全球价值链下的产业升级

全球价值链参与视角下的产业结构升级是目前国内外理论界最引人瞩目的研究领域，其主要指国际化企业通过嵌入全球生产分割，即全球价值链分工网络中，获取其他跨国企业的先进技术和管理经验，实现规模经济和范围经济，提升产品增加值和市场竞争力的动态行为（Kaplinsky and Morris，2003；Humphrey，2004）。产品复杂度层次、企业经营活动、部门内供应链关系和部门间产业类型分别是产业升级的四个层次（Gereffi，1999）。汉弗莱和施密茨（2002）指出，在嵌入全球价值链体系时，企业需要面对各种竞争压力，企业生产技能、组织关系以及所处的政策环境和基础设施条件等的改善，突破有进入障碍的节点，使得自身在一定程度上远离竞争者市场竞争压力的行为都可以认为是价值链升级。提升产品研发效率、升级产品功能、降低组织交易成本和迈向更高收益产业链条分别是全球价值链中的产业升级的四种类型（Humphrey and Schmitz，2002；汪斌等，2007）。

全球价值链价值创造包含众多环节，涉及价值链每个环节和价值链整体活动的性质及组织变化，嵌入企业的升级活动包括广告营销、快速模仿跟随领导型企业等改善生产能力及其以外的创新能力（North and Smallborne，2000）。典型的价值链升级主要涉及产品设计开发（上游环节），加工、投入、组装等内部生产，市场营销以及消费和循环利用（下游环节）等环节；或者由研发、设计、生产、营销和消费等企业内部基本环节构成，可以采用所谓"微笑曲线"来表示。因此，价值链升级是指企业从较低价值增值环节（如装配制造环节）向较高价值增值环节（由工艺流程升级和产品升级完成）再到战略环节（由功能升级完成）嵌入提升的过程（Kaplinsky，2001；石培哲，2011）。部分学者从成本构成视角研究全球价值链升级，认为价值链由供应成本、制造成本和销售成本构成，分别对应企业的上游成本、内部成本和下游成本。从生产角度来看，价值链升级即是构成价值链的各个生产环节中，各投入要素如劳动、资本、土地、技术等成本不断降低，各个环节利润不断增加的过程（陈志祥等，1999；周虹，2005）。

基于格雷菲等的开创性研究理论，汉弗莱和施密茨（2002）首次明确提出了以企业为研究对象，由低级到高级的嵌入全球价值链并实现转型升级四种难度递增的不同方式（见表2-5）：工艺流程升级、产品升级、功能升级和链条升级，从理论上把全球价值链转型升级的研究往前推进了一大步，其中，功能升级中从装配（OEA）到贴牌生产（OEM），再从自主设计（ODM）到自主品牌（OBM）的转换升级次序被国内外学者普遍接受，而且被东亚众多发展中国家工业和进程所证实，因此通常被认为是价值链升级的一般路径（Hobday，1995；2005）。当然由于外部发展环境和企业自身核心能力存在显著差异，企业完成OEM到OBM的转型升级路径有时可能不尽相同（Mathews and Cho，2000）。东亚国家工业化进程大致遵循了OEA、OEM、ODM和OBM的产业升级模式，但这并非唯一理想的价值链升级模式，而是与企业在特定环境中的动态能力、价值链治理结构以及核心竞争力等密切关联（Hobday，1995；Gereffi，1999；Humphrey，2004）。

表2-5　　　　　产业升级的特征、内容和表现形式

升级类型	升级内容	表现形式
流程升级	提升生产流程的运转效率	OEA
产品升级	生产新产品或改进原产品的性能	OEM
功能升级	生产活动攀升至附加值更高的价值链环节	ODM/OBM
链际升级	将既有价值链中的相应能力应用于新的价值链	ODM/OBM

资料来源：李玮：《全球价值链理论和发展中国家产业升级问题研究》，载于《工业技术经济》2017年第1期，第22~31页。

一些研究提出了全球价值链视角下的产业升级途径。例如，哈特和斯特林格（Hart and Stringer，2016）基于全球价值链和全球生产网络视角研究了渔业价值链的价值增值和价值捕获，产业升级不仅仅是企业如何获取更多价值，效率的提高和资源使用的永续性以及如何处理好与价值链中各方参与者的关系同样重要。

阿戈斯蒂诺等（Agostino et al.，2015）通过比较意大利制造业的劳动生产率和全要素生产率发现，在全球价值链中，创新能力和国际市场渗透能力是影响产业升级的决定性因素，兼备创新和出口能力的企业在适应改变和利用机遇方面的能力强于其他竞争者。马尔奇等（Marchi et al.，2013）以意大利家具建材行业的实例为依据提出了企业升级的绿色战略，认为企业实行绿色发展战略，在实现经济效益、提高竞争力的同时可以减少对环境的影响，这不仅使企业内部受益，还可以提高企业在价值链上的议价能力和价值占有比例。卡达鲁斯曼和纳维德（Kadarusman and Nadvi，2013）认为企业在融入国内市场和新兴出口市场过程中，提升核心竞争力，实现转型升级的关键并非实行低成本战略，而是注重产品的功能设计和独创性。

国内学者对于产业（企业）升级问题的研究切入点大体一致，大多基于后发工业国或后发企业发展落后这一基本事实，认为嵌入全球价值链并向上攀升是企业（产业）升级的唯一出路（邱国栋和刁玉柱，2014）。例如，葛顺奇和罗伟（2015）认为跨国公司的进入有助于改良企业"工序构成"，进而引发产业结构和生产效率的变动，促进产业的转型升级。又如，刘维林等（2014）指出，在参与全球生产网络分工过程中所获得的国外中间投入有利于提升中国制造业的出口技术复杂度。

部分学者对影响企业行为，进而影响产业升级的因素进行分析。马胡特加（Mahutga，2012）将全球商品链和全球价值链理论结合，发现发达经济体和发展中经济体企业之间生产能力的差距是是否进行外包的决定性因素，并指出生产能力、政府保护主义以及其他制度因素对各产业进入壁垒的形成影响程度不同。

国内学者对于影响产业升级的影响因素有如下研究：吕越和吕云龙（2016）基于双重稳健—倾向得分的加权估计认为企业嵌入全球价值链虽然存在一定滞后性，但全球价值链能够显著引发制造业升级，提升其生产效率。王玉燕等（2014）认为随着中国工业逐步融入全球生产网络，全球价值链对中国工业产业升级和技术进步同时产生推动效应和抑制效应，且存在明显的行业异质性特征。赵放和曾国屏（2014）以深圳的生产性服务业为例，认为当产业仍处于全球价值链中低端环节时，全球价值链与国内价值链的联动效应是影响产业升级的重要因素。申明浩和杨永聪（2012）基于全球价值链视角对中国的产业升级与金融支持进行研究，指出资本市场的发展与完善能够提升企业在全球价值链中的分工地位，金融支持是影响产业转型升级的重要因素。

此外，国外学者还从劳动就业角度研究产业升级。阿尔索普和塔伦蒂尔（Allsopp and Tallontire，2014）以肯尼亚切花及茶产业为研究对象，发现农业生产活动的全球化提高了女性就业率，女性劳工参与到全球价值链体系中不仅能提高自身经济的独立性，也会增加女性在国内市场的就业选择。尼福鲁（Niforou，2015）发现，现有的产业联系研究过分强调劳工组织的作用而边缘化个体工人在价值链治理中的作用，并提出全球价值链节点间的相互作用和相互依赖程度会影响劳工权利的行使，进而影响劳工工作环境的改善。蒂默等（Timmer et al.，2014）通过对全球价值链进行切片化研究，认为中国长期处于全球价值链低端环节的主要原因在于对低技术劳动力的严重依赖。

（四）全球价值链下的贸易政策选择

全球价值链对全球贸易与投资的规则提出了新的诉求，要求传统的以边界措施和生产准入问题为核心的贸易政策，向以边界内措施和规则融合为核心的下一代贸易政策转变（张茉楠，2016）。全球价值链国际分工模式的兴起改变了现有的贸易格局，全球贸易的发展进入新的发展阶段，基于贸易成本与贸易模式的传统贸易政策和贸易规则已不再符合世界经济主流发展趋势，世界各国对于新型体系下的国际贸易规则与贸易政策产生了新的诉求，以全球价值链为背景的贸易政策和贸易规则呼之欲出（乔小勇等，2016）。

例如，杰拉茨等（Geraets et al.，2015）提出在全球价值链背景下，产品的增值贯穿整个生产过程，而非集中在某个环节，认为应根据价值分布对现有的原产地规则进行改革。阿兹梅（Azmeh，2015）研究发现，限制性原产地规则会限制两国联合出口的增长和增多投资的转移，非限制性原产地规则会促进"南南贸易"的发展，同时提出贸易政策和原产地规则可以促进全球价值链与生产定位的结合，获得产业政策和经济社会发展带来的利益。库兰和纳德维（Curran and Nadvi，2015）通过研究欧盟贸易政策的改变对孟加拉国纺织品服装贸易概况和产业升级前景的影响，认为贸易优惠对产业结构的转变具有决定性作用。

有关贸易规则制定的影响因素，纳德维和赖彻特（Nadvi and Reichert，2015）比较了计算机产业一级供应商和二级供应商对自愿遵守与强制执行的行业标准的实施情况，发现价值链底端的供应商对行业行为准则和有害物质限制的执行很差，但二级供应商对欧盟指令的良好执行说明市场准入监管比自愿原则更有效率，据此提出价值链中贸易规则的有效实施需要有替代性和互补性方法体系的保证。瓦尔德龙等（Waldron et al.，2014）发现，羊绒业的兴起给中国西部欠发达地区和低收入的牧民带来了发展机遇，认为提升中国羊绒国际竞争力需要制定基于全球价值链和供给侧干预标准的贸易政策。

(五) 全球价值链下的贸易地位分析与测算

随着参与全球价值链分工的产品种类、国家或地区的数量不断增加及全球价值链在世界范围内的不断延伸，传统的贸易统计标准和方法越来越显示出其不足之处，原因在于传统的贸易流量存在一定的重复计算问题，若以此为依据衡量各国的贸易状况则难以反映客观真实情况，并且将严重扭曲对全球价值链各参与国或地区所获贸易与分工利益的统计，造成所见非所得的问题（Maurer and Degain, 2012）。

为解决上述问题，许多国际组织及国内学者近年来做出了一定程度的探索和深入的研究，并在传统贸易流量的基础上对贸易统计的标准和方法进行必要的改革和改进，建立了一套新的国际贸易统计理论。其中，许多学者在各国数据的基础上建立起"国际投入—产出表"（the World Input–Output Tables，WIOTs），并将研究的视角转向全球价值链各参与国或地区所实现的增加值，这种以增加值为基础的"增加值贸易"（Tradein Value Added，TiVA）统计方法，相对于传统的统计标准和方法来说，能更加科学真实地反映各国的贸易状况，因此逐渐被各国认可与应用。此外，"增加值贸易"统计方法还有利于科学合理地考察国际贸易如何影响一国国民经济、产业发展以及资源环境等方面的情况，有利于重新审视国际贸易格局的改变对全球利益分配以及各国或地区在国际分工中所处地位的影响。

在全球化生产背景下，基于增加值的贸易统计方式考虑了价值链中不同参与者之间贸易的具体状况，能够科学地测算各国真实的增加值在国际市场中的流动过程（Koopman, 2008；2011）。全球价值链地位指数和全球价值链分工参与度相继被用于衡量一国产业在全球生产分工中的现状及变化趋势（Koopman, 2014）。王直等（2015）进一步提出的贸易流分解法由国家层面扩展至行业层面，并据此对垂直专业化、显性比较优势指数等进行了重新诠释。基于全球价值链视角准确测度和分析一国产业在全球价值链中的分工与地位是推动中国国际贸易转型升级的重要抓手，同时，也有助于中国产业在全球价值链中进一步提升国际竞争力和影响力。

二、全球价值链理论视角下中国服务业国际竞争力研究述评

随着全球价值链的迅猛发展，基于传统总值进行国际竞争力研究的缺陷逐渐显现出来，一是未剔除进口中间投入的影响，存在重复计算的问题。以产品内分

工、生产过程"碎片化"为特征的垂直专业化（vertical specialization）使嵌入全球价值链的生产者只在产品生产的某一环节或某些环节参与国际分工，进而使基于总值的现有贸易核算体系因为中间产品在不同国家间的多次流转而形成"重复统计"，一定程度上扭曲参与者在国际分工中的价值创造和利益分配（Koopman et al.，2010），尤其在加工贸易较为普遍的中国更会显著地高估其在全球价值链中的贸易顺差，为所谓的"中国威胁论"指责提供貌似可信的伪证据（李昕、徐滇庆，2013）。二是未考虑物化在制造业出口中的服务间接出口。三是未能考虑到服务业在全球价值链中分工带来的影响，因此不能揭示一国服务业真实的国际竞争力（孟东梅等，2017）。

全球价值链的研究为学者们提供了一个重新审视产业竞争能力和改善之路的系统平台，全球价值链条分析是企业分析和产业分析之外一种新的竞争力评估方法（张辉，2004）。新近发展起来的"增加值贸易"核算方法受到学术界的广泛关注，联合国贸易和发展会议、WTO和OECD等国际组织也开始致力于增加值贸易数据库的构建和完善，这为厘清全球价值链背景下各国参与垂直专业化的分工地位和贸易利得提供了可能（李跟强和潘文卿，2016）。随着产品内分工形式的兴起，以生产分工为特征的全球价值链逐渐成为全球贸易发展的主导因素，而"贸易增加值"是各国或地区在参与全球生产网络过程中创造的实际价值，更为现实和准确地体现了全球价值链下的国际分工和利益分配（刘重力和赵颖，2014）。贸易增加值核算方法为分析国际贸易竞争力提供了新的视角，蒂默等（2014）提出了衡量一国全球价值链收益的指标，同时在此基础上提出了全球价值链下的显示性比较优势指数。库普曼（Koopman，2008；2011）基于增加值出口重新计算了RCA指数，这些研究都为全球价值链的定量分析奠定了基础。

近年来，我国学者更聚焦于基于贸易增加值测算制造业、高技术产业在全球价值链中的地位的研究。例如，张庆等（2013）从产业价值链角度分析北京市高新技术产业在全球价值链中的地位，通过分析产业内贸易类型可知，北京市高技术产品主要以垂直型产业内贸易为主，处于全球价值链较为低端的位置。李慧（2013）通过研究指出，尽管近些年我国的高技术产品出口量迅猛增长，但是我国在战略性新兴产业全球价值链中的分工地位并不高。王岚和李宏艳（2015）借鉴通过构建和测算价值链地位指数、增值能力指数和价值链获利能力指数，分析了1995~2011年中国不同技术水平制造业融入全球价值链的路径及其演进特征。刘琳（2015）利用WIOD数据库测度了中国整体及三类技术制造业行业参与全球价值链的程度及其在国际分工中的地位，研究结果表明，1995~2011年中国参与全球价值链的程度逐年增强，但中国的GVC地位指数均为负，说明中国整体处于全球价值链的下游位置，在国际分工中的地位较低。此外，也有少部分学者对我国服务业在全球价值链中的地位进行了初步探索。例如，王厚双等（2015）采用 WTO 和 OECD 联合发布的 TiVA 统计数据，测算了 2009 年服务贸易前 6 名国家与其他金砖 4 国共 10 个国家 1995～2009 年服务业整体和分行业的"全球价值链地位"和"全球价值链参与度"指数，以分析对比中国与其他 9 国的服务业在全球价值链分工中的地位和参与程度。

贸易增加值的研究已经引起国内外学者的关注，尤其是中国学者从贸易增加值角度对其国内制造业、高技术产业等在全球价值链中的地位进行了较为充分的测算与研究，但相比制造业、高技术产业等领域，针对服务业在全球价值链中的地位相关分析还属于初步探索阶段，亟须进一步补充与完善（乔小勇等，2017）。国内基于贸易增加值核算方法对服务业及其细分行业在全球价值链中的竞争力及变化趋势的研究还很少（乔小勇等，2017）。虽然少数文献考虑了全球价值链国际分工的影响，采用贸易增加值数据测算一国或地区的竞争力，但是由于其忽略一个国家或地区的产业部门增加值也可以隐含在其他产业部门的出口中而实现间接出口（即国内生产分工）这一事实，也没有考虑一个经济体的产业部门出口总额中隐含有部分国外价值的事实，同样会使得国际竞争力的测算结果存在一定的偏误（尹伟华，2015）。

第三节 全球价值链理论视角下中国服务业国际竞争力评价指标

一、评价指标的选取

多区域投入产出模型（Multiregion Input – Output Model，MRIO）能够清晰地反映各经济体（国家或地区）各产业部门之间中间产品、最终产品的流向和消耗关系。因此，MRIO 模型被广泛应用于全球价值链（GVC）分解或贸易增加值的测算（Koopman et al.，2009）。假设全球共有 G 个经济体（$m, n = 1, 2, \cdots, G$），且每个经济体有 S 个产业部门（$i, j = 1, 2, \cdots, S$），见表 2 – 6。

表 2 – 6　　　　　　　　　多区域投入产出模型（MRIO）

投入			产出						最终使用			总产出
			中间使用									
			A 国			...	Row			A 国	...	Row	
			1	...	S	...	1	...	S				
中间投入	A 国	1	X_{11}^{AA}	...	X_{1S}^{AA}	...	X_{11}^{AR}	...	X_{1S}^{AR}	F_1^{AA}	...	F_1^{AR}	Y_1^A
		...	...	...	...	...	...	...	...	...	...	...	...
		S	X_{S1}^{AA}	...	X_{SS}^{AA}	...	X_{S1}^{AA}	...	X_{SS}^{AR}	F_S^{AA}	...	F_S^{AR}	Y_S^A
	...	...	...	...	...	...	...	...	...	...	...	...	...
	Row	1	X_{11}^{RA}	...	X_{1S}^{RA}	...	X_{11}^{RR}	...	X_{1S}^{RR}	F_1^{RA}	...	F_1^{RR}	Y_1^R
		...	...	...	...	...	...	...	...	...	...	...	...
		S	X_{S1}^{RA}	...	X_{SS}^{RA}	...	X_{S1}^{RR}	...	X_{SS}^{RR}	F_S^{RA}	...	F_S^{RR}	Y_S^R
增加值			VA_1^A	...	VA_S^A	...	VA_1^R	...	VA_S^R				
总投入			Y_1^A	...	Y_S^A	...	Y_1^R	...	Y_S^R				

注：Row 表示世界其他经济体。

X_{ij}^{mn} （$m, n = 1, 2, \cdots, G$; $i, j, k = 1, 2, \cdots, S$）表示 n 经济体第 j 产业部门对 m 经济体第 i 产业部门产品的中间需求，F_i^{mn} 表示 n 经济体对 m 经济体第 i 产业部门产品的最终需求，y_i^m 为 m 经济体第 i 产业部门的总产出，VA_i^m 表示 m 经济体第 i 产业部门的增加值。由此可以得 $+ E_i^m = \sum_{n \neq m}^{G} \sum_{j=1}^{S} X_{ij} + \sum_{n \neq m}^{G} Y_i^{mn}$ 表示 m 经济体第 i 产业部门的出口总额（包括中间产品出口和最终产品出口），$V_i^m = \frac{VA_i^m}{Y_i^m}$ 表示 m 经济体第 i 产业部门的增加值系数，$A_{ij}^{mn} = \frac{X_{ij}^{mn}}{Y_i^m}$ 表示 m 经济体 i 产业部门对 n 经济体第 j 产业部门产品的直接消耗系数。根据 MRIO 模型的行平衡关系，用列昂惕夫方法（Leonnief）可以测算出各经济体各产业部门出口的国内增加值：

$$TV = \begin{bmatrix} TV_{11}^{AA} & \cdots & TV_{1S}^{AR} \\ \vdots & \ddots & \vdots \\ TV_{S1}^{RA} & \cdots & TV_{SS}^{RR} \end{bmatrix} = V(I-A)E$$

$$= \begin{bmatrix} V_1^A & 0 & 0 \\ 0 & \ddots & 0 \\ 0 & \cdots & V_S^R \end{bmatrix} \begin{bmatrix} 1-A_{11}^{AA} & 0 & A_{1S}^{RR} \\ \vdots & \ddots & \vdots \\ S_{S1}^{RS} & \cdots & A_{SS}^{RR} \end{bmatrix} \begin{bmatrix} E_1^A & 0 & 0 \\ 0 & \ddots & 0 \\ 0 & \cdots & E_S^R \end{bmatrix} \quad (2.1)$$

式（2.1）描述了每一个经济体各产业部门出口中隐含的增加值是如何在经济体内和经济体外创造出来的以及这些增加值的分布状态，其中"列"表示出口增加值的创造，"行"表示出口增加值在经济体内外之间的分布（戴翔，2015）。矩阵 TV 中每一列的所有元素之和恒等于相应经济体产业部门的出口总额。具体而言，式中的每一列即相应经济体产业部门出口中隐含的增加值由三部分构成：第一部分为矩阵元素 TV_{ii}^{mn}，该项为相应经济体产业部门出口的国内增加值部分；第二部分为矩阵元素 $TV_{ij}^{mn}(i \neq j)$，该项为相应经济体产业部门隐含的经济体内其他产业部门创造的增加值部分；第三部分为矩阵元素 $TV_{ij}^{mn}(m \neq n, i \neq j)$，该项为相应经济体产业部门隐含的经济体外创造的增加值部分。

显性比较优势指数（RCA）最早是由美国经济学家巴拉萨（Balassa）于1965年提出的，它是一种用于衡量经济体产业部门国际竞争力的指标。传统的RCA 指数（TRCA）是指经济体某一产业部门出口总额在该经济体出口中的占比与全球该产业部门出口总额在全球总出口中占比的比较值。然而，从全球价值链（GVC）角度看，这种基于出口总额的 TRCA 指数既忽略了国内生产分工，又忽略了国际生产分工，导致国际竞争力的衡量结果出现偏误。具体来说，首先 TRCA 指数不考虑一个经济体产业部门的增加值可以隐含在该经济体其他产业部门的出口中而实现间接出口这一事实；其次 TRCA 指数也没有考虑一个经济体的产业部门出口总额中隐含有部分国外价值的事实。因此，正确衡量一个经济体产业部门显性比较优势的方法不仅需要包括隐含在该经济体内其他产业部门出口中的该产业部门增加值的间接出口，而且需要排除出口中源于国外增加值的部分。

为克服这些弊端，本节基于出口的国内和国外生产分工，以及上述全球价值链的分解结果，构建了一种测量经济体产业部门显性比较优势（NRCA）的新指标，该指标为一国出口品所属产业部门的增加值（包括直接增加值和间接增加值）占该国总出口的国内增加值，相对于全球所有经济体出口中该产业部门所创造的增加值占全球总增加值出口比例的比较值。

$$NTRC_t^m = \frac{TV_{ii}^{mm} + \sum_{i \neq j}^{S} TV_{ij}^{mm}}{\sum_{k=1}^{S}(TV_{kk}^{mm} + \sum_{i \neq k}^{S} TV_{kj}^{mm})} \Bigg/ \frac{\sum_{n=1}^{G}(TV_{ii}^{nm} + \sum_{j \neq i}^{S} TV_{ij}^{nm})}{\sum_{n=1}^{G}\sum_{k=1}^{S}(TV_{kk}^{nm} + \sum_{j \neq k}^{S} TV_{kj}^{nm})} \quad (2.2)$$

当该指标（NRCA）指数大于 1 时，表示该经济体的产业部门出口具有显性比较优势；当该指标（NRCA）指数小于 1 时，表示该经济体的产业部门出口为显性比较劣势。

二、样本和数据说明

本节所使用数据主要源于世界投入产出数据库（World Input – Output Database，WIOD）。WIOD 最早于 2012 年 5 月正式发布，涵盖了 40 个国家或地区（包括 27 个欧盟成员国和 13 个其他主要贸易国）、35 个产业部门和 59 种产品。在这个 WIOD 数据库中的 40 个国家（或地区），其经济总量占全球经济总量的 85% 以上，因此能够很好地反映全球主要的经济和贸易活动。WIOD 中世界投入产出表（World Input – Output Tables，WIOTs）是研究全球价值链或贸易增加值最有效的工具，并得到了国际社会的广泛应用。

WIOTs 记录的服务业涉及 19 个产业部门，同时本节根据樊茂清和黄薇等（2013）、戴翔（2015）等的相应研究结果，将上述 19 类服务业部门分为劳动密集型服务业（包括 C18、C19、C20、C21、C22、C26 和 C35 产业部门）、资本密集型服务业（包括 C17、C23、C24、C25、C27 和 C29 产业部门）和知识密集型服务业（包括 C28、C30、C31、C32、C33 和 C34 产业部门）三大类①，见表 2 – 7。

表 2 – 7　　　　WIOD 服务业行业代码、名称及类型

行业代码	ISIC 代码	行业名称	行业类型
C17	E	电力、煤气及水的生产和供应业	资本密集型
C18	F	建筑业	劳动密集型
C19	50	汽车及摩托车的销售、维护及修理	劳动密集型
C20	51	燃油零售批发（不含汽车及摩托车）	劳动密集型
C21	52	零售（不含汽车及摩托车）	劳动密集型
C22	H	住宿和餐饮业	劳动密集型
C23	60	内陆运输	资本密集型
C24	61	水上运输	资本密集型
C25	62	航空运输业的其他配套和辅助业务	资本密集型

---

① 由于中国的 19 个服务业中，汽车及摩托车的销售、维护及修理（C19）和私人雇用的家庭服务业（C35）大量数据缺失，本书后续的分析过程中剔除了这两个部门。

续表

行业代码	ISIC 代码	行业名称	行业类型
C26	63	旅行社业务	劳动密集型
C27	64	邮政与通讯业	资本密集型
C28	J	金融业	知识密集型
C29	70	房地产业	资本密集型
C30	71	租赁和商务服务业	知识密集型
C31	L	公共管理和国防及社会保障业	知识密集型
C32	M	教育	知识密集型
C33	N	卫生和社会工作	知识密集型
C34	O	其他社区、社会及个人服务业	知识密集型
C35	P	私人雇用的家庭服务业	劳动密集型

资料来源：世界投入产出数据库（WIOD）。

第四节 全球价值链理论视角下中国服务业国际竞争力

基于全球价值链（GVC）视角，采用世界投入产出表（WIOTs）数据测算出1995~2011年中美两国服务业的出口贸易增加值，并据此运用修正的显性比较优势指数计算出相应的 NRCA 指数，具体测算结果见表2-8。

表2-8　　　　1995~2011 年中美两国服务业 RCA 指数

年份	基于出口增加值测算的 NRCA		基于出口总值测算的 TRCA	
	中国	美国	中国	美国
1995	0.6623	1.2894	0.6591	1.7217
1996	0.6296	1.2866	0.5866	1.7016
1997	0.7023	1.2618	0.8400	1.6046
1998	0.7268	1.2411	0.9087	1.6079
1999	0.7410	1.2720	0.8879	1.6397
2000	0.7551	1.2813	0.9187	1.6168
2001	0.7653	1.2779	0.9492	1.6100

续表

年份	基于出口增加值测算的 NRCA		基于出口总值测算的 TRCA	
	中国	美国	中国	美国
2002	0.7960	1.2734	0.9969	1.6772
2003	0.7672	1.2826	0.9223	1.6942
2004	0.7714	1.2828	0.8509	1.7309
2005	0.7717	1.3134	0.7859	1.7314
2006	0.7584	1.3278	0.7333	1.7472
2007	0.7605	1.3357	0.6794	1.7507
2008	0.7792	1.3167	0.6961	1.6907
2009	0.7632	1.2578	0.6358	1.6248
2010	0.7900	1.2860	0.6807	1.7015
2011	0.8044	1.2915	0.7089	1.6933
平均值	0.7497	1.2869	0.7906	1.6791
标准差	0.0450	0.0240	0.1230	0.0499
标准差系数（%）	6.00	1.86	15.56	2.97

一、服务业：基于出口增加值和总值测算的结果比较分析

由表 2-8 可见，无论是基于出口增加值测算的 NRCA 指数，还是基于出口总值测算的 TRCA 指数，1995~2011 年中美两国服务业的国际竞争力都存在显著差异，即中国服务业整体表现出持续性的比较劣势，而美国服务业整体却表现出持续性的比较优势。

然而，值得注意的是，无论是中国还是美国，基于出口增加值测算的 NRCA 指数与基于出口总值测算的 TRCA 指数均存在一定差异。如 1995~2011 年美国服务业的 NRCA 指数明显小于 TRCA 指数，且 NRCA 指数与 TRCA 指数呈现出相反趋势；1997~2005 年中国服务业整体的 NRCA 指数明显小于 TRCA 指数，而 2006~2011 年的 NRCA 指数却明显大于 TRCA 指数。那么，这是否意味着 TRCA 指数存在"高估"或"低估"国际竞争力的现象呢？

进一步，通过两配对样本的符号检验和 Wilcoxon 符号秩检验非参数方法来检验中美两国服务业的 NRCA 指数与 TRCA 指数是否存在显著差异。经计算，中美两国服务业的符号检验和 Wilcoxon 符号秩检验统计量分别为 -2.915 和 -4.266，

且在 1% 的显著性水平下拒绝原假设，表明中美两国制造业的 NRCA 指数与 TRCA 指数确实存在显著差异。因此，本节基于出口增加值测算的 NRCA 更能客观地反映中美两国服务业真实的国际竞争力。

具体来说，在报告期内，虽然中国服务业整体表现出明显的比较劣势，但是这种"比较劣势"正在逐步改善，NRCA 指数呈现快速上升趋势，其值由 1995 年的 0.6623 上升到 2011 年的 0.8044，并已超过"弱比较优势"所要求的 0.8 的临界值。与中国服务业相反，虽然美国服务业整体表现出持续性较强的比较优势，但 NRCA 指数却相对稳定，上升幅度并不大，其值由 1995 年的 1.2894 上升到 2011 年的 1.2915。基于此，虽然 1995～2011 年中国服务业出口竞争力整体弱于美国，但这种差距却在不断缩小。

具体来看，在中国服务业细分行业部门中，住宿和餐饮业，电力、煤气及水的生产和供应业，燃油零售批发（不含汽车及摩托车），水上运输，内陆运输等行业具有持续性显性比较优势。这些行业主要是劳动密集型服务业或资本密集型服务业。其中，住宿和餐饮业属于典型的劳动密集型服务业，水路运输属于典型的资本密集型服务业，其间它们的 NRCA 指数均值都高于 1.5，表明这两个行业具有极强的国际竞争力，是中国服务业参与国际分工合作和竞争的核心部门。

与此相反，在中国服务业细分行业中，公共管理和国防及社会保障业、建筑业、租赁和商务服务业、旅行社业务、房地产业、零售（不含汽车及模特车）、教育、金融业等行业具有持续性显性比较劣势。这表明从贸易增加值指标看，这些行业（部门）还没有取得比较优势。相对于前一类行业而言，这类行业（部门）大部分属于知识密集型服务业。这主要是由于在全球价值链的国际分工体系下，中国看似从事高端"产业"，然而处于专业化分工的位置却是"低端生产环节和阶段"，因而其创造的出口增加值总量是相对有限的。特别地，公共管理和国防及社会保障属于典型的知识密集型服务业，而其 NRCA 指数均值竟低于 0.1，表明该行业的出口竞争力很弱，严重影响了中国服务业的竞争地位，这是未来整体提升中国服务业国际竞争力的关键行业。虽然考察前期的卫生和社会工作、邮政与通讯业的 NRCA 指数值相对较小，处于显性比较劣势，但是自 2005 年后中国这两个行业的国际竞争力出现逆转，具有显性比较优势。

在美国服务业细分行业（部门）中，公共管理和国防及社会保障业、金融业、燃油零售批发（不含汽车及模特车）、租赁和商务服务业、邮政与通讯业、航空运输业的其他配套和辅助业务、旅行社业务、其他社区、社会及个人服务业等行业具有持续性显性比较优势，这些行业主要为知识密集型服务业。其中，公共管理和国防及社会保障业、金融业属于典型的知识密集型服务业,其间的 NRCA 指数均值都高于 1.8,表明美国的这两个行业具有较强的国际竞争力,是美国服务业参与国际分工合作和竞争的核心部门。与此相反,在美国服务业细分行业中,卫生和社会工作,教育,零售(不含汽车及模特车),水上运输,建筑业,电力、煤气及水的生产和供应业,住宿和餐饮业,内陆运输,房地产业等具有持续的显性比较劣势。除卫生和社会工作以及教育两个行业外,其余行业主要为劳动密集型服务业或资本密集型服务业,表明此类行业是美国服务业国际竞争力相对较弱的行业。

从时间趋势来看,1995~2011 年中美两国服务业的显性比较优势演变趋势既表现出一定的差异性也呈现出一定的相似性,即考察期内中美两国的知识密集型服务业的 NRCA 指数主要呈现出相似的上升趋势,而劳动密集型服务业和资本密集型服务业的 NRCA 指数却主要表现出相异的变化趋势。

具体来说,在劳动密集型服务业中,中国的建筑业,旅行社业务的 NRCA 指数表现出下降趋势,而美国则呈现出上升趋势;中国的燃油零售批发(不含汽车及摩托车),零售(不含汽车及摩托车)的 NRCA 指数表现出上升趋势,而美国则呈现出相反趋势;中美两国的住宿和餐饮业却都表现出一致的下降趋势。中国大部分劳动密集型服务业的 NRCA 指数下降表明,伴随中国劳动力成本的上升,一些传统的劳动密集型服务业出口竞争优势正逐步减弱,中国应加快从劳动密集型向资本和知识密集型的发展模式转换,进而实现朝着"升级"方向积极演进。在资本密集型服务业中,中国的电力、煤气及水的生产和供应业,水上运输,邮政与通讯业,房地产业表现出上升趋势,而美国则呈现出下降趋势;中国的内陆运输,航空运输业的其他配套和辅助业务表现出下降趋势,而美国则相反。在知识密集型服务业中,除了教育外,金融业,租赁和商务服务业,公共管理和国防及社会保障业,卫生和社会工作,其他社区、社会及个人服务业均表现出一致的上升趋势,这意味着知识密集型服务业已成为提升中美两国未来服务业国际竞争力的重要驱动力,也是未来国际贸易的主战场。

二、其他类型服务业:根据要素密集度特征

按照上述细分产业部门的分析可知,中美两国服务业细分产业部门所呈现出的差异性与要素密集特征具有密切关系。因此,需要进一步深入分析中美两国具有不同要素密集度特征的服务业(包括劳动密集型服务业、资本密集型服务业和知识密集型服务业)的国际竞争力差异及其演变趋势。

如图 2-1、图 2-2 和图 2-3 所示，1995~2011 年中美两国具有不同要素密集度特征服务业的国际竞争力存在显著差异。总体来说，报告期内，中国的资本密集型服务业具有持续性的竞争优势，而美国的劳动密集型服务业和知识密集型服务业具有持续性的竞争优势。中国劳动密集型服务业的 NRCA 指数相对较低，但呈现出显著的上升趋势，其值由 1995 年的 0.7489 上升到 2002 年的 0.8473。虽然中国劳动密集型服务业还不具备显著的显性比较优势，但已呈现出由比较劣势向比较优势转变的良好势头，这也是与戴翔（2015）的研究结论相一致的。

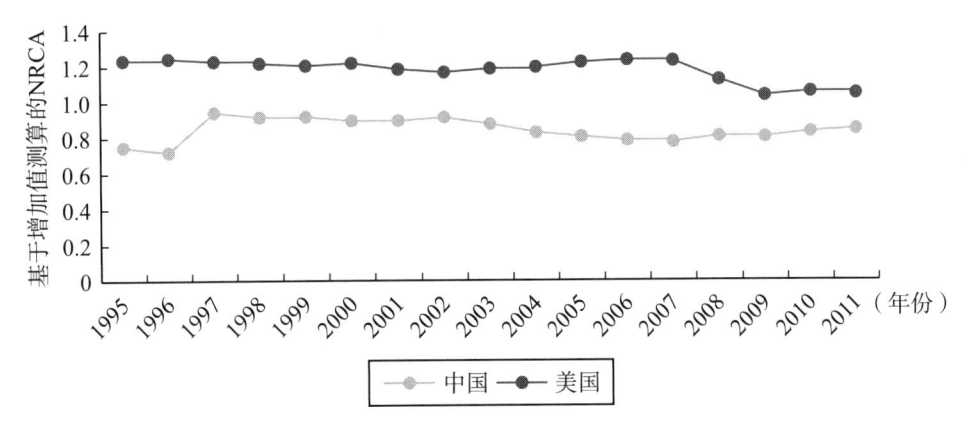

图 2-1　1995~2011 年中美两国劳动密集型服务业 NRCA 指数

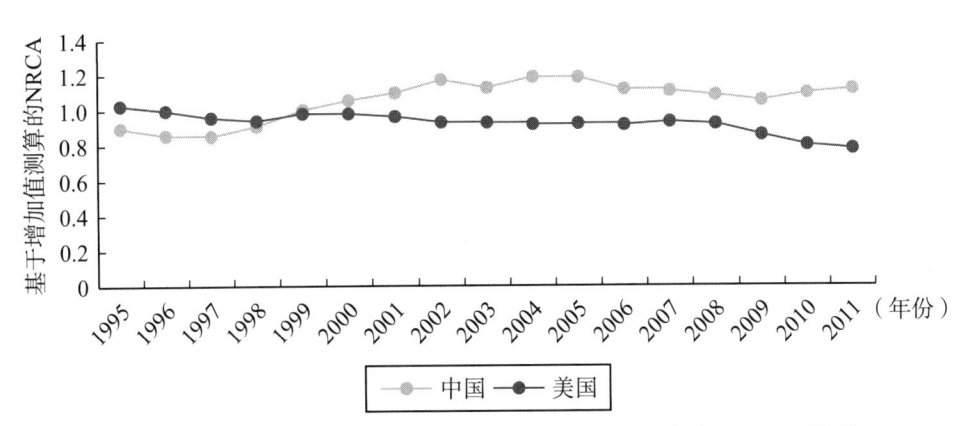

图 2-2　1995~2011 年中美两国资本密集型服务业 NRCA 指数

图 2-3 1995~2011 年中美两国知识密集型服务业 NRCA 指数

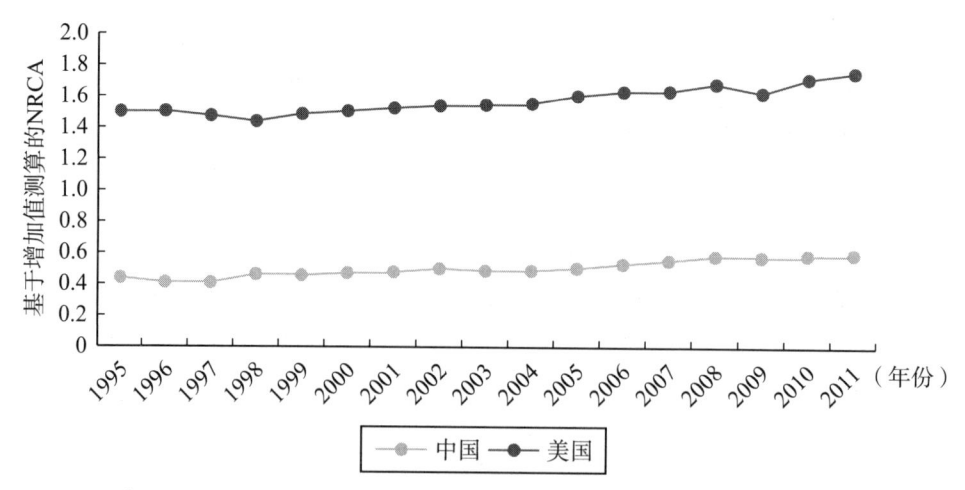

中国劳动密集型服务业国际竞争力相对较弱主要有两个方面的原因：(1) 相对于以服务经济为主的美国等发达国家而言，中国之前的改革开放主要是以制造业开放为主，服务业开放相对落后，导致了包括劳动密集型服务业在内的很多产业部门可能缺乏出口优势；(2) 在全球价值链国际分工模式下，劳动密集型服务业也存在着"上游"和"下游"环节，中国许多劳动密集型服务业主要还是处于从事附加值相对较低的"下游"环节。美国劳动密集型服务业的 NRCA 指数介于资本密集型服务业与知识密集型服务业之间，且始终保持着显性比较优势，但其 NRCA 指数值却呈现出显著的下降趋势，由 1995 年的 1.2351 下降到 2011 年的 1.0481，意味着美国劳动密集型服务业的出口竞争优势正在不断减弱。相对于其他类型服务业而言，中国资本密集型服务业的 NRCA 指数基本保持着最高水平，其值由 1995 年的 0.8995 上升到 2011 年的 1.1177，这些都表明中国资本密集型服务业主要是目前中国服务业参与国际竞争的"可依托"或"主导"产业，这也是与目前中国实施"一带一路"倡议迈向资本输出新时代相一致的。

在三类服务业中，美国资本密集型服务业的 NRCA 指数相对最低，并由显性比较优势逐步转变为显性比较劣势，其 NRCA 指数值由 1995 年的 1.0272 下降到 2011 年的 0.7790，意味着美国资本密集型服务业的国际竞争力正在逐步减弱，从而在一定程度上限制了美国服务业国际竞争力的整体提升。中国知识密集型服务业的国际竞争力最低，与美国相比存在很大差距。在报告期内，中国知识密集型服务业始终处于绝对竞争劣势，但其 NRCA 指数却呈现出显著的上升趋势，由 1995 年的 0.4398 上升到 2011 年的 0.5951，这意味着中国知识密集型服务业的国际竞争力虽然较弱，但却在不断地加速提升。美国知识密集型服务业始终保持着绝对竞争优势，其 NRCA 指数同样呈现出显著的上升趋势，由 1995 年的 1.5008 上升到 2011 年的 1.7576，这意味着美国知识密集型服务业具有极强的国际竞争力，并且是目前美国服务业参与国际竞争的"可依托"或"主导"产业。由此可见，伴随着知识密集型服务业在国民经济中的前瞻性、领导性和驱动性作用不断增强，中美两国重视发展知识密集型服务业，使得知识密集型服务业的国际竞争力都逐步增强，这也再次表明了知识密集型服务业是未来中美两国提升国际竞争力优势的关键所在。

本节基于全球价值链（GVC）视角，根据世界投入产出表（WIOTs）数据测算出 1995~2011 年中美两国服务业的出口贸易增加值，并据此运用修正的显性比较优势指数计算出相应的 NRCA 指数，进而较详细地对中美两国服务业的国际竞争力进行比较分析。

研究结果表明：（1）报告期内，基于出口增加值测算的 NRCA 指数与基于出口总值测算的 TRCA 指数衡量的中美两国服务业国际竞争力存在显著差异，这意味着传统的基于出口总值测算的 TRCA 指数确实存在"高估"或"低估"国际竞争力的现象。（2）中美两国服务业整体国际竞争力差距呈现不断缩小趋势。其中，中国服务业整体表现出持续性的比较劣势，但这种"比较劣势"的状况正在逐步改善，而美国服务业整体表现出持续性的比较优势，且这种"比较优势"较为稳定。（3）中国服务业细分行业中具有持续性显性比较优势的部门主要集中于劳动密集型服务业和资本密集型服务业，而美国则主要集中于知识密集型服务业。（4）中美两国知识密集型服务业的 NRCA 指数呈现出相似的上升趋势，而劳动密集型服务业和资本密集型服务业的 NRCA 指数却表现出相异的变化趋势。（5）中国资本密集型服务业具有持续性的竞争优势，而美国的劳动密集型服务业、知识密集型服务业具有持续性的竞争优势。（6）中国劳动密集型服务业的 NRCA 指数相对较低，但呈现出显著上升趋势，而美国劳动密集型服务业始终保持着显性比较优势，但已呈现出下降趋势。（7）中国资本密集型服务业的 NRCA 指数基本保持在最高水平，表明资本密集型服务业主要是目前中国服务业参与国际竞争的"主导"产业。而美国资本密集型服务业正由比较优势转变为比较劣势，在一定程度上制约了美国服务业国际竞争力的整体提升。（8）中国知识密集型服务业始终处于绝对竞争劣势，但 NRCA 指数呈现出上升趋势，意味着中国知识密集型服务业的国际竞争力虽然较弱，但却在不断地加速提升。美国知识密集型服务业始终保持绝对竞争优势，且 NRCA 指数同样呈现出上升趋势，意味着美国知识密集型服务业具有极强的国际竞争力，是目前美国服务业参与国际竞争的"主导"产业。

第五节 中国服务业国际竞争力提升对策

中国虽然融入全球价值链的程度不断加深,但是却处在全球价值链的中低端环节,附加值获取能力不强,如何促使中国向全球价值链高端攀升是中国出口贸易亟须解决的问题。从整体上看,近年来我国服务业以及服务贸易的规模都在快速增长,但缺少"质变"的"量变"并不意味着竞争力的提升,中国服务业国际竞争力水平仍然很低。这主要是由于我国服务投入水平太低,服务业尤其是生产性服务业发展不足,制约了中国服务业附加值出口规模,导致其国际竞争力薄弱。基于此,中国大力发展服务业应立足于以下几点:

第一,深化改革,促进有效竞争,完善市场环境,为加快服务业发展提供良好的外部环境。中国长期以来重视工业发展,忽视服务业发展,因此需要深化改革,为服务业创造良好的产业发展环境。首先,对生产性服务业尤其是知识技术密集型生产性服务业要给予财税、土地等政策支持;其次,对服务业的垄断问题包括部门垄断和地区垄断要予以高度重视,逐渐打破垄断,形成有效竞争环境;再次,要加大改革力度,深化企事业单位改制,根据市场环境改善程度,促进内部化的服务流程或功能逐步外部化和专业化发展;最后,大力推进诚信社会建设,加大对知识产权保护力度,完善市场环境,为加快服务业发展创造良好制度环境(李娜娜,2017)。

加强法制保障,完善我国的服务业贸易国际竞争力需要一个相对合法、完善、公平的市场环境,我国服务业市场由于发展得比较晚,且速度较快,所以与之相对应的配套法律体系并不能适应其发展的需要,导致我国的服务业贸易在微观运行层面出现行业的不正当竞争、不符合市场秩序的多种行为。我国的法制建设,特别是经济法方面应当为此作出实质的回应(曲艺,2017)。

我国目前对服务业竞争的法律主要是由国务院颁布的规范性文件构成,如2007年颁布的《国务院关于加快发展服务业的若干意见》,2008年颁布的《国务院办公厅关于加快发展服务业若干政策措施的实施意见》,2012年还印发了《服务业发展"十二五"规划》。从中可以看出我国对服务业发展的重视,但是这些文件并没有上升到国家法律层级,其规范作用相当有限。在法律方面,我国反不正当竞争方面的专门法颁布较早,1993年发布的《反不正当竞争法》已于2016年启动修订,修订草案二审稿也在2017年9月5日发布并公开征求意见,但是修订草案在服务业特有的规制方面还是限制在原有的规定上,并没有做出进一步的细化。修订草案第十二条是针对技术手段特别是互联网技术的发展对服务业贸易不正当竞争的规制。根据全国人大常委会法律委员会的说明，建议对第十二条作以下修改：一是明确规定，经营者利用网络从事生产经营活动，应当遵守本法的各项规定。二是针对互联网领域特有的不正当竞争行为作出概括性规定：经营者不得利用技术手段，通过影响用户选择或者其他方式，从事妨碍、破坏其他经营者合法提供的网络产品或者服务正常运行的行为。三是增加一项兜底条款。这种方式并没有将服务业贸易中客观存在的不正当竞争行为进行充分的列举式规定，这是因为我国《反不正当竞争法》本身的认法体例所限，所以，有必要将服务业方面的反垄断相关规则专门化，并上升为法律；此外，其他的法律如《反垄断法》等也在实施并发挥一定程度的作用，这对保障我国的服务业贸易具有一定的规范作用。但是由于我国服务业贸易的迅猛发展，一般性经济法律很难涵盖，对服务业贸易提供切实有效的法制保障还需要进一步结合服务业贸易本身的特殊性和规范的需要，更有针对性地制定服务业竞争规制专门法律（曲艺，2017）。

政策鼓励与企业扶持。政策的鼓励既要对服务企业的发展作出鼓励和指导，也要对服务企业内部劳动者的地位以及收入进行保障。在对企业方面，应当将重心放在中小企业上，2016年世界贸易组织发布的报告《2016年世界贸易报告——平衡国际商贸领域的中小企业》（WORLD TRADE REPORT 2016 – Levelling the trading field for SMEs）就主要针对中小企业贸易。由于我国经济体制的特殊性，中小企业的发展一直备受关注，我国国有企业在既有发展模式的惯性中始终保持良好势头，但在技术创新与新兴产业的发展方面面临众多局限性，中小企业可以解决这一问题，而且在服务业贸易特别是新兴服务业行业中，中小企业一直扮演着重要的角色，并将会发挥更加重要的作用；政府应当对其提供良好的投资和融资环境，并在人才培养、教育宣传、政策引导、信息提供、技术吸引能力等方面进行重点支持（曲艺，2017）。

第二，加强企业自主创新，调整工业发展模式，促进生产性服务业发展和国际竞争力提升。只有通过加强自主创新，增强企业自主发展能力，降低对国外技术的依赖程度，才能逐步调整工业发展模式，减少现有国际代工的工业发展模式对国内生产性服务业发展带来的负面影响。中国整体仍处于全球价值链的中低端，与发达国家在全球价值链上的区别在于发达国家能够通过技术创新主导全球价值链发展，获取高附加值，处于全球价值链的高端，而中国往往受制于关键技术，被发达国家锁定在全球价值链的中低端。因此，在实现中国向全球价值链高端攀升的过程中，一方面，要通过境外并购、招才引智等多种方式，引进国外先进技术和高端人才资源，引导外资投向成果转移、技术创新等方面，鼓励外资研发成果在国内的转让与使用，最终实现更多的创新成果为本国所用；另一方面，也要加强自身核心技术研发基础，充分发挥出口骨干企业的主导与拉动作用以及高等院校、科研院所的辅助作用，实现政产学研用协同创新，攻克对中国整体全球价值链提升有关键性影响、贡献强的核心技术，加快成果转化效率，逐步提升中国掌握核心技术的能力（李娜娜，2017）。今后，我们在继续紧跟和引进国外行业技术走向的同时，更要注重引进后的消化吸收，努力实现二次创新，通过模仿创新和自主研发等途径，增强国内企业的自主创新能力，逐步实现自主发展。同时，要充分重视培育自主品牌，努力培养出一批具有国际影响力的品牌，建设一批具有战略意义的国际营销网络，以支撑国内企业的自主发展。这样就会大量创造出对国内生产性服务的需求，有助于促进我国生产性服务业的快速发展（李娜娜，2017）。

第三，重视服务业的供给侧改革，培养和吸引行业关键性人才，通过创新供给和提高全要素生产率来提升中国服务业的国际竞争力。"十三五"时期，我国经济转型面临"中国制造"由生产型制造业为主向服务型制造业为主转型、消费结构从物质型消费为主向服务型消费为主转型、对外贸易从货物贸易为主向以服务贸易为重点转型。当前我国服务业发展的市场空间很大，服务业发展的主要"瓶颈"不是需求不足，而是供给不足，服务业供给侧有很大改善空间。而服务业供给侧改革的核心在于优化服务供给，增加短缺服务，但最关键的还是创新供给；而创新供给的关键是人才，因此要通过加快科技体制、教育人才体制等改革，采取配套服务政策与措施，来培养和吸引行业急需的关键性人才，优化服务业要素投入结构，提高全要素生产率，更多地实现服务业发展的创新驱动，提升中国服务业的国际竞争力（韩爱丽，2017）。

完善服务业人才培养和分配机制。目前，我国经济发展已进入新常态，而且发展方式正在从主要依靠工业驱动向依靠服务业和工业"双轮"驱动转变。国家统计局发布数据显示，2016年，我国服务业占GDP的比重已达51.6%，已成为拉动中国经济增长的主要动力。虽然中国服务业和服务贸易发展迅速，但与发达国家相比，我国服务业发展水平仍处在较低层次、服务贸易长期存在逆差、出口竞争力低，大力发展服务业、培养服务业人才以提升服务业生产技术水平是中国经济发展的当务之急。其一，政府应该从政策高度明确服务业人才培养的正确方向，必须确立"双轨并行，重视高级人才培养"的服务业人才培养方向；其二，就高校而言要依据政府提出的服务业人才培养方向，有目的、有计划地开展教育，要重视理论与实践的结合；其三，作为企业来说，应该积极地与政府、高校配合培养服务业人才，这样才能达到互利共赢的局面。另外，就服务业人才分配机制而言，我国服务业高级复合型人才的严重缺失与基础人才的过剩反映了我国人才配置的突出矛盾，正是因为我国服务业人才结构的不合理，导致我国服务业在发展过程中人才配置混乱，进而形成当前我国就业市场严重的"供需矛盾"的状况。因此，我国应该实时监控服务业市场人才供需情况，及时调整培训课程鼓励培养高级技术创新人才，满足服务业未来发展的前沿需要（韩爱丽，2017）。

对服务企业劳动者，应当提高其地位，这主要包括两个方面，即社会地位与经济地位。通过宣传与教育，树立服务企业劳动者应有的社会欣赏和认可度；在经济地位方面，应当通过税收等方式调节其收入分配关系，特别是收入较低的劳动者群体或地区。在对服务业企业自身的建设方面，要着重发展服务业行会、联合会等第三方组织的作用，以加强服务企业自身能力建设；服务业企业的第三方组织可以在发挥产业集聚优势方面起到良好的作用，并且在参与国际贸易谈判与争端问题解决上具有不可替代的作用（韩爱丽，2017）。

第四，通过发挥产业协同效应和提高制造业的服务投入水平，来提升服务业国际竞争力。目前中国制造业的服务投入水平偏低，不仅知识和技术密集型服务投入水平很低，劳动密集型服务投入也较低，这不仅不利于制造业的转型升级，也不利于服务业竞争力的提升。因此我国要努力发挥产业协同效应，应加大服务业与制造业的有效整合，在尊重产业演进规律和结合本地实际发展状况的前提下，通过资金投入、体制环境营造等手段促进有利于本地制造业快速发展和转型升级的服务业发展，提高制造业的服务投入尤其是国内服务投入水平，从而可通过制造业产品的大量出口，带动服务业附加值的间接出口，提升服务业国际竞争力（李娜娜，2017）。

第五，发展知识和技术密集型等高端服务业的同时，充分重视传统劳动密集型服务业的发展。目前我国劳动密集型服务业仍处于比较劣势状态，因此我们不可片面追求知识技术密集型高端服务业的发展，而忽略传统优势服务业的发展。虽然，以产业转型升级为需求导向的服务业发展本质上是一些知识技术以及资本密集型的生产性服务业发展，但其应该是在分工不断深化的基础上从制造业中自然"剥离"出来。事实上，很多国家和地方并不是主动放弃其传统优势服务业的，如纽约、巴黎、东京仍然是世界商圈，批发零售、住宿餐饮、交通运输等劳动密集型服务业仍占主导优势。因此，中国服务业发展不仅不能主动放弃拥有要素禀赋优势的低技术或低资本密集型服务业，反而应努力增加该类型服务业优势企业的数量，然后通过增强产业组合或提升服务业出口技术复杂度来实现服务业国际竞争力的提升（马晓芳，2015）。

第六，大力建设增加值贸易核算数据库。全球价值链已经成为现代国际贸易的重要特征，货物与服务不再被印上某国制造的标签，而是通过国际市场的垂直专业化生产标记上了"全球制造"的标签。为描绘各国在全球价值链活动中的真实图景，传统的国际贸易统计方式正面临着全面改革，各国开始对货物与服务在全球价值链中的流动进行跟踪以统计分段式变化的价值增量，通过增加值测算的方式避免重复计算现象，使统计的数额更接近于实际情况。我国也已顺应增加值统计的潮流，商务部政策研究室与海关总署综合统计司、国家统计局国民经济核算司、国家外汇局国际收支司已着手研发"全球价值链与中国贸易增加值核算数据库"，这有助于增加值贸易数据的及时更新，从而加快经济学者分析最新数据的步伐，减少当下政策制定与现实情况之间存在的滞后与脱节现象（乔小勇，2017）。

第七，加速通信技术等基础设施建设，同时进一步完善服务出口的税收政策。一国的通信技术等基础设施将在很大程度上影响该国在全球价值链中的竞争力，同样，一国对服务业市场采取的限制准入措施也将在很大程度上影响该国融入全球价值链。中国服务业的实际开放程度远远落后于制造业，许多服务业都是在20世纪90年代才开始对外开放；从行业结构来看，我国服务业的外商直接投资（FDI）主要集中于房地产领域，而科学研究等技术领域的FDI相对较少，这在一定程度上阻碍了我国服务业的发展，较低的市场自由化程度使得我国服务业的国际竞争力难以提升。服务业市场的进一步开放以及各国对高级人才跨境流动的壁垒，有利于我国吸收各行各业的专业型人才，提升服务的技术与知识含量。此外，我们还必须稳妥推进教育、医疗、体育、文化、电信等领域的对外开放，引导外商投资发展交通运输、现代物流、金融业、节能环保服务业和家庭服务业等行业（乔小勇，2017）。

第八，均衡发展服务业各部门。中国自古自然资源丰富、劳动力成本低，因此劳动密集型的传统服务部门目前仍是服务业的主要部门。为了提高服务业的国际竞争力，中国需要不断进行产业结构调整；在保证传统服务部门发展的同时也要加快发展新兴服务业和现代服务业。基于全球价值链角度看各国各服务业部门的国际竞争力可知，在金融服务、专业权利使用费和特许费服务以及私人、文化、娱乐服务方面，美国和英国具有较强的国际竞争力；中国服务业发展较这些国家而言起步较晚，为了不断缩小中国服务业与发达国家服务业之间的差距，均衡服务业中传统部门和新兴行业的发展非常关键（马晓芳，2015）。

第九，加快培育新兴服务业态的产生与发展。随着第三产业的不断细化、服务人员素质的不断提升以及资金的不断投入等，传统服务业开始转型，现代服务业逐渐兴起，其中最具代表性的便是新兴服务业态的产生与发展。新兴产业源自信息技术的极速发展、社会分工的细化以及消费结构的升级，具有知识要素密集、技术要素密集、资源消耗少、环境污染少、产出增加值高等特点，满足社会上日益提升的多元化需求。我国服务业总体地位虽排在上游位置，但是在信息技术领域与科学研发领域存在着自主创新能力薄弱的现象，服务业整体来说还是以传统服务业为主，知识和技术含量不高，高新技术的开发在较大程度上依赖于国外技术的引进,这是我国服务业存在的结构性缺陷;同时,还应鼓励服务领域的先进技术引进,加强对技术的消化吸收和再创新,鼓励设立外商投资的研发中心,搭建服务贸易公共服务平台,建立公共技术研发平台(马晓芳,2015)。

服务业市场培育与消费引导。内需是服务业贸易发展不可缺少的拉动因素。服务业贸易的发展与内需之间的关系呈现出双向性:一方面,内需的空间与基本定位为服务业贸易的发展提供了广度和定位,也间接决定了特定服务业行业的竞争是否充分,为服务业贸易的发展提供了基础的决策来源和依据;另一方面,服务业贸易本身的发展也对拉动内需以及引导内需定位起到一定的作用,这是因为任何市场要素的发展必定会为消费习惯和价值取向起到一定程度的启蒙作用,并通过该作用促进其发展,但是这种促进关系必须维持在合理限度内,以免伤害两者之间潜在的信任与依赖关系(曲艺,2017)。我国现阶段城乡居民对服务业贸易的需求潜力巨大,这无疑对我国服务业贸易的发展产生巨大的拉动作用。在服务业贸易发展的定位方面,应在改善服务业质量的基础上,营造良好的消费氛围,并改善消费环境。市场以消费为导向,消费的引导与支持应当成为促进我国服务贸易发展的重要内容。国家统计局数据显示,随着人均收入水平的不断提高,中国居民家庭消费的恩格尔系数已降至50%以下(2015年农村为45.5%,城镇为36.7%),但国内居民对商业服务的需求还不是十分强劲,服务消费比重偏低,消费结构仍以实物消费为主。在服务业贸易发展到一定阶段后,稳步推进消费需求结构的改造和升级,将消费需求的结构引导向服务业贸易良性发展的层面,并且在此基础上通过政策支持和指导,提高消费比重。2017年3月,商务部等13部门印发《服务贸易发展"十三五"规划》,其中提出,努力扩大服务出口,促进服务出口与进口协调发展,缓解服务贸易逆差。我国的服务业出口比例较低,贸易逆差问题比较突出,服务业竞争力的提高必须充分培育我国服务业"走出去"的各种有利市场动因;此外还应当在收入分配方面对服务企业的劳动者收入进行适当干预,提高其经济地位,从而更好地为服务企业的发展作出贡献(曲艺,2017)。

第十,推动更多的服务行业实行营改增,在未实行营改增的行业研究服务出口免征主业税的可行性,在已经实行营改增的行业,推动采取服务出口零税率的方式,使更多的行业能够享受出口退税。当前服务贸易发达或者发展较快的国家对服务出口基本不征收流转税,或对重点行业实行免税或退税,而我国目前仅在营改增试点的11个城市的国际运输向境外单位提供研发服务和设计服务时,才能够享受出口退税;营改增的信息技术服务和文化创意服务等少数行业可以享受出口免税,大多数服务不能以免税的价格进入国际市场,对服务出口的竞争力造成了影响(乔小勇,2017)。

第三章

中国服务业对外开放的模式选择

第一节 引言

我国转型发展进入新阶段,经济服务化的特点日益突出,由此使服务业市场开放的现实性、迫切性全面增强。随着我国经济结构由工业主导向服务业主导转型升级,服务业国际转移逐渐成为继制造业国际转移之后国际产业转移的新一轮高潮,服务业贸易投资作为国际商品和产业转移的重要方式,对推动我国经济增长方式转变、产业结构转型升级日益发挥了重要的推动作用。在这一特定背景下,如何精准地推进服务业市场开放以发挥其在经济转型与结构性改革中的重要作用,是摆在当前需要深入研讨的重大课题。在国际层面,随着我国逐步履行加入WTO的承诺,以及全球贸易投资规则开始新一轮调整,中国服务业面临着进一步扩大开放的紧迫压力。在国内与国外因素双重调整的交叉重叠中,如何扩大服务业对外开放、推动以服务业市场开放为重点的结构性改革就成为当前阶段迫切需要解决的关键问题。

但是,与改革开放以来制造业深度嵌入全球价值链不同的是,我国在金融、教育、文化、电信、铁路、医疗等服务业敏感领域的市场准入机制、定价机制等还具有较浓厚的计划经济色彩,仍面临市场化程度有待提高等现实问题。为此,党的十九大报告提出,建设现代化经济体系,要推动形成全面开放新格局。同时还指出，要加快发展现代服务业，瞄准国际标准提高水平。在这一背景下，选择何种服务业对外开放模式不仅会对跨国服务企业以及中国本土服务企业的经营绩效产生重要影响，同时，如何确定服务业对外开放重点、对外开放时机和对外开放方式等难点问题，对有序有效地引导服务业对外开放、促进中国经济可持续发展绩效提升和保证国家产业安全等也具有极为关键的意义。

基于这一背景，本部分首先采用世界贸易组织、经济合作与发展组织、服务业依存度等多重维度方法，客观地对中国服务业对外开放进程进行评估，理清中国服务业对外开放现状以及现有模式的局限性。在此基础上，通过比较全球服务业对外开放模式，对标代表性国家负面清单特征和表现，比较评估代表性国家市场准入负面清单管理模式。通过上述分析，结合中国服务业对外开放实践，最后为中国服务业对外开放的适宜模式选择提出针对性的对策建议，这其中涵盖了分模式、分行业、分区域的差异化开放和外资引导等层面的策略含义。

第二节　中国服务业对外开放现状评估

要研究中国服务业对外开放的模式选择，首先得摸清当前中国服务业对外开放的程度究竟如何，在世界上处于怎样的相对位置，才能有的放矢，对症下药。虽然已有许多研究指出，中国服务业对外开放度相较之前已有较大的提升，但是，目前多数研究仍是定性分析或粗略统计为主，而尚未能全面地、真实地客观反映中国服务业对外开放的情况。为此，本部分希望利用更加严谨、全面的量化指标来衡量中国服务业对外开放的现状与特征。

衡量一个经济体服务业对外开放度的方法主要包括：一是世界贸易组织数据库中的服务贸易协议（GATS）及 PTA 承诺开放度指数；二是经济合作与发展组织基于私人部门评价得到的服务贸易限制度指数（STRI）；三是直接计算服务进口依存度与外商直接投资依存度。其中，方法一衡量的是一个经济体在国际条约中承诺的开放程度，方法二和方法三衡量的是一个经济体的实际开放程度。本部分将利用这三种方法来分析中国服务业对外开放程度及其对外开放程度在国际上的相对位置，从而为中国服务业扩大对外开放提供客观指引。

一、世界贸易组织（WTO）对各国承诺开放度的测度

在霍克曼（Hoekman，1996）频度分析法的基础上，马丁·罗伊（Martin

Roy，2011）对这一方法进行了改良，对 WTO 成员国在服务贸易协议（GATS）中的服务贸易开放承诺水平进行了指数化的测量，进而构建起了 RTAs。其中，以 100 表示完全开放，以 0 表示完全不开放。这一数据库涵盖了 67 个区域贸易协定（RTAs）中的 53 个 WTO 成员国（欧盟 EU-15 整体作为其中之一），覆盖了模式一（跨境存在）的 142 个分部门和模式三（商业存在）的 152 个分部门。

（一）服务业整体开放水平跨国比较

图 3-1 报告了 WTO 成员国在服务贸易协议（GATS）中的承诺水平，每个国家和地区的三个柱状得分依次是该国家或地区在模式一、模式三和总体上的得分。由于 GATS 涉及的经济体样本数目繁多，为简化分析，本部分选取中国、印度、巴西、墨西哥作为发展中国家的主要代表，而选取美国、欧盟、日本、韩国和澳大利亚作为发达国家（经济体）的主要代表。

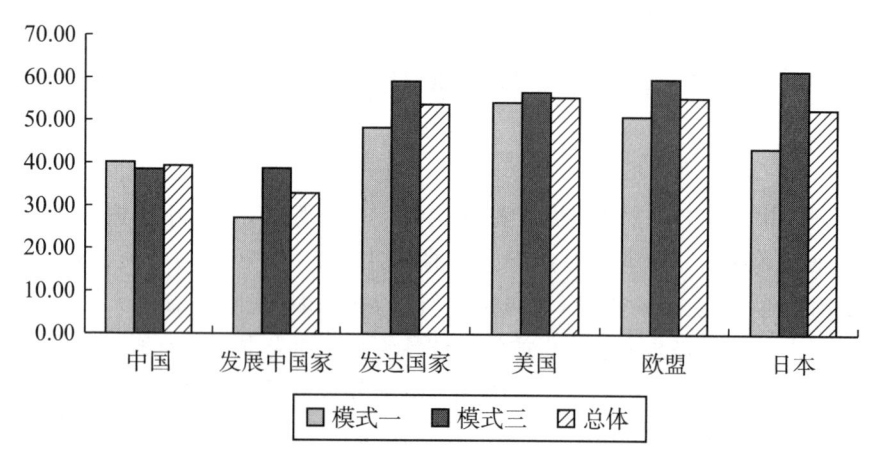

图 3-1　主要经济体的 WTO GATS 承诺开放度指数

资料来源：根据 WTO 数据库 Dataset of services commitments in regional trade agreements（RTAs）计算整理。

从总体指数来看，发展中国家服务业的平均承诺开放度指数为 32.95，而发达国家服务业的平均承诺开放度指数为 53.74。其中，中国服务业的总体开放度指数为 39.31，要明显高于发展中国家的平均水平。但是，美国、欧盟和日本服务业的总体开放度指数分别达到了 55.40、55.29 和 52.58，与发达国家相比，中国服务业对外开放度仍然处于偏低水平。

从模式一（跨境存在）来看，发展中国家的平均承诺开放度指数为 27.16，而发达国家的平均承诺开放度指数为 48.27。其中，中国服务业在模式一的开放度指数为 40.14，明显要高于发展中国家的平均水平。但是，美国、欧盟和日本在模式一的开放度指数分别达到了54.23、50.88和43.49。由此可见，中国服务业对外开放度仍有一定程度的提升空间。

从模式三（商业存在）来看，发展中国家的平均承诺开放度指数为38.73，而发达国家的平均承诺开放度指数为59.21。其中，中国服务业在模式三的开放度指数为38.49，略低于发展中国家的平均水平。并且，美国、欧盟和日本在模式三的开放度指数分别达到了56.58、59.70和61.68，与发达国家相比，中国服务业对外开放度仍然处于偏低水平。

（二）分部门服务业开放水平跨国比较

图3-2报告了WTO成员国分部门在服务贸易协议（GATS）中的承诺水平，发展中国家和发达国家的代表性样本划分与总体分析类似。从中可以发现，中国计算机服务的平均承诺开放度指数为60，在分行业中达到了最高，但仍落后于发展中国家和发达国家的计算机服务平均承诺开放度指数。而健康和社会服务的平均承诺开放度在行业中最低。

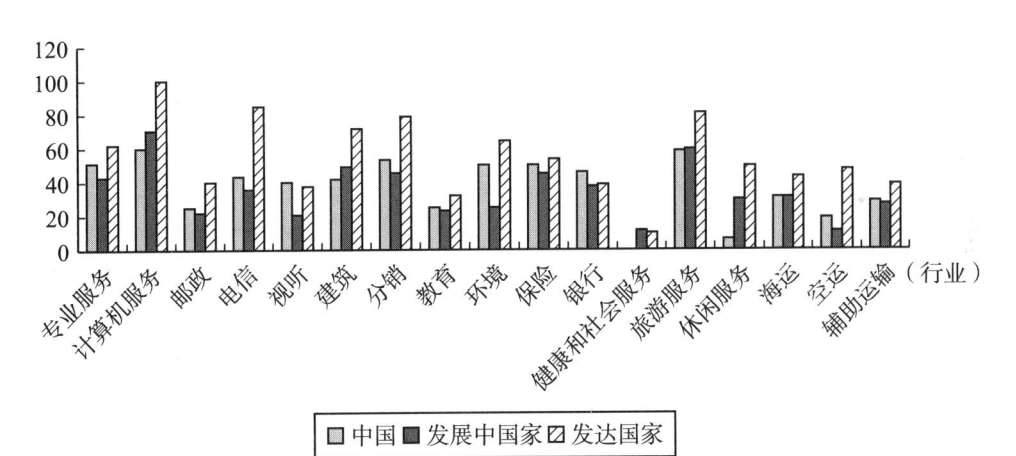

图3-2 主要经济体的WTO GATS承诺开放度指数（分部门）

资料来源：根据WTO数据库Dataset of services commitments in regional trade agreements (RTAs) 计算整理。

与发展中国家分行业的平均承诺开放度指数相比，中国在大部分分部门的GATS承诺开放度相对更高。在总共17个服务业分部门中，中国在12个分部门的服务业开放度都相对更高，而在计算机服务、建筑服务、健康和社会服务、旅游服务、休闲服务5个服务业分部门的开放度要低于发展中国家的平均水平。

而与发达国家相比，中国在绝大多数服务业分部门的GATS承诺开放度都低于发达经济体的平均水平。在总共17个服务业分部门中，除了银行和视听服务部门外，其余的服务业分部门承诺开放度都要低于发达国家，特别是，在计算机服务、电信服务和休闲服务这三个服务业分部门的差距更加突出。

根据上述在WTO服务贸易协定中的承诺的跨国比较来看，中国服务业的开放度要明显低于发达国家的平均水平，但要略高于发展中国家的平均水平。从不同的模式来看，中国在服务业跨境提供上的开放度要高于发展中国家的平均水平，在服务业商业存在上的开放度与发展中国家的平均水平基本持平。但是，中国无论是在服务业跨境提供方面的开放度抑或是服务业商业存在方面的开放度均要滞后于发达国家，特别是商业存在方面的开放度差距更大。从不同分行业来看，中国在计算机服务、建筑服务和休闲服务的承诺开放度不仅低于发达国家的平均水平，也低于发展中国家的平均水平。因此，在未来的WTO服务贸易谈判中，这些服务业行业可能会面临着更为紧迫的开放压力。

二、经济合作与发展组织（OECD）对各国服务业开放度的测度

经济合作与发展组织在2014年推出了服务贸易限制指数（Services Trade Restrictiveness Index，STRI），它是一个独特的、以证据为基础的诊断工具，提供了44个国家22个行业部门（占全球服务贸易80%）在服务贸易壁垒上的最新数据，第一次以全面的、可比较的信息为决策者对全球最佳实践进行比较，选择改革范围基准，并评估其可能的影响；同时，这一指数也能为贸易谈判时清理阻碍贸易和商业活动的服务贸易限制，并为服务贸易商在进入国外市场时明确其必须遵守的要求提供参考。STRI指标值处于0和1之间，1代表着最严格的服务贸易限制，0代表没有服务贸易限制。上述指标是在STRI管制数据库最惠国（most favoured nations）基础上测算的，其中包含了35个经合组织成员国，以及巴西、中国、哥伦比亚、哥斯达黎加、印度、印度尼西亚、立陶宛、俄罗斯和南非；不考虑优惠贸易协定（Preferential Trade Agreements）；航空运输和公路货运只覆盖商业机构（伴随着人员流动）。

（一）横向比较

在22个部门中，中国仅有三个服务部门的服务贸易限制指数得分比平均值低，可见，中国服务贸易限制程度相对较高。2017年修订的《外商投资产业指导目录》将外资投资行业分为四类：鼓励、限制、禁止和允许。由于这一目录与EBOPS或ISIC行业分类不同，因此很难精确地匹配STRI部门和目录行业部门。总的来看，在STRI包含的服务部门中，一部分建筑部门，一些工程活动、公路

货运、海运、分销行业属于鼓励外商进入行业；大部分的电影、广播、邮政和国内快递服务属于禁止外商进入行业，而其他行业则需要在满足不同的条件后才能进入。如果外国投资进入目录中列出的服务部门，则需要事先授权（prior authorisation），这一批准需要满足对中国经济产生净经济利益的条件。在新形势下，中国也正在为谋求在国内提供服务的人员进行劳动力市场测试，包括跨国公司调职人员（intra-corporate transferees）、合同服务供应商（contractual services suppliers）及独立服务供应商（independent services suppliers）。资本转让、跨国并购与兼并要满足特定的条件和限制。

（二）分部门比较

首先，本部分对 STRI 得分相对最低的部门进行分析。与所有国家的 STRI 得分均值相比，在中国 22 个行业部门里，建筑服务、铁路货运服务和工程服务三个部门 STRI 得分相对最低。建筑在《外商投资产业指导目录》中属于允许投资行业类别。对一些特定市场，特别是超过指定跨距或高度阈值的住宅建筑，只对认证建筑师准入。外商企业可以成立建筑师事务所，并雇用认证建筑师。在铁路货运部门，中国政府保持对各大公司的控制权，其中一些关键部门和环节是不准入的。在工程服务部门，外国人必须取得注册工程师资格才能在中国执业。

进一步地，本部分对 STRI 得分相对最高的部门进行分析。中国的快递服务、电影服务和广播服务三个部门 STRI 指数得分是在所有国家平均得分中相对最高的。这三个行业都列在外国投资禁止准入行业的名单中。然而，在国际贸易中这些市场并不是完全封闭的。在快递业务部门，外资快递公司可从事跨境商业活动，为从中国国外邮递到国内的快递提供服务。在电影行业，禁止外资成立电影制作与发行公司，但允许合作制作。剧院的放映也受到严格的配额限制。在广播节目中，允许外国公司和当地公司签订合作项目来制作电视节目。

中国在 2015 年对固定线路号码可携性与互联互通出台了电信服务相关规定。同时，还修订了电信业务分类目录，从 2016 年起授权移动通信服务转售。2016 年 9 月，外商投资事先批准的一般要求已被网上通知要求取代。《外商投资产业指导目录》会定期更新，以满足最新的形势需要。新的目录引入了负面清单的方法，取消了在目录中没有涵盖的行业的投资筛选。一项新的网络安全法于 2017 年生效，引入了影响海外数据转移的新条件。

中国 2017 年服务业增加值占 GDP 的比重为 51.6%，明显低于中等收入国家平均水平。同时，中国第十三个五年规划纲要（2016～2020 年）提出在"十三五"期间要实现服务业占贸易总额的比重（进口占 14%，出口占 9%），这对于志在提高 GDP 中服务业占比的中国而言，仍然相对较低。因此，通过上述 STRI

指数的分析可以发现,相对国际平均水平,中国服务业开放程度还是整体偏低。特别是在邮政、电信和文化教育等服务领域还存在着较高的障碍,亟须实行更大力度的对外开放政策和措施。同时,随着中国越来越重视服务经济转型,现代信息和通信技术革命为中国经济包容性增长和服务业全球开放提供了更多新机遇。

三、基于服务进口依存度和服务外商直接投资限制指数的开放度测量

进一步地,本书还借鉴赵晋平等(2015)的办法,运用第三种方法对服务业开放度进行国际比较。一方面,通过直接计算服务进口依存度,测算模式一(跨境提供)的开放度。另一方面,利用外商直接投资限制指数(FDI Regulatory Restrictiveness Index)来衡量模式三(商业存在)的开放度。为了简化分析,本书发达国家(地区)样本中选取美国、欧盟和日本,而发展中国家选择中国、巴西、印度、墨西哥、俄罗斯和南非。

1. 服务业进口依存度

对于服务进口依存度,本书采用服务进口与服务业增加值的比值来衡量,数据来自世界银行数据库(见图3-3)。测算结果表明,所选取的发展中国家在模式一(跨境提供)下的服务业实际开放度要略低于发达国家,分别为0.0768和0.0886。其中,中国的服务业进口依存度为0.0783,略高于发展中国家,但要明显低于发达国家。

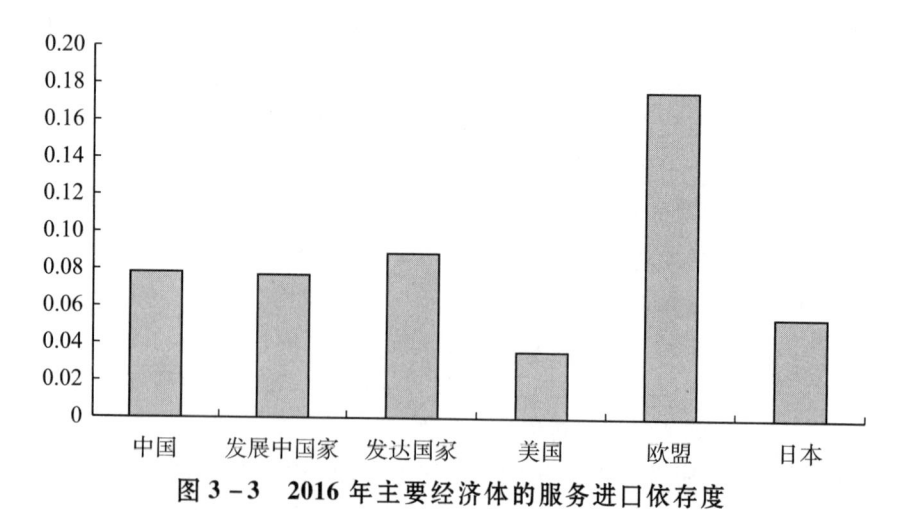

图3-3 2016年主要经济体的服务进口依存度

资料来源:根据世界银行数据库测算。

2. 外商直接投资限制指数

对于服务业外商直接投资依存度，本书采用商业服务外商直接投资限制指数（FDI Regulatory Restrictiveness Index）来衡量，数据来自 OECD 数据库。测算结果（见图 3-4）表明，中国商业服务业 FDI 限制指数仍然较高，不仅高于发达国家平均水平，也高于发展中国家平均水平，说明了我国在服务业模式三（商业存在）的开放度仍然相对偏低，未来有较大的提升空间。

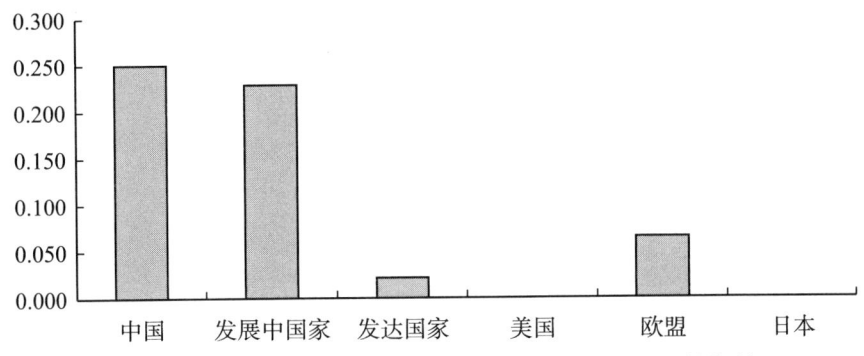

图 3-4　2016 年主要经济体商业服务业 FDI 限制指数

资料来源：根据 OECD 数据库测算。

因此，从服务进口依存度来看，我国在服务跨境提供方面的开放度与发展中国家水平基本相当，但要低于发达国家。而从服务业外商直接投资限制指数来看，我国在服务业商业存在方面的开放度要明显低于发达国家和发展中国家。

四、评估总结

基于前面三种方法可以发现，中国与其他国家在服务业领域的跨境提供和商业存在方面的开放度存在较为明显的差别，为了得到更为精准、细致的政策含义，需要分别比较各国在不同服务贸易模式下的开放度才能实现。

从整体来看，改革开放以来，中国服务业开放取得了长足的进步，但对标发达国家和经济体服务业开放水平，中国服务业开放显然还有很长的道路要走。具体而言，在服务业开放模式一（跨境提供）下，我国服务业的实际开放度和承诺开放度都要低于发达国家，而与发展中国家水平基本相当。而从服务业开放模式三（商业存在）来看，中国服务业承诺开放度、政策开放度都要明显低于发达国家，而与发展中国家平均值水平基本持平。总的来看，中国在服务业跨境提供方面的开放度相对更高，而在商业存在方面的开放度更低。文化教育、通信、电影等服务行业的开放程度仍然偏低。因此，我国未来进一步扩大服务业开放的重点在于商业存在方面和市场准入壁垒较高的行业，从而推动形成全面开放新格局。

五、中国服务业对外开放的现有模式局限

鉴于对服务业对外开放的评估，可知我国服务业开放仍面临较大的局限性。面对经济增长的放缓，中央政府已逐步意识到经济、交通、通信、医疗保健等服务部门可刺激经济复苏和就业增长。如果不能迅速在市场准入和政府管制上作出重大变革，将会严重损害经济转型和产业升级前景。为此，2013年11月中国共产党第三次全体会议上公布了《中共中央关于全面深化改革若干重大问题的决定》，提出全面深化贸易、投资、金融、市场、法律、政治和社会制度的要求。此后，中国在三个方面着力推进服务业改革发展。首先，取消价格管制和改变税收激励偏好产业，消除这些局限将获得更高的服务投资。例如，放开存款利率管制，不再以较低的资本成本补贴工业，从而使得资本成本上升，鼓励私人资本从资本密集型产业转向资本密集型服务产业。其次，消除私人投资在金融、航空和电信等服务领域的准入障碍。为了确保国家垄断主导地位，先前实施了对私有进入和竞争的限制，导致目前这些领域的投资水平较低。在消除私有资本进入壁垒后所导致的更强竞争将有利于提高服务业投资质量和加快产出增长。最后，中国国有资产股份私有化的关键在于服务业。这可进一步减少国家对非战略性服务（如房地产或零售业）的投资，并消除其他服务业领域的国家垄断。近年来国家不断深化推进服务业市场化改革，这些努力使得服务业改革更有可能取得成功。然而，国家对某些服务业领域，如交通、教育和医疗保健等方面的控制程度仍然很高，但很难证明这些国有所有权都是合理的。早期的改革使得私营企业更容易进入以前受限制的行业，如银行业，但私营金融服务公司能否实现与现任国有企业的公平竞争还有待进一步观察。随着工业和房地产业增长放缓，中国再也难以承担由国有企业主导的、低效率的服务业投资所带来的经济后果，为此，在新一轮国际竞争中，不断扩大与深化中国服务业对开放势在必行。

第三节　全球服务业对外开放经验借鉴

准入前国民待遇和负面清单的外资管理模式已逐渐成为国际投资规则发展的新趋势，目前世界上已有多个国家或地区采用了此种模式。基于发达国家的负面清单格式已被接纳作为各国服务业外资准入负面清单的主要形式，对发达国家服

务业负面清单的研究自然成为我国服务业负面清单设计的重要经验来源。与此同时，除了发达国家的经验外，许多发展中国家和转型经济体业已采用负面清单管理模式，这些国家或地区的发展阶段与我国更为相近，因此其在负面清单方面的转型改革经验和做法也非常值得中国借鉴。通过对标国际高标准投资贸易规则，可以很好地发现我国服务业对外开放实践中尚存在的薄弱环节，尽可能做到尊重市场规律和国际惯例，为企业创造一个更为友好和宽松的国际化、法治化营商环境。

一、代表性国家服务业负面清单

（一）美国服务业负面清单概况

自 1982 年美国与埃及首次签署 BIT 以来，根据联合国贸易和发展会议（UNCTAD）的国际投资协定数据库（IIA Databases）公布的最新数据，截至 2015 年美国已签署了近五十个 BIT。美国一直提倡投资自由化，实行准入前国民待遇加负面清单的管理模式，"法无禁止即可为"，除负面清单和法律法规中明确列出的不符措施外，其他所有行业与部门均对外资开放。其通过签订双边投资条约（BIT）和自由贸易协定（FTA）在全球范围内推行其高标准的外商投资负面清单管理模式，形成世界标准和惯例。为此，本部分试图对美国的 BIT（2012 年版本）与中国 2017 年 6 月公布的《自由贸易试验区外商投资准入特别管理措施（负面清单）（2017 年版）》进行对比分析，从而发现中国已发布的前沿负面清单与美国 2012 年 BTI 范本之间存在的差距（见表 3 – 1）。

表 3 – 1　　　2017 年版中国自贸区负面清单服务业子行业与美国负面清单的比较

行业	子行业	美国早期 BIT 负面清单对应项目	美国最新 BIT 负面清单对应项目
交通运输、仓储和邮政业	18. 道路运输	无	无
	19. 铁路运输	无	无
	20. 水上运输	远洋及沿海航运；海运服务及海运相关服务；空运、海运及相关服务；报关代理人	1 – 6；2 – 5；2 – 6
	21. 公共航空运输	航空运输；空运、海运及相关服务	1 – 4；1 – 5

续表

行业	子行业	美国早期BIT负面清单对应项目	美国最新BIT负面清单对应项目
交通运输、仓储和邮政业	22. 通用航空	航空运输；空运、海运及相关服务	1-4；1-5
	23. 民用机场与空中交通管制	航空运输；空运、海运及相关服务	1-4；1-5
	24. 邮政	无	无
信息传输、软件和信息技术服务业	25. 电信传输服务	电话电报服务、卫星通信、海底电缆服务；通讯卫星企业股权和所有权、海底电缆服务提供、电话电报公共营运服务提供、海底电缆铺设	2-1；2-6
	26. 互联网和相关服务	无	无
金融业	银行业：27~30	银行业；银行、证券、保险和其他金融服务	3-1；3-2；3-3；3-4；3-6；3-7
	证券业：32；33	银行、证券、保险和其他金融服务	3-8；3-9；3-5；3-10
	期货：34	银行、证券、保险和其他金融服务	无
	35. 保险机构设立	保险业；银行、证券、保险和其他金融服务	无
	36. 保险业务	保险业；银行、证券、保险和其他金融服务	3-12；3-13
租赁和商务服务业	37；39；40	无	无
	38. 法律服务	无	2-3
文化、体育和娱乐业	45. 广播电视播出、传输、制作、经营	广播电视；广播电视及电台公共营运人的所有权及运营权；广播、公共营运人或航空无线电台的许可；基于单向卫星传送的电视和数字音频直接到户和直播服务	1-8；2-2
	46~49	无	无

续表

行业	子行业	美国早期 BIT 负面清单对应项目	美国最新 BIT 负面清单对应项目
所有行业	50. 所有行业	政府补助；政府保险和贷款项目；补贴或补助，包括但不限于政府支持的贷款、担保和保险	1 – 3；1 – 7；2 – 6

注：本项目中不符措施编号的第一个数字代表附件号，第二个数字代表不符措施序号。如编号"1 – 1"表示第 1 个附件的第 1 项不符措施。借鉴陆建明、杨宇娇和于丹：《中国自由贸易试验区统一负面清单与美国 BIT 签约双方负面清单的比较研究》，载于《上海经济研究》2014 年第 5 期，所依据的 BIT 文本均来自联合国贸易和发展会议的国际投资协定数据库（IIA Database）。

美国对外资长期以来持开放态度，对外商投资实施准入前国民待遇，外商投资进入美国一般无须审批，只需按照一定的程序直接申报即可。虽然美国没有专门针对外资总的限制性措施，但也不可能做到完全意义的投资自由化。一方面，美国通过与投资相关的联邦、州及地方相关法律法规对外资特定行业进行限制，如金融业、商业服务业、通信业、航空运输业和海运业等；另一方面，美国通过安全审查制度对外资并购进行限制。美国 2012 年 BIT 范本的负面清单中不仅包含措施列表和行业列表，还将金融服务以附件形式单独列出。附件一列明了 9 项有关美国中央政府和地方各州的不符措施。附件二列出了通信、有线电视、社会服务等 6 个行业，保留未来实施权利的不符措施，特别指出航空、渔业、海事、电信这四个行业不适用最惠国待遇。附件三包括 13 条关于金融服务的不符措施。美国负面清单中列明的不符措施分为七大类，主要包括了股权比例限制、从业资格限制、区域限制和政府优惠等。其中，金融业所涉及的不符措施较多。

可见，在服务业对外开放时，美国对其优势产业如金融业、商业服务业和通信业仍会适当保护，避免全盘放开。而对不占优势产业如交通运输业，则采取谨慎开放、审慎保护原则，以避免开放力度过大给这些产业带来巨大的冲击。

进一步地，《自由贸易试验区外商投资准入特别管理措施（负面清单）（2017 年版）》划分为 15 个门类、40 个条目、95 项特别管理措施。在这 15 个行业中，美国 BIT 中美方负面清单在该领域不存在对应项目的服务业行业主要包括"批发和零售业""科学研究和技术服务业""水利、环境和公共设施管理业""教育"和"卫生和社会工作"。美方负面清单在该领域存在对应项目的服务业行业主要包括"交通运输、仓储和邮政业""信息传输、软件和信息技术服务业""金融业""租赁和商务服务业""文化、体育和娱乐业"和"所有行业"。

由表3-1可见,将《自由贸易试验区外商投资准入特别管理措施(负面清单)(2017年版)》与美国早期BIT的负面清单比较,以下服务业子行业与美国负面清单项目存在对应关系:"交通运输、仓储和邮政业"中,"道路运输""铁路运输"和"邮政"并不在美国负面清单的限制范围内;在"信息传输、软件和信息技术服务业"中,"互联网和相关服务"也不在美国负面清单的限制范围内;在"文化、体育和娱乐业"中,除"广播电视播出、传输、制作、经营"外,其他子行业也都不在美国负面清单的限制范围内。而进一步地,以美国BIT为标准,《自由贸易试验区外商投资准入特别管理措施(负面清单)(2017年版)》以下服务业子行业与美国最新BIT负面清单存在对应关系:"金融业"中的"保险机构""期货公司"等子行业也都不在美国负面清单的限制范围内,但在"租赁和商务服务业"中,"法律服务"与美国负面清单附件的不符措施对应。

从中可见,美国服务业负面清单的长度相对更短,不符措施描述更为细致,而近年来我国服务业负面清单虽然有所缩减,但仍然相对较长,不符措施描述部分仍然过于复杂,保留了许多行政许可要求。为了推动形成全面开放新格局,未来我国服务业负面清单仍有很大的改善空间。

(二) 韩国服务业负面清单概况

《美韩自由贸易协定》(U.S. - Korea Free Trade Agreement, KORUS FTA) 于2012年3月15日正式生效,主要内容包括了服务业、投资者保护、知识产权保护以及劳工权利和环境保护等。在服务业方面,《美韩自由贸易协定》扩大了包括电信和电子商务在内的诸多服务行业的市场准入和投资机会,也扩大了美国视听产品在韩国的市场机会。

在《美韩自由贸易协定》中,不符措施主要由现有不符措施以及有权保留或进一步采取的不符措施两大部分组成。现有不符措施中,基本涉及的是服务业(见表3-2)。

根据美韩FTA服务业负面清单来看,可以预见的是,负面清单中服务业的开放不仅是中美BIT中的重点和主要分歧点,也是我国未来参与国际服务贸易协定(TISA)、FTA等双边、多边协定谈判的主要依据。

表 3-2　美韩 FTA 中韩方涉及服务业领域的
负面清单（现行不符措施）

部门	不符措施描述	涉及原则
建筑业服务业	本地商业存在	本地存在
工程机械租赁、销售、维护等相关服务	本地商业存在	本地存在
烟酒批发零售服务	本地商业存在，严禁电子商务等在线销售，指定零售商	市场准入、本地存在
批发、零售服务	本地商业存在，需要行政许可，存在经营实体数量的限制	市场准入、本地存在
运输服务	需要行政许可，满足法人资质要求，市场需求测试，本地商业存在，存在国籍限制，需要注册，对注册主体国籍有限制	市场准入、本地存在
快递服务	本地商业存在，市场需求测试，需要行政许可	市场准入、本地存在
电信服务	需要行政许可，对外资股权有限制，设立两年过渡期，存在经营主体国籍限制	市场准入、本地存在、国民待遇
房地产经纪和估价服务	本地商业存在	本地存在
医疗器械零售、租赁维护	本地商业存在	本地存在
汽车租赁	本地商业存在	本地存在
科研服务、海洋地图制作	需要许可和授权	国民待遇
专业服务	经营资质要求，需要在本地专业执业协会注册，本地商业存在，存在经营实体数量限制	市场准入、本地存在
工程等技术服务	本地商业存在，不允许以合作形式提供服务	本地存在
商业服务	本地商业存在，存在对经营内容、经营者国籍、经营资质、法人实体性质、经营主体数量等的要求和限制	市场准入、本地存在，另对业绩、高级管理人员和董事会也存在要求或限制

续表

部门	不符措施描述	涉及原则
调查和安保服务	对业务种类、经营资质存在要求和限制	市场准入、本地存在
出版物配送分销	需获得文化旅游部部长推荐	国民待遇
教育	高级管理人员和董事会成员过半以上为本国人，对经营资质、学生人数、业务领域等有要求或限制，本地商业存在	国民待遇、市场准入，对高级管理人员和董事会存在要求或限制
兽医	本地商业存在	本地存在
环境服务	本地商业存在	本地存在
演出服务	外国人在韩国表演或邀请外国人表演需获得来自媒体分级委员会的举荐	国民待遇
新闻社、通讯社服务	对合作内容、国籍、外国人权益比例存在限制	市场准入、本地存在，对高级管理人员和董事会存在要求或限制
分销（农业或畜牧业）	对外国人权益比例、经营环节专营权存在要求或限制	国民待遇、市场准入
通信服务—广播服务	经营者国籍限制，需要获得许可证，外国人权益比例有限制，设置三年过渡期，对播出内容、业务领域和播出时间有要求或限制	市场准入、本地存在，对业绩、高级管理人员和董事会存在要求或限制
娱乐、文化体育、电影放映	本土电影放映天数有要求或限制	市场准入、业绩要求

资料来源：《美韩自由贸易协定》（U.S. - Korea Free Trade Agreement），美国贸易代表处官网，https://ustr.gov/trade-agreements/free-trade-agreements/korus-fta，最后访问时间为2018年2月1日。

（三）澳大利亚服务业负面清单概况

《中澳自由贸易协定》（Free Trade Agreement）于2015年12月20日正式生效。在服务领域，澳方承诺自协定生效时对中方以负面清单方式开放服务部门，成为世界上首个对我国以负面清单方式作出服务贸易承诺的国家。中方则以正面清单方式向澳方开放服务部门。

通过分析《中澳自由贸易协定》中涉及服务业的部分可知,澳方服务业负面清单主要集中在市场准入、国民待遇和最惠国待遇,较少涉及业绩要求、高级管理人员和董事会的硬性规定及要求。

此外,澳方服务业清单中还有中央政府和地方政府两个层面不同的规定,除了中央政府对服务业负面清单的一般规定外,一些服务业领域还存在地方层面的特殊规定。具体来看,澳方在专业服务、运输服务、分销服务、教育服务、通信服务等领域存在相对较多的不符措施,对于外资行为有着一些限制,具体情况见表 3-3。

表 3-3　　　　　　中澳 FTA 中澳方涉及服务业领域的
负面清单（现行不符措施）

部门	不符措施描述	涉及原则
安保服务	只有澳大利亚公民或澳大利亚永久居民方可取得在新南威尔士州开展安保业务的许可证	国民待遇
专业服务	(1) 专利代理人必须是澳大利亚常住居民,方可在澳大利亚注册从事执业活动;(2) 非澳大利亚常住居民的人士,可能会被拒绝注册成为公司审计师或清算师。提供审计服务的事务所,至少必须有一名合伙人是澳大利亚常住的注册公司审计师;(3) 移民代理人须是澳大利亚公民或永久居民或持特殊类别签证的新西兰公民,方可在澳大利亚开展移民代理执业活动;(4) 报关服务提供者须在澳大利亚境内提供服务,方可成为澳大利亚报关经纪人	国民待遇 最惠国待遇
通信服务	澳大利亚邮政公司享有在澳大利亚境内发行邮票和在澳大利亚为来自澳大利亚境内外的信件提供寄递服务的专营权	市场准入 国民待遇 最惠国待遇
研发服务	利益分享协议应规定,使用样本或衍生品来开展生物发现研究与商业化的从属许可应优先授予位于当地的实体。任何缔结利益分享协议的,必须征得同意方可向海外实体授予从属许可	国民待遇
房地产与分销服务	非澳大利亚居民不可被委任为（开发地块、街区或分契单位所有人）代理人。非澳大利亚居民不可被委任为（地块所有人、业主法团交易的）代理人,对其注册场所有要求	国民待遇

续表

部门	不符措施描述	涉及原则
采矿与相关服务	优先考虑当地劳动力和服务	国民待遇
其他商业服务	只有北领地居民方可获发陪侍机构业务的经营许可证或管理许可证；对于获发经营许可证的法人实体，其管理者也必须满足居住要求	国民待遇
分销服务	（1）新南威尔士州对大米保留经销管理局制度，而西澳大利亚州对马铃薯也保留经销管理局制度；（2）只有北领地居民方可获发火器许可证。许可证与牌照将在持证人不再永久居住于北领地三个月后失效；（3）烟酒销售经营许可证有特别规定，对其经营场所、营业范围有所限制	国民待遇
健康服务	对联邦血清实验室重大外国持股所附有的表决权、董事会及任何会议主持人、使用的主要设施及辅助设施作出了具体规定，要求联邦血清实验室不得谋求在澳大利亚境外注册设立	国民待遇
旅游与相关服务	取得旅游代理经营许可证的人员，必须在昆士兰拥有营业地址	国民待遇
娱乐、文化与体育服务	办事处地点要求、成为受保护植物的授权栽培者或传播者的要求	国民待遇
运输服务	每家提供澳大利亚往来国际班轮货物运输服务的承运人，必须始终以居住在澳大利亚的自然人作为代表人；持股比例、国籍要求、经营地点限制等	市场准入国民待遇
金融服务	（1）要在澳大利亚开展银行业务的实体，必须是法人实体，并获得澳大利亚金融监督管理局（APRA）授权，成为经授权的存款吸收机构（ADI）；（2）外国存款吸收机构（包括外国银行）只能通过在澳大利亚本地注册成立的存款吸收子公司或授权分公司（外国ADI），或通过上述二者，方可在澳大利亚开展银行业务；（3）外国ADI不得接受个人及非法人机构低于25万澳元的初始存款（及其他资金）；（4）对外国存款吸收机构在澳大利亚设立的代表处、位于海外的外国银行的行为做出限制	市场准入国民待遇

资料来源：http：//dongman.12312.gov.cn/Australia/australia_special.shtml，中国自由贸易区服务网，最后访问时间为2018年2月1日。

(四) 代表性发展中国家服务业负面清单概况

印度、印度尼西亚、菲律宾等已经实行负面清单管理模式的发展中国家，其经济发展阶段、产业发展特征与中国更为接近，因而，其负面清单设计对中国而言极具参考价值。归结来看，发展中国家一般会将教育、通信、文化等敏感领域纳入负面清单，而对金融领域等敏感行业领域则没有以负面清单的形式进行规制，如菲律宾对金融领域的投资管理模式仍适用国内银行法。表3-4展示了代表性发展中国家——印度尼西亚、印度和菲律宾的负面清单比较情况。

表3-4　　　　　　　代表性发展中国家负面清单比较

国家	不符措施	清单范围
印度	外资持股比例限制可分为四个档次：26%、49%、51%和74%	禁止零售贸易（单一品牌零售除外）、原子能、彩票、赌博四个行业的外资。对外资准入的限制包括持股比例限制，准入许可，以及国籍、最低资本要求和锁定期限等附加条件
印度尼西亚	包括：为中小企业保留行业；与中小企业合作；有限外资所有权；特定场所；特殊许可等	运输、通信信息服务、教育、文化、旅游等
菲律宾	外资持股比例限制可分为七个档次：禁止投资；20%最高持股比例；25%最高持股比例；30%最高持股比例；40%最高持股比例；49%最高持股比例；60%最高持股比例。依据《外商投资法》，除禁止外资的领域外，对未列入负面清单的领域和清单A中的领域，进行登记备案即可；对于清单B中的领域，需要得到事前审批及授权	清单A主要是限制外资投资比例的领域；清单B主要是依据国家安全、健康和道德风险等原则限制外资投资比例的领域。金融适用专门的银行法

资料来源：季剑军：《经济新常态下中国服务业对外开放研究》，知识产权出版社2016年版。

进一步地，本书以印度尼西亚服务业负面清单为例，分析印度尼西亚服务业开放的最新进展。为了吸引外资直接投资，印度尼西亚政府一直致力于通过改革税收、清关、投资框架和金融业等政策措施，放松管制和简化投资及经商许可程序，为投资者创造有利的投资环境。

为此，印度尼西亚政府2016年6月公布了新的投资负面清单①（DNI），其中删除了35个行业，这意味着政府放宽外资准入限制，外资可在35个行业中独资控股，它们大多属于创意产业部门（见表3-5）。

表3-5　印度尼西亚2016年投资负面清单（DNI）中涉及服务业部分

序号	删除行业	原先外资准入限制
1	高速公路运作业	外资原先最大持股权为95%
2	直销业	外资原先最大持股权为95%
3	期货经纪商	外资原先最大持股权为95%
4	餐馆业	外资原先最大持股权为51%
5	酒吧业	外资原先最大持股权为49%
6	咖啡座	外资原先最大持股权为49%
7	运动或体育场所	外资原先最大持股权为49%
8	拍摄电影工作室	外资原先最大持股权为49%
9	电影片加工室	外资原先最大持股权为49%
10	电影配音设施	外资原先最大持股权为49%
11	冲洗电影片和生产业	外资原先最大持股权为49%
12	拍摄电影设施	原先国内企业专有
13	剪辑电影片措施	原先国内企业专有
14	电影片配字措施	原先国内企业专有
15	制作电影软片业	原先国内企业专有
16	放映电影业	原先国内企业专有
17	录音室	原先国内企业专有
18	发行电影片	原先国内企业专有
19	网吧	原先国内企业专有
20	电信实验室	外资原先最大持股权为95%
21	电子商务	原先国内企业专有
22	医院管理和营业	外资原先最大持股权为67%
23	租赁医疗设备	外资原先最大持股权为49%
24	医疗实验室	外资原先最大持股权为67%

---

① 参阅印度尼西亚投资统筹机构（BKPM）官网，http：//www2.bkpm.go.id/images/uploads/prosedur_investasi/file_upload/REGULATION-OF-THE-PRESIDENT-OF-THE-REPUBLIC-OF-INDONESIA-NUMBER-44-YEAR-2016.pdf。

续表

序号	删除行业	原先外资准入限制
25	临床健康检查	外资原先最大持股权为67%
26	普通科医生临床检查	原先国内专有
27	专科医生	原先国内专有
28	牙科医生	原先国内专有
29	医疗员服务	原先国内专有
30	传统保健服务	原先国内专有
31	退休金管理业	原先国内企业专有

二、代表性国家服务业负面清单管理评价

在实践中，鉴于各经济体的经济发展阶段与产业发展需求不同，产业的重要性和敏感性也存在较大的差异。因此，在双边和多边谈判中，在推进不同服务业领域的市场开放时，需要科学预判扩大开放市场给本土服务业生存、发展和升级带来的冲击，并在此基础上对服务业开放作出现实性与前瞻性相结合的考量。本书通过比较分析发达国家和发展中国家服务业负面清单管理模式的国际经验及发展趋势，对我国推进服务业负面清单制度有重要的借鉴价值。对比发达国家或发达经济体，可以看到，发展中国家包括中国的服务业负面清单开放程度与发达国家还有较大差距，不符措施中外资股份比例限制、业绩要求、行政许可要求等大量存在，这明显不利于扩大服务业开放，与欧美主导的现代投资贸易规则不符，未来中国在双边或多边谈判中仍会面临较多的挑战和困难。

第四节 中国服务业对外开放实践和探索

一、服务业负面清单国内实践

改革开放以来，我国在扩大与深化服务业对外开放上取得了较大的进步。显然，外资投资产业的限制减少、负面清单的持续缩短，与中国经济的发展、对外开放力度的加大密切相关。服务业对外开放的持续扩大也有利于为外资进入创造

更优质的条件,提供更好的营商环境。但也应客观看到,目前我国服务业对外开放仍面临着"大门开了、小门待开"的困境,一些服务业行业仍面临着诸多事前和事后市场准入壁垒。负面清单包括分别适用于全国和自贸试验区的两张负面清单,自贸试验区的负面清单比全国的负面清单开放力度将更大。为此,本部分试图通过剖析《外商投资产业指导目录(2017年修订)》《中国自由贸易试验区外商投资准入特别管理措施(负面清单)》以及其他负面清单双边谈判,梳理目前仍然被"外商投资产业指导目录"和"自由贸易区负面清单"限制或禁止的投资领域,以及这些服务行业经常面临的其他类型的限制。

(一)《外商投资产业指导目录(2017年修订)》中涉及服务业部分

《外商投资产业指导目录》(以下简称《目录》)是我国引导外商投资的重要产业政策。外商投资准入负面清单是有关部门实行外资准入管理的主要依据。自1995年首次颁布以来,根据经济发展和对外开放需要,《外商投资产业指导目录》已适时进行了7次修订。《外商投资产业指导目录(2017年修订)》与之前版本相比,放宽了服务业等领域的外资准入限制,主要变化包括:

一是进一步扩大对外开放领域。从条目看,在2015年版《目录》减少约一半限制性措施的基础上,2017年版《目录》进一步减少了限制性措施,大幅放宽外资准入。其中,限制性措施共63条(包括限制类条目35条、禁止类条目28条),比2015年版的93条限制性措施(包括鼓励类有股比要求条目19条、限制类条目38条、禁止类条目36条)减少了30条。同时,鼓励类条目数量基本不变,继续鼓励外资投向现代服务业等领域。从行业看,2017年版《目录》进一步提高了服务业等领域开放水平,重点取消了公路旅客运输、外轮理货、资信调查与评级服务、会计审计、农产品批发市场等领域准入限制(见表3-6)。

表3-6　　　　　鼓励外商投资产业目录(部分)

行业类别	服务业相关产业
五、交通运输、仓储和邮政业	301. 铁路干线路网的建设、经营;302. 城际铁路、市域(郊)铁路、资源型开发铁路和支线铁路及其桥梁、隧道、轮渡和站场设施的建设、经营;303. 高速铁路、城际铁路基础设施综合维修;304. 公路、独立桥梁和隧道的建设、经营;305. 公路货物运输公司;306. 港口公用码头设施的建设、经营;307. 民用机场的建设、经营;308. 公共航空运输公司;309. 农、林、渔业通用航空公司;310. 国际海上运输公司;311. 国际集装箱多式联运业务;312. 输油(气)管道、油(气)库的建设、经营;313. 煤炭管道运输设施的建设、经营;314. 自动化高架立体仓储设施,包装、加工、配送业务相关的仓储一体化设施建设、经营

续表

行业类别	服务业相关产业
六、批发和零售业	315. 一般商品的共同配送、鲜活农产品和特殊药品低温配送等物流及相关技术服务；316. 农村连锁配送；317. 托盘及集装单元共用系统建设、经营
七、租赁和商务服务业	318. 国际经济、科技、环保、物流信息咨询服务；319. 以承接服务外包方式从事系统应用管理和维护、信息技术支持管理、银行后台服务、财务结算、软件开发、离岸呼叫中心、数据处理等信息技术和业务流程外包服务；320. 创业投资企业；321. 知识产权服务；322. 家庭服务业
八、科学研究和技术服务业	323. 生物工程与生物医学工程技术、生物质能源开发技术；324. 同位素、辐射及激光技术；325. 海洋开发及海洋能开发技术、海洋化学资源综合利用技术、相关产品开发和精深加工技术、海洋医药与生化制品开发技术；326. 海洋监测技术（海洋浪潮、气象、环境监测）、海底探测与大洋资源勘查评价技术；327. 综合利用海水淡化后的浓海水制盐、提取钾、溴、镁、锂及其深加工等海水化学资源高附加值利用技术；328. 海上石油污染清理与生态修复技术及相关产品开发，海水富营养化防治技术，海洋生物爆发性生长灾害防治技术，海岸带生态环境修复技术；329. 节能环保技术开发与服务；330. 资源再生及综合利用技术、企业生产排放物的再利用技术开发及其应用；331. 环境污染治理及监测技术；332. 化纤生产及印染加工的节能降耗、三废治理新技术；333. 防沙漠化及沙漠治理技术；334. 草畜平衡综合管理技术；335. 民用卫星应用技术；336. 研究开发中心；337. 高新技术、新产品开发与企业孵化中心；338. 物联网技术开发与应用；339. 工业设计、建筑设计、服装设计等创意产业
九、水利、环境和公共设施管理业	340. 城市封闭型道路的建设、经营；341. 城市地铁、轻轨等轨道交通的建设、经营；342. 垃圾处理厂，危险废物处理处置厂（焚烧厂、填埋场）及环境污染治理设施的建设、经营；343. 城市停车设施建设、经营
十、教育	344. 非学制类职业培训机构
十一、卫生和社会工作	345. 老年人、残疾人和儿童服务机构；346. 养老机构
十二、文化、体育和娱乐业	347. 演出场所经营；348. 体育场馆经营、健身、竞赛表演及体育培训和中介服务

资料来源：《外商投资产业指导目录（2017年修订）》。

二是提出外商投资准入负面清单。2017年版《目录》对结构进行了调整,明确提出外商投资准入特别管理措施(外商投资准入负面清单)。2017年版《目录》将部分原鼓励类有股比要求的条目,以及限制类、禁止类整合为外商投资准入负面清单,作为对外商投资实行准入前国民待遇加负面清单管理模式的基本依据。负面清单之外的领域,原则上不得实行对外资准入的限制性措施,外商投资项目和企业设立实行备案管理。① 具体如表3-7和表3-8所示。

表3-7　　　　　　　　限制外商投资产业目录（部分）

序号	服务业相关产业
1	5. 出版物印刷（中方控股）
2	15. 铁路干线路网的建设、经营（中方控股）
3	16. 铁路旅客运输公司（中方控股）
4	17. 国内水上运输公司（中方控股），国际海上运输公司（限于合资、合作）
5	18. 民用机场的建设、经营（中方相对控股）
6	19. 公共航空运输公司（中方控股，且一家外商及其关联企业投资比例不得超过25%，法定代表人须具有中国国籍）
7	20. 通用航空公司（法定代表人须具有中国国籍，其中农、林、渔业通用航空公司限于合资，其他通用航空公司限于中方控股）
8	21. 电信公司：限于WTO承诺开放的业务，增值电信业务（外资比例不超过50%，电子商务除外），基础电信业务（中方控股）
9	22. 稻谷、小麦、玉米收购、批发
10	23. 船舶代理（中方控股）
11	24. 加油站（同一外国投资者设立超过30家分店、销售来自多个供应商的不同种类和品牌成品油的连锁加油站，由中方控股）建设、经营
12	25. 银行（单个境外金融机构及被其控制或共同控制的关联方作为发起人或战略投资者向单个中资商业银行投资入股比例不得超过20%，多个境外金融机构及被其控制或共同控制的关联方作为发起人或战略投资者投资入股比例合计不得超过25%；投资农村中小金融机构的境外金融机构必须是银行类金融机构；设立外国银行分行、外商独资银行、中外合资银行的境外投资者、唯一或控股股东必须为境外商业银行，非控股股东可以为境外金融机构）
13	26. 保险公司（寿险公司外资比例不超过50%）

---

① 主要引自国家发展和改革委员会有关负责人就《外商投资产业指导目录（2017年修订）》的答问，http://www.gov.cn/zhengce/2017-06/28/content_5206418.htm。

续表

序号	服务业相关产业
14	27. 证券公司（设立时限于从事人民币普通股、外资股和政府债券、公司债券的承销与保荐，外资股的经纪，政府债券、公司债券的经纪和自营；设立满 2 年后符合条件的公司可申请扩大业务范围；中方控股）、证券投资基金管理公司（中方控股）
15	28. 期货公司（中方控股）
16	29. 市场调查（限于合资、合作，其中广播电视收听、收视调查要求中方控股）
17	30. 测绘公司（中方控股）
18	31. 学前、普通高中和高等教育机构（限于中外合作办学、中方主导，校长或者主要行政负责人应当具有中国国籍，中外合作办学机构的理事会、董事会或者联合管理委员会的中方组成人员不得少于1/2）
19	32. 医疗机构（限于合资、合作）
20	33. 广播电视节目、电影的制作业务（限于合作）
21	34. 电影院的建设、经营（中方控股）
22	35. 演出经纪机构（中方控股）

资料来源：《外商投资产业指导目录（2017 年修订）》。

表 3-8 **禁止外商投资产业目录（部分）**

序号	服务业相关产业
1	11. 空中交通管制
2	12. 邮政公司、信件的国内快递业务
3	13. 烟叶、卷烟、复烤烟叶及其他烟草制品的批发、零售
4	14. 社会调查
5	15. 中国法律事务咨询（提供有关中国法律环境影响的信息除外）
6	16. 人体干细胞、基因诊断与治疗技术开发和应用
7	17. 大地测量、海洋测绘、测绘航空摄影、地面移动测量、行政区域界线测绘、地形图、世界政区地图、全国政区地图、省级及以下政区地图、全国性教学地图、地方性教学地图和真三维地图编制，导航电子地图编制，区域性的地质填图、矿产地质、地球物理、地球化学、水文地质、环境地质、地质灾害、遥感地质等调查
8	18. 国家保护的原产于我国的野生动、植物资源开发
9	19. 义务教育机构
10	20. 新闻机构（包括但不限于通讯社）

续表

序号	服务业相关产业
11	21. 图书、报纸、期刊的编辑、出版业务
12	22. 音像制品和电子出版物的编辑、出版、制作业务
13	23. 各级广播电台（站）、电视台（站）、广播电视频道（率）、广播电视传输覆盖网（发射台、转播台、广播电视卫星、卫星上行站、卫星收转站、微波站、监测台、有线广播电视传输覆盖网）、广播电视视频点播业务和卫星电视广播地面接收设施安装服务
14	24. 广播电视节目制作经营（含引进业务）公司
15	25. 电影制作公司、发行公司、院线公司
16	26. 互联网新闻信息服务、网络出版服务、网络视听节目服务、互联网上网服务营业场所、互联网文化经营（音乐除外）、互联网公众发布信息服务
17	27. 经营文物拍卖的拍卖企业、文物商店
18	28. 人文社会科学研究机构

资料来源：《外商投资产业指导目录（2017年修订）》。

（二）中国自由贸易试验区外商投资准入特别管理措施（负面清单）

自由贸易试验区（以下简称"自贸试验区"）的第一份负面清单来自上海自贸区，设立之初为190项，2014年调整减少至139项；2015年，在自贸区扩围之际，该清单又减至122项，同时扩展到上海、广东、天津、福建四个自贸区。2017年版负面清单为95项，覆盖现有的11个自贸试验区。《自由贸易试验区外商投资准入特别管理措施（负面清单）（2017年版）》依据《国民经济行业分类》（GB/T 4754—2011）编制，划分为15个门类、40个条目、95项特别管理措施。其中特别管理措施包括具体行业措施和适用于所有行业的水平措施。按照规定，凡是在《自贸试验区负面清单》之内的非禁止投资领域，须进行外资准入许可。《自贸试验区负面清单》之外的领域，在自贸试验区内按照内外资一致原则实施管理。

从表3-9中可以发现，与上一版相比，减少了10个条目、27项措施，负面清单缩减至百项以内。减少的条目包括轨道交通设备制造、医药制造、道路运输、保险业务、会计审计、其他商务服务6条，同时整合减少了4条。减少的27项特别管理措施中，涉及服务业的主要包括：交通运输业2项，信息技术服务业1项，金融业4项，租赁和商务服务业4项，教育1项，文化、体育和娱乐业共

2 项。从具体内容看,在金融业的对外开放中,取消了"外国银行分行不可从事《中华人民共和国商业银行法》允许经营的'代理发行、代理兑付、承销政府债券'"的特别管理措施。同时还取消了"外资银行获准经营人民币业务须满足最低开业时间要求",以及"境外投资者投资金融资产管理公司须符合一定数额的总资产要求"。在保险业务领域,也取消了"非经中国保险监管部门批准,外资保险公司不得与其关联企业从事再保险的分出或者分入业务"的特别管理措施。而在文化、体育和娱乐业中,演出经纪机构虽然属于限制类,须由中方控股,但是"为设有自贸试验区的省份提供服务的除外",比 2015 年版负面清单提出的"为本省市提供服务的除外"范围更广。

此外,负面清单持续缩短的同时,实施的范围也随着自贸试验区试点的增多而不断扩大。2013 年、2014 年版负面清单只在上海自贸试验区实施,2015 年版负面清单覆盖上海、广东、天津、福建四个自贸试验区,而新的 2017 年版负面清单,则覆盖现有的 11 个自贸试验区。首先,若香港特别行政区、澳门特别行政区、台湾地区投资者在中国自贸试验区内进行投资,可以参照《自贸试验区负面清单》执行。其次,对于《内地与香港特别行政区、澳门特别行政区关于建立更紧密经贸关系的安排及其补充协议》(CEPA)、《海峡两岸经济合作框架协议》(ECFA)等我国签署的政策文件,如果其包含适用于自贸试验区的规定并对符合条件的投资者具有更为优惠的开放措施,那么将会按照相关协议或协定的规定执行。这也就意味着,在 CEPA 和 ECFA 等条款的基础上,相比其他地区而言,香港特别行政区、澳门特别行政区、中国台湾地区投资者在某些特定的行业领域,可能会享有更高的对外开放水平。

表 3-9 中国自由贸易试验区外商投资准入特别管理措施
(负面清单)(2017 年版):服务业

序号	领域	特别管理措施
一、批发和零售业		
1	专营及特许经营	26. 禁止投资烟叶、卷烟、复烤烟叶及其他烟草制品的生产、批发、零售、进出口。 27. 对中央储备粮(油)实行专营制度。中国储备粮管理总公司具体负责中央储备粮(油)的收购、储存、经营和管理。 28. 对免税商品销售业务实行特许经营和集中统一管理。 29. 对彩票发行、销售实行特许经营,禁止在中华人民共和国境内发行、销售境外彩票

续表

序号	领域	特别管理措施
二、交通运输、仓储和邮政业		
2	铁路运输	30. 铁路干线路网的建设、经营须由中方控股。 31. 铁路旅客运输公司须由中方控股
3	水上运输	32. 水上运输公司（上海自贸试验区内设立的国际船舶运输企业除外）须由中方控股，且不得经营或以租用中国籍船舶或者舱位等方式变相经营国内水路运输业务及其辅助业务（包括国内船舶管理、国内船舶代理、国内水路旅客运输代理和国内水路货物运输代理业务等）。 33. 水路运输经营者不得使用外国籍船舶经营国内水路运输业务，但经中国政府批准，在国内没有能够满足所申请运输要求的中国籍船舶，并且船舶停靠的港口或者水域为对外开放的港口或者水域的情况下，水路运输经营者可以在中国政府规定的期限或者航次内，临时使用外国籍船舶经营中国港口之间的海上运输和拖航。 34. 国际、国内船舶代理企业外资股比不超过51%
4	航空客货运输	35. 公共航空运输企业须由中方控股，单一外国投资者（包括其关联企业）投资比例不超过25%。企业法定代表人须由中国籍公民担任。只有中国公共航空运输企业才能经营国内航空服务（国内载运权），并作为中国指定承运人提供定期和不定期国际航空服务
5	通用航空服务	36. 通用航空企业限于合资，除专门从事农、林、渔作业的通用航空企业以外，其他通用航空企业须由中方控股。企业法定代表人须由中国籍公民担任。外籍航空器或者外籍人员使用中国航空器在中国境内进行通用航空飞行活动须取得批准
6	机场与空中交通管理	37. 禁止投资和经营空中交通管制系统。 38. 民用机场的建设、经营须由中方相对控股
7	邮政业	39. 禁止投资邮政企业和经营邮政服务。 40. 禁止投资经营信件的国内快递业务
三、信息传输、软件和信息技术服务业		
8	电信	41. 电信公司限于从事中国入世承诺开放的电信业务，其中：增值电信业务（电子商务除外）外资比例不超过50%，基础电信业务经营者须为依法设立的专门从事基础电信业务的公司，且公司国有股权或股份不少于51%〔上海自贸试验区原有区域（28.8平方公里）按既有政策执行〕

续表

序号	领域	特别管理措施
9	互联网和相关服务	42. 禁止投资互联网新闻信息服务、网络出版服务、网络视听节目服务、网络文化经营（音乐除外）、互联网公众发布信息服务（上述服务中，中国入世承诺中已开放的内容除外）。 43. 禁止从事互联网地图编制和出版活动（上述服务中，中国入世承诺中已开放的内容除外）。 44. 互联网新闻信息服务单位与外国投资者进行涉及互联网新闻信息服务业务的合作，应报经中国政府进行安全评估
四、金融业		
10	银行服务	45. 境外投资者投资银行业金融机构，应为金融机构或特定类型机构。具体要求： （1）外商独资银行股东、中外合资银行外方股东应为金融机构，且外方唯一或者控股/主要股东应为商业银行； （2）投资中资商业银行、信托公司的应为金融机构； （3）投资农村商业银行、农村合作银行、农村信用（合作）联社、村镇银行的应为境外银行； （4）投资金融租赁公司的应为金融机构或融资租赁公司； （5）消费金融公司的主要出资人应为金融机构； （6）投资货币经纪公司的应为货币经纪公司； （7）投资金融资产管理公司的应为金融机构，且不得参与发起设立金融资产管理公司； （8）法律法规未明确的应为金融机构。 46. 境外投资者投资银行业金融机构须符合一定数额的总资产要求，具体要求如下： （1）取得银行控股权益的外国投资者，以及投资中资商业银行、农村商业银行、农村合作银行、村镇银行、贷款公司和其他银行的外国投资者，提出申请前1年年末总资产应不少于100亿美元； （2）投资农村信用（合作）联社、信托公司的外国投资者，提出申请前1年年末总资产应不少于10亿美元； （3）拟设分行的外国银行，提出申请前1年年末总资产应不少于200亿美元； （4）在中国境外注册的具有独立法人资格的融资租赁公司作为金融租赁公司发起人，最近1年年末总资产应不低于100亿元人民币或等值的可自由兑换货币； （5）法律法规未明确不适用的其他银行业金融机构的境外投资者，提出申请前1年年末总资产应不少于10亿美元

续表

序号	领域	特别管理措施
11	银行服务	47. 境外投资者投资货币经纪公司须从事货币经纪业务20年以上，并具有从事货币经纪业务所必需的全球机构网络和资讯通信网络等特定条件。 48. 单个境外金融机构及被其控制或共同控制的关联方作为发起人或战略投资者向单个中资商业银行、农村商业银行、农村合作银行、农村信用（合作）联社、金融资产管理公司等银行业金融机构投资入股比例不得超过20%，多个境外金融机构及被其控制或共同控制的关联方作为发起人或战略投资者向单个中资商业银行、农村商业银行、农村合作银行、农村信用（合作）联社、金融资产管理公司等银行业金融机构投资入股比例合计不得超过25%。 49. 除符合股东机构类型要求和资质要求外，外资银行还受限于以下条件： （1）外国银行分行不可从事《中华人民共和国商业银行法》允许经营的"代理收付款项""银行卡业务"，除可以吸收中国境内公民每笔不少于100万元人民币的定期存款外，外国银行分行不得经营对中国境内公民的人民币业务； （2）外国银行分行应当由总行无偿拨付不少于2亿元人民币或等值的自由兑换货币，营运资金的30%应以指定的生息资产形式存在，以定期存款形式存在的生息资产应当存放在中国境内3家或3家以下的中资银行； （3）外国银行分行营运资金加准备金等项之和中的人民币份额与其人民币风险资产的比例不可低于8%
12	资本市场服务	50. 期货公司外资比例不超过49%。 51. 证券公司外资比例不超过49%。 52. 单个境外投资者持有（包括直接持有和间接控制）上市内资证券公司股份的比例不超过20%；全部境外投资者持有（包括直接持有和间接控制）上市内资证券公司股份的比例不超过25%。 53. 证券投资基金管理公司外资比例不超过49%。 54. 不得成为证券交易所的普通会员和期货交易所的会员。 55. 除中国政府另有规定的情况外，不得申请开立A股证券账户以及期货账户

续表

序号	领域	特别管理措施
13	保险业	56. 寿险公司外资比例不超过50%；境内保险公司合计持有保险资产管理公司的股份不低于75%。 57. 向保险公司投资入股，全部外资股东出资或者持股比例占公司注册资本不足25%的，全部外资股东应为境外金融机构（通过证券交易所购买保险公司股票的除外），提出申请前1年年末总资产不少于20亿美元。 申请设立外资保险公司的外国保险公司，应当具备下列条件： （1）经营保险业务30年以上； （2）在中国境内已经设立代表机构2年以上； （3）提出设立申请前1年年末总资产不少于50亿美元
五、租赁和商务服务业		
14	法律服务	58. 外国律师事务所只能以代表机构的方式进入中国，在华设立代表机构、派驻代表，须经中国司法行政部门许可。 59. 禁止从事中国法律事务，不得成为国内律师事务所合伙人。 60. 外国律师事务所驻华代表机构不得聘用中国执业律师，聘用的辅助人员不得为当事人提供法律服务
15	咨询与调查	61. 禁止投资社会调查。 62. 市场调查限于合资、合作，其中广播电视收听、收视调查须由中方控股
六、科学研究和专业技术服务		
16	专业技术服务	63. 禁止投资大地测量、海洋测绘、测绘航空摄影、行政区域界线测绘，地形图、世界政区地图、全国政区地图、省级及以下政区地图、全国性教学地图、地方性教学地图和真三维地图编制，导航电子地图编制，区域性的地质填图、矿产地质、地球物理、地球化学、水文地质、环境地质、地质灾害、遥感地质等调查。 64. 测绘公司须由中方控股。 65. 禁止投资人体干细胞、基因诊断与治疗技术的开发和应用。 66. 禁止设立和运营人文社会科学研究机构
七、水利、环境和公共设施管理业		
17	野生动植物资源保护	67. 禁止投资国家保护的原产于中国的野生动植物资源开发。 68. 禁止采集或收购国家重点保护野生动植物和微生物资源

续表

序号	领域	特别管理措施
八、教育		
18	教育	69. 外国教育机构、其他组织或者个人不得单独设立以中国公民为主要招生对象的学校及其他教育机构（不包括非学制类职业技能培训）。 70. 外国教育机构可以同中国教育机构合作举办以中国公民为主要招生对象的教育机构，中外合作办学者可以合作举办各级各类教育机构，但是： （1）不得举办实施义务教育机构。 （2）外国宗教组织、宗教机构、宗教院校和宗教教职人员不得在中国境内从事合作办学活动，中外合作办学机构不得进行宗教教育和开展宗教活动；不得在中国境内投资宗教教育机构。 （3）普通高中教育机构、高等教育机构和学前教育须由中方主导（校长或者主要行政负责人应当具有中国国籍，在中国境内定居；理事会、董事会或者联合管理委员会的中方组成人员不得少于1/2；教育教学活动和课程教材须遵守我国相关法律法规及规定）
九、卫生和社会工作		
19	卫生	71. 医疗机构限于合资、合作
十、文化、体育和娱乐业		
20	广播电视播出、传输、制作、经营	72. 禁止投资设立和经营各级广播电台（站）、电视台（站）、广播电视频率频道和时段栏目、广播电视传输覆盖网（广播电视发射台、转播台〔包括差转台、收转台〕、广播电视卫星、卫星上行站、卫星收转站、微波站、监测台〔站〕及有线广播电视传输覆盖网等），禁止从事广播电视视频点播业务和卫星电视广播地面接收设施安装服务。 73. 禁止投资广播电视节目制作经营公司。 74. 对境外卫星频道落地实行审批制度。禁止投资电影及广播电视节目的引进业务，引进境外影视剧和以卫星传送方式引进其他境外电视节目由新闻出版广电总局指定的单位申报。 75. 对中外合作制作电视剧（含电视动画片）实行许可制度
21	新闻出版、广播影视、金融信息	76. 禁止投资设立通讯社、报刊社、出版社以及新闻机构。 77. 外国新闻机构在中国境内设立常驻新闻机构、向中国派遣常驻记者，须经中国政府批准。 78. 外国通讯社在中国境内提供新闻的服务业务须由中国政府审批。 79. 禁止投资经营图书、报纸、期刊、音像制品和电子出版物的编辑、出版、制作业务；禁止经营报刊版面。但经中国政府批准，在确保合作中方的经营主导权和内容终审权并遵守中国政府批复的其他条件下，中外出版单位可进行新闻出版中外合作项目。

续表

序号	领域	特别管理措施
21	新闻出版、广播影视、金融信息	80. 中外新闻机构业务合作须中方主导，且须经中国政府批准。 81. 出版物印刷须由中方控股。 82. 未经中国政府批准，禁止在中国境内提供金融信息服务。 83. 境外传媒（包括外国和港澳台地区报社、期刊社、图书出版社、音像出版社、电子出版物出版公司以及广播、电影、电视等大众传播机构）不得在中国境内设立代理机构或编辑部。未经中国政府批准，不得设立办事机构，办事机构仅可从事联络、沟通、咨询、接待服务
22	电影制作、发行、放映	84. 禁止投资电影制作公司、发行公司、院线公司，但经批准，允许中外企业合作摄制电影。 85. 电影院的建设、经营须由中方控股。放映电影片，应当符合中国政府规定的国产电影片与进口电影片放映的时间比例。放映单位年放映国产电影片的时间不得低于年放映电影片时间总和的 2/3
23	文物及非物质文化遗产保护	86. 禁止投资和经营文物拍卖的拍卖企业、文物购销企业。 87. 禁止投资和运营国有文物博物馆。 88. 禁止不可移动文物及国家禁止出境的文物转让、抵押、出租给外国人。 89. 禁止设立与经营非物质文化遗产调查机构。 90. 境外组织或个人在中国境内进行非物质文化遗产调查和考古调查、勘探、发掘，应采取与中国合作的形式并经专门审批许可
24	文化娱乐	91. 禁止设立文艺表演团体。 92. 演出经纪机构须由中方控股（为设有自贸试验区的省市提供服务的除外）
十一、所有行业		
25	所有行业	93. 不得作为个体工商户、个人独资企业投资人、农民专业合作社成员，从事经营活动。 94.《外商投资产业指导目录》中的禁止类以及标注有"限于合资""限于合作""限于合资、合作""中方控股""中方相对控股"和有外资比例要求的项目，不得设立外商投资合伙企业。 95. 境内公司、企业或自然人以其在境外合法设立或控制的公司并购与其有关联关系的境内公司，涉及外商投资项目和企业设立及变更事项的，按现行规定办理

资料来源：《中国自由贸易试验区外商投资准入特别管理措施（负面清单）（2017 年版）》。

二、服务业负面清单境内关外特殊实践：CEPA

CEPA 协议于 2003 年开始实施，符合资格的港澳产品、企业和居民在进入内地市场时可享有优惠待遇。自其实施以来，粤港澳三方已签署 10 份补充协议和两份服务贸易协议（即《服务贸易协议》及《关于内地在广东与香港基本实现服务贸易自由化的协议》），逐步充实 CEPA 的内容。在先行先试经验的基础上，2015 年 11 月 27 日，内地和香港签署了《内地与香港 CEPA 服务贸易协议》并从 2016 年 6 月 1 日起正式实施。这是首个内地全境以准入前国民待遇加负面清单方式全面开放服务贸易领域的自由贸易协议，标志着内地全境与香港基本实现服务贸易自由化。2015 年 11 月 28 日签署《内地与澳门 CEPA 服务贸易协议》。总的来看，《服务贸易协议》正文对与 CEPA 的关系、适用范围、双方义务、国民待遇、最惠待遇、金融审慎原则、保障措施、例外条款、保留的限制性措施、跨境服务、电信及文化专章、特殊手续和信息要求、投资便利化等分别作出原则性规定。其附件主要包括：一是内地对香港在商业存在模式下以负面清单方式保留的限制性措施；二是内地对香港在跨境服务、电信领域、文化领域以正面清单方式新增的开放措施及对 CEPA 以往协议内容的重述。

从表 3-10 中可以看到，《内地与香港 CEPA 服务贸易协议》主要的亮点包括：一是开放力度大、水平高。内地对香港开放的服务部门将达到 153 个，涉及世界贸易组织 160 个服务部门的 95.6%，其中 62 个部门实现国民待遇，比《关于内地在广东与香港基本实现服务贸易自由化的协议》增加 4 个部门。使用负面清单的领域，限制性措施仅 120 项，比《关于内地在广东与香港基本实现服务贸易自由化的协议》负面清单中 132 项限制性措施减少 12 项，且其中的 28 项限制性措施进一步放宽了准入条件。跨境服务、文化、电信等使用正面清单的领域，新增开放措施 28 项。二是明确在内地全境给予香港最惠待遇，即今后内地与其他国家和地区签署的自由贸易协定中，只要有优于 CEPA 的措施均将适用于香港。三是进一步建立健全与负面清单模式相适应的配套管理制度，除了《内地与香港 CEPA 服务贸易协议》保留的限制性措施及电信、文化领域的公司、金融机构的设立及变更外，香港服务提供者在内地投资《内地与香港 CEPA 服务贸易协议》开放的服务贸易领域，其公司设立及变更的合同、章程审批改为备案管理，以更加便利香港从业者进入内地市场。其中，涉及义务主要为国民待遇，限制性措施主要为商业存在。内地与香港基本实现服务贸易自由化不仅有利于香港巩固国际金融、贸易、航运等中心地位和发展新兴现代服务业，也将为内地服务业发展带来新的活力，有利于内地与香港经济的全面深入融合，实现两地经济共同发展。

表 3-10　　内地向香港开放服务贸易的具体承诺：对商业存在保留的限制性措施（负面清单）

部门	细分部门		内容描述
商务服务	专业服务	法律服务	独资设立的代表机构不得办理涉及内地法律适用的法律事务，或聘用内地执业律师；与内地方以合作形式提供法律服务有限制
		会计、审计簿记服务	取得中国注册会计师资格的香港永久性居民可在内地担任合伙制会计师事务所合伙人，会计师事务所的控制权须由内地居民持有；担任合伙人的香港永久性居民在内地有固定住所，其中每年在内地居留不少于6个月
		税收服务	实行国民待遇
		建筑及设计服务	香港服务提供者应是在香港从事建设工程设计的企业或者注册建筑师、注册工程师
		工程服务、集中工程服务	香港服务提供者应是在香港从事建设工程设计的企业或者注册建筑师、注册工程师；从事综合水利枢纽的建设、经营须由内地方控股
		城市规划园林建筑服务	不得提供城市总体规划、国家级风景名胜区总体规划服务
		医疗和牙科服务	申请设立医疗机构须经省级卫生计生委和省级商务主管部门按国家规定审批和登记
		兽医服务	实行国民待遇
		助产士、护士、理疗医师和护理员提供的服务	不作承诺
		其他（专利代理、商标代理等）	实行国民待遇

续表

部门	细分部门		内容描述
商务服务	计算机及相关服务	与计算机硬件安装有关咨询服务；软件执行服务；数据处理服务；数据库服务（网络运营服务和增值电信业务除外）；其他	实行国民待遇
	研究和开发服务	自然科学的研究和开发服务	不得从事人体干细胞、基因诊断与治疗技术的开发和应用。对野生动、植物资源等研究开放也存在限制
		边缘学科的研究和开发服务	限于自然科学跨学科的研究与实验开发服务
	房地产服务	涉及自有或租赁房地产的服务	实行国民待遇；香港服务提供者在香港和内地承接的物业建筑面积，可共同作为评定其在内地申请物业管理企业资质的依据
		基于收费或合同的房地产服务	
	无操作人员的租赁服务	船舶租赁；航空器租赁；个人车辆、货运车辆及其他陆地运输设备的租赁服务；农业机械等设备租赁服务；个人和家用物品等其他租赁服务	实行国民待遇
	其他商务服务	广告服务；管理咨询服务；与管理咨询相关服务；与采矿业有关的服务；人员提供与安排服务；建筑物清洁服务；摄影服务；包装服务；会议服务	实行国民待遇

续表

部门	细分部门		内容描述
商务服务	其他商务服务	市场调研和公共民意测验服务	提供市场调查服务限于合资、合作（广播电视收听、收视调查须由内地方控股）；不得提供公共民意测验服务和非市场调查的市场调研服务；内地实行涉外调查机构资格认定制度和涉外社会调查项目审批制度
		技术测试分析服务	不得为内地籍船舶提供船舶检验服务
		与农业、狩猎和林业有关的服务	农作物新品种选育和种子生产，须由内地方控股；野生动、植物种资源开发限制
		与渔业有关的服务	不得从事内地远洋渔业和内地捕捞业
		与制造业有关的服务	不得提供与禁止外商投资的制造业有关服务
		与能源分配有关的服务	从事输电网、核电站的建设、经营须由内地方控股；广东省外50万人口以上内地城市及广东省100万人口以上城市，从事城市燃气、热力和供排水管网的建设经营须由内地方控股
		调查与保安服务	不得从事调查服务；不得提供经设区的市级以上地方人民政府确定的关系国家安全、涉及国家秘密等治安保卫重点单位的保安服务；不得设立或入股内地提供武装守护押运服务的保安服务公司
		与工程相关的科学和技术咨询服务	不得从事特定行业的勘查、选矿、科学和技术咨询服务、测量和调查等活动
		设备的维修和保养服务	从事海洋工程装备（含模块）的修理须由内地方控股
		其他（光盘复制服务除外）	不得从事印章刻制服务；香港服务提供者可在广东省深圳市、广州市试点设立商业保理企业
通信服务	邮政服务		不得提供邮政服务
	速递服务		不得提供信件的内地境内快递业务、国家机关公文寄递业务

续表

部门	细分部门	内容描述
建筑和相关的工程服务	建筑物的总体建筑工作	实行国民待遇
	安装和组装工作	
	建筑物的装修工作	
	其他	
	民用工程的总体建筑工作	从事综合水利枢纽的总体建筑服务须由内地方控股；不得提供国境、国际河流航道建设工程、设施设备采购、航道及设施设备养护管理服务；不得提供航道维护性疏浚服务
分销服务	佣金代理服务	实行国民待遇
	特许经营服务	
	批发销售服务（图书、报纸、杂志、文物的批发销售服务除外）	不得从事粮食收购以及粮食、棉花、植物油、食糖、农作物种子的批发销售服务；从事大型农产品批发市场的建设、经营须由内地方控股
	零售服务（图书、报纸、杂志、文物的批发销售零售服务除外）	不得提供烟草的零售服务；同一香港服务提供者设立超过30家分店、销售来自多个供应商的不同种类和品牌成品油的连锁加油站，须内地方控股
	其他分销服务（文物拍卖除外）	设立、经营免税商店应符合内地有关规定；申请设立直销企业，应当有3年以上在境外从事直销活动的经验，直销企业及其分支机构不得招募境外人员为直销员，境外人员不得从事直销员业务培训
教育服务	初级教育服务	设立以内地中国公民为主要招生对象的学校及其他教育机构限于合作；不得投资举办义务教育及军事、警察、政治、宗教等特殊领域教育机构
	中等教育服务	
	高等教育服务	
	成人教育服务	不得投资举办军事、警察、政治、宗教等特殊领域教育机构

续表

部门	细分部门	内容描述
教育服务	其他教育服务	不得投资举办军事、警察、政治、宗教等特殊领域教育机构。投资举办自费出国留学中介服务机构限于中国（广东）自由贸易试验区、中国（天津）自由贸易试验区
环境服务	排污服务	实行国民待遇
	固体废物处理服务	
	公共卫生及类似服务	
	废气清理服务	
	降低噪音服务	
	自然和风景保护服务	
	其他环境保护服务	
金融服务	所有保险和与其相关的服务	对香港保险公司进入内地保险市场等活动设置了9条限制性条件
	银行和其他金融服务（不含保险）	对香港银行等金融机构（非保险）在内地市场活动设置了20条限制性要求
	其他	实行国民待遇
与健康相关的服务和社会服务	医院服务	申请设立医疗机构须经省级卫生计生委和省级商务主管部门按国家规定审批和登记
	其他人类健康服务	不得开展基因信息、血液采集、病理数据及其他可能危害公共卫生安全的服务
	社会服务	不得提供灾民社会救助服务
旅游和与旅游相关的服务	饭店和餐饮服务	实行国民待遇
	导游服务	
	其他	
	旅行社和旅游经营者服务	独资设立旅行社试点经营内地居民前往香港及澳门以外目的地（不含台湾）团队出境游业务限于5家
娱乐、文化和体育服务	体育和其他娱乐服务	实行国民待遇

续表

部门	细分部门		内容描述
运输服务	海洋运输服务	客运服务；货运服务；拖驳服务	从事沿海水路运输服务应符合限制性条件；经批准取得水路运输经营许可的企业中，香港服务提供者或其投资股比等事项发生变化，应报原许可机关批准
		船舶和船员的租赁	不得提供沿海水路运输的船舶和船员租赁服务
		船舶维修和保养	实行国民待遇
		海运支持服务	对业务范围和打捞企业资格限定
	内水运输服务	客运服务；货运服务；拖驳服务	从事内水运输服务应符合限制性条件；经批准取得水路运输经营许可的企业中，香港服务提供者或其投资股比等事项发生变化，应当报原许可机关批准
		船舶和船员的租赁	不得提供内水船舶和船员租赁服务
		船舶维修和保养	实行国民待遇
		内水运输的支持服务	对业务范围和打捞企业资格限定
	航空运输服务	客运服务；货运服务	对投资比例、法定代表人资格作出限制性要求
		带乘务员的飞机租赁服务；飞机的维修和保养服务	实行国民待遇
		空运支持服务	对投资资格、期限和经营范围作出限制性要求
	航天运输服务		不得提供航天运输服务
	铁路运输服务	客运服务	设立经营铁路旅客运输公司，须由内地方控股
		货运服务；推车和拖车服务；铁路运输设备的维修和保养服务	实行国民待遇

续表

部门	细分部门		内容描述
运输服务	铁路运输服务	铁路运输的支持服务	从事铁路干线路网的建设、经营须由内地方控股
	公路运输服务	客运服务；货运服务；商用车辆和司机的租赁；公路运输设备的维修和保养服务；公路运输的支持服务	实行国民待遇
	管道运输	燃料传输；其他货物的管道运输	实行国民待遇
	所有运输方式辅助服务	装卸服务；仓储服务	实行国民待遇
		货运代理服务	香港服务提供者可提供的海洋货物运输代理服务范围、持股比例、登记管理提出了限制性要求
		其他	提供外轮理货服务限于合资、合作
	其他运输服务		实行国民待遇
没有包括的其他服务	成员组织服务；其他服务；家政服务；国外组织和机构提供的服务		不得提供工会、少数民族团体、宗教、政治等成员组织服务；不得在内地设立境外组织和机构的代表机构

资料来源：笔者根据中华人民共和国商务部台港澳司官网资料整理，http://tga.mofcom.gov.cn/article/zt_cepanew/fwmyxy/，最后访问时间为2018年2月1日。

在《内地与香港 CEPA 服务贸易协议》《内地与澳门 CEPA 服务贸易协议》的基础上，香港与内地于 2017 年 6 月 28 日签署《CEPA 投资协议》《CEPA 经济技术合作协议》，澳门与内地于 2017 年 12 月 18 日签署《CEPA 投资协议》《CEPA 经济技术合作协议》，协议自签署之日起生效。其中，《CEPA 投资协议》于 2018 年 1 月 1 日起正式实施。《CEPA 投资协议》《CEPA 经济技术合作协议》是 CEPA 升级的重要组成部分，标志着内地与澳门经贸交流与合作迈入新阶段。新协议签署后，CEPA 已扩大范围，成为一项全面的自由贸易协议，在货物和服务贸易之外，更涵盖投资和经济技术合作，有利于进一步促进粤港澳之间的服务贸易和投资。

三、负面清单双边谈判

中国1982年与瑞典签订第一个双边投资协定,至今已有多年历史。根据中国商务部条约法律司2016年12月公布的数据,中国总计与104个国家或地区签订了双边投资协定①(Bilateral Investment Treaty),前期签约国家以发达国家为主,后期以发展中国家为主,体现了我国从吸引外资诉求向对外投资需求的转变过程。随着与更多的发达国家与发展中国家签订协议,中国逐渐接受了更高的标准,也不再有"资本引入"或"资本输出"的偏向性,更加注重对外直接投资促进与吸引外资保护的双向平衡。从国家分布来看,截至2015年,中国已与26个发达国家签订了协定,发达国家中只有美国、爱尔兰等少数国家没有签署;从进展来看,除了104个已签署的协定,正在推进的包括中美、中欧等主要的BIT谈判,而由于中欧BIT谈判在一定程度上是以中美BIT谈判为借鉴基础的,因此中美BIT谈判具有十分重要的意义,将会产生明显的示范效应以及复制推广价值。但遗憾的是,2008年6月,中美正式启动双边投资协定(BIT)谈判,十多年以来先后经历了多个阶段,共计多轮谈判,距离达成协定仍有层层阻碍。从行业管制的维度来分析,金融、医疗、教育及文化等服务业是开放重点。现在管制越严,未来放开的动能将会越大,根据外商投资产业指导目录的限制情况对各行业进行评估来看,金融、通信、医疗、教育、文化等服务业目前限制较大,未来将是美方要求中国服务业开放的重点。

第五节 中国服务业对外开放的模式选择

一、小结

本章首先基于世界贸易组织数据库GATS及PTA承诺开放度指数、经济合作与发展组织数据库服务贸易限制度指数(STRI)以及中国服务业进口依存度与外商直接投资依存度等不同的评价指标体系,对中国服务业承诺开放度和实际开

---

① 资料来源:中国商务部条约法律司官网,http://tfs.mofcom.gov.cn/article/Nocategory/201111/20111107819474.shtml,最后访问日期为2018年2月1日。

放度的现状进行了全方位的评估，分析中国服务业对外开放程度及其在国际上的相对位置。结果发现：从整体来看，中国服务业对外开放取得了长足的进步，其开放水平要略高于发展中国家，但与发达国家相比仍有一定的追赶空间。从对外开放模式来看，中国服务业在模式三（商业存在）下的开放水平要低于模式一（跨境存在）下的开放水平，即中国在服务业跨境提供方面的开放度相对更高，而在商业存在方面的开放度相对更低。从行业来看，中国在文化教育、通信、电影等服务行业的开放程度仍然偏低。

在此基础上，本章还对美国、韩国、澳大利亚等发达国家，以及印度、印度尼西亚和菲律宾等发展中国家的准入前国民待遇和负面清单的外资管理模式进行了比较分析。结果表明，在国际投资规则发展的新趋势下，以美国为首的发达国家服务业负面清单更加精简和细致清晰，而发展中国家的服务业负面清单仍然较长，并且限制措施较多，表述过于模糊不清晰，这有可能会给我国未来的谈判带来较大的压力。同时，还应注意到，一方面，即便发达国家的服务业负面清单，如美国 BIT 总体偏向支持开放和自由化，但在具体操作中，美国对其弱势产业也进行了保护，并且美国的安全审查可阻止特定的外资并购交易。因此，可以说发达国家的服务业开放并不是无限的，属于一种有条件的开放。另一方面，印度尼西亚等新兴国家或经济体正在不断地通过修订新版的负面清单来谋求吸引更多的优质外资，并取得了非常显著的效果，这无疑会在国际市场上对中国服务业带来巨大的竞争压力。

最后，本章还对中国服务业对外开放实践进行了探讨。通过分析《外商投资产业指导目录（2017 年修订）》《中国自由贸易试验区外商投资准入特别管理措施（负面清单）》，对中国服务业负面清单国内实践进行了回顾。在此基础上，对服务业负面清单境内关外特殊实践——CEPA 以及我国负面清单双边谈判进行了梳理，结果发现：中国服务业负面清单国内实践取得了一定的进步，但是，对标国际高标准的准入前国民待遇和负面清单，中国现行服务业负面清单在市场准入方面未有根本性突破，禁止领域和事项仍然过多，有些内容表述含糊，缺乏透明度等，不仅"真空"地带多，还面临"解释不足"的问题。可见，推动我国服务业对外开放仍有很长的一段路要走。

二、政策含义

（一）以服务业制度改革提升规则制度的先进性，提升服务业开放度和开放水平

对比发达国家服务业准入负面清单，我国服务业对外开放特别是商业存在模式还存在很大的提升空间。在经济全球化的环境下，应以改革促开放，对接国际通行规则及做法，与中国国情相结合，通过实践不断验证，促使我国从传统的、内生型服务业规则体系，向国际通行服务业规则体系的转变，率先实行高标准的、开放、透明、可预期的规则制度，进一步规范服务业外资机构准入，从而产生更强的示范效应和溢出效应，努力成为国际服务业新规则制定和实践的参与者、引领者。

（二）循序渐进地推动中国服务业负面清单的外资管理模式

负面清单并非是一次性开放，不能一蹴而就，而是会有很多可选的方案，在性质、模式和职能方面各不相同，适用的目标也不同。进行负面清单管理，需要考虑到中国自身是否有相匹配的国际经贸治理能力以及产业政策，避免导致承担国际法上的不利后果。对于中国来说，实施负面清单的主要问题是服务业部门发展的底子还较为薄弱。在这种条件下，让处于发展中的我国确定是否将一个很弱的服务部门或尚未出现的服务部门列入负面清单是很困难的。目前还没有国家能够对服务业开放的影响做全面的量化分析，像日本、韩国这样的国家都是到2002年才在其投资协定中首次采用基于负面清单的准入前国民待遇条款。因此，中国应根据各自经济发展水平与承受能力，对具体产业及部门的投资自由化进程作出务实有序的安排。为此，应充分发挥自贸试验区、自由港压力测试作用，深入开展服务业负面清单管理。对标国际上服务投资贸易的最高标准和规则，在自贸区、自贸港进行试点，先试先行，探索更为成熟的、稳健的"服务业外资准入负面清单管理"，在条件允许的情况下再进行推广应用。

（三）构建联动的、可控的服务业风险监管政策和机制体系

为此，一方面，跨部门、跨领域系统集成，提高服务业开放运行效率。运用大数据、"互联网+"、信息平台等，将服务业领域的信用体系建设、监管平台建设等，与社会信用体系、产业预警体系、公共信用信息服务平台、企业年度报告公示平台、国际贸易"单一窗口"、事中事后综合监管平台等，更好地结合起来。加强政府监管部门之间信息共享，社会信息共享，提高信息透明度、可视化和工作效率，建立公开、公平、公正的市场环境。另一方面，构建审慎监管体系和采用新的技术工具，防范开放中的外来风险，确保国家产业安全。例如，面对金融业开放，构建互联网金融、电子支付、后台支持服务系统、金融业跨境服务等监管机制。服务业扩大开放通常还伴随着产业融合、混业经营和新兴业态。为此，通过中国自贸区、自由港等进行压力测试和探索制度创新，确定新兴服务业态的监管规则以及开放政策。落实敏感行业国家安全审查制度，确保我国服务业运行安全。

第四章

我国服务业进一步扩大开放的"引进来"路径研究

第一节 引 言

在世界服务业逐渐开放的背景下,服务业全球化的趋势日益明显,流入服务业的外商直接投资随之快速增加。近年来,在国家全面开放贸易新格局的政策推动下,我国服务业利用外资扩大开放的程度不断提升。根据国家统计局公布的数据,2011年服务业实际利用外资达552.43亿美元,占全国实际利用外资总量的47.6%,首次超过了制造业的44.9%。2013年服务业实际使用外资614.51亿美元,在全国总量中的比重为52.3%,服务业实际利用外资占比首次过半。2017年服务业实际使用外资1328.29亿美元,占外资总量的78.2%,全年利用外资规模创历史新高。中共十九大报告和2017年中央经济工作会议分别指出"扩大服务业对外开放""大力发展服务贸易",可以看出,服务贸易仍是我国拓展对外贸易进程的中坚力量。由此,在国家构建开放型经济新体制的总体部署下,探究我国服务业进一步扩大开放的"引进来"路径具有重要的现实意义。

随着服务业贸易开放程度的逐渐加大,服务业FDI在一国经济发展中扮演的角色越来越凸显,成为国家改善服务贸易流量、服务贸易方式、经济发展水平的关键路径。基于这一现实背景,部分学者探究了服务贸易FDI对服务贸易流量的影响。关于服务业 FDI 的贸易效应，蒙代尔（Mundell，1957）和小岛清（1987）作出了比较经典的解释，认为服务业 FDI 的贸易效应主要包括替代效应和互补效应两种形式，前者强调服务业 FDI 改变了东道国原有的比较优势，对东道国服务业的发展产生了替代效应，后者则强调服务业 FDI 扩大了东道国原有的比较优势，对东道国服务业的发展产生了互补效应。凯夫斯（Caves，1996）则将服务业 FDI 对东道国的贸易效应分为直接效应和间接效应两种类型，其中直接效应是指进入东道国的服务业 FDI 直接带动了东道国的外商直接投资，间接效应则是指服务业 FDI 流入通过对东道国企业产生影响间接促进了东道国服务业的外商直接投资。与此同时，学术界关于服务业 FDI 的贸易效应究竟是替代效应占主导还是互补效应起决定作用展开了广泛的讨论，但目前仍未达成一致。布雷纳德（Brainard，1997）认为随着全球要素流入发展中国家，东道国产品市场、要素禀赋及生产效率逐步提高，不发达国家与全球市场的要素禀赋越来越接近，这时跨国公司的生产和东道国会变得更加趋同，最终对东道国服务贸易产生替代作用。埃尔普曼和梅利茨（Helpman and Melitz，2004）利用 38 个国家 52 个产业的数据分析了服务业 FDI 与东道国出口之间的关系，发现两者之间呈现出明显的替代关系。然而，赫夫鲍尔（Hufbauer，1975）以美国作为研究对象，探究了服务业外商直接投资与出口总量之间的关系，研究发现外商直接投资促进了东道国出口总量的增加。林等（Lim et al.，2001）利用韩国企业层面的数据也证实了服务业外商直接投资对东道国有积极的促进作用，且这种效应在欠发达的东道国比发达东道国更强。国内学者也对服务业 FDI 的贸易效应进行了研究。蔡锐和刘泉（2004）利用中国 1990~1999 年的服务贸易数据考察了中国服务业 FDI 的贸易效应，发现发达国家的外商直接投资对中国进口作用效果更加明显，而发展中国家的外商直接投资对中国的出口作用更加明显。姚旦杰（2008）从理论和实证两方面研究了服务业 FDI 对我国贸易模式演进的影响效应，研究中将贸易模式划分为贸易总量、贸易结构及贸易条件三种类型，发现服务业 FDI 通过技术溢出效应、人力资本效应和增加高附加值产品出口效应等几个路径影响我国服务贸易方式的演进。

其他学者针对服务业 FDI 的经济作用效果开展了大量学术研究，多数研究认为服务业 FDI 对经济绩效产生了积极的影响效应（Eschenba and Hoekman，2006）。部分学者考察了服务业 FDI 对宏观经济因素的作用效果，认为服务业 FDI 是促进本国经济发展、产业结构升级及就业增长的重要因素。霍奇和诺达斯（Hodge and Nordas，2001）指出，服务业开放对经济发展具有促进作用，且这一作用效果取决于基础设施的质量和服务业的竞争程度。周申、廖伟兵（2006）对服务贸易的就业效应进行了实证检验，发现服务贸易的就业效应大于工业贸易，通过发展服务贸易促进就业比工业贸易更为有效。刘志中（2009）的分析表明，服务业的国际转移对东道国具有资本积累、技术溢出、产业结构升级和改善就业效应，对母国具有促进经济增长、促进贸易和改善就业效应，并且在全球范围内推动了服务市场的整合和企业重组，促进了产业分工及贸易和投资的发展。申明浩和杨永聪（2012）也强调，金融服务市场的开放和发展是中国产业结构进行调整和转型升级的重要推动力。其他学者则探究了服务业 FDI 的微观经济作用效果，强调服务业 FDI 对企业创新能力、技术提升、企业出口具有正向的促进作用。艾伦（Alan，1997）利用纽约州制造业企业的数据考察了承接服务业国际转移中的生产性服务业对制造业企业创新绩效的影响，发现生产性服务业的国际转移有助于地区制造业企业创新能力的提升。喻美辞（2008）通过构建三部门开放经济增长模型，研究了国际服务外包的技术外溢对承接国技术进步的影响，发现在开放经济条件下，国际服务外包产生的技术外溢对承接国的技术进步具有正向的促进作用，且技术外溢效应的大小受承接国的贸易开放程度、人力资本存量水平和国内外技术差距等因素的影响。王恕立、胡宗彪（2010）也认为，服务业 FDI 是影响东道国服务贸易出口的重要因素之一，会通过示范效应、竞争效应、关联效应以及扩散效应等产生技术外溢，为东道国带来技术、管理、人力、服务、营销等方面的提升，从而促进东道国服务贸易的出口。

综合上述理论和实践背景，可以看出在服务贸易领域扩大开放是影响我国服务贸易流量、服务贸易方式转变及经济发展的重要因素，进一步揭示出服务业进一步扩大开放的"引进来"路径，具有重要的理论意义和实践意义。鉴于此，本书以中国服务业为研究对象，首先通过对中国服务业"引进来"原始数据进行描述性统计，从中国服务业"引进来"的总体情况、中国服务业"引进来"的结构特征、中国服务业"引进来"的区域分布、中国服务业"引进来"的来源国分布、中国服务业"引进来"的投资模式统计及中国服务业"引进来"的贸易壁垒六个方面，分析我国服务业"引进来"的现状；其次基于中国服务业实际利用外资及宏观经济指标数据，利用变量 VAR 参数模型估计和脉冲响应函数分析，考察我国服务业"引进来"对经济增长、产业结构及就业增长三个宏观经济指标的影响效应及这一影响效应在不同行业间的异质性表现，准确地评估我国服务业"引进来"的宏观经济效益及异质性行业间经济绩效存在的差异；再次通过回顾和梳理我国服务业"引进来"的总体状况、行业特征、区域分布、来源国分布、投资模式统计、贸易壁垒及经济绩效，归纳我国服务业利用外资进程中存在的八大类问题或风险；最后在分析我国服务业"引进来"的现状、测度我国服务业"引进来"的经济绩效及提炼我国服务业"引进来"的问题或风险的基础上，总结我国服务业进一步开放的八大类路径选择。本章的研究内容和结论为政府部门有效引导我国服务业高品质、高效率地利用外资，服务部门调整"引进来"产业结构、提升国际竞争力及国家宏观经济发展提供了重要启示。

第二节 我国服务业"引进来"的现状分析

自20世纪90年代以来,我国服务业"引进来"进入了新的发展阶段,表现为服务业利用外资的领域日益扩大、利用外资的重点由注重数量转变为注重质量、外商投资的产业结构逐渐合理等特征。本节主要对我国服务业"引进来"的现状进行分析,考察我国服务业"引进来"的总体情况、我国服务业"引进来"的结构特征、我国服务业"引进来"的区域分布、我国服务业"引进来"的来源国分布、我国服务业"引进来"的投资模式统计及我国服务业"引进来"的贸易壁垒六个方面的内容,为全面掌握我国服务业"引进来"的发展情况提供素材支撑,也为开展进一步的实证检验提供现实依据。

一、我国服务业"引进来"的总体情况分析

在分析我国服务业"引进来"的总体情况时,本节主要从我国服务业实际利用外资数额、外资企业数及外资企业注册资本三个方面展开,以全面、系统地解读我国服务业在各个时间阶段"引进来"的总体情况和发展趋势。其中,本部分的原始数据源于历年国家统计局发布的《中国统计年鉴》,通过对原始数据进行描述性统计,可以回顾、总结出我国服务业"引进来"演化的总体特征,识别、归纳出我国服务业"引进来"的问题或风险,为绘制我国服务业进一步扩大开放的路径选择提供参考和依据。

(一) 实际利用外资数额

为了把握我国服务业"引进来"的总体情况,首先对服务业实际利用外资数额进行系统分析。由图4-1我国服务业实际利用外资的曲线可以看出,1997~2015年,我国服务业实际利用外资总额从104.83亿美元上升到811.38亿美元,总体增长幅度高达673.97%,平均每年的增长幅度达到13.15%。具体来看,除了1999年、2000年及2012年之外,我国服务业实际利用外资额度均在逐年增加,尤其是2007年,年度增长幅度高达55.58%。由此可见,近年来,随着我国经济的快速增长,服务业实际利用外资的数量和速度均呈现出了明显的扩张趋势。

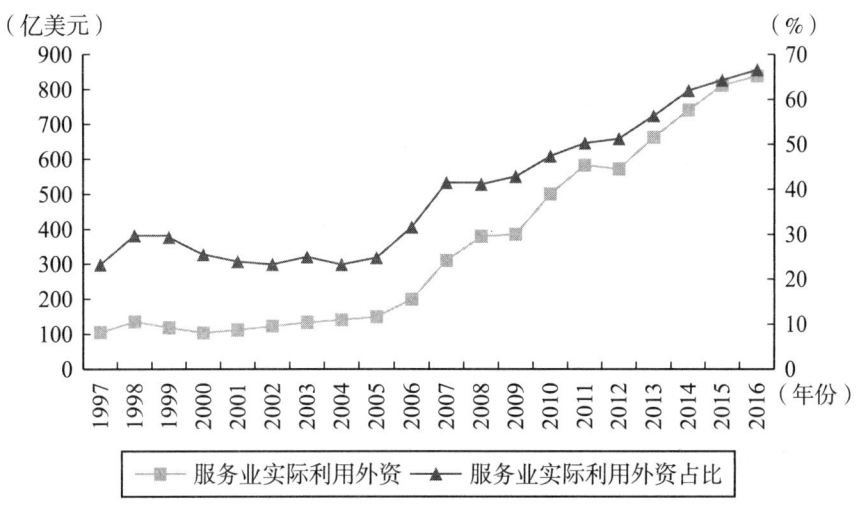

由图 4-1 我国服务业实际利用外资占比的曲线可以看出，1997~2015 年，我国服务业在实际利用外资总额中的占比从 23.16% 提高为 64.26%，总体增长幅度高达 177.41%，平均每年的增长幅度达到 6.47%。具体来看，1999~2002 年，我国服务业实际利用外资占比出现了连续多年下降的趋势，2004 年及 2008 年也出现了暂时性的下降态势，其他年份则呈现出逐年上升的趋势，尤其是 2007 年，年度增长幅度高达 31.13%。因而，近年来，我国服务业实际利用外资的额度在全部产业中的占比表现为整体上升的趋势，服务业逐渐成为我国引用外资的主导产业。

图 4-1 我国服务业实际利用外资数额

（二）外资企业数

服务业外资企业数也可以反映出我国服务业"引进来"的总体情况，本部分将对我国服务业外资企业数及服务业外资企业占比进行分析。由图 4-2 我国服务业外资企业数的曲线可以看出，1997~2015 年，我国服务业外资企业数从 51 079 家上升为 305 378 家，总体增长幅度高达 497.85%，平均每年的增长幅度达到 8.66%。具体来看，除了 1999 年及 2000 年之外，我国服务业外资企业数均在逐年增加，尤其是 2008 年，年度增长幅度高达 159.14%。由此可见，近年来，我国服务业外资企业的总数量和增长速度均呈现出了明显的上升趋势。

由图 4-2 我国服务业外资企业占比的曲线可以看出，1997~2015 年，我国服务业外资企业数占总外资企业数的比例从 21.67% 提高为 63.46%，总体增长幅度高达 192.83%，平均每年的增长幅度达到 7.88%。具体来看，除 2000 年之外，我国服务业外资企业数占比呈现出逐年上升的趋势，尤其是 2008 年，年度增长幅度高达 70.54%。由此可见,近年来,我国服务业外资企业数占总外资企业数的比例整体上表现为上升的趋势,这也说明服务业是我国吸引国际投资的主要产业领域。

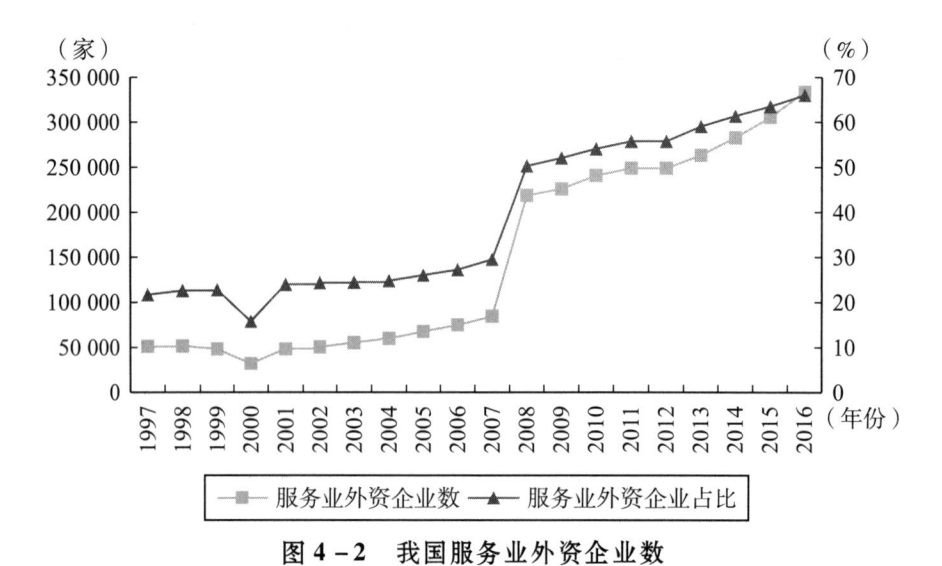

图 4-2 我国服务业外资企业数

(三) 外资企业注册资本

服务业外资企业注册资本可以反映出我国服务业"引进来"的强度水平,本部分将对我国服务业外资企业注册资本及服务业外方注册资本占比进行描述性分析。由图 4-3 我国服务业外方注册资本的曲线可以看出,1997~2015 年,我国服务业外方注册资本从 976.79 亿美元上升为 11 469 亿美元,总体增长幅度高达 1 074.15%,平均每年的增长幅度达到 15.53%。具体来看,除 2000 年外,我国服务业外方注册资本均在逐年增加,尤其是 2007 年,年度增长幅度高达 46.01%。由此可见,近年来,我国服务业外方注册资本的额度和增长速度均呈现出明显的上升趋势。

由图 4-3 我国服务业外方注册资本占比的曲线可以看出,1997~2015 年,我国服务业外方注册资本占服务业总注册资本的比例从 68.32% 提高为 78.63%,总体增长幅度高达 192.83%,平均每年的增长幅度达到 15.10%。具体来看,2008 年之前,我国服务业外方注册资本占比总体呈现出逐年上升的趋势,2008 年之后,这一占比开始呈现出逐年下降的态势。因而,近年来,我国服务业注册资本结构中,引进外商投资的资本份额有所下降,这也说明了外商在我国服务业领域的参与度在降低。

图 4-3 我国服务业外资企业注册资本

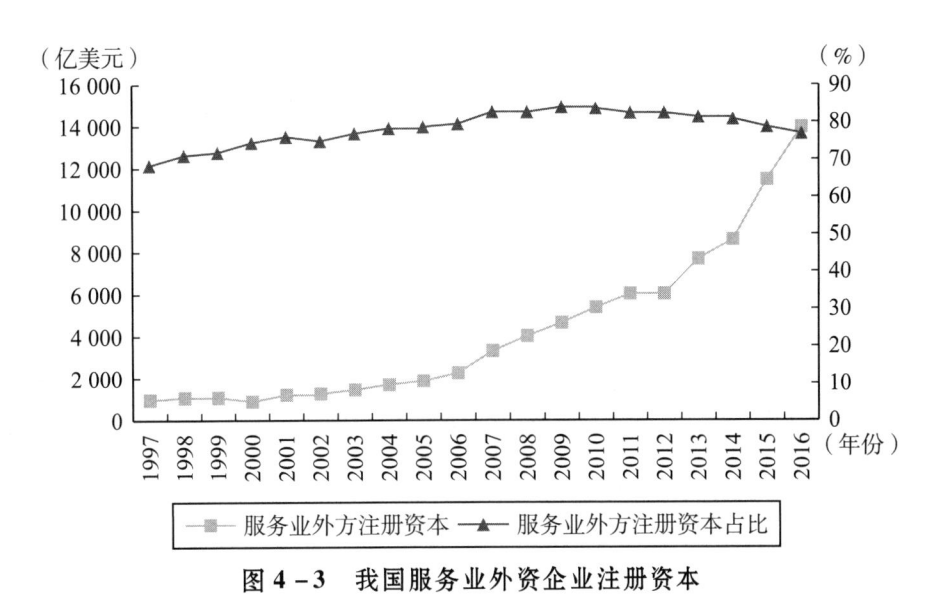

二、我国服务业"引进来"的结构分析

我国服务业领域主要包括如下行业部门：交通运输、仓储和邮政业，批发和零售业，金融业，租赁和商务服务业，水利、环境和公共设施管理业，信息传输、计算机服务和软件业，住宿和餐饮业，房地产业，科学研究、技术服务和地质勘查业，居民服务和其他服务业。由于不同行业部门的贸易政策、开放程度及发展水平存在显著不同，所以有必要从行业维度和时间维度对比分析不同行业在不同时期"引进来"的现状，从而深入了解我国服务业"引进来"的产业结构特征。

（一）各行业实际利用外资数额

虽然我国服务业实际利用外资数额在近年来维持了持续上升的趋势，但这一数值在各个行业间存在着显著差异。图 4-4 呈现了 2004～2016 年我国服务业分行业的实际利用外资数额占比情况，可以看出排名前三位的行业分别是房地产业、租赁和商务服务业及批发和零售业。其中，房地产业实际利用外资占比在各个年份均保持着领先的位置，2007 年外资占比高达 0.55。此外，除 2005 年、2015 年及 2016 年外，其他各个年份外资占比均高于 0.40 的水平。租赁和商务服务业及批发和零售业在观察期间的外资占比维持在 0.10～0.20 的水平，且未出现明显的增长趋势。其他服务业行业的外资占比均在 0.10 的水平之下，且在各个年份下数值变化不大，这说明我国服务业领域"引进来"还主要是以房地产服务业为主导，其他服务领域发展明显滞后。

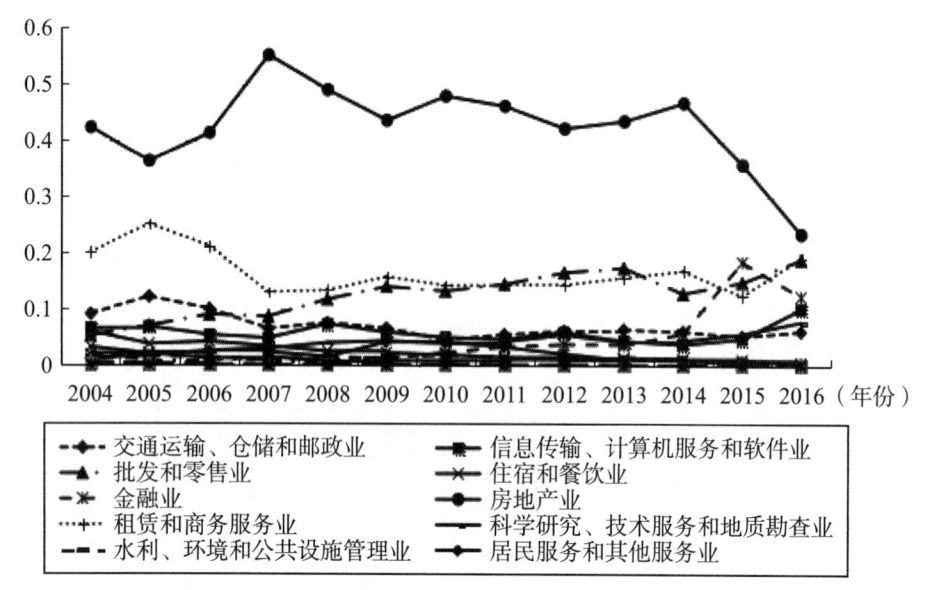

图 4-4 我国服务业分行业实际利用外资数额占比

（二）各行业外资企业数

通过分析各个行业的外资企业数也可以发现我国服务业"引进来"的行业结构差异。图 4-5 呈现了 2004~2016 年我国服务业分行业的外资企业数占比情况，可以看出排名前四位的行业分别是批发和零售业，信息传输、计算机服务和软件业、租赁和商务服务业及房地产业。其中，批发和零售业外资企业数占比在大多年份均保持着领先的位置，处于 0.15~0.40 的水平，且在观察区间呈现出明显增长的趋势。此外，信息传输、计算机服务和软件业外资企业数占比处在 0.10~0.30 的水平上，2004~2007 年处于 0.10 左右的低水平范围内，2008 年急速增长到 0.29 的水平，但 2009~2016 年又开始逐渐下降。租赁和商务服务业的外资企业数占比处在 0.1~0.2 的水平上，除 2008 年有所下降外，其他年份均呈现出上升趋势。房地产业的外资企业数占比在观察区间呈现出急速的下降趋势，从 2004 年的 0.21 水平降低到 2016 年的 0.05 水平。其他年份的外资企业占比均在 0.10 的水平之下，且各个年份变动幅度不大。

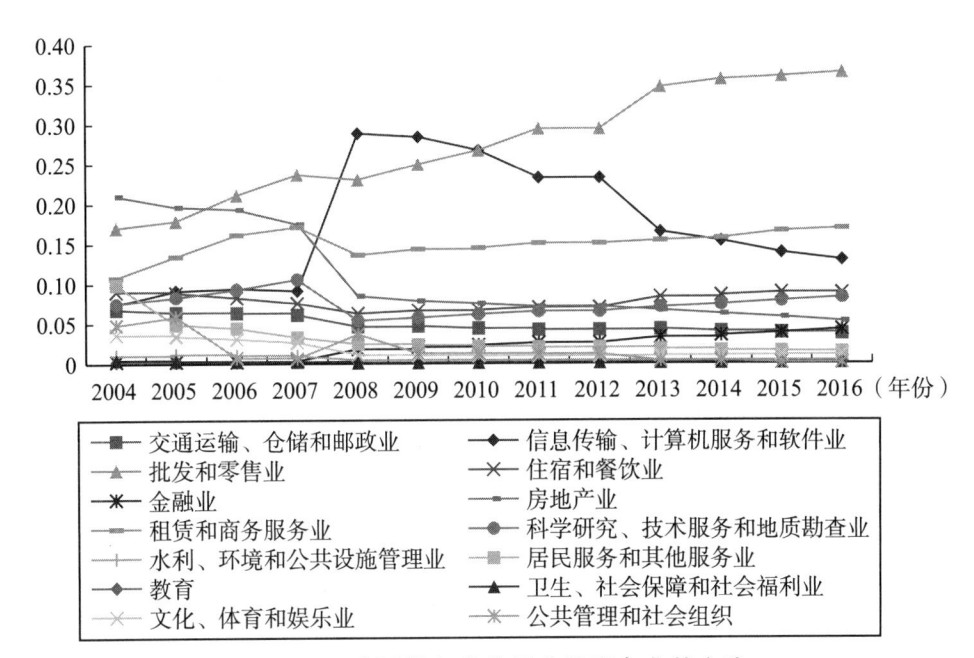

图 4-5　我国服务业分行业外资企业数占比

(三) 各行业外资企业注册资本

分行业外资企业注册资本的分析可以刻画出我国服务业各行业"引进来"的强度差异。图 4-6 呈现了 2004~2016 年我国服务业分行业外资企业注册资本的情况，可以看出各个行业外资企业注册资本占总注册资本的比例均在 0.50 的水平之上，但每年的总体变动幅度不大，排名前三位的行业分别是信息传输、计算机服务和软件业、租赁和商务服务业及批发和零售业。其中，信息传输、计算机服务和软件业外资企业注册资本占比在各个年份均维持着领先的水平，处于 0.80~0.10 的水平上，但总体变动幅度较小。租赁和商务服务业外资企业注册资本占比处在 0.70~0.90 的水平上，而各个年份也仅有略微的小波动。批发和零售业外资企业注册资本占比则处在 0.70~0.90 的水平上，但各个年份无明显的变化。其他服务领域的外资企业注册资本占比也维持在较高的水平，而在研究区间内变化幅度较小，这表明外商直接投资的初始资本强度较大，但整体变化不大。

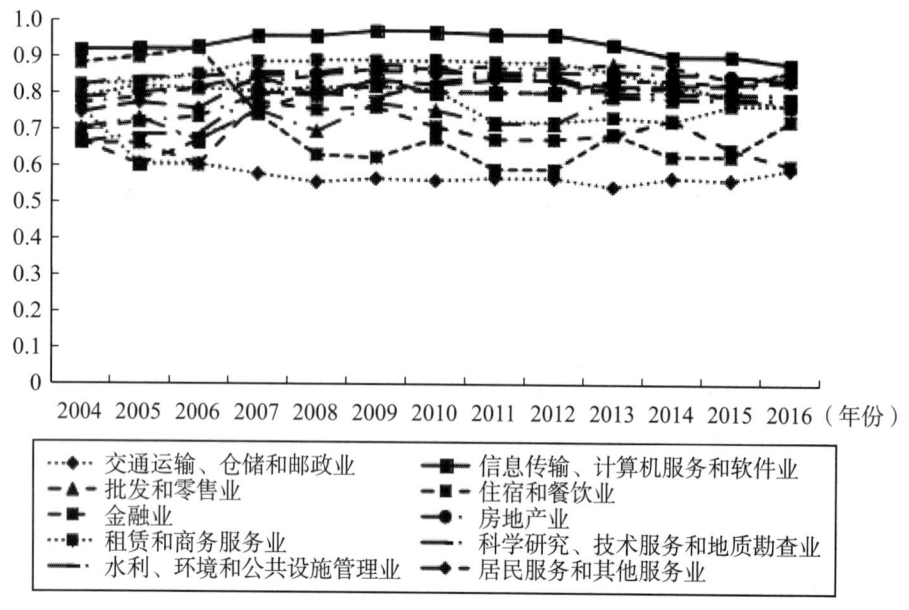

图 4-6 我国服务业分行业外资企业注册资本占比

三、我国服务业"引进来"的区域分布

本部分将中国 31 个省、自治区及直辖市（港澳台除外）划分为东部、中部和西部三个区域。其中，东部地区包括北京市、天津市、河北省、辽宁省、上海市、江苏省、浙江省、福建省、山东省、广东省、海南省；中部地区包括山西省、吉林省、黑龙江省、安徽省、江西省、河南省、湖北省、湖南省；西部地区包括重庆市、四川省、贵州省、西藏民族自治区、甘肃省、青海省、宁夏回族自治区、新疆维吾尔自治区、陕西省、内蒙古自治区、广西壮族自治区、云南省。进一步地，利用中国商务部发布的外资统计数据，从空间和时间两个维度刻画我国服务业"引进来"的区域分布特征。

由表 4-1 可以看出，2011~2016 年，除 2012 年外，无论是从全国层面来看还是从区域层面分析，我国服务业引进外资项目及实际利用外资金额均呈现出逐年上升的趋势，这表明近年来我国各区域服务业"引进来"均有了明显的发展。通过对比东部、中部及西部三个区域的引进外资项目和实际利用外资的金额，发现中国服务业吸收外资过度集中于东部地区，且东部地区服务业"引进来"占比表现出逐年上升的趋势，在 2016 年这一比例高达 93.1% 和 90.9%。然而，中西部地区尤其是中部地区服务业吸收外资明显不足，且服务业"引进来"占比整体呈现出下降的趋势,这说明中西部地区服务业的国际化水平相对较低。

表 4-1　　　　　　　中国服务业利用外资的区域分布

区域	指标	2011 年	2012 年	2013 年	2014 年	2015 年	2016 年
全国	项目（个）	15 216	14 621	15 085	17 408	20 980	22 724
	实际金额（亿元）	582.5	571.9	662.2	740.9	811.3	838.9
东部	项目（个）	13 756	13 311	13 606	15 841	19 459	21 162
	项目占比（%）	90.4	91.0	90.2	91.0	92.8	93.1
	实际金额（亿元）	486.3	477.7	557.1	629.2	706.4	762.6
	金额占比（%）	83.5	83.5	84.1	84.9	87.1	90.9
中部	项目（个）	731	664	762	816	708	727
	项目占比（%）	4.8	4.5	5.1	4.7	3.4	3.2
	实际金额（亿元）	23.7	33.4	39.0	42.5	42.9	25.7
	金额占比（%）	4.1	5.8	5.9	5.7	5.3	3.1
西部	项目（个）	729	646	717	751	813	835
	项目占比（%）	4.8	4.4	4.8	4.3	3.9	3.7
	实际金额（亿元）	72.5	60.8	66.1	69.2	62.0	50.6
	金额占比（%）	12.4	10.6	10.0	9.3	7.6	6.0

资料来源:2016 年中国商务部外资统计数据。

四、我国服务业"引进来"的来源国（地区）分布

全球服务业"引进来"的发展进程大致经历了三个发展阶段:第一阶段主要是少数发达国家之间相互投资;第二阶段主要是多数发达国家主导外商直接投资流入,少数发展中国家和转型期经济体开始参与;第三阶段则出现了多数发展中国家和转型期经济体在外商直接投资流入中呈现出赶超发达经济体的现象。作为全球重要的发展中国家,中国的外商直接投资引入在近年来有了突飞猛进的发展。根据联合国贸易发展组织发布的数据,2016 年全球吸引外资前 10 位国家或地区（美国、英国、中国、中国香港、荷兰、新加坡、巴西、澳大利亚、印度、俄罗斯）的排名中,中国仅次于美国和英国,排名第三位,占全球外资总流量的 7.66%。与此同时,我国服务业引用外资的来源国也逐渐增多。

从我国服务业外资的来源国分布情况来看,流入我国的外商直接投资主要源

于亚洲地区，其中中国香港一直是我国服务外资流入的最主要来源地。根据中国商务部 2015 年发布的《中国商务部外资统计》数据，可以看出我国服务业"引进来"的来源国（地区）排名前 5 位分别是中国香港、新加坡、英属维尔京群岛、美国及日本。相应地，我国外商投资企业数和实际利用外资额度中，中国香港均排名第一，其中外商投资企业占所有来源国的 49.33%，实际利用外资额度占所有来源国的 77.15%。排名第二的外资来源国是新加坡，但外商投资企业占所有来源国的比例仅为 3.00%，实际利用外资额度占所有来源国的比例仅为 6.36%。由此可见，我国服务业引用外资主要集中在中国香港，而其他地区所占比例均较低（见表 4-2）。

表 4-2　2015 年中国服务业外商投资前五位来源国（地区）分布

国别（地区）	企业数（个）	比重（%）	实际使用外资（万美元）	比重（%）
总计	21 561	100	8 537 526	100
中国香港	10 636	49.33	6 586 701	77.15
新加坡	647	3.00	542 995	6.36
英属维尔京群岛	307	1.42	499 943	5.86
美国	1 038	4.81	125 397	1.47
日本	502	2.33	103 074	1.21
其他国家合计	8 433	39.11	678 733	7.95

资料来源：2015 年中国商务部外资统计数据。

五、我国服务业"引进来"的投资模式统计

服务业利用外资的投资模式关系到服务产业对国外资金、资源、技术和管理经验的吸收能力和利用能力，进而决定了服务业"引进来"的质量和效益。现阶段，我国服务业引入外资的投资模式主要包括中外合资模式、中外合作模式、新建外资企业模式及外商投资股份制四种模式。其中，中外合资模式主要是为了扩大国际经济合作和技术交流，允许外国公司、企业和其他经济组织或个人与中国的公司、企业或其他经济组织共同设立合营企业的模式；中外合作模式则主要是为了实现资源共享及优势互补，中外双方以确立和完成一个项目而签订契约进行合作生产经营企业的模式；新建外资企业模式是外方为了开展母公司的全球战略，而独立自由在中国境内新建企业的模式；外商投资股份制则是为了在全球范围内融通资金，以外方作为股东按认购股票的价格出资的投资模式。

由于近年来我国服务业引入外资在全部产业引入外资中占了较高的比例,所以我国服务业"引进来"的投资模式与我国"引进来"的投资模式基本一致。中国商务部 2016 年发布的《中国商务部外资统计》数据显示,中国外商投资模式主要以新建外资企业模式和中外合资模式为主,尤其集中在外资企业模式。具体来看,新建外资企业模式是我国引入外资最重要的方式,新建外资企业数占全部外商投资模式的 75.33%,实际使用外资额度占全部外商投资模式的 64.41%。中外合资模式则是另一种较常用的外商投资模式,中外合资企业数占全部外商投资模式的 23.87%,实际使用外资额度占全部外商投资模式的 22.59%。中外合作模式和外商投资股份制也是我国吸引外资流入的主要方式,但总体占比较低。由此可见,我国服务业"引进来"模式主要集中在新建外资企业模式和中外合资模式两种模式上,总体来看服务引入外资模式较单一(见表 4-3)。

表 4-3　　　　　　　　2016 年中国外商投资模式统计

项目	企业数(个)	比重(%)	实际使用外资(亿美元)	比重(%)
总计	27 908	100	1 337.11	100
中外合资企业	6 662	23.87	302.04	22.59
中外合作企业	126	0.45	8.30	0.62
新建外资企业	21 024	75.33	861.26	64.41
外商投资股份制企业	86	0.31	88.42	6.61
其他	10	0.04	77.10	5.77

资料来源:2016 年中国商务部外资统计数据。

六、我国服务业"引进来"的贸易壁垒分析

服务贸易过程中会出现一国为了保护本国服务业的发展,而采取国家干预的手段限制外国服务业在本国发展的情况,即服务贸易壁垒。为了描述不同国家或地区保护性的贸易政策措施情况,本部分将对世界银行发布的 103 个国家服务贸易限制指数数据(STRI)进行统计分析。具体地,从国家层面和行业层面分别描述世界不同国家或地区服务业"引进来"的贸易壁垒,通过对比分析可以全面地掌握世界范围内的服务贸易开放情况及我国服务业开放的政策环境与其他国家的差异。

(一) 国家层面服务业 "引进来" 贸易壁垒

通过观察国家层面服务贸易限制指数的分布情况，可以总结出世界范围内服务贸易壁垒的总体特征，对比出我国服务贸易壁垒与其他国家的政策环境差异。图 4-7 显示了世界不同地区或国家的 STRI 指数分布情况。其中，东亚和太平洋国家 (EAP)、欧洲和中亚国家 (ECA)、拉美和加勒比国家 (LAC)、中东和北非国家 (MENA)、南亚国家 (SAS)、撒哈拉以南非洲国家 (SSA)、高收入 OECD 国家 (OECD)、EU20 国家 (EU20) 及中国 (China) 9 个国家的 STRI 指数分别为 39.14、18.84、21.80、41.96、43.86、32.02、19.12、43.92、26.10 及 36.60，则平均 STRI 指数较低的地区是欧洲和中亚国家、高收入 OECD 国家，平均 STRI 指数较高的地区是南亚国家、中东和北非国家，而我国的 STRI 指数排名第五位，在全部地区或国家中处于中等开放水平，这说明我国服务贸易开放程度虽然在现阶段有了较大的提升，但与发达经济体国家或区域及南非等发展中经济体国家或地区存在一定差距，仍有进一步扩大开放的空间。

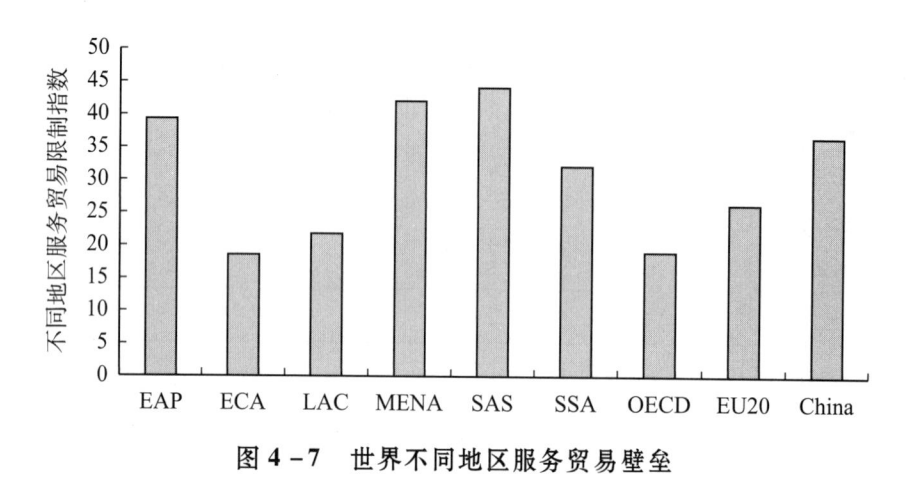

图 4-7 世界不同地区服务贸易壁垒

(二) 行业层面服务业 "引进来" 贸易壁垒

通过观察行业层面的服务贸易限制指数分布情况，可以总结出世界范围内服务贸易壁垒的行业分布特征。世界银行发布的服务贸易限制指数数据库统计了各个国家或地区在金融服务业、电信服务业、运输服务业、零售服务业及专业服务业五大行业的服务贸易壁垒情况。由此，本部分将采用上述数据库涵盖的行业层面数据开展各个地区或国家分行业的服务贸易壁垒现状分析，可以详细地归纳出各个地区或国家在五大行业的开放程度差异。

1. 金融服务业

金融服务贸易壁垒反映了国家与国家或者地区与地区之间金融活动的交易限制，如国家在银行服务业和保险服务业设置的保护性政策条款。图 4-8 显示了世界不同地区或国家金融服务业的 STRI 指数，从中可以看出南亚国家的金融服务业贸易壁垒最高，EU20 国家的金融服务业贸易壁垒最低。此外，金融服务业贸易壁垒较高的国家主要集中在发展中经济体国家，还包括了中东和北非国家、中国、东亚和太平洋国家，其中中国在所有 9 个国家或者地区的金融服务贸易限制指数中排名第三位，而金融服务业贸易壁垒较高的国家主要集中在发达经济体国家，还包括了高收入 OECD 国家、欧洲和中亚国家、拉美和加勒比国家，这些国家或地区金融服务贸易的整体开放度相对较高。由此，相对我国服务贸易的整体开放程度，金融服务业的开放相对落后，且同发达经济体国家或地区及部分发展中经济体国家或地区差距较大。

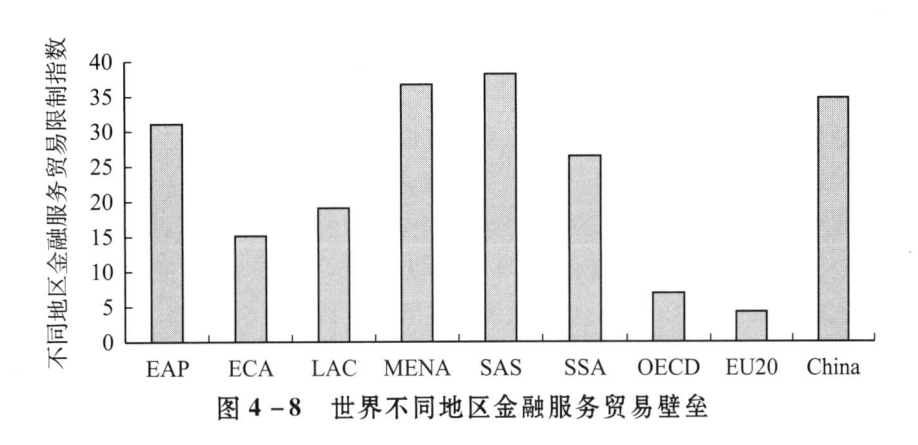

图 4-8 世界不同地区金融服务贸易壁垒

2. 电信服务业

电信服务贸易壁垒反映了不同国家或地区之间电信基础设施建设方面的交易限制情况，如国家在移动电信服务业和固定电信服务业设置的政策保护性条款。图 4-9 显示了世界不同地区或国家电信服务业的 STRI 指数，可以发现在所有 9 个国家或地区中，中国的电信服务业贸易壁垒最高，高收入 OECD 国家的电信服务业贸易壁垒最低。此外，电信服务业贸易壁垒较高的国家还包括南亚国家、撒哈拉以南非洲国家、东亚和太平洋国家、中东和北非国家，主要集中在亚洲和非洲的国家或地区，则发展中经济体的电信市场开放度相对低。电信服务业贸易壁垒较低的国家还包括欧洲和中亚国家、拉美和加勒比国家，主要集中在欧美国家，发达经济体的电信市场开放度相对高。因而，相对其他国家或地区，我国对电信服务业的贸易限制处于最高的水平，且这一限制水平显著高于中国服务贸易限制的整体水平。

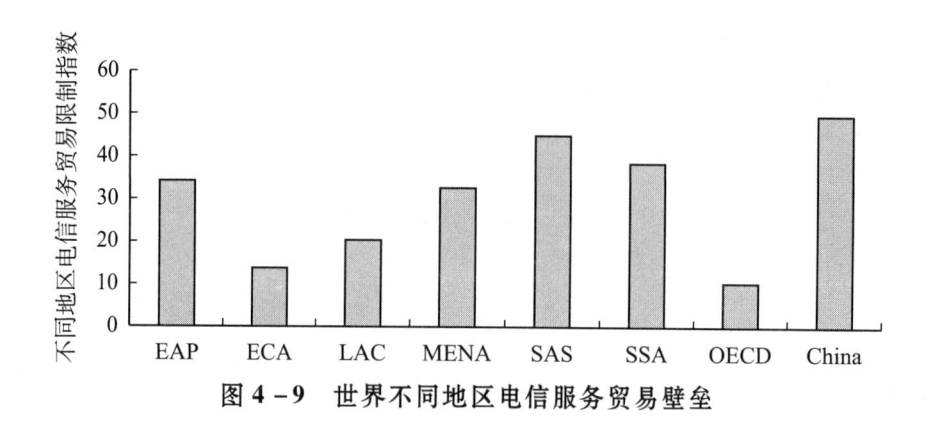

图 4-9 世界不同地区电信服务贸易壁垒

3. 运输服务业

运输服务贸易壁垒反映了不同国家或地区之间空间运输活动的交易限制情况，如国家在航空运输服务业、海洋运输服务业、道路运输服务业和铁路运输服务业设置的政策性保护条款。图 4-10 显示了世界不同地区或国家运输服务业的 STRI 指数，可以发现在所有 9 个国家或地区中，中东和北非国家的运输服务业贸易壁垒最高，中国的运输服务业贸易壁垒最低。此外，运输服务业贸易壁垒较高的国家还包括南亚国家、东亚和太平洋国家、EU20 国家、撒哈拉以南非洲国家，上述国家或地区对运输服务业实施了比较保护的贸易策略，而运输服务业贸易壁垒较低的国家还包括了高收入 OECD 国家、拉美和加勒比国家、欧洲和中亚国家，这些国家或地区具有相对开放的运输服务贸易市场。因此，我国在运输服务业设置的服务贸易壁垒较低，其开放程度远远高于其他国家和地区，也显著高于我国服务贸易的整体开放水平。

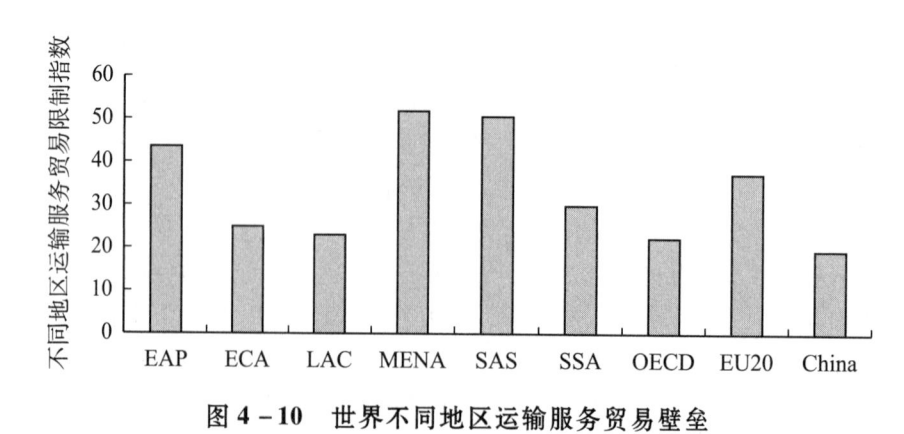

图 4-10 世界不同地区运输服务贸易壁垒

4. 零售服务业

零售服务贸易壁垒反映了不同国家或地区之间零售业务往来的限制情况，如国家在零售服务业各个环节设置的政策性保护条款。图 4-11 显示了世界不同地区或国家零售服务业的 STRI 指数，可以发现所有国家或地区的贸易限制指数均低于 30.00，这表明零售服务业相对其他行业来说具有相对高的开放度。在所有 9 个国家或地区中，中亚国家的零售服务业贸易壁垒最高，欧洲和中亚国家的零售服务业贸易壁垒最低。此外，零售服务业贸易壁垒较高的国家还包括东亚和太平洋国家、EU20 国家、中国、撒哈拉以南非洲国家、中东和北非国家，其中中国的零售服务贸易限制指数排名第三位，而零售服务业贸易壁垒较低的国家还包括拉美和加勒比国家、高收入 OECD 国家，这两个地区具有相对开放的零售服务贸易市场。因而，虽然世界范围内对零售服务业给予了较高的贸易开放度，但我国零售服务业的开放程度相对其他国家或地区仍处于较高的水平。

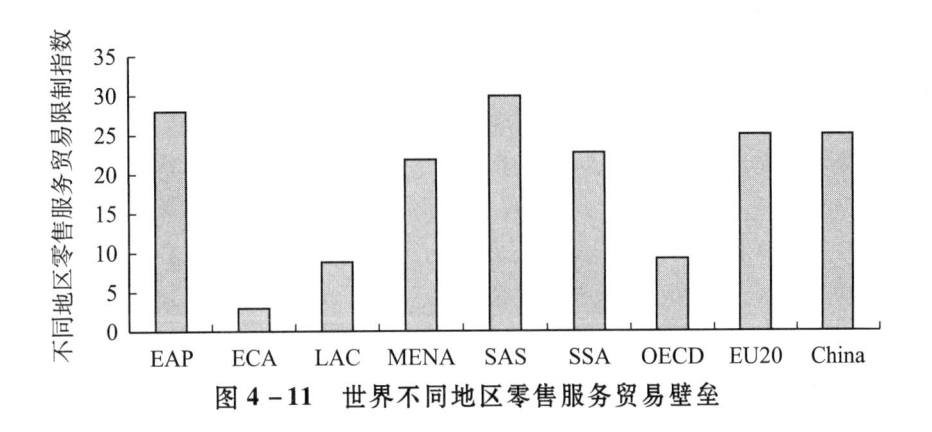

图 4-11 世界不同地区零售服务贸易壁垒

5. 专业服务业

专业服务贸易壁垒反映了不同国家或地区之间专业服务业务往来的限制情况，如国家在会计和审计服务业、法律服务业设置的政策性保护条款。图 4-12 显示了世界不同国家或地区专业服务业的 STRI 指数，在所有 9 个国家或地区中，除拉美和加勒比国家外，其他国家或地区的专业服务业贸易限制指数均高于 40，这表明各个国家或地区均在专业服务业领域设置了较高的服务贸易壁垒。其中，中国、中东和北非国家的专业服务业贸易壁垒最高，服务业贸易限制指数接近 70，拉美和加勒比国家的专业服务业贸易壁垒最低，服务业贸易限制指数接近 40。由此可见，无论是发达经济体国家还是发展中经济体国家均对专业服务业设置了高程度的管控，而我国在专业服务业领域的贸易限制程度在选取的主要地区或国家中处于最高的水平，这一水平也在中国分行业服务贸易限制指数中处于最高的水平。

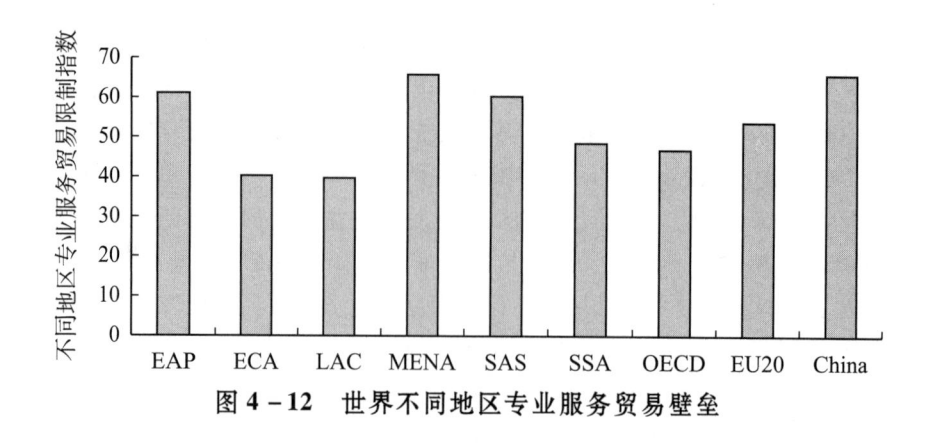

图 4-12 世界不同地区专业服务贸易壁垒

七、小结

本节从我国服务业"引进来"的总体情况、结构特征、区域分布、来源国分布、投资模式统计及贸易壁垒六个方面，全面、系统地介绍了我国服务业"引进来"的演化特征和发展趋势。从我国服务业"引进来"的总体情况来看，近年来无论是服务业实际利用外资金额还是外资企业数及注册资本都呈现出了幅度较大的上升趋势，这说明我国服务业"引进来"的开放程度在逐渐提升。从我国服务业"引进来"的结构特征来看，我国服务业实际利用外资数额排在前三位的分别是房地产业、租赁和商务服务业及批发和零售业；服务业外资企业数排名前四位的行业分别是批发和零售业，信息传输、计算机服务和软件业，租赁和商务服务业及房地产业；服务业外资企业注册资本排名前三位的行业分别是信息传输、计算机服务和软件业，租赁和商务服务业及批发和零售业，这表明我国服务业"引进来"存在较明显的行业差异，且"引进来"主要集中在房地产业，租赁和商务服务业，批发和零售业，信息传输、计算机服务和软件业四大行业。从我国服务业"引进来"的区域特征来看，中国服务业引入外资项目及实际利用外资数额过度集中于东部地区，中西部地区尤其是中部地区服务业吸收外资明显不足。从我国服务业"引进来"的来源国（地区）来看，流入我国的外商直接投资主要源于亚洲地区，其中中国香港一直是我国服务外资流入的最主要来源地，其他国家所占比例均较低。从我国服务业"引进来"的投资模式来看，我国服务业引入外资的投资模式主要包括中外合资模式、中外合作模式、新建外资企业模式及外商投资股份制四种模式，并且主要集中在新建外资企业和中外合资企业两种模式上，总体来看我国服务引入外资模式较单一。从我国服务业"引进来"的贸易壁垒来看，国家层面上，南亚国家、中东和北非国家的服务贸易壁垒最高，欧洲和中亚国家、高收入 OECD 国家的服务贸易壁垒最低，我国服务业的贸易壁垒相对其他国家或地区处于中上等的水平。行业层面上,各个国家和地区均在专业服务业设置了最高程度的贸易壁垒,而在零售服务业设置了最低程度的贸易壁垒,我国服务业贸易壁垒的行业排名是专业服务业、电信服务业、金融服务业、零售服务业、运输服务业。由此,各个国家服务业贸易壁垒在不同行业间存在明显的不同,我国服务业贸易壁垒无论从总体情况来看还是分行业来看均相对较高。

第三节 我国服务业"引进来"的经济作用效果分析

服务业"引进来"过程中,大量先进国际资本、技术、人才及管理经验随之流入国内,而全球高端资源可以显著促进国内经济发展、产业结构调整及就业增长。由此,服务业"引进来"对国家经济绩效提升发挥了不容忽视的作用,本节将利用变量VAR参数模型估计的方法,考察我国服务业"引进来"对经济增长、产业结构及就业增长三个宏观经济指标的影响效应,并采用脉冲响应函数分析绘制出研究变量之间的冲击函数图,从而准确地评估出我国服务业"引进来"的经济作用效果。具体地,从我国服务业"引进来"经济作用效果的总体分析和行业分析两个方面展开,详细阐述我国服务业"引进来"的宏观经济效益及行业间的异质性表现。

一、我国服务业"引进来"经济作用效果的总体分析

为了刻画我国服务业"引进来"对宏观经济绩效的作用效果,本部分以我国服务业实际利用外资为因变量,经济增长、产业结构及就业增长为解释变量进行VAR参数模型估计和研究变量脉冲响应函数分析。其中,经济增长变量采用前后两期国内生产总值的增长率来测量,产业结构变量利用第三产业国内生产总值在三大产业国内生产总值中的占比来测量,就业增长变量则运用前后两期就业人员数的增长率来测量,本部分研究的原始数据主要源于2004~2016年国家统计局发布的《中国统计年鉴》。此外,为了消除异方差对研究结果的影响,本节对所有研究变量进行了对数化处理,可以更加准确地测算出我国服务业利用外资对宏观经济绩效的实际作用效果。

(一) 我国服务业"引进来"对经济增长的作用效果分析

利用变量VAR参数模型估计出我国服务业实际利用外资对经济增长的影响效应,由表4-4中VAR模型参数估计结果可以看出,解释变量滞后一期、滞后

二期、滞后三期及滞后四期的数值对因变量回归系数均显著,则我国服务业实际利用外资对经济增长具有长期稳定的影响效应。

表4-4　服务业实际利用外资对经济增长的VAR模型参数估计结果

变量	系数	标准误
FDI（-1）	2.990***	1.47e-11
FDI（-2）	-3.392***	1.29e-11
FDI（-3）	3.160***	1.12e-11
FDI（-4）	-1.479***	5.83e-12
Cons	-1.281***	2.28e-11

注：*** 表示在0.01显著性水平上显著。
资料来源：国家统计局：《中国统计年鉴》，中国统计出版社。

我国服务业实际利用外资对经济增长的动态冲击函数如图4-13所示：受到一个标准差的服务业实际利用外资冲击后，经济增长在第1期呈现出了逐渐增长的正向冲击状态，第2期正向冲击幅度出现下降趋势但仍是持久的正向冲击状态，第3期又开始呈现出逐渐增强的正向冲击状态，第4期继而呈现出正响应幅度下降的趋势且出现了负向响应状态，第5~6期呈现出了持续的负响应状态，但在第7期开始反弹，在第8~9期呈现出正响应状态，且在第8期达到正响应的最大值，但第10期又开始进入负响应状态，而后进入下一个循环统计周期，从而我国服务业利用外资对经济增长的冲击过程呈现出显著的周期性特征。由此，我国服务业"引进来"对经济增长产生了短期的正向影响和长期的周期性影响，且正向影响在研究期间范围内的持续时间更长。

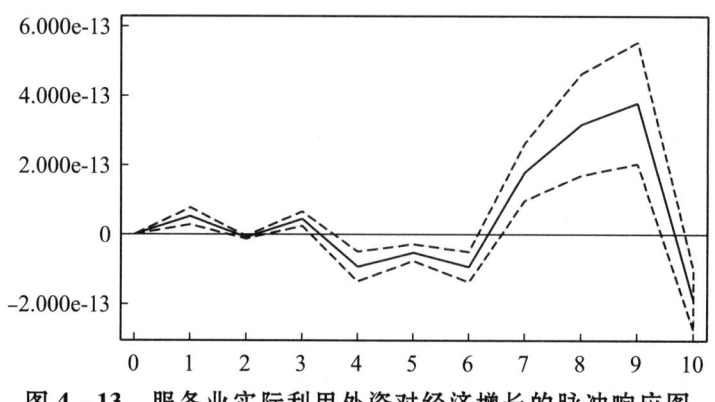

图4-13　服务业实际利用外资对经济增长的脉冲响应图

（二）服务业"引进来"对产业结构的作用效果分析

利用变量 VAR 参数模型估计出我国服务业实际利用外资对产业结构的影响效应，表 4-5 为服务业实际利用外资对产业结构 VAR 模型的参数估计结果，可以看出解释变量滞后一期、滞后二期、滞后三期及滞后四期的数值对因变量回归系数均显著，这表明我国服务业实际利用外资对产业结构产生了长期稳定的影响效应。

表 4-5 服务业实际利用外资对产业结构的 VAR 模型参数估计结果

变量	系数	标准误
FDI（-1）	0.247***	4.44e-14
FDI（-2）	0.240***	1.06e-14
FDI（-3）	-0.149***	1.08e-14
FDI（-4）	-0.001***	1.56e-14
Cons	4.659***	4.49e-13

注：*** 表示在 0.01 显著性水平上显著。
资料来源：国家统计局：《中国统计年鉴》，中国统计出版社。

图 4-14 刻画了我国服务业实际利用外资对产业结构的动态冲击影响：受到一个标准差的服务业实际利用外资冲击后，产业结构在第 1~3 期均呈现出了显著增长的正响应状态，第 3~5 期正响应幅度开始有所下降但仍维持着正响应状态，第 5~8 期出现了连续的负响应状态，但在第 8 期之后又开始出现负响应幅度降低的变化趋势，进而在第 10 期恢复了逐渐增长的正响应状态。综合上述结

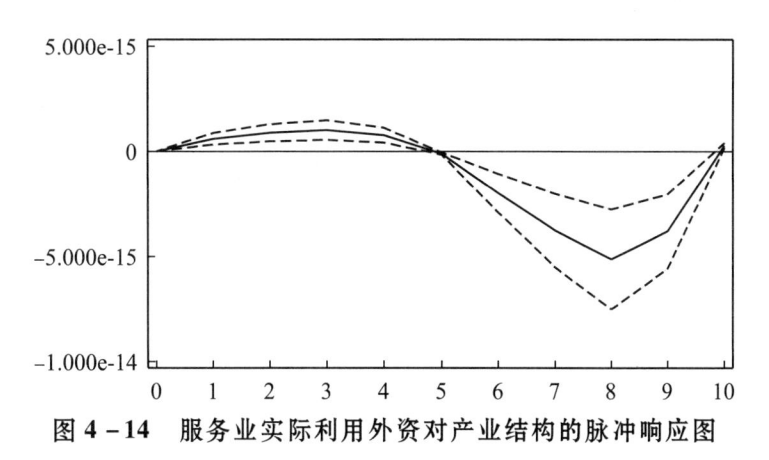

图 4-14 服务业实际利用外资对产业结构的脉冲响应图

果,可以发现我国服务业实际利用外资对产业结构产生了短期的积极促进作用,但这一积极作用效果随着时间的推移有所减弱,甚至在研究区间的中后期出现了负向影响,且在整个研究期间范围内出现积极作用效果和负向作用效果的时间基本相同。

(三) 服务业"引进来"对就业增长的作用效果分析

利用变量 VAR 参数模型估计出我国服务业实际利用外资对产业结构的影响效应,表 4-6 为服务业实际利用外资对就业增长 VAR 模型的参数估计结果,可以看出解释变量滞后一期、滞后二期、滞后三期及滞后四期的数值对因变量回归系数均显著,这表明我国服务业实际利用外资对就业增长产生了长期稳定的影响效应。

表 4-6　服务业实际利用外资对就业增长的 VAR 模型参数估计结果

变量	系数	标准误
FDI (-1)	0.000 ***	2.73e-14
FDI (-2)	0.002 ***	8.82e-15
FDI (-3)	0.002 ***	1.43e-14
FDI (-4)	0.005 ***	1.20e-14
Cons	4.185 ***	6.92e-12

注:　*** 表示在 0.01 显著性水平上显著。
资料来源:国家统计局:《中国统计年鉴》,中国统计出版社。

图 4-15 刻画了我国服务业实际利用外资对就业增长的动态冲击影响:受到一个标准差的服务业实际利用外资冲击后,就业增长在第 1~4 期维持了连续增长的正响应状态,且在第 4 期达到了正向影响的最大值,第 5~8 期虽然有所波动但仍维持着正响应的状态,第 8 期之后的影响效应在逐渐减弱甚至出现了负响应的状态,这说明我国服务业实际利用外资对就业增长产生了长期的积极促进作用,但这一作用效果随着时间的递进有所减弱,且在整个研究期间范围内积极作用的时间显著高于负向作用的时间。

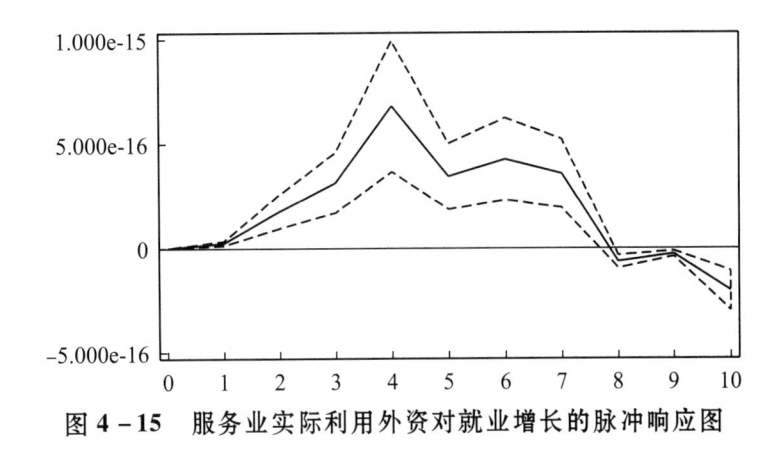

图 4-15　服务业实际利用外资对就业增长的脉冲响应图

二、我国服务业"引进来"经济作用效果的行业分析

我国服务业不同行业部门有着差异性的行业发展水平和贸易开放程度，这直接影响了各个服务行业部门的"引进来"强度、质量和效益，进而产生了不同的宏观经济作用效果。由此，本部分将利用我国金融服务业、计算机和信息服务业、房地产服务业、租赁和商业服务业、批发和零售服务业、交通运输服务业等服务业分样本数据，探究不同服务行业部门实际利用外资对经济增长、产业结构及就业增长的影响效应，试图寻找促进经济增长、产业结构调整优化及就业增长的最佳服务行业部门，纠正现阶段服务业利用外资进程中出现的行业资源错配偏差问题，为绘制我国服务业进一步扩大"引进来"进程的路径选择提供有力的经验研究证据。

（一）金融服务业"引进来"经济作用效果分析

利用变量 VAR 参数模型估计出金融服务业实际利用外资对宏观经济绩效的影响效应，表 4-7 为金融服务业实际利用外资对经济增长、产业结构及就业增长 VAR 模型的参数估计结果。解释变量滞后一期、滞后二期、滞后三期及滞后四期的数值对因变量回归系数均显著，可以看出服务业实际利用外资对三个宏观经济指标均具有长期稳定的影响。

表 4-7　　　　金融服务业实际利用外资对经济绩效的 VAR 模型参数估计结果

变量	经济增长		产业结构		就业增长	
	系数	标准误	系数	标准误	系数	标准误
FDI(-1)	-0.027***	2.17e-15	0.067***	7.82e-15	-0.019***	3.57e-13
FDI(-2)	0.066***	3.43e-15	-0.128***	2.48e-14	0.032***	7.56e-13
FDI(-3)	0.018***	3.64e-15	0.141***	1.12e-14	0.015***	6.91e-13
FDI(-4)	-0.084***	3.47e-15	0.008***	1.12e-14	0.031***	4.78e-13
Cons	4.124***	1.57e-13	4.532***	1.56e-12	65.247***	1.67e-13

注：*** 表示在 0.01 显著性水平上显著。
资料来源：国家统计局：《中国统计年鉴》，中国统计出版社。

图 4-16 的脉冲响应函数图刻画了金融服务业实际利用外资对经济增长、产业结构及就业增长的动态冲击影响：受到一个标准差的金融服务业实际利用外资冲击后，经济增长在初期有负响应，接着又出现正响应状态，而后进入下一个循环统计周期，整体呈现出周期性的变化形式。产业结构受金融服务业实际利用外资冲击后，在初期有正响应，接着出现负响应，而后进入下一个循环统计周期，整体也表现为周期性的特征。就业增长受金融服务业实际利用外资冲击后，在初期变现为微弱的负响应，接着呈现出持续的高幅度正响应。由此，金融服务业"引进来"从短期来看，对产业结构产生了积极的影响，对经济增长及就业增长产生了负面的影响，但从长期来看，其对经济增长和产业结构产生了周期性的影响，对就业增长产生了正向的影响。

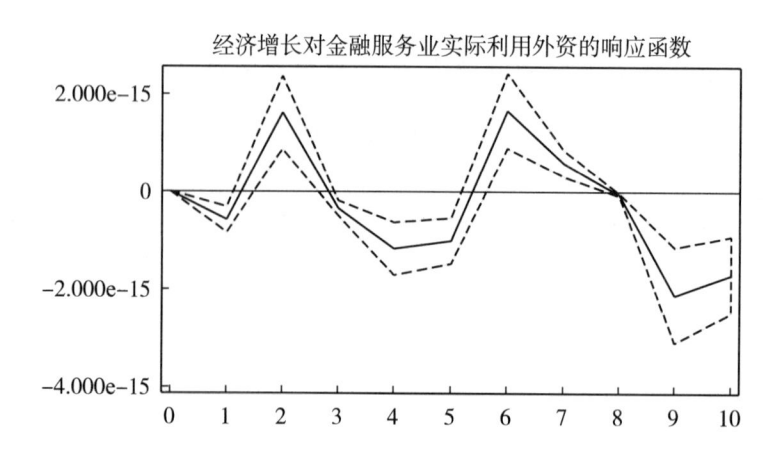

经济增长对金融服务业实际利用外资的响应函数

产业结构对金融服务业实际利用外资的响应函数

就业增长对金融服务业实际利用外资的响应函数

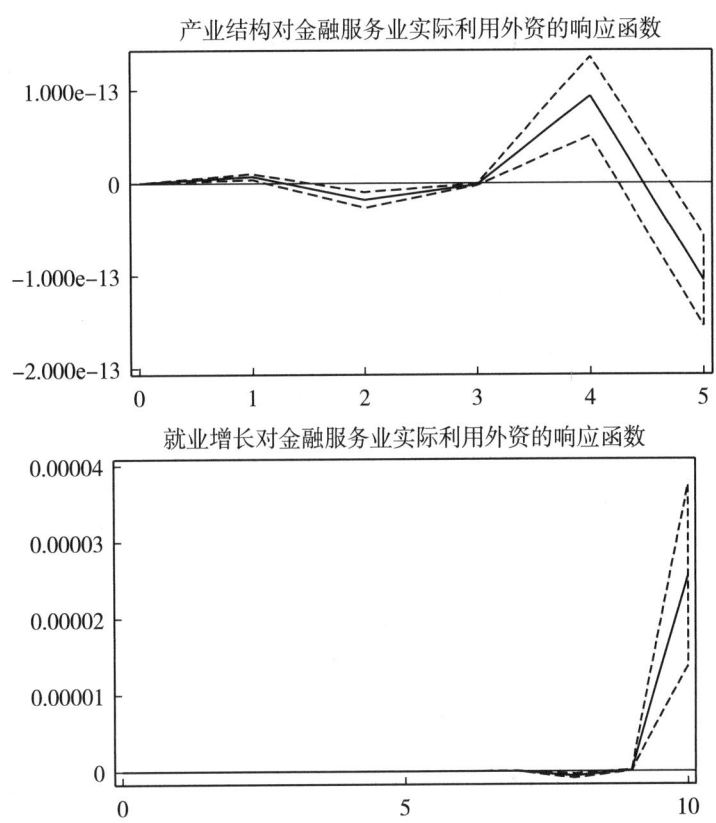

图 4-16　金融服务业实际利用外资经济作用效果的脉冲响应图

(二) 计算机和信息服务业"引进来"经济作用效果分析

利用变量 VAR 参数模型估计出我国计算机和信息服务业实际利用外资对宏观经济绩效的影响效应,表 4-8 为我国计算机和信息服务业实际利用外资对经济增长、产业结构及就业增长 VAR 模型的参数估计结果。解释变量滞后一期、滞后二期、滞后三期及滞后四期的数值对因变量回归的系数均显著,可以看出我国服务业实际利用外资对三个宏观经济指标均产生了长期稳定的影响效应。

表 4-8　　计算机和信息服务业实际利用外资对经济绩效的 VAR 模型参数估计结果

变量	经济增长		产业结构		就业增长	
	系数	标准误	系数	标准误	系数	标准误
FDI (-1)	-0.088***	4.87e-15	3.282***	1.09e-11	0.000***	5.93e-15
FDI (-2)	-0.117***	5.47e-15	-1.601***	5.39e-12	0.002***	3.85e-15

续表

变量	经济增长		产业结构		就业增长	
	系数	标准误	系数	标准误	系数	标准误
FDI（-3）	0.130***	4.38e-15	2.566***	8.68e-12	0.005***	5.11e-15
FDI（-4）	0.212***	7.82e-15	2.540***	8.27e-12	0.003***	4.57e-15
Cons	3.024***	8.03e-14	152.42***	5.08e-10	3.068***	2.25e-13

注：*** 表示在 0.01 显著性水平上显著。

资料来源：国家统计局：《中国统计年鉴》，中国统计出版社。

图 4-17 的脉冲响应函数图刻画了我国计算机和信息服务业实际利用外资对经济增长、产业结构及就业增长的动态冲击影响：受到一个标准差的计算机和信息服务业实际利用外资冲击后，经济增长在初期出现了小幅度的负响应状态，继而又呈现出了急速上升的正响应状态，且整个研究期间范围内正响应状态的存续时间、增长幅度均明显高于负响应状态。产业结构受计算机和信息服务业实际利用外资冲击后，在初期呈现出了小幅度的正向响应状态，但随着时间的推移，在研究期间的中后期呈现出响应幅度逐渐上升的正向响应状态。就业增长受计算机和信息服务业实际利用外资冲击后，在初期表现为小幅度的正向响应状态，接着呈现出持续的、高速增长的正向响应状态。由此，我国计算机和信息服务业"引进来"对经济增长产生了短期的负向影响和长期的正向影响，对产业结构及就业增长产生了持续的正向影响。

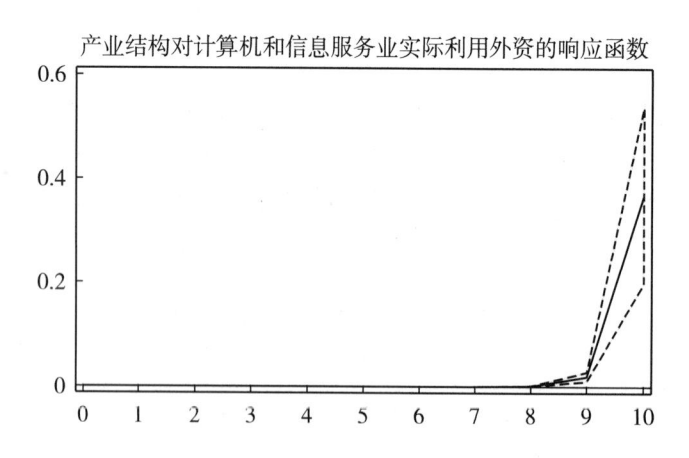

产业结构对计算机和信息服务业实际利用外资的响应函数

经济增长对计算机和信息服务业实际利用外资的响应函数

就业增长对计算机和信息服务业实际利用外资的响应函数

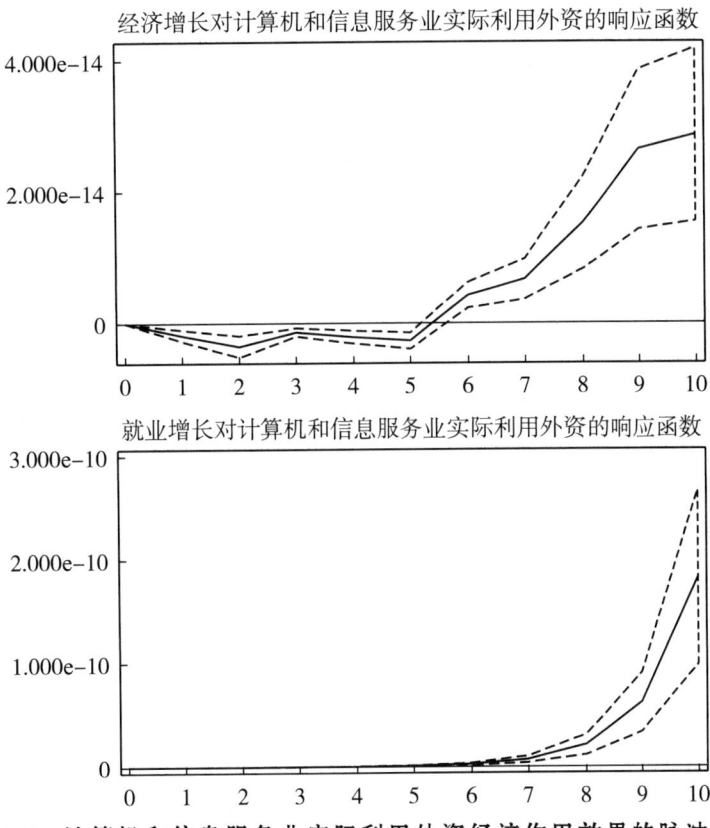

图 4-17　计算机和信息服务业实际利用外资经济作用效果的脉冲响应图

(三) 房地产服务业"引进来"经济作用效果分析

利用变量 VAR 参数模型估计出我国房地产服务业实际利用外资对宏观经济绩效的影响效应，表 4-9 为房地产服务业实际利用外资对经济增长、产业结构及就业增长 VAR 模型的参数估计结果。解释变量滞后一期、滞后二期、滞后三期及滞后四期的数值对因变量回归的系数均显著，可以看出房地产服务业实际利用外资对三个宏观经济绩效指标均产生了长期稳定的影响效应。

表 4-9　　　　房地产服务业实际利用外资对经济绩效的 VAR 模型参数估计结果

变量	经济增长		产业结构		就业增长	
	系数	标准误	系数	标准误	系数	标准误
FDI（-1）	-1.067***	6.06e-13	-0.110***	1.06e-13	0.000***	1.83e-14
FDI（-2）	0.764***	5.65e-13	0.251***	5.99e-14	0.002***	5.64e-15

续表

变量	经济增长		产业结构		就业增长	
	系数	标准误	系数	标准误	系数	标准误
FDI（-3）	-1.403***	9.40e-13	-0.172***	6.01e-14	0.002***	8.24e-15
FDI（-4）	1.348***	8.24e-13	0.158***	7.25e-14	0.003***	8.99e-15
Cons	12.166***	5.40e-12	4.035***	2.02e-12	2.767***	2.58e-12

注：*** 表示在0.01显著性水平上显著。
资料来源：国家统计局：《中国统计年鉴》，中国统计出版社。

图4-18的脉冲响应函数图刻画出了我国房地产服务业实际利用外资对经济增长、产业结构及就业增长的动态冲击影响：受到一个标准差的房地产服务业实际利用外资冲击后，经济增长在前期阶段呈现显著的负向响应状态，接着又出现了小幅度的正向响应状态，而后进入了下一个循环统计周期，研究区间范围内整体呈现出了周期性的变化形式。产业结构受房地产服务业实际利用外资冲击后，在前期阶段呈现出小幅度的负向响应状态，接着表现为持续的、大幅度的正向响应状态，且研究区间范围内正向响应状态的存续时间、波动幅度均显著高于负向响应状态。就业增长受房地产服务业实际利用外资冲击后，在前期阶段表现为小幅度的正向响应状态，而在研究区间的中后期呈现出持续的、大幅度的正向响应状态。由此可见，我国房地产服务业"引进来"对经济增长产生了短期的负向影响和长期的周期性影响，对产业结构产生了短期的负向影响和长期的正向影响，对就业增长产生了持续的正向影响。

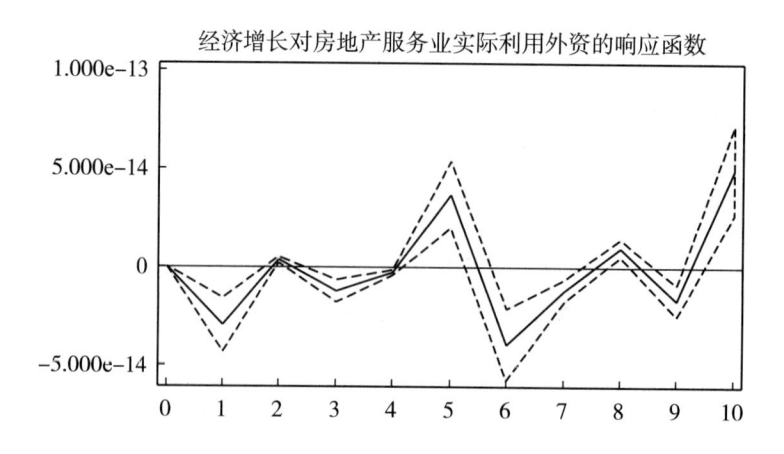

经济增长对房地产服务业实际利用外资的响应函数

产业结构对房地产服务业实际利用外资的响应函数

就业增长对房地产服务业实际利用外资的响应函数

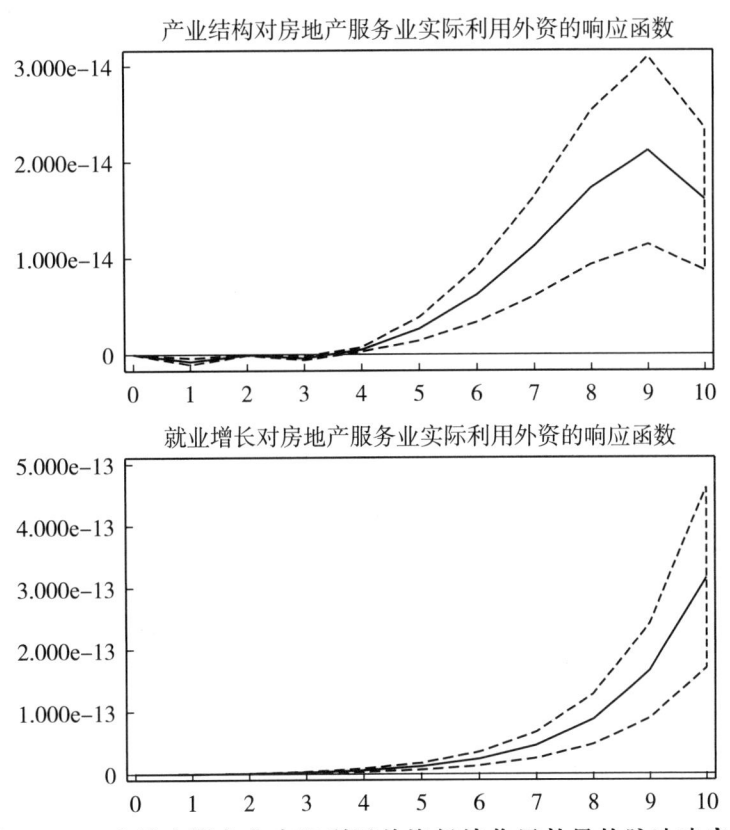

图 4 – 18 房地产服务业实际利用外资经济作用效果的脉冲响应图

(四) 租赁和商务服务业"引进来"经济作用效果分析

利用变量 VAR 参数模型估计出我国租赁和商务服务业实际利用外资对宏观经济绩效的影响效应，表 4 – 10 为租赁和商务服务业实际利用外资对经济增长、产业结构及就业增长 VAR 模型的参数估计结果。解释变量滞后一期、滞后二期、滞后三期及滞后四期的数值对因变量回归的系数均显著，可以看出我国租赁和商务服务业实际利用外资对三个宏观经济绩效指标均具有长期稳定的影响效应。

表 4 – 10 租赁和商务服务业实际利用外资对经济绩效的 VAR 模型参数估计结果

变量	经济增长		产业结构		就业增长	
	系数	标准误	系数	标准误	系数	标准误
FDI（－1）	0.317***	5.30e－13	－0.098***	4.29e－15	－0.008***	1.64e－14
FDI（－2）	0.282***	6.43e－13	0.203***	8.39e－15	－0.012***	1.78e－14

续表

变量	经济增长		产业结构		就业增长	
	系数	标准误	系数	标准误	系数	标准误
FDI（-3）	0.039***	1.06e-12	0.057***	4.48e-15	-0.004***	2.19e-14
FDI（-4）	-0.272***	9.74e-13	0.217***	6.08e-15	-0.003***	1.94e-14
Cons	-1.111***	5.82e-12	2.890***	1.30e-13	-7.616***	5.95e-14

注：*** 表示在 0.01 显著性水平上显著。

资料来源：国家统计局：《中国统计年鉴》，中国统计出版社。

图 4-19 的脉冲响应函数图刻画了租赁和商务服务业实际利用外资对经济增长、产业结构及就业增长的动态冲击影响：受到一个标准差的租赁和商务服务业实际利用外资冲击后，经济增长在初期表现为小幅度的负向响应状态，接着呈现出持续的、大幅度的正向响应状态。产业结构受租赁和商务服务业实际利用外资冲击后，初期存在短期性的、小幅度的负向响应状态，接着又出现了正向响应状态，而后进入下一个循环统计周期，整体呈现出周期性的变化形式，且研究期间范围内正向响应的存续时间、波动幅度均高于负响应状态。就业增长受租赁和商务服务业实际利用外资冲击后，研究期间范围内呈现出持续的、大幅度的负向响应状态。由此，租赁和商务服务业"引进来"从短期来看，对经济增长、产业结构及就业增长产生了负向的影响，但从长期来看对经济增长产生了积极的影响，对产业结构产生了周期性的影响，对就业增长产生了持续负向的影响。

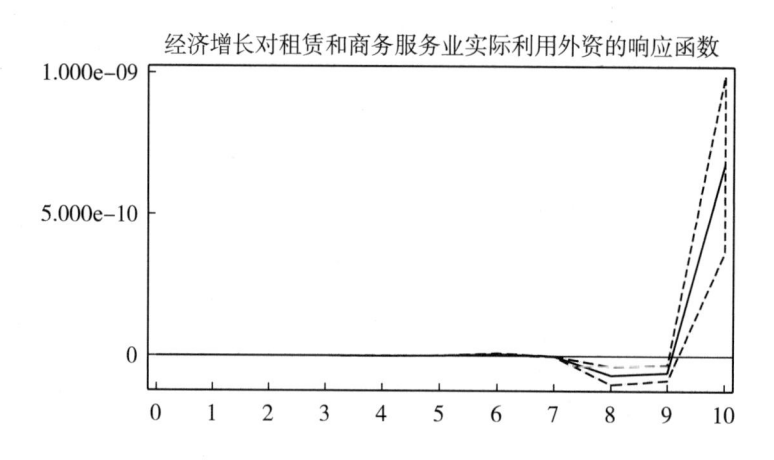

经济增长对租赁和商务服务业实际利用外资的响应函数

产业结构对租赁和商务服务业实际利用外资的响应函数

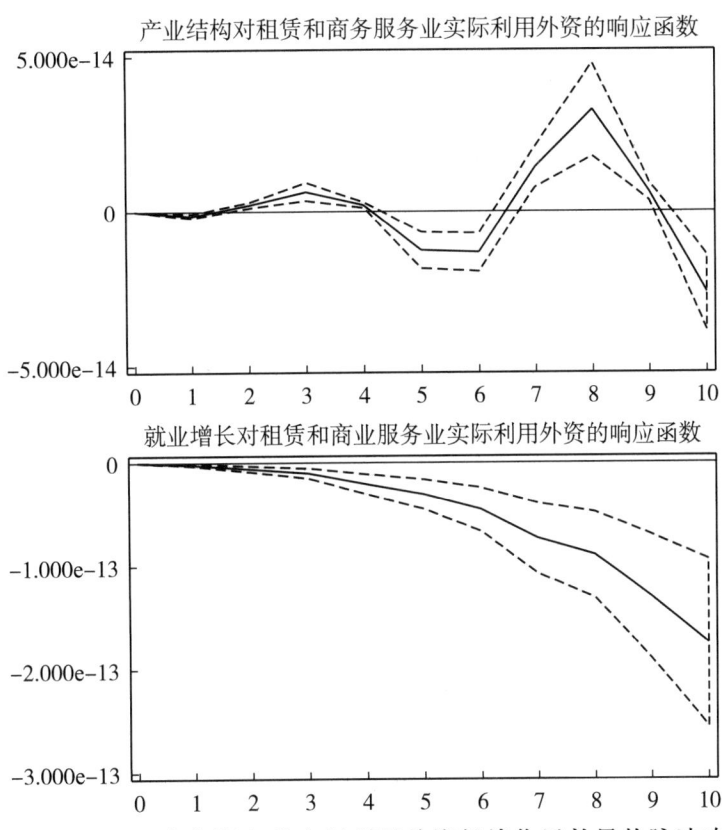

就业增长对租赁和商业服务业实际利用外资的响应函数

图 4-19　租赁和商务服务业实际利用外资经济作用效果的脉冲响应图

（五）批发和零售服务业"引进来"经济作用效果分析

利用变量 VAR 参数模型估计出我国批发和零售服务业实际利用外资对宏观经济绩效的影响效应，表 4-11 为我国批发和零售服务业实际利用外资对经济增长、产业结构及就业增长的 VAR 模型参数估计结果。解释变量滞后一期、滞后二期、滞后三期及滞后四期的数值对因变量回归的系数均显著，可以看出我国批发和零售服务业实际利用外资对三个宏观经济绩效指标均具有长期稳定的影响效应。

表 4-11　批发和零售服务业实际利用外资对经济绩效的 VAR 模型参数估计结果

变量	经济增长		产业结构		就业增长	
	系数	标准误	系数	标准误	系数	标准误
FDI（-1）	-0.390***	7.88e-14	0.376***	3.89e-14	-0.002***	1.15e-14
FDI（-2）	-0.221***	5.18e-14	0.463***	4.49e-14	-0.001***	1.01e-14

续表

变量	经济增长		产业结构		就业增长	
	系数	标准误	系数	标准误	系数	标准误
FDI（-3）	0.212***	7.30e-14	-0.690***	6.57e-14	0.010***	1.72e-14
FDI（-4）	0.433***	5.70e-14	-0.048***	2.80e-14	-0.002***	1.43e-14
Cons	7.661***	7.85e-13	-16.00***	1.60e-12	3.928***	5.95e-12

注：*** 表示在0.01显著性水平上显著。
资料来源：国家统计局：《中国统计年鉴》，中国统计出版社。

图4-20的脉冲响应函数刻画出了我国批发和零售服务业实际利用外资对经济增长、产业结构及就业增长的动态冲击影响：受到一个标准差的批发和零售服务业实际利用外资冲击后，经济增长在初期阶段表现为短暂性的、小幅度的负向响应状态，接着又出现了小幅度的正向响应状态，而后又进入了下一个循环统计周期，研究区间范围内这一冲击效应整体呈现出了周期性的变化形式。产业结构受批发和零售服务业实际利用外资冲击后，初期阶段呈现出小幅度的正向响应状态，中后期阶段则呈现出了连续的、大幅度的正向响应状态。就业增长受批发和零售服务业实际利用外资冲击后，初期阶段表现出了微弱的负向响应状态，之后又逐渐恢复到了持续的、大幅度的正向响应状态。综合上述研究结果，可以发现我国批发和零售服务业"引进来"对经济增长产生了短期的负向影响和长期的周期性影响，对产业结构产生了持续的正向影响，对就业增长则产生了短期的负向影响和长期的正向影响。

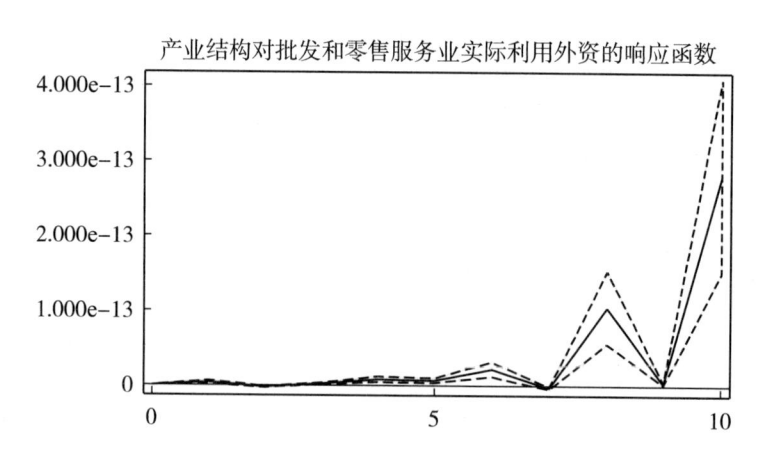

产业结构对批发和零售服务业实际利用外资的响应函数

经济增长对批发和零售服务业实际利用外资的响应函数

就业增长对批发和零售服务业实际利用外资的响应函数

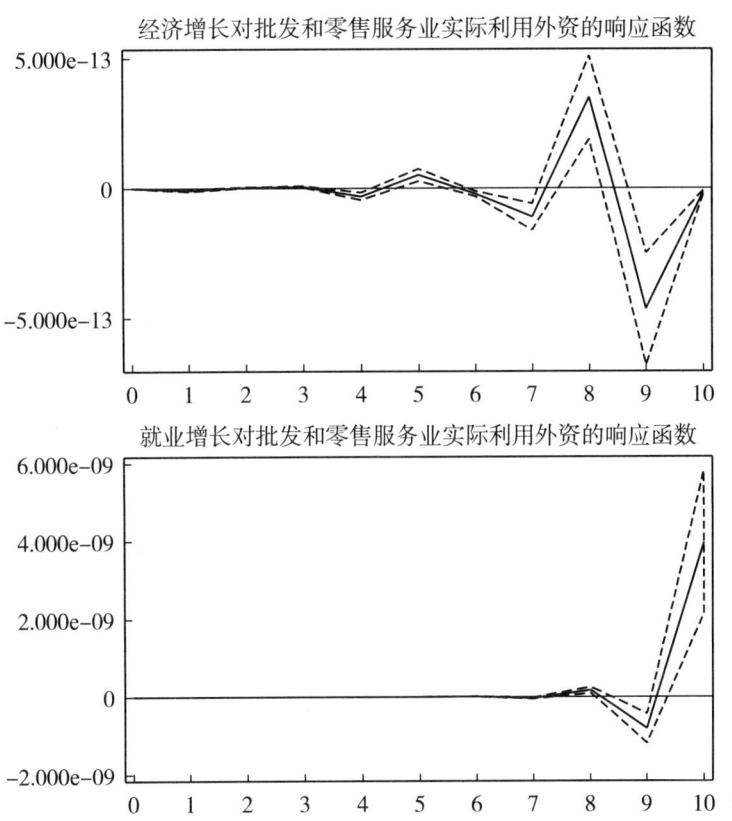

图 4 – 20　批发和零售服务业实际利用外资经济作用效果的脉冲响应图

(六) 交通运输服务业"引进来"经济作用效果分析

利用变量 VAR 参数模型估计出我国交通运输服务业实际利用外资对宏观经济绩效的影响效应,表 4 – 12 为我国交通运输服务业实际利用外资对经济增长、产业结构及就业增长的 VAR 模型参数估计结果。解释变量滞后一期、滞后二期、滞后三期及滞后四期的数值对因变量回归的系数均显著,可以看出交通运输服务业实际利用外资对三个宏观经济绩效指标均具有长期稳定的影响效应。

表 4 – 12　　　　交通运输服务业实际利用外资对经济
绩效的 VAR 模型参数估计结果

变量	经济增长		产业结构		就业增长	
	系数	标准误	系数	标准误	系数	标准误
FDI (– 1)	– 0.184 ***	9.74e – 14	0.091 ***	3.19e – 15	0.003 ***	4.27e – 15
FDI (– 2)	0.042 ***	1.18e – 13	0.055 ***	1.50e – 14	– 0.001 ***	3.27e – 15

续表

变量	经济增长		产业结构		就业增长	
	系数	标准误	系数	标准误	系数	标准误
FDI（-3）	-0.142***	1.58e-13	-0.146***	1.27e-14	-0.003***	3.62e-15
FDI（-4）	-0.039***	1.54e-13	-0.071***	1.29e-14	-0.004***	4.47e-15
Cons	5.023***	1.81e-12	-1.193***	1.45e-13	0.573***	1.45e-12

注：*** 表示在 0.01 显著性水平上显著。
资料来源：国家统计局：《中国统计年鉴》，中国统计出版社。

图 4-21 的脉冲响应函数刻画出了交通运输服务业实际利用外资对经济增长、产业结构及就业增长的动态冲击影响：受到一个标准差的交通运输服务业实际利用外资冲击后，在整个研究期间范围内，经济增长均表现为持续的、大幅度的负向响应状态。产业结构受交通运输服务业实际利用外资冲击后，初期阶段表现为正向响应状态，之后出现了小幅度的负向响应状态，而后进入了下一个循环统计周期，研究区间范围内整体呈现出了周期性的变化形式，但正向响应状态的存续时间、波动幅度均显著高于负向响应状态。就业增长受交通运输服务业实际利用外资冲击后，初期阶段呈现出短暂性的、小幅度的正向响应状态，之后出现了负向响应状态，而后进入下一个循环统计周期，研究区间范围内整体呈现出了周期性的变化形式。综合上述研究结果，可以看出我国交通运输业"引进来"对经济增长产生了持续的负面影响，对产业结构和就业增长产生了短期的正向影响和长期的周期性影响。

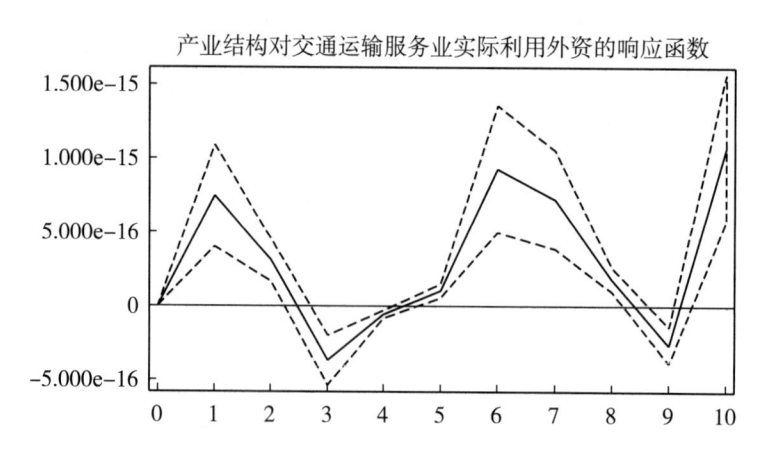

产业结构对交通运输服务业实际利用外资的响应函数

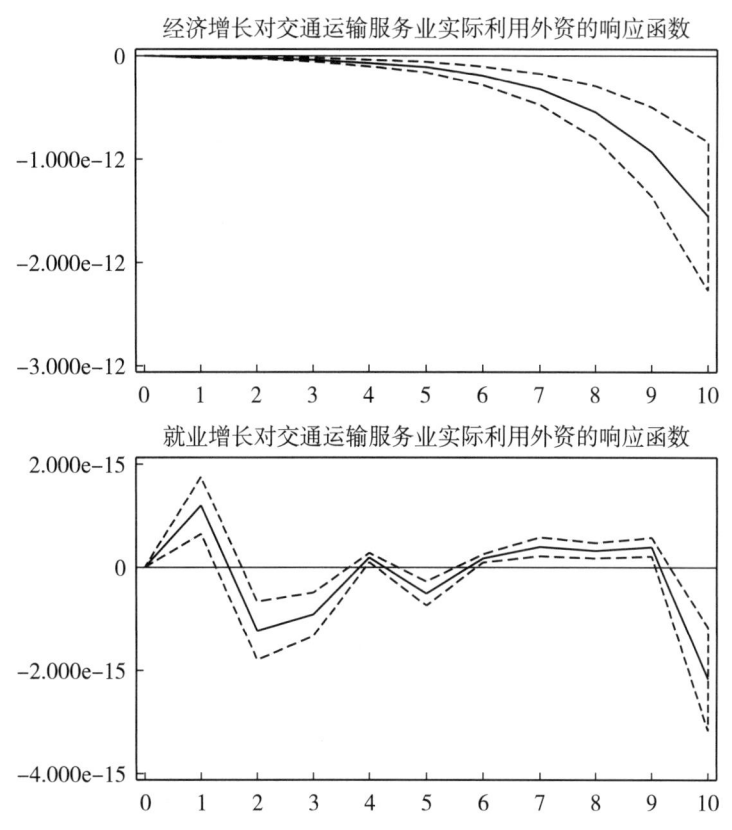

图 4-21　交通运输服务业实际利用外资经济作用效果的脉冲响应图

(七) 其他服务业"引进来"经济作用效果分析

本部分汇总了其他服务业部门"引进来"对经济增长、产业结构及就业增长影响效应的 VAR 参数模型估计及脉冲响应函数，具体如表 4-13 所示。其中，教育服务业"引进来"对经济增长、产业结构及就业增长均产生了持续的负面影响。科学研究和技术服务业"引进来"，短期内对经济增长和就业增长产生了负面的影响、对产业结构产生了正向的影响，但从长期来看，对经济增长、产业结构及就业增长均产生了正向的影响。住宿和餐饮服务业"引进来"对经济增长产生了短期的负向影响和长期的周期性影响，对产业结构产生了持续的正向影响，对就业增长产生了持续的负面影响。水利、环境服务业"引进来"对经济增长产生了短期的负向影响和长期的周期性影响，对产业结构产生了短期的负向影响和长期的正向影响，对就业增长产生了持续的正向影响。居民服务业"引进来"对经济增长及就业增长产生了短期的负向影响和长期的周期性影响，对产业结构产生了持续的负面影响。卫生、社会保障服务业"引进来"对经济增长产生了持续的负面影响,对产业结构产生了短期的负面影响和长期的周期性影响,对就业增长产生了短期的负向影响和长期的正向影响。文化、体育和娱乐服务业"引进来"对经济增长产生了短期的正向影响和长期的周期性影响,对产业结构产生了持续的正向影响,对就业增长产生了持续的负面影响。公共管理和社会组织服务业"引进来"对经济增长产生了短期的正向影响和长期的负向影响,对产业结构产生了短期的正向影响和长期的周期性影响,对就业增长产生了短期的正向影响和长期的负面影响。

表4-13　　　其他服务业实际利用外资对经济绩效的 VAR 模型参数估计结果

行业名称	经济增长短期	经济增长长期	产业结构短期	产业结构长期	就业增长短期	就业增长长期
教育	负向冲击	负向冲击	负向冲击	负向冲击	负向冲击	负向冲击
科学研究和技术	负向冲击	正向冲击	正向冲击	正向冲击	负向冲击	正向冲击
住宿和餐饮	负向冲击	周期性冲击	正向冲击	正向冲击	正向冲击	负向冲击
水利、环境	负向冲击	周期性冲击	正向冲击	正向冲击	正向冲击	正向冲击
居民	负向冲击	周期性冲击	正向冲击	负向冲击	负向冲击	周期性冲击
卫生、社会保障	负向冲击	负向冲击	正向冲击	周期性冲击	正向冲击	正向冲击
文化、体育和娱乐	正向冲击	周期性冲击	正向冲击	正向冲击	负向冲击	负向冲击
公共管理和社会组织	正向冲击	负向冲击	正向冲击	周期性冲击	负向冲击	正向冲击

三、小结

本节主要利用2004~2016年国家统计局发布的中国宏观经济数据,采用VAR参数估计模型及脉冲响应函数分析的研究方法实证检验了我国服务业"引进来"对经济增长、产业结构及就业增长的经济作用效果,并进一步考察了这一影响效应在不同服务行业部门的差异性表现。通过全样本和分行业的经验研究,发现从我国服务业利用外资对经济绩效影响的总体效应来看,一是我国服务业"引进来"对经济增长产生了短期的促进作用及长期的周期性影响,但整体来看提升效应比较明显。二是我国服务业"引进来"在短期内推动了产业结构的转型升级,但这种积极促进效应并不能持续较长时间。三是我国服务业"引进来"对就业增长产生了持续的、大幅度的正向影响。

从我国服务业利用外资对经济绩效影响的行业异质性效应来看,通过服务业"引进来"可以大幅度拉动经济增长的服务业部门包括:计算机和信息服务业、租赁和商务服务业及科学研究和技术服务业,这三大服务行业部门均是初期高投入的部门,虽然短期内对经济增长的贡献不明显,但在长期范围内对经济增长的提升作用较强。通过我国服务业"引进来"可以大幅度推动产业结构升级的服务业部门包括:金融服务业,计算机和信息服务业,房地产服务业,批发和零售服务业,科学研究和技术服务业,交通运输服务业,住宿和餐饮服务业,水利、环境服务业,文化、体育和娱乐服务业及公共管理和社会组织服务业,可见我国服务业利用外资提升产业结构升级的部门较多,但要处理好部分行业部门前期未能成功发挥促进效应及促进效应在后期不能持续的问题。通过我国"引进来"可以大幅度促进就业增长的服务业部门包括:金融服务业,计算机和信息服务业,房地产服务业,批发和零售服务业,科学研究和技术服务业,交通运输服务业,水利、环境服务业,卫生、社会保障服务业及公共管理和社会组织服务业,同时也应注意部分行业部门前期未能成功发挥促进效应及促进效应在后期不持续的问题。研究中还发现,金融服务业、房地产服务业、批发和零售服务业、住宿和餐饮服务业及水利、环境服务业在引用外资的初期对经济增长均产生了负向的影响,在后期呈现出周期性的波动影响,由此可知,上述服务行业"引进来"对经济增长的贡献存在启动力不佳、持续力不稳的问题。此外,教育服务业、居民服务业及卫生、社会保障服务业"引进来"对经济绩效的作用效果整体较差。

第四节 我国服务业"引进来"中存在的问题或风险

通过分析我国服务业"引进来"的总体状况、行业特征、区域分布、来源国分布、投资模式统计、贸易壁垒及经济绩效,不难看出近年来我国服务业"引进来"有了新的发展,逐渐成为推动宏观经济绩效提升的重要因素,但"引进来"进程中同时也存在着诸多问题和风险。本部分归纳了服务业"引进来"的八大类突出问题,分别为利用外资质量相对低、投资项目技术含量低,引入外资结构不合理、缺少高端服务业投资,服务业外资限制突出、贸易自由化程度不高,区域吸收外资不平衡、中西部投资力度较小,外资过度集中于香港、难以集聚全球端要素,服务引资模式较单一、技术外溢效应不明显,外资经济绩效波动大、国际贸易拉动力不足,重点行业引资绩效差、难以形成全球竞争力。

一、利用外资质量相对低，投资项目技术含量低

随着全球贸易开放格局的日益扩大及我国服务贸易的不断发展，我国服务业"引进来"的步伐逐渐加快，近年来我国服务业在实际利用外资、外资企业数及外资企业注册资本三个方面均呈现出快速增长的态势。然而，我国服务业外资引入过程中也存在着片面追求外资流入数量而不考虑外资实际收益的显著问题，从而导致了大量同质性、低技术、高消耗、低回报外资资本或项目涌入国内，造成了外资资本的高进入和高退出的混乱局面，这显然不利于我国外资引入质量和效益的全面提高。与此同时，我国服务业"引进来"大多以降低生产成本、拓展市场份额为目的，而不注重提高自身研发水平、技术能力及国际竞争力的高质量外资引入，这最终会将我国服务业引资水平锁定在低质量的路径上。此外，我国服务业吸引外资的方式比较单一，大多集中在新建绿地投资的方式，通过跨国并购、合作开发等新型引资模式吸引外资的比例较小，这也限制了我国吸收高质量外资项目的能力。

服务业利用外资质量偏低问题是导致我国服务业外资投资项目层次及技术含量水平远远低于发达经济体国家的重要原因。我国服务业"引进来"侧重于生产性项目而忽视研究性项目的传统引资思路，促使大规模外资引入中劳动密集型项目占全部项目的比例较大，而具有高资金规模和科技水平的技术密集型项目则相对少。长期以来，我国服务业外资"引进来"过程中对高技术含量的忽视，阻碍了我国服务业吸收全球先进技术、信息、知识、人才及管理要素的能力，限制了我国服务产业承接国际创新项目、高端资源的机会，这显然难以充分发挥高科技外资项目的技术溢出效应，不利于我国传统服务业向高技术服务业、先进服务业快速转型升级。通常情况下，一个国家或地区的科技水平和科技创新能力也决定了外资"引进来"的质量，由此我国服务业的技术水平在世界范围内仍相对低、缺乏高科技产业配套也是我国服务业引资进程中外资科技含量偏低的重要原因。

二、引入外资结构不合理，缺少高端服务业投资

通过分析我国服务业"引进来"的行业分布现状，可以看出我国服务业利用外资的产业结构存在着明显的不合理性，缺乏高端服务业的外商投资。房地产服务业一直是我国服务业外资引入的主导产业，虽然近年来房地产服务业利用外资占比有所下降，但仍占据了较大的比例。房地产服务业也是纯逐利的外商竞相投资的产业，但外资的大量进入不仅无法推动房地产服务业的企业创新及商业模式

创新，反而进一步提升了中国房地产的价格，加剧了中国房地产服务业陷入非健康发展的局势。此外，我国服务业从传统服务业向现代服务业、从生活服务业向生产性服务业转变过程中仍存在着投资领域分散、投资项目技术含量低的问题，我国现阶段投资于金融服务业、信息技术服务业、科学研究服务业、教育文化服务业、现代物流服务业等现代服务业和生产性服务业的比重仍远远低于发展中国家的平均水平，这与我国在服务业引资位居全球前列的成绩存在较大冲突。

我国服务业"引进来"进程中对计算机服务业、信息服务业、科学研究服务业、专业服务业、金融服务业等高端服务业引入力度不足且未有显著的增长趋势，难以成功发挥全球高端信息、技术、知识及人才要素的集聚效应和溢出效应。高端服务业外资引入不足不仅降低了我国服务业引入外资的质量，而且限制了我国服务业部门效益的提高及产业结构的优化升级。与此同时，我国服务业从高端领域引入外资不足的现状也对高端制造业的发展造成了阻碍，目前我国服务业领域可以为高端装备制造、智能制造、绿色制造等先进制造业提供先进生产性服务的项目还相当匮乏，从而不利于实现先进制造业和先进服务业的联动发展。此外，我国医疗服务业、教育服务业、娱乐和文化服务业等消费性服务业领域发展中同样存在着优势外资资源引入不足、高端要素缺失的问题，这降低了更多高端化、国际化服务供给流入国内的可能性，从而无法满足消费性服务产业的多元化需求。

三、服务业外资限制突出，贸易自由化程度不高

相对制造业部门，全球服务贸易的开放程度偏低，其市场准入门槛也处于较高的水平，存在着诸多贸易限制条款。然而，服务业领域对外开放程度的大小直接决定了服务业"引进来"的水平、质量和效益。根据2016年服务贸易限制指数数据统计，从服务贸易限制的总体水平来看，我国服务贸易限制水平在世界范围内仍处于较高的水平，服务外资限制问题相对突出，这显然阻碍了我国服务业从全球贸易开放中吸收优势资源、先进技术和高端人才。从服务贸易限制的行业水平来看，我国对专业服务业、电信服务业、金融服务业三大专业技术服务业的限制程度显著高于发达经济体国家或地区及部分发展中经济体国家或地区，而对零售服务业和运输服务业两大流通领域给予了较高的开放度，导致了部分服务贸易领域开放尚不充分、引入外资水平偏低，部分服务贸易领域开放过度、引入外资质量较低，从而加剧了我国服务产业的结构性失衡问题，制约了我国先进服务业的快速发展。

服务贸易限制突出的问题直接决定了我国服务贸易的自由化程度，进而影响

我国服务产业参与国际服务产业交流与合作的机会。专业服务业、电信服务业、金融服务业是构建先进服务业发展体系的重要组成部分，也是打造先进制造业的关键生产性服务业部门。然而，我国计划经济体制下遗留的行业垄断性意识较强的问题，导致金融服务业等先进服务部门的外资准入限制水平相对高，难以营造自由化程度高的贸易开放氛围，增加我国先进服务部门对国际资本的吸引力，进而无法有效推动具有发展潜力和国际竞争力服务部门的快速化发展。此外，我国服务业提升贸易自由化程度过程中存在着服务贸易对外开放侧重点不够突出的问题，导致服务外资引入中主要引资对象及重点开放领域不够明确、引资审核标准及考核体制尚不完善，从而出现外资引入意识不强、放开领域不够、带动效应不足的现象，限制了我国服务业引用外资的速度和质量，也为外资进入国内实现经济绩效的提升带来诸多不确定性和风险性。

四、区域吸收外资不平衡，中西部地区投资力度较小

从我国服务业利用外资的区域分布来看，各个区域外资引入节奏与全国布局大体一致，但我国服务业外资集中在东部沿海地区的趋势更为明显。2016年全国外资区域分布东部区域、中部区域、西部区域占比分别为86.7∶5.6∶7.6，服务业外资区域分布东部区域、中部区域、西部区域份额为90.9∶3.1∶6.0，这表明中西部区域的贸易开放水平整体低于东部地区，且服务业吸收外资过度集中于东部地区的现象尤其突出，尚存在着服务业区域吸收外资不平衡的严重问题。此外，我国服务业吸引外资产业结构分布中，东部地区金融业以及计算机和信息服务业等高端服务业领域"引进来"比例逐步提升，产业结构更为合理，由此东部地区对国际高端要素的吸收能力也相对强。然而，中西部地区服务业外资引入仍以房地产服务业为主导，缺乏先进服务业的大型国际投资项目和全球高端服务要素的集聚，这显然制约了中西部区域服务业利用外资的质量、结构和绩效的进一步改善。

我国服务业"引进来"的步伐在中西部地区出现了明显滞后，这和西部区域服务业外资投资活跃度、营商环境的优越性及产业配套的完善性与东部区域存在较大差异有关。中西部区域在全国服务业发展中整体处于较低的水平，尤其是市场化水平的落后导致了区域政府办公效率、法律制度保障、产权保护等软件环境远远差于东部区域，难以吸引优质外资源的进入。与此同时，优质的外资资源和创新的外资项目需要良好的营商环境、优越的产业发展及完善的产业配套，而中西部地区的服务贸易开放程度较低、产业竞争优势不够明显、产业配套资源相对较差，为外资投资企业在区域的生产、经营带来了诸多不便，无法有效推进大

型国际项目的落地发展。此外，中西部区域在地理分布上不具有天然的优越性，外商直接投资以对市场条件和营商环境反应敏感的中小私营企业为主，市场规模、工业基础、国际人才的薄弱性等因素也是中西部服务业"引进来"不足的关键原因。

五、外资过度集中于香港地区，难以集聚全球端要素

我国服务业利用外资水平一直位居全球市场的前列，更是遥居发展中国家之首，但我国服务业引用外资的来源国主要分布在亚洲的国家或地区，尤其是香港地区在引用外资中占比较大，而其他国家或地区的服务业引资维持在较低的水平。现阶段，香港地区仍是我国服务业引进外资的最主要地区，相对全行业外资来源分布来说，服务业企业数和利用外资额度在香港地区的集中度最高且呈现出了明显的逐年上升趋势。然而，香港服务企业大多属于中小型企业，总体来看其对我国服务业的引领作用和带动作用十分有限，难以助推我国服务业在竞争激烈的国际市场实现更高层级的跨越。与此同时，欧洲、美国和日本等发达经济体国家拥有众多全球知名的跨国龙头企业，但我国服务业目前在发达经济体国家吸收的外资资源仍较少，这显然影响了我国服务业利用外资水平和质量的提升，不利于充分发挥全球先进管理经验、商务经营模式及品牌效应对我国服务业的推动作用。

我国服务业的进一步发展中，不仅需要继续扩大服务领域的开放水平，也需要着力促进服务业从中低端市场向高端市场迈进，这显然增加了我国服务领域对更广泛国际市场、更高端服务要素、更国际化技术合作项目的需求。全球不同国家或地区外商直接投资的产业领域侧重点有所不同，而我国服务业将引用外资的来源国（地区）局限于中国香港等亚洲国家或地区的模式，阻碍了我国服务业与更广泛国际市场的交流和合作，不利于我国服务领域的进一步扩大开放。欧洲、美国和日本等发达经济体国家集聚了大比例的高端要素、高端产业和高端市场，加强与发达经济体国家的资金、市场、人才及技术合作可以为我国服务业实现从低端市场向高端市场的跨越提供更多的高端信息、人才、技术等要素，而我国服务业目前从发达经济体国家引入的外资仍处于较低的水平，这无疑限制了全球高端要素流入国内的水平和速度，不利于我国服务产业结构的转型升级、国际竞争力的进一步提升。

六、服务引资模式较单一，技术外溢效应不明显

新建外资企业和中外合资企业是我国服务业引入外资的主要模式，尤其是新

建外资企业占了外商直接投资的绝大部分比例。然而，新建外资企业的投资模式并不能将我国服务产业与国外先进服务要素充分结合，进而无法发挥外资引入的技术溢出效应和产业辐射效应。与此同时，进入我国服务业领域的外资企业大多集中于中低端市场，难以实现引用外资进程中以"市场换技术"的目标，且我国服务外资企业持续经营时间普遍较短，不利于我国服务业利用外资经济绩效的快速提升。中外合资经营是我国服务业利用外资的第二大模式，但相对新建外资投资模式占比仍较低。虽然中外合资经营的外资引入模式一定程度上可以加强中外两方的技术合作和资源共享，但是现阶段外商更多的是将资金投资于技术含量低、短期收益高的房地产等服务领域，不仅不能发挥外资引入的技术带动作用，而且加剧了我国服务业发展中的产业结构不平衡状态，降低了我国外资引入的实际经济作用效果。

随着全球服务业的逐渐开放、国际投资的不断活跃及我国贸易投资环境的日益改善，合作开发、外商投资股份制、跨国并购、服务外包等利用外资的新形式和新业态不断涌现，而我国服务业利用上述新型引资模式吸引外资流入的比例相对低并处于新模式的探索阶段，限制了我国服务业与全球高科技服务项目的合作与交流，不利于我国在全球服务贸易进一步扩大开放中占领全球制高点。与此同时，我国尚缺乏支撑新型服务业引资模式的宽松政策准入标准、健全的知识产权保护制度和国际项目风险防控体系，这显然会阻碍我国服务业承接服务业的国际转移和服务业利用外资的效率，难以在外资流动中实现国际关键技术和先进服务模式的转让，进而降低了我国服务业从全球市场中吸收高端技术、知识和人才要素的能力。此外，我国服务业引资过程中缺乏构建服务业产业链的战略思维，从而不能较好地利用新型外商引资模式将本国优势产业与国际先进要素有效地连接起来。

七、外资经济绩效波动大，国际贸易拉动力不足

服务业"引进来"的根本目标是增加服务业的国际竞争力，为制造业部门提供完善的生产性服务配套，满足消费者的高端化、多元性服务需求，最终推动整体经济绩效的快速提升。从我国服务业实际利用外资对经济增长、产业结构及就业增长的作用效果来看，我国服务业"引进来"对经济绩效产生了一定的积极效应，但实际利用外资积极经济绩效提升效果仅在短期内较显著，长期来看波动幅度较大，且服务业"引进来"对经济绩效的促进作用主要体现在就业增长方面，而缺少对经济增长及产业结构的持续推动力量。此外，我国服务业"引进来"对经济绩效的促进作用在不同行业间存在显著差异，存在着高外资引入额度及高开

放程度的房地产服务业、批发和零售业等行业经济绩效相对差,而更能提升经济绩效的金融服务业、计算机和信息服务业、科学研究和技术服务业的外资引入额度及开放度均较低的问题,这同时也限制了我国服务业对宏观经济绩效的进一步提升。

我国服务业"引进来"进程中,高专业技术水平、高科学研究能力项目或行业的引入不足会直接降低我国服务业对国际先进知识、技术和管理要素的集聚能力、吸收能力和利用能力,进而难以在全球化的浪潮下成功发挥国际服务贸易对经济绩效的拉动作用。部分地方政府为了追求高速增长的经济绩效水平,更多地着眼于地区GDP、工业发展和固定资产投资增长,并未将服务业利用外资和制造业利用外资放在同等重要的位置,且在引用外资中更多的是为了完成外商招商引资指标,从而只注重外资利用的数量而不注重外资利用绩效的考核,这最终导致了我国服务业"引进来"对经济绩效的拉动力较弱。此外,我国服务业引用外资时,较少将外资引入与国内市场的实际需求、国内市场的优势产业相结合,整体缺乏事前的项目筛选标准、风险防控机制及事后的考核机制和退出机制,不具有完备的服务外资引入事前、事中和事后管理程序,难以实现外资引入质量的提升及经济绩效的增加。

八、重点行业引资绩效差,难以形成全球竞争力

房地产服务业、租赁和商务服务业、批发和零售服务业、交通运输服务业等是我国目前引用外资较充分、开放程度较高的服务部门,而上述重点引资部门的实际利用外资额度对经济绩效水平的促进作用却不尽如人意。与此同时,虽然我国逐渐降低了金融服务业,电信服务业,信息传输、计算机服务业,科学研究和技术服务业等服务部门的外商直接投资门槛,但现阶段国家对先进服务业的开放程度仍与发达经济体国家存在较大的差距,限制了国内和国际市场先进服务产业的竞争与合作,难以充分发挥我国先进服务业对经济绩效的持续提升作用、对先进制造业的产业间联动作用。由此,我国服务业引用外资的进程中存在着严重的"外商直接投资招商错配"问题,即将更多的外商投资机会给予了经济绩效拉动力弱的传统服务行业部门而不是经济绩效拉动力强的先进服务行业部门,整体呈现出传统服务业"引进来"过度增长、先进服务业"引进来"明显不足的结构性失衡状态。

我国服务业"引进来"过程中的产业结构性失衡及经济绩效较差问题的存在,阻碍了我国服务业进一步提升全球竞争力、扩展全球产业链范围。传统服务业引入外资中,大多只注重外资引入的数量而缺乏对外资项目质量的考察,导致

传统服务业的引资质量较差,难以从高端外资资源的知识、技术和管理要素外溢效应中获益,从而限制了传统服务业的转型升级和国际化发展。先进服务业引进中,外资引入面临更多的市场准入限制条款,引入后也会受到各种繁杂冗余的官僚体系的阻碍,大量"玻璃门"和"弹簧门"的现象普遍存在,营商环境的不利性降低了国际外商直接投资的流入及实际利用外资的效率,也使大量外商投资项目最终退出经营。此外,国际先进服务业对本国服务产业具有技术带动作用及绩效提升作用的同时,也面临着东道国较大的经济政策不确定性和较高的跨国运营风险,缺乏外资项目风险评估和投资经营风险防控也使国际先进服务业在国内的落地和发展受阻。

第五节 我国服务业进一步开放的路径选择

在分析我国服务业"引进来"的现状、测度我国服务业"引进来"的经济绩效及提炼我国服务业"引进来"存在的问题或面临的风险的基础上,本部分将筛选出我国服务业进一步开放的路径选择,为我国服务业利用外资实现服务业转型升级、提升全球竞争力提供重要的启示。通过梳理、归纳和总结,最终形成以下八大重要路径:鼓励创新作为重点、提升外资引入质量,引导高端要素流入、优化外资投资结构,放宽市场准入领域、扩大服务开放格局,紧扣"一带一路"机遇、促进区域协调开放,扩大外资来源领域、汇集全球先进要素,探索新型引资模式、加强科技项目合作,拓展外资引入渠道、增加引资经济绩效,提高行业供给质量、强化行业引资优势。

一、鼓励创新作为重点,提升外资引入质量

习近平总书记在党的十九大报告中强调,创新是引领发展的第一动力,是建设现代化经济体系的重要战略支撑。我国服务业"引进来"进程中也应顺应国家创新驱动发展的总体部署,将鼓励创新作为扩大对外开放新格局的重点,以创新的思维吸引国际高端要素的供给,实现引用外资从量的增加向质的提升转变,推动我国服务业产业体系向更高水平、更高层级发展。将我国服务业进一步扩大开放落实到创新发展的路径上,需要放宽技术创新服务领域的准入政策,支持外资参与国内研发创新项目或在国内设立科学研究中心,积极拓展我国服务业吸引高质量、高创新外资的新渠道和新方式。与此同时,我国服务产业也需要继续加强

与全球产业的交流、竞争与合作，吸引品牌、知识、技术、人才和管理等创新性生产要素和无形资产供给流入国内，从创新要素"引进来"过程中全面提升服务供给的质量和效益，进而提高我国服务业的全球竞争力、增加我国服务业对经济发展的能动作用。

为了加速服务业创新外资资源或者高科技项目的流入，政府部门应对外资高技术创新项目放宽准入限制，提供财政奖励、金融支持、人才支撑、知识产权保护等，为外商直接投资营造优越的营商环境，形成吸引优质外资资源集聚的服务创新高地。进一步地，鼓励全球服务业领域具有国际影响力的大型跨国公司在中国设立研发机构，积极推进国内服务业企业与国外先进服务业企业形成战略性联盟，有效促进国内优势服务产业与发达国家科研机构和学校的合作，为我国服务业通过"引进来"汇集全球优势资源提供更多平台载体，为加速我国高技术服务业的国际化进程提供更多高品质外资项目。此外，我国服务业领域也应逐渐提高房地产服务业、批发零售服务业等传统服务业领域的技术含量，大力推动金融服务业、信息传输、计算机服务和软件业、科学研究和技术服务业等先进服务业的发展，利用创新的、高品质的项目和企业吸引优势外资资源的进入，加强国际优势资源与国内创新产业的紧密合作。

二、引导高端要素流入，优化外资投资结构

纠正以技术含量低的房地产服务业为外资引入主体的传统贸易开放模式，鼓励蕴含更多高端要素的高科技服务部门外资流入量的快速增加，为我国服务业优化外资投资结构、加速供给侧结构性改革、占领全球贸易高端提供源动力。要改变以低劳动力成本、广阔投资市场吸引外资流入的传统开放思维，应积极开展高科技服务项目、拓展服务业高端市场、增强服务企业国际竞争优势，利用高端的项目、市场及产业吸引全球高端要素的涌入，将我国服务产业逐渐打造成为全球范围内最具有高端要素吸引力和高端市场拓展能力的经济体之一。要进一步扩大金融服务业、信息传输服务业、计算机服务业、科学研究和技术服务业等高端服务部门的贸易开放程度，推动我国服务业领域从外资流向低端服务市场的传统路径转向集聚高端服务市场的创新路径，实现我国服务业利用外资的结构性转型升级，进而充分发挥全球高端服务业对本国先进服务业的技术溢出效应和带动效应。

随着我国服务产业结构的加速转型升级，服务业领域发展对高端服务要素的需求随之增加，由此现阶段我国高端服务业仍具有较大的发展潜力和广阔的外资使用空间。特别是，要进一步加快金融服务业，租赁和商务服务业，信息传输、计算机服务和软件业等先进生产性服务业的"引进来"进程，将国际高端要素与

我国先进生产性服务产业充分整合,在国际资源、产业和市场整合中构建出完善的全球高端服务产业链。与此同时,我国先进生产性服务业利用外资进程中,可以在全球资源配置中逐渐提升服务业的高端化水平,进而促进我国先进服务业的打造、增强我国服务业的国际竞争力。进一步地,先进服务业的发展为先进制造业提供了高端的配套资源,有助于构建高端技术研发、产品设计、制造工艺、生产性租赁服务、货物运输、信息服务、金融服务等全产业链体系,促进我国制造业由中低端的发展路径转型到高端的发展路径,进而推动我国由制造业大国变为制造业强国。

三、放宽市场准入领域,扩大服务开放格局

依照党的十九大报告中关于扩大服务业全面开放新格局的重要指示,我国服务业需要大幅度放宽市场准入限制、多领域酝酿进一步开放举措、全方位拓展贸易开放格局,坚持以开放促发展的思维模式激活服务业领域的外商直接投资活力,促进全球高端要素的集聚融合和先进产业的落地发展,全面提升我国服务贸易的国际化水平和国际竞争力。有序提高我国金融服务业、电信服务业等服务领域的开放水平,为先进服务业的发展提供更广阔的政策便利通道、投资融资机会和开放市场空间,充分结合国内国外两个市场、两种资源,有效利用国内国外市场的资源互补、功能整合,最终促进我国服务产业迈向全球产业链的高端。继续扩大教育服务业、医疗服务业、娱乐与文化服务业等与生活、消费相关服务领域的开放格局,积极利用外资满足群众消费端需求、丰富国内市场供应、降低国内消费成本,同时达到加强我国生活性服务业全球化水平、更好服务于我国全球化战略的目标。

我国服务业贸易开放新格局的建立需要适度开放、竞争有序的营商环境作为支撑,政府部门可以实施动态的、透明的市场准入负面清单制度以放宽和规范市场准入、精简和优化行政审批流程。特别地,在一些高创新性服务领域放宽或取消外资股比限制、经营范围限制,为外资项目的流入创造更具有吸引力、更加便利化的政策投资环境。将深化供给侧结构性改革,实施创新驱动发展战略作为扩大服务贸易开放格局的主导方向,增加外资创新要素供给的同时,要加强区域发展的市场化程度、知识产权的保护力度、法律制度的健全程度,为外资企业开展高创新投资项目提供公平竞争的经营环境、切实保护外资企业的合法权益。此外,我国服务业领域可以通过重新制定、实施外商招商引资的优惠政策、全面贯彻境外投资者境内利润再投资递延纳税、广泛复制推广自贸区经验、探索建设自由贸易港等方式大范围吸引外资进入,为我国服务贸易开放探索更多"引进来"路径。

四、紧扣"一带一路"机遇,促进区域协调开放

我国服务业向全球高端市场迈进过程中,需要东部、中部及西部区域的全面开放和协调发展。在统筹服务业全面开放的总体布局下,我国各区域服务产业应遵从梯度开放、优势发展的整体思路,要利用好"市场换技术"的贸易开放方式,有效发挥各区域特色资源、优势市场和先进产业对高技术外资资源或者项目的吸引力,形成各区域服务产业分工明晰、区域发展协同共进的贸易新格局。要进一步扩大中西部区域的贸易开放程度,尤其是开放程度较落后的中部区域的贸易开放程度,鼓励中西部区域外商投资产业范围的扩大,并对符合条件的重点外商投资企业提供企业所得税优惠、土地优惠等政策支持。要在东部区域劳动力等要素成本攀升的背景下,力推东部区域的外资向西部区域梯度转移,进而利用中西部区域劳动力成本、土地成本低的优势。要加强中西部地区市场经济环境和产业配套能力的全面提升,为吸引外资资源的流入和落户提供优越的市场环境和巨大的产业发展潜力。

特别地,我国服务业"引进来"应充分利用"一带一路"建设所释放的制度红利,继续发挥东部沿海地区的区位优势,强化东部区域的开放优势,同时加速扩大中西部区域的开放水平,构建区域分工合理、产业竞争有序的全方位区域开放新局势。在参与"一带一路"国际合作与共赢中,结合服务贸易开放的统筹规划和区域分工,在国家层面和区域层面构建"一带一路"的紧密布局,进而实现服务贸易开放的全面提升、释放区域经济发展的内在潜力。进一步地,积极利用"一带一路"建设为各区域间在区域分工方面带来的新契机,提升各区域交通运输、电信通信等基础设施的建设水平,显著增强"一带一路"沿线经济带和城市群的网络化连接,形成横贯东中西的对外开放经济走廊,打造承载高端国际要素流入的便利通道,将全国各地乃至全世界的资源和市场连接在一起,为优化服务要素和资源配置提供平台载体,为要素集聚、市场拓展和产业发展创造良好的投资经营条件。

五、扩大外资来源领域,汇集全球先进要素

放宽多领域外资市场准入、扩大外资来源国范围是世界各个国家通过开放合作实现共赢的重要前提,也是实现要素在全球市场优化配置的关键路径。我国服务业应进一步加强与欧盟、美国、日本、东盟国家的技术与产业合作,通过全球先进要素的溢出效应和带动效应,提升我国服务业的国际竞争力。其中,欧盟作

为发达经济体,在经济环境和政策环境方面都显著优于发展中经济体和转型经济体,具有高科技服务产业密集、创新人才和先进技术集聚的特征,由此我国服务业可以在科学研究和技术服务业以及信息传输、计算机服务和软件业等先进生产性服务领域与欧盟展开深入合作,利用欧盟高科技项目、人才、技术推动我国先进服务业的发展。美国作为世界第一大经济体,是世界服务业最完善的国家之一,其服务业的国际市场占有率也颇高。我国服务业可以吸引美国金融业、计算机服务和软件业、专业技术服务业和娱乐文化业在国内的对华直接投资,为我国服务业发展聚合更多全球高端元素。

此外,日本服务业发展水平位居全球前列,在市场主导、政府扶植、都市集群的独特发展模式下,日本在生产性服务业、服务外包及公共服务业方面形成了国际领先的竞争优势。我国服务业可以将日本的财务咨询、信息服务、软件服务、金融服务、人力资源管理服务等生产性服务业作为重点引资对象,通过日本先进生产性服务要素的进入逐渐增强我国先进生产性服务业的国际竞争力,也为我国先进制造业的发展提供高效率、专业性的生产性配套。东盟是中国国际贸易中的重要合作伙伴,在旅游服务业、运输服务业等消费性服务领域具有显著的优势。其中,新加坡在东盟中的经济发展状况最好,营商环境和营商规则与国际高度接轨,服务业产业基础和要素禀赋优势突出,也是我国服务业引入外资中排名第二的国家。我国服务业可以进一步加大从新加坡的引资比例,并将东盟的旅游服务业、运输服务业等消费性服务业作为重点引资对象,实现我国生产性服务业和消费性服务业的全面提升。

六、探索新型引资模式,加强科技项目合作

我国服务业进一步扩大开放中,应当创新引用外资的方式和管理体制,突破以绿地投资为主的单一利用外资模式,以创新、灵活、透明、动态的外商引资政策导向,探索合作开发、外商投资股份制、跨国并购、服务外包等新型引资模式。要改变依靠低成本、高流量引进外资的传统思维,将外资引入由成本导向转化到市场、创新和高技术导向的模式上,有效提升我国服务外资引入的质量和效益,从而带动我国服务业向全球产业链的高端迈进。要鼓励我国本土企业利用合作开发、技术联盟等方式引导外资流入,建立跨国公司技术转移平台,扩大外商直接投资的技术溢出效应,为我国服务业增强研发能力提供强力的技术、信息和人才支撑。要全面推行准入前国民待遇和负面清单的管理制度,健全知识产权保护、劳工权益保护、外商直接投资监管体系等,为外资的有效进入及高效利用提供公平、透明、有序的营商环境,推动我国服务业更好地融入全球价值链分工和

服务体系。

与此同时，探索我国新型服务外资模式过程中，应重视不同行业、区域服务业产业结构、商业模式、开放程度、发展水平及营商环境的差异，结合企业、产业、区域的自身优势，选择服务业"引进来"的最佳方式。要充分结合我国服务业产业转型升级的经济形态，有序推进全球金融服务业、电信服务业、专业服务业等服务贸易行业以投资股份制、风险投资、项目融资、跨国并购等模式进入国内，将全球高端服务要素作为推动服务产业结构优化的重要路径。要大力吸引全球云计算、大数据、电子信息、软件等高新技术产业到国内开展合作开发或者设立研究中心，通过加强科学研究项目合作，全面提升我国互联网等现代服务业的国际化水平，有效发挥本土产业与跨国产业的协同效应。要积极利用我国东部沿海地区吸收全球高端要素的区位优势，鼓励地区优势产业、企业吸收大型跨国公司、重大科技项目的投资，将我国服务业优势产业与全球高端资源紧密结合，进而促进我国服务业向产业链的两端拓展。

七、拓展外资引入渠道，增加引资经济绩效

我国服务业利用外资中，存在着引资产业结构失衡、经营模式单一、外资品质不佳、引入渠道较窄等问题，进而导致当前我国服务业引资经济绩效不佳。为了纠正这一问题，我国服务业在未来的引资过程中，应进一步拓展外资引入渠道，为我国服务业引资经济绩效的增加提供更多路径选择。要以建立经贸合作中心为重点，扩大金融服务业，信息传输、计算机服务和软件业，科学研究和技术服务业等高专业化和高技术化领域的外资引入渠道，将服务引资转移到引技、引智的路径上，并为集聚国际高端资源提供更多政策便利通道，从而有效发挥全球先进技术、高端产业对本国经济绩效的推动作用。要做好我国服务业外资招商引资工作，应结合本国产业发展需求和国际资本流动规律，通过把握外商投资的方向适时地调整和推出外资引入项目，并在招商引资网络上及时发布对外招商的信息，积极打开各种外商引资渠道，提升外商招商引资的成功率及引用外资的质量和效益。

拓展外资引入渠道时，应坚持创新驱动的发展理念，要重点资助外商在本国开展科技研发项目，鼓励外商设立具有独立法人资格、顺应产业发展方向的研究开发机构、科研孵化机构及技术转移机构，为我国高科技服务项目的孵化、发展提供技术支撑，为我国实践创新驱动发展战略提供重要发展路径。要加强香港同胞及国外华侨与内地和国内市场的资本连接，以中国华侨在中国香港及全球市场建立的企业、研发机构为引进窗口，为我国服务业集聚提升经济绩效的优质全球

资源和技术提供平台载体。要着力引进服务业"世界500强"外资企业地区总部及功能性机构,并实施"一事一议"和"特事特办"的贸易扶持政策,为具有核心研发团队和先进技术的大型跨国公司提供便利政策通道,以充分发挥高端外资资源的技术和知识外溢效应及产业发展带动效应,全面提升我国服务业的技术先进性、管理经验国际化及营销渠道广阔性,进而提升外资资本或项目对我国经济绩效的促进作用。

八、提高行业供给质量,强化行业引资优势

我国服务业不同行业实际利用外资对经济发展、产业结构升级及就业增长的拉动作用存在显著差异,由此应强化异质性行业对不同宏观经济指标的优势促进效应,最大限度地实现服务产业功能的合理分工及协同效应,为我国服务业进一步扩大贸易开放提供更加清晰的分工明细、功能定位选择。要积极发挥计算机和信息服务业、租赁和商务服务业及科学研究和技术服务业三大行业部门引用外资对经济增长的拉动作用,金融服务业,计算机和信息服务业,房地产服务业,批发和零售服务业,科学研究和技术服务业,交通运输服务业,住宿和餐饮服务业,水利、环境服务业,文化、体育和娱乐服务业及公共管理和社会组织服务业引用外资对产业结构的优化作用,金融服务业,计算机和信息服务业,房地产服务业,批发和零售服务业,科学研究和技术服务业,交通运输服务业,水利、环境服务业,卫生、社会保障服务业及公共管理和社会组织服务业引用外资对就业增长的促进作用。

为了强化不同服务行业引资优势,应从提升行业引资供给质量方面着手,通过供给侧结构性改革提升行业供给的质量。金融服务业、计算机和信息服务业、科学研究和技术服务业等高专业性、高技术服务业的外资引入中,应选择全球专业服务、技术服务领先地区的产业作为重点引资对象,形成项目引资事前筛选、事中监管和事后考核的动态追踪体系,并在此基础上为高科技企业或者项目的入驻提供风险防控、金融服务、对标产业等配套设施。房地产服务业、批发和零售服务业、住宿和餐饮服务业、交通运输服务业等传统服务业的外资引入中,应通过集聚全球高端信息、人才和管理要素,逐步优化传统服务产业的商业发展模式。水利、环境服务业,文化、体育和娱乐服务业,卫生、社会保障服务业及公共管理和社会组织服务业等与生活和消费相关领域的外资引入中,更应注重引入外资的多样性、高端性和丰富性,以满足本国相关产业的多元化需求、降低国内生活性服务的消费成本。

第五章

我国服务业进一步扩大开放的"走出去"路径研究

第一节 引 言

在我国大力推进"一带一路"建设和供给侧结构性改革的背景下,如何更好地引导企业"走出去"对外投资、实现资源配置全球化布局、提升我国产业在海外市场的竞争力正在成为愈发重要的课题。为了更好地探讨和明确我国服务业进一步扩大开放的"走出去"路径,有必要首先对服务业"走出去"的相关理论进行梳理,在此基础上明确服务业"走出去"的路径与模式,从而为我国服务业的国际化发展提供理论支撑。

一、服务业对外直接投资的主要理论

传统的国际直接投资理论主要解释的是跨国企业在对外投资过程中的投资动机、投资流向和投资决策问题,早期的研究较多采用制造业样本进行讨论,较少针对服务业的特定情况进行分析。但是,大多数学者认同,服务业作为一个产业部门,其对外直接投资的动机、流向和决策也与其他产业部门存在较多相似之处,传统的国际直接投资理论对于解释服务业对外直接投资也具有较强的适用

性。因此，传统的国际直接投资理论也可以作为服务业对外直接投资的主要理论依据。当前，较为主要的国际直接投资理论包括垄断优势理论、产品生命周期理论、比较优势投资理论、内部化理论以及国际生产折衷论等。

一是垄断优势理论。垄断优势理论认为，对外直接投资是市场不完全的产物，企业对外直接投资必须拥有垄断优势，才能够确保在与东道国企业的市场竞争中具备优势。一般而言，跨国公司拥有的垄断优势主要来自知识、技术、资产优势，规模经济优势以及产品市场不完全优势。如果不具备上述垄断优势，跨国公司就不会在东道国开展对外直接投资活动。

二是产品生命周期理论。产品生命周期理论将产品的发展周期划分为三个阶段，分别是创新阶段、成熟阶段和标准化阶段。在创新阶段，母国企业生产并且出口产品到其他国家市场；在成熟阶段，母国企业前往发达国家开展对外直接投资活动；在标准化阶段，母国企业到发展中国家进行投资，产品从东道国返销至母国市场。该理论认为，母国垄断优势逐步减弱是导致母国企业开展对外直接投资活动的重要驱动因素。

三是比较优势投资理论。比较优势投资理论基于国际分工中的比较优势原则，创造性地将国际直接投资划分为顺贸易导向型和逆贸易导向型两种。前者又可称为贸易创造型投资，指的是国际直接投资的增长能够带动母国与东道国之间的贸易增长；后者又可称为贸易替代型投资，指的是国际直接投资的增长减少了母国与东道国之间的贸易往来。一般来说，具有比较劣势产业部门的对外直接投资大多属于贸易创造型投资，而具有比较优势产业部门的对外直接投资则大多属于贸易替代型投资。

四是内部化理论。内部化理论解答了母国企业在国际化过程中为何要将独占信息在内部市场让渡而非在外部市场转让这一问题。该理论指出，外部市场失灵和知识产品积累是内部化优势形成的主要原因，而且这一过程与交易成本密切相关。内部化理论既适用于解释发达国家的对外直接投资行为，同时也适用于解释发展中国家的对外直接投资行为。

五是国际生产折衷论。国际生产折衷理论与以往的国际直接投资理论相比，具有较强的综合性，吸收了内部化理论、要素禀赋理论、区位理论等理论的优点，在此基础上系统解答了企业国际化的动机、区位选择和模式选择问题。该理论认为，当母国企业仅具备所有权优势时，技术转让是其进入国际市场的最优方式；当母国企业同时具备所有权优势和内部化优势时，出口而非技术转让成为企业开展跨国业务的最优方式；当母国企业同时具备所有权优势、内部化优势以及区位优势时，对外直接投资成为最优的选择。

学者们大多认同，传统的以制造业为基础的对外直接投资理论基本上也适用于对服务业对外直接投资现象的研究。例如，邓宁（Dunning，1989）在《跨国企业和服务增长：一些概念和理论问题》一文中就明确提出，国际生产折衷论适用于解释服务业的对外直接投资，服务业企业在满足"三优势"（所有权优势、内部化优势、区位优势）的前提下，开展对外直接投资活动是必然趋势。类似地，格雷（Gray，1981）、恩德韦克（Enderwick，1989）、卡斯特尔（Castell，1996）等学者也分别应用内部化理论、国际生产折衷理论等范式对服务业对外直接投资活动进行了研究，结果表明传统对外直接投资理论对于服务业也具有较强的解释能力。钟晓君、刘德学（2015）的研究也发现，传统对外直接投资理论特别是国际生产折衷理论能够较好地解释服务业对外直接投资现象。

二、服务业"走出去"的路径构成

服务业"走出去"路径并不是单一维度的，而是综合了时间、空间、行业、模式等要素的多维度路径。从对外直接投资战略决策要素的角度出发，服务业"走出去"路径的构成和基本内容主要涵盖了以下四个方面的内容，即"时机选择""区位选择""行业选择"和"进入模式选择"（见图5-1）。其中，时机选择反映了服务业"走出去"路径的时间维度，重点解决服务业何时进入东道国进行投资的问题，涉及投资的时序分布和阶段特征两个方面；区位选择反映了服务业"走出去"路径的空间维度，重点解决服务业到哪些地区进行投资的问题，涉及服务业在东道国的区位分布及其影响因素；行业选择反映了服务业"走出去"路径的行业维度，重点解决哪些服务业应该获得优先支持前往东道国进行投资的问题，主要涉及对外投资的行业分布以及对应的投资规模和投资结构；进入模式选择反映了服务业"走出去"路径的方式维度，重点解决服务业通过何种方式在东道国开展对外投资活动的问题，涉及合资与独资、新建投资与跨国并购之间的选择。

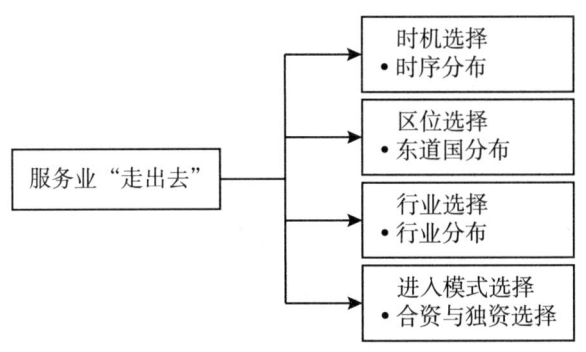

图5-1 服务业"走出去"路径的构成要素

从总体上，投资的时机、区位、行业和模式共同构成了服务业"走出去"的路径，四个维度都是不可或缺的组成部分。由于不同服务业的行业特征及其所处发展周期并不相同，而且不同东道国之间的投资和营商环境也存在较大差异，服务业"走出去"的路径并不是一成不变的，而是需要根据不同行业的特征以及其他环境变量的不同而进行差异化设计。对我国服务业在某个特定东道国的"走出去"路径进行分析时，可以通过三维空间图的形式将其他构成要素纳入分析框架。对于特定的东道国而言，我国服务业"走出去"的具体路径包括了以下三个方面的内涵：从行业维度来看，可以根据竞争实力将我国服务业划分为幼稚行业、新兴行业、优势行业三个类别，对不同类别服务业在东道国的投资活动制定差别化扶持政策，做到巩固优势行业地位、引导新兴行业投资、扶持幼稚行业发展；从时间维度来看，可以结合东道国的市场规模、投资壁垒、要素禀赋等条件，对服务业在东道国的进入时机进行分析，明确服务业投资规模、投资领域、投资重点等方面的近期目标、中期目标和远期目标，通过分阶段、分步骤设定投资目标和投资路线，避免出现盲目投资的情况；从模式维度来看，需要结合我国服务业的自身竞争实力和东道国的市场容量与规制政策等要素进行考虑，根据成本最优化原则在独资新建、合资新建、独资并购、合资并购等对外直接投资模式中选取合适的进入模式，确保我国服务业在东道国的投资活动实现效益最大化的目标（见图5-2）。

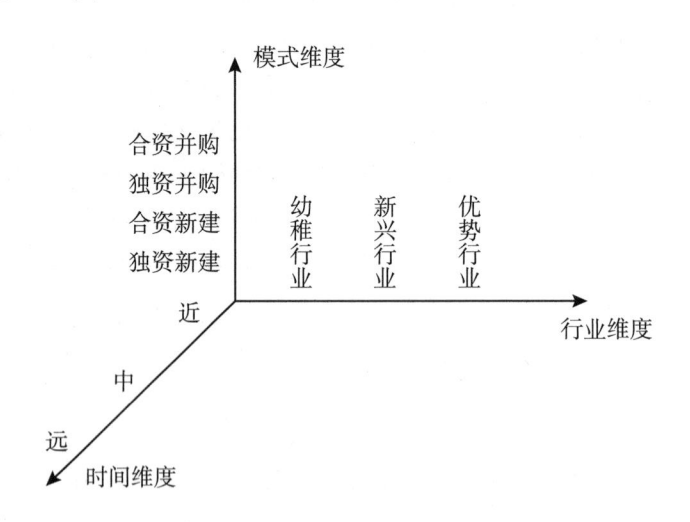

图5-2 服务业在东道国"走出去"路径的三个维度

综合来看，服务业的"走出去"路径涵盖了时机选择、区位选择、行业选择和进入模式选择等多个维度的内容，行业特征、东道国经济社会环境、母国与东道国空间距离等因素都有可能对此产生影响。因此，对于不同的东道国来说，服务业在当地"走出去"的最优路径也是不一样的,不能一概而论。

三、服务业"走出去"的主要模式

服务业"走出去"路径是宏观层面的扩大开放,而对于服务企业来说,其"走出去"的模式也必须在宏观路径的基础上进行实践。和制造业相比,服务业具有无形性、异质性、不可分离性、不可储存性等特点,因此服务企业"走出去"的模式与制造业相比也有所不同。从不同的维度进行研究,服务企业"走出去"的模式也可以划分为不同的类型。特别是,处于不同细分领域的服务企业在进入国际市场时所采取的最优策略和主要模式也并不完全相同。基于实践经验的考察,课题组总结了以下几种服务业"走出去"的典型模式。

一是"华为模式"。该模式的主要特点在于,服务依托于制造"走出去",在产品、设备出口后进一步为海外客户提供后续的运营、维护等服务,在此基础上实现技术研发与创新的海外布局。华为作为通信设备生产商,在进入海外市场时遵循了从发展中国家市场到发达国家市场、从硬件设施销售到软件系统维护、从创新跟随者向创新引领者转变的路径。在此过程中,华为通过深耕海外市场,不断积累设备和系统服务的经验,逐步实现了从设备提供商向系统集成商的角色转换,并且成长为目前唯一的一家多次入选全球创新百强机构的中国企业。

二是"中行模式"。该模式的主要特点在于,通过为企业特别是制造企业提供"出海"服务来提升自身的国际化水平,业务集中于为本土企业提供"走出去"过程中所面临的融资、审计、管理等实际困难的解决方案。中国银行的海外布局与本土企业国际化的发展趋势密切相关,通过为本土企业提供跨境融资、清算结算、债券发行、资金托管等服务,成为人民币国际化的重要推动者和市场引领者。根据中国银行 2017 年度业绩报告,截至当年,中国银行在海外 47 个国家和地区拥有近 600 家分支机构,服务于全球 500 万家公司客户、1 600 家金融机构客户和 2.4 亿个人客户。可以说,中国银行"走出去"模式之所以能够获得成功,与其紧密结合本土企业国际化过程中的资金需求是分不开的。

三是"阿里模式"。该模式的主要特点在于,通过打造跨境平台同时为国内客户和海外客户提供服务,致力于消除国际贸易和投资过程中的信息不对称问题,有效降低交易成本,借助服务交易双方实现自身海外业务的布局与拓展。阿里巴巴集团在国际化过程中,明确提出了要打造"全球买、全球卖"的商业生态,并且推出了全球速卖通、菜鸟网络、蚂蚁金服等涉及产品销售、物流服务、支付理财等环节的市场平台,一方面为全球品牌进入中国市场提供便利,另一方面也为中国品牌走向世界提供便利。

四是"万达模式"。该模式的主要特点在于,通过独立并购或者财团并购的方式优化海外市场布局,巩固企业在国际市场上的份额和竞争力。万达集团多次在欧美市场开展并购活动,以提升其在电影市场的影响力和竞争力。根据万达集团旗下子公司 AMC 发布的公告,截至 2017 年,该公司已经通过并购在欧美市场拥有了超过 1 000 家影院和多达 11 000 块屏幕,巩固了全球第一大单一院线的地位,被并购的标的包括了欧洲最大院线 Odeon & UCI 等大型院线。

四、小结

本节重点梳理了服务业"走出去"的几个相关经典理论,以及在此基础上进一步分析了服务业"走出去"路径的构成要素以及主要模式。具体来说,传统的国际直接投资理论包括了垄断优势理论、产品生命周期理论、比较优势投资理论、内部化理论以及国际生产折衷论等,主要解释的是跨国企业在对外投资过程中的投资动机、投资流向和投资决策问题。虽然上述理论的提出主要是基于制造业样本得到的,但是对于解释服务业对外直接投资也具有较强的适用性。因此,传统的国际直接投资理论也可以作为服务业对外直接投资的理论基础。

另外,服务业"走出去"路径的构成要素和基本内容主要涵盖了时机选择、区位选择、行业选择和进入模式选择四个方面。从行业维度来看,可以将我国服务业划分为幼稚行业、新兴行业、优势行业三个类别;从时间维度来看,可以将服务业在东道国的进入时机划分为近期目标、中期目标和远期目标;从模式维度来看,可以将对外直接投资模式划分为独资新建、合资新建、独资并购、合资并购等。从已有的实践经验来看,我国服务业"走出去"的模式主要有:依附于制造领域的"华为模式",服务于制造行业的"中行模式",致力于打造交易平台的"阿里模式",以及主要以并购方式进入海外市场的"万达模式"。

第二节 我国服务业"走出去"的影响因素

基于对服务业"走出去"理论基础、发展路径和主要模式的归纳梳理,本节进一步分析影响服务业对外投资的母国因素、东道国因素和企业自身特征因素,其中东道国因素对服务业对外投资的区位选择和模式选择影响尤为重大,有必要予以深入分析。为此,本节将会应用灰色关联分析方法,探讨我国服务业在东道国投资流量和投资存量与东道国经济规模、产业结构、服务业限制程度、汇率以及东道国与我国地理距离等因素的相关性,为明确我国服务业对外投资区位选择和行业布局的影响因素提供依据,从而为进一步结合不同服务业和不同东道国的特征来优化设计我国服务业"走出去"路径创造条件。

一、服务业"走出去"的主要影响因素

影响服务业"走出去"的因素主要来自四个方面:一是东道国因素,在服务业"走出去"进程中发挥着外部引力作用;二是母国因素,在服务业"走出去"进程中发挥着内部推力作用;三是行业因素,在服务业"走出去"进程中发挥着行业张力作用;四是企业因素,在服务业"走出去"进程中发挥着个体支撑力作用。上述四个方面的影响因素共同决定了服务业"走出去"的路径和策略,其中影响最为显著的是东道国因素。

东道国因素。服务业对外投资无论是基于市场扩张、资源获取、技术合作还是风险规避等动机,都与东道国的社会经济发展状况以及投资壁垒和门槛有着密切的关系。包括市场规模、要素禀赋、区位条件、投资壁垒等在内的东道国因素对服务业在当地的投资和扩张路径会产生显著的影响。一般而言,市场规模越大,要素禀赋越充裕,区位条件越优越,投资壁垒越低,母国服务业在东道国的投资扩张路径就越容易达成。作为服务业"走出去"的外部引力,较大的市场规模对市场扩张驱动型的服务业海外投资具有较强的吸引力;充裕的要素禀赋意味着充足的专业服务人才储备或者专业技术储备,有利于扩大要素资源驱动型的服务业海外投资规模;优越的区位条件意味着东道国处于区域经济发展中心地带或者与母国的地理距离相对较近,有利于降低服务业对外投资的交通成本,提升运营效率;此外,较低的投资门槛和投资壁垒显然更有利于服务业在当地开展对外投资活动,反映了服务业对外投资所面临的制度环境。

母国因素。服务业"走出去"不仅仅与东道国的社会经济状况等条件相关,同时还受到母国的影响。通常来说,母国经济发展水平越高、对外开放程度越高,母国服务业所能积累的实践经验就越丰富,对国际市场的适应性和竞争力就越强,越有利于母国服务业"走出去"开展对外投资活动。与此同时,母国对服务业对外投资活动的支持力度也会有所影响。母国对服务业"走出去"的支持力度越大,境外投资审批流程越简化,以及相应的财税政策越优惠,服务企业开展境外投资活动的意愿就越强烈。相比较而言,母国采用备案制管理模式较为有利于服务业"走出去",而采用核准制管理模式则会对服务业"走出去"产生较为不利的影响。此外,母国经济政策波动幅度大、经济增长前景不明朗,服务业的对外投资活动也有可能会趋于活跃,但是这种被动型的对外投资效率相对较低,

其投资绩效不如主动型的对外投资行为。

行业因素。除了东道国和母国这两个宏观国家层面的影响因素之外，服务业自身所具备的行业特征以及所处的发展阶段也会对服务业"走出去"带来显著影响，属于中观的行业层面影响因素。显然，服务业所处的发展周期和阶段越趋近于成熟状态，服务业的国际竞争力就越强，服务业"走出去"的可能性越大、成功率就越高。而且，母国服务业发展水平越高，服务企业在"走出去"进行对外投资时所能获得的来自国内行业的支持力度就越大，从而提升服务企业在海外市场投资的竞争力。同时，服务企业在海外市场竞争力的提升也会对母国其他服务企业产生外溢效应和反馈效应，激励更多的母国服务企业"走出去"进行对外投资。因此，服务业自身所具备的行业特征变量也是会对服务业对外投资产生影响的因素之一。

企业因素。服务业对外投资的主体是企业，因此服务企业自身的特征变量也会对服务业"走出去"产生影响。具体来说，服务企业的规模越大、市场份额越高、核心竞争力越强，"走出去"开展对外投资活动获得成功的可能性就越大。而且，服务企业在某个东道国进行对外投资所积累的实践经验，有助于该企业进一步将投资活动拓展和延伸至其他东道国，具有较强的干中学效应。此外，服务企业的公司治理结构、高管国际化程度、人才资源的储备状况以及在海外市场的网络布局等因素，都会对服务企业"走出去"带来显著影响。因此，即便是在同一个行业、同一个东道国的范围内，服务企业的对外投资决策也会大相径庭，造成这种投资决策差异的主要原因就在于服务企业自身特征的差异使得不同企业的国际化思路有所区别。

二、东道国要素对我国服务业对外投资的影响

东道国要素对我国服务业对外投资有着重大影响，是服务企业"走出去"过程中需要重点关注的焦点内容。为了确定我国服务业对外投资区位选择与东道国要素之间的相关性，本节主要通过应用灰色关联分析的方法，探讨生产性服务业、消费性服务业和公共服务业的对外投资区位选择与东道国经济规模、产业结构、服务业限制程度、汇率以及东道国与我国地理距离等因素的相关性，从而为进一步分析我国服务业进一步扩大开放的"走出去"路径提供依据。

（一）研究方法

灰色系统理论适用于"小样本，贫信息"的数据分析，其中的灰色关联分析能够对影响增长序列的因素进行系统特征分析，从而区分出众多影响因素中的主

要影响因素和次要影响因素,并且对影响程度的大小进行排序。由于服务业对外投资的统计数据较少,采用回归分析等针对大样本数据的计量方法得到的结果是有偏、非一致的。因此,分析服务业对外投资区位选择与东道国因素之间的相关性时,应用灰色系统理论更为合适。

根据刘思峰、党耀国、方志耕和谢乃明(2010)等学者对灰色系统理论的研究,灰色关联度的基本计算步骤如下:

第一,确定评价指标体系,设定增长序列和相关因素行为序列,并且确定参考数据列。

第二,对指标数据序列用关联算子进行无量纲化处理,常用的方法有均值化像法和初值化像法,也就是:

$$x'_i(k) = \frac{x_i(k)}{\frac{1}{n}\sum_{k=1}^{n} x_i(k)}, \text{ 或 } x'_i(k) = \frac{x_i(k)}{x_i(1)} \tag{5.1}$$

其中,$k = 1, \cdots, n$;$i = 1, \cdots, m$。

第三,计算评价对象指标序列与参考序列对应元素的绝对差值,即

$$\Delta_i(k) = |x'_0(k) - x'_i(k)| \tag{5.2}$$

其中,$k = 1, \cdots, n$;$i = 1, \cdots, m$。

第四,计算两极最大差和最小差,即

$$M = \max_i \max_k \Delta_i(k), \quad m = \min_i \min_k \Delta_i(k) \tag{5.3}$$

第五,计算比较序列和参考序列对应元素的关联系数,即

$$\gamma_{0i}(k) = \frac{m + \varepsilon M}{\Delta_i(k) + \varepsilon M} \tag{5.4}$$

其中,$\varepsilon \in (0, 1)$;$k = 1, \cdots, n$;$i = 1, \cdots, m$。

第六,计算关联度,也就是

$$\gamma_{0i} = \frac{1}{n} \sum_{k=1}^{n} \gamma_{0i}(k), \quad i = 1, \cdots, m \tag{5.5}$$

(二) 相关性分析

结合上述灰色系统理论的原理,在进行灰色关联分析时,我国服务业对外投资流量和存量属于增长序列,而可能会对金融业对外投资额产生较大影响的各项变量是相关因素行为序列,主要包括了东道国经济规模、产业结构、服务业限制程度、汇率以及东道国与我国地理距离等指标。在进行灰色关联分析时,为了消除序列间量纲的差异性对数据分析结果造成的影响,采用均值法对增长序列和相关因素行为序列进行无量纲处理,在此基础上可以进一步计算得到各相关因素序

列与服务业对外投资流量和存量之间的灰色关联度。

需要说明的是,此处灰色关联分析采用的是 2015 年的截面数据,涉及的东道国和地区样本主要有中国香港、欧盟、东盟、美国、澳大利亚和俄罗斯。我国服务业对外投资流量和存量数据源于历年《中国对外直接投资统计公报》;服务业限制程度指标源于世界银行(World Bank)的 STRI 数据库;东道国与我国地理距离数据通过网站 http://www.indo.com 中的距离计算器获取,表示为东道国首都与我国首都之间的航空距离;东道国经济规模、服务业占比、汇率等其他指标源于 UN Data 数据库。此外,由于 World Bank 的 STRI 数据库只是给出了东道国总体的服务限制指数,以及在金融业、电信业、交通运输业、零售业以及专业服务业五个细分行业的限制指数,因此,除了上述五个细分行业以外,其他行业的服务限制情况由总体限制指数来衡量。

从总体上看,各项相关序列无论是对我国在东道国的服务业投资流量还是存量,所有灰色关联度系数都超过了 0.65,表明两者之间存在较强的相关性。相比较而言,无论是服务业投资流量还是存量,相关性最高的东道国因素都是服务业占比,灰色关联系数都超过了 0.7,表明要素禀赋和产业基础是我国服务业"走出去"的最主要影响因素;紧随其后的是东道国 GDP,反映出市场规模和经济发展水平也是影响我国服务业在东道国投资的重要因素;相关性水平居中的两个因素包括东道国服务业限制程度和汇率,体现了服务业进入壁垒和汇率市场波动对我国服务业对外投资区位选择的影响;相关系数最低的是东道国和我国的地理距离,反映出服务业对外投资对于交通运输成本的敏感度相对较低,体现了服务业不同于制造业的行业特征。综合来看,对我国服务业对外投资区位选择影响程度最大的两个因素分别是东道国服务业占比和东道国经济规模,影响程度居中的两个因素分别是服务业限制程度和汇率,影响程度最小的因素是东道国与我国的地理距离。因此,我国服务业对外投资的区位选择高度依赖于东道国的服务业禀赋条件和市场经济规模,而空间地理距离的影响程度则相对较弱(见表 5-1)。

表 5-1　　　　　　　　　服务业灰色关联度平均值

行业	指标	项目	GDP	汇率	地理距离	服务业占比	服务业限制程度
服务业	流量	灰色关联度	0.6967	0.691	0.6749	0.7049	0.6895
		排名	2	3	5	1	4
	存量	灰色关联度	0.708	0.7145	0.6957	0.7252	0.7076
		排名	2	4	5	1	3

进一步地，可以将服务业划分为生产性服务业、消费性服务业和公共服务业，分别考察东道国因素与我国上述三个行业在东道国服务业对外投资额的相关性，从而明确不同类别服务业对东道国因素的敏感度是否有所区别。其中，生产性服务业包括金融业，信息传输、软件和信息技术服务业，批发和零售业，交通运输、仓储和邮政业，科学研究和技术服务业，租赁和商务服务业；消费性服务业包括文化、体育和娱乐业，住宿和餐饮业，房地产业，居民服务、修理和其他服务业；公共服务业包括水利、环境和公共设施管理业以及教育。

对于分行业的生产性服务业来说，与服务业占比这一体现东道国要素禀赋指标相关度较高的行业主要有金融业，交通运输、仓储和邮政业，以及科学研究和技术服务业；与东道国 GDP 这一反映东道国市场规模和经济发展水平指标相关度较高的行业主要有信息传输、软件和信息技术服务业，租赁和商务服务业；与东道国行业限制程度这一反映服务业进入壁垒指标相关度较高的行业主要是批发和零售业。相比较而言，汇率因素以及地理距离与我国生产性服务业对外投资的区位选择之间相关程度较低（见表 5-2）。

表 5-2　　　　　　　　生产性服务业的灰色关联度

行业	指标	项目	GDP	汇率	地理距离	服务业占比	行业限制程度
金融业	流量	灰色关联度	0.7209	0.6685	0.6812	0.7235	0.6350
		排名	2	4	3	1	5
	存量	灰色关联度	0.7061	0.7050	0.6962	0.7465	0.6553
		排名	2	3	4	1	5
信息传输、软件和信息技术服务业	流量	灰色关联度	0.7004	0.6855	0.6548	0.7001	0.6715
		排名	1	3	5	2	4
	存量	灰色关联度	0.7009	0.6783	0.6462	0.6874	0.6797
		排名	1	4	5	2	3
批发和零售业	流量	灰色关联度	0.6891	0.6566	0.6767	0.7209	0.7462
		排名	3	5	4	2	1
	存量	灰色关联度	0.7039	0.6680	0.6705	0.7136	0.7537
		排名	3	5	4	2	1
交通运输、仓储和邮政业	流量	灰色关联度	0.6521	0.7132	0.6905	0.7373	0.6834
		排名	5	2	3	1	4
	存量	灰色关联度	0.7125	0.6679	0.6591	0.7007	0.6894
		排名	1	4	5	2	3

续表

行业	指标	项目	GDP	汇率	地理距离	服务业占比	行业限制程度
科学研究和技术服务业	流量	灰色关联度	0.7336	0.7947	0.7560	0.7892	0.7832
		排名	5	1	4	2	3
	存量	灰色关联度	0.7061	0.7050	0.6962	0.7465	0.7393
		排名	3	4	5	1	2
租赁和商务服务业	流量	灰色关联度	0.6745	0.5985	0.6108	0.6440	0.6662
		排名	1	5	4	3	2
	存量	灰色关联度	0.7054	0.6655	0.6499	0.6899	0.6726
		排名	1	4	5	2	3

具体来看，金融业，交通运输、仓储和邮政业，以及科学研究和技术服务业属于资本和技术密集型服务业，东道国服务要素禀赋是否充裕直接关系到上述三个行业在对外投资过程中能否在东道国得到足够的资本和人力支持，因此服务业占比在这三个行业的区位选择中发挥的作用最为突出；信息传输、软件和信息技术服务业以及租赁和商务服务业表现出了较强的市场驱动特征，这两个行业所具有的网络规模效应凸显了潜在市场规模在投资决策中的重要性，因此东道国GDP规模对于这两个行业对外投资区位布局的影响最为显著；相比较而言，批发和零售业对于东道国的行业进入壁垒最为敏感，这也体现了大部分东道国在该行业领域中的开放程度要低于其他行业。

从总体上看，生产性服务业与东道国各个影响因素之间的相关性排名与服务业整体的影响因素排名较为一致，但是对于具体的细分行业来说，不同行业受影响程度最大的东道国因素仍然存在显著差异。之所以会出现这种情况，主要的原因在于不同生产性服务业的行业特征存在较大差别，而行业特征的差别又导致了服务业对外投资决策的核心驱动要素会有所区别。结合生产性服务业的分行业灰色关联分析结果，可以将金融业，交通运输、仓储和邮政业，以及科学研究和技术服务业归类为要素资源获取型的对外投资；将信息传输、软件和信息技术服务业以及租赁和商务服务业归类为市场驱动型的对外投资；将批发和零售业归类为行业壁垒规避型的对外投资。

对于消费性服务业来说，文化、体育和娱乐业以及住宿和餐饮业属于汇率敏感型服务业，这两个行业对外投资的区位选择与汇率变化密切相关；房地产业在东道国的对外投资则与东道国服务业在产业结构中的份额高度相关，表明房地产业对要素资源禀赋的依赖程度较高；居民服务、修理和其他服务业的最大影响因素来自东道国GDP，表明市场规模和经济发展水平是影响我国该行业对外投资区位分布的最主要因素。从总体上看，汇率对我国消费性服务业"走出去"区位分布的影响最大，其次是服务业占比和GDP，影响相对较小的是东道国服务限制程度以及东道国和我国的地理距离（见表5-3）。

表5-3 消费性服务业的灰色关联度

行业	指标	项目	GDP	汇率	地理距离	服务业占比	服务限制程度
文化、体育和娱乐业	流量	灰色关联度	0.705	0.7556	0.701	0.7057	0.6566
		排名	3	1	4	2	5
	存量	灰色关联度	0.702	0.7313	0.7135	0.7265	0.6728
		排名	4	1	3	2	5
住宿和餐饮业	流量	灰色关联度	0.7807	0.8032	0.7369	0.736	0.7124
		排名	2	1	3	4	5
	存量	灰色关联度	0.8002	0.8239	0.7921	0.7468	0.7034
		排名	2	1	3	4	5
房地产业	流量	灰色关联度	0.6626	0.7059	0.6791	0.728	0.711
		排名	5	3	4	1	2
	存量	灰色关联度	0.6751	0.7211	0.7165	0.7731	0.7681
		排名	5	3	4	1	2
居民服务、修理和其他服务业	流量	灰色关联度	0.7078	0.6676	0.6564	0.6981	0.6855
		排名	1	4	5	2	3
	存量	灰色关联度	0.7049	0.6804	0.6461	0.6868	0.6753
		排名	1	3	5	2	4

我国"走出去"的公共服务业主要涉及水利、环境和公共设施管理业以及教育两个行业。其中，水利、环境和公共设施管理业属于政策敏感型行业，受东道国服务限制程度的影响最大；而教育与东道国服务限制程度之间的相关性则不明显，主要影响因素在于东道国经济发展水平。这也意味着，大部分东道国在水利、环境和公共设施管理领域仍然设置了相对较高的进入壁垒，导致我国该行业的服务企业在进行区位选择时不得不将其设为主要的考虑因素。而对于教育行业来说，我国企业在进入海外市场时更加关注当地的潜在市场规模。显然，东道国的经济规模越大，潜在市场空间也越大，教育行业的发展前景就越好，从而驱使我国相关企业更偏好于前往经济发展水平较高的国家或地区开展对外投资活动（见表5-4）。

表 5-4　　　　　　　　　　公共服务业的灰色关联度

行业	指标	项目	GDP	汇率	地理距离	服务业占比	服务限制程度
水利、环境和公共设施管理业	流量	灰色关联度	0.5738	0.6201	0.6282	0.6847	0.7212
		排名	5	4	3	2	1
	存量	灰色关联度	0.5233	0.6919	0.7159	0.788	0.8192
		排名	5	4	3	2	1
教育	流量	灰色关联度	0.7604	0.6224	0.6272	0.5908	0.6017
		排名	1	3	2	5	4
	存量	灰色关联度	0.8552	0.8357	0.7456	0.697	0.6629
		排名	1	2	3	4	5

从横向比较的角度来看，我国生产性服务业对外投资区位分布在总体上受要素资源禀赋和市场规模容量的影响较为显著，消费性服务业的对外投资分布主要受到汇率波动因素和东道国经济发展水平的影响，而公共服务业对外投资分布的影响因素主要是服务限制程度和东道国经济发展水平。由此可见，不同类别的服务业对外投资区位选择影响因素存在较为明显的差异性，这一方面体现了不同服务业的行业特征并不相同，另一方面也反映出即便是对于同一个东道国来说，我国不同服务业在当地的"走出去"路径也会有所区别。

三、小结

服务业"走出去"的影响因素主要来自东道国、母国、行业和企业四个维度，分别在服务业"走出去"进程中发挥了外部引力、内部推力、行业张力和个体支撑力的作用。本节在分析服务业"走出去"影响因素的基础上，重点探讨了东道国因素对我国服务业对外直接投资的影响。具体来说，本节主要应用灰色关联分析方法探讨了我国服务业在东道国投资流量和投资存量与东道国经济规模、产业结构、服务业限制程度、汇率以及东道国与我国地理距离等因素的相关性。

综合来看，对我国服务业对外投资区位选择影响程度最大的两个因素分别是东道国服务业占比和东道国经济规模，影响程度居中的两个因素分别是服务业限制程度和汇率变动因素，影响程度最小的因素是东道国与我国的地理距离。与此同时，从分行业的角度来看，我国生产性服务业、消费性服务业和公共服务业"走出去"路径的主要影响因素并不完全相同，生产性服务业更多地体现为要素资源驱动型和市场空间拓展型的对外投资，消费性服务业主要体现为汇率波动敏感型和市场空间拓展型的对外投资,而公共服务业更多地表现为进入壁垒规避型和市场空间拓展型的对外投资。

第三节 我国服务业"走出去"的总体现状

根据《2016 年度中国对外直接投资统计公报》,在我国现有的对外直接投资格局中,服务业对外投资流量在总投资额中所占比重已经超过了 70%,对外投资存量的份额已经达到了 75%。可见,服务业在我国对外直接投资结构中扮演着重要的角色,服务业"走出去"顺利与否在很大程度上决定了我国扩大对外开放、开展国际产能合作的目标能否顺利达成。本节重点对我国服务业"走出去"的总体情况进行梳理和归纳,明确我国服务业对外直接投资的发展趋势和发展方向,从而为提出有针对性的政策建议提供基本判断依据。在总体现状分析的基础上,后续章节将会分别针对我国服务业在东盟、欧盟、美国、非洲等地区和国家的"走出去"路径进行分析。

一、我国服务业对外投资的总体情况

在分析我国服务业对外投资的总体情况时,本节内容主要从投资流量、投资存量、行业分布、地区分布等维度展开,并且对服务业对外并购的总体情况进行归纳,力求为全面、系统掌握我国服务业"走出去"的总体情况提供依据,也为进一步分析和判断我国服务业未来一段时期内"走出去"的发展趋势和发展方向提供参考。需要说明的是,本节图表原始数据主要源于历年《中国对外直接投资统计公报》。

(一) 投资流量

2007~2015 年,我国服务业对外投资额从 195.6 亿美元提高到了 1 059.9 亿美元,增长幅度高达 441.7%,平均每年的增幅达到了 55.2%。在这一时期,服务业对外投资额总体上呈现出了"在波动中增长"的态势,而自 2011 年起则保持了稳定增长的势头。从总体上看,我国服务业对外投资的规模化扩张进程取得了较大的进展,更多的企业和资本通过在服务业领域的"走出去"进行了资源配置的全球布局。

虽然服务业对外投资额持续增长,但是服务业在我国对外投资总额中的占比

却表现出了"稳中趋降"的特征。2007年，我国服务业对外投资占比为73.8%，2008年这一比值达到了82.5%。而到了2015年，服务业对外投资占比下降至72.8%，和2008年的峰值相比下降了10个百分点。导致服务业对外投资额有所增加但是份额却趋于下降的主要原因在于，受到国内生产要素成本上升、清洁生产标准提高、国际产能合作获得更多支持等因素的综合影响，我国制造业、建筑业、采矿业、农林牧渔业等工业部门和农业部门的对外投资额也出现了快速增长，而且总体增幅要高于服务业。例如，制造业和建筑业的对外投资流量分别从2007年的21.3亿美元和3.3亿美元增加到了2015年的199.9亿美元和37.4亿美元，增长幅度都远远超过了服务业，从而导致出现了服务业对外投资额上升但是份额却有所下降的情况（见图5-3）。

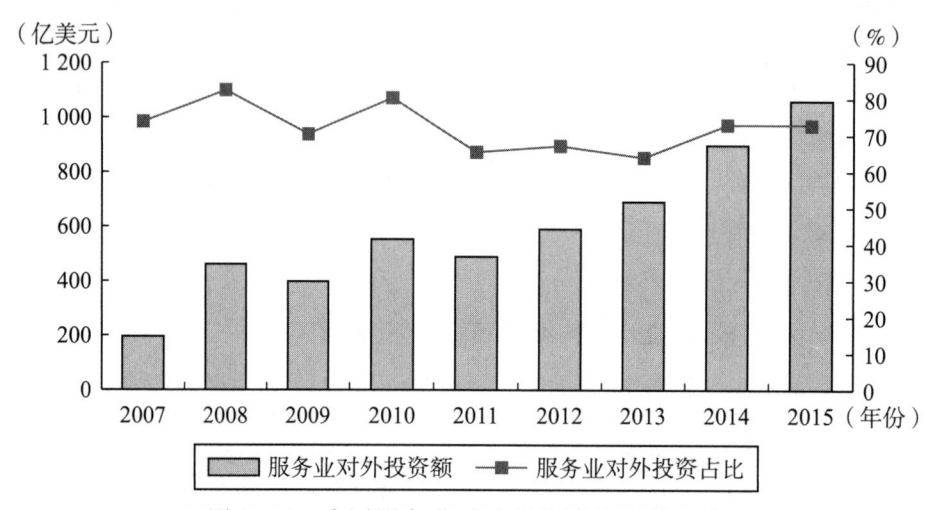

图5-3 我国服务业对外投资流量及其占比

我国服务业对外投资额排名前三的细分行业分别是租赁和商务服务业、金融业、批发和零售业。从2007年到2015年，三个行业的对外投资额分别从56.1亿美元、16.7亿美元和66.0亿美元增加到了362.6亿美元、242.5亿美元和192.2亿美元，增长幅度分别达到了546.6%、1 353.7%和191.0%。在此期间，对外投资额出现下滑的行业只有交通运输、仓储和邮政业，投资额从2007年的40.7亿美元下降到了2015年的27.3亿美元，下降幅度为32.9%。因此，虽然大多数服务业近年来都保持了较好的增长势头，但是不同行业在增长率上的差异仍然较为明显，个别行业甚至可能会出现负增长的情况（见图5-4）。

（亿美元）

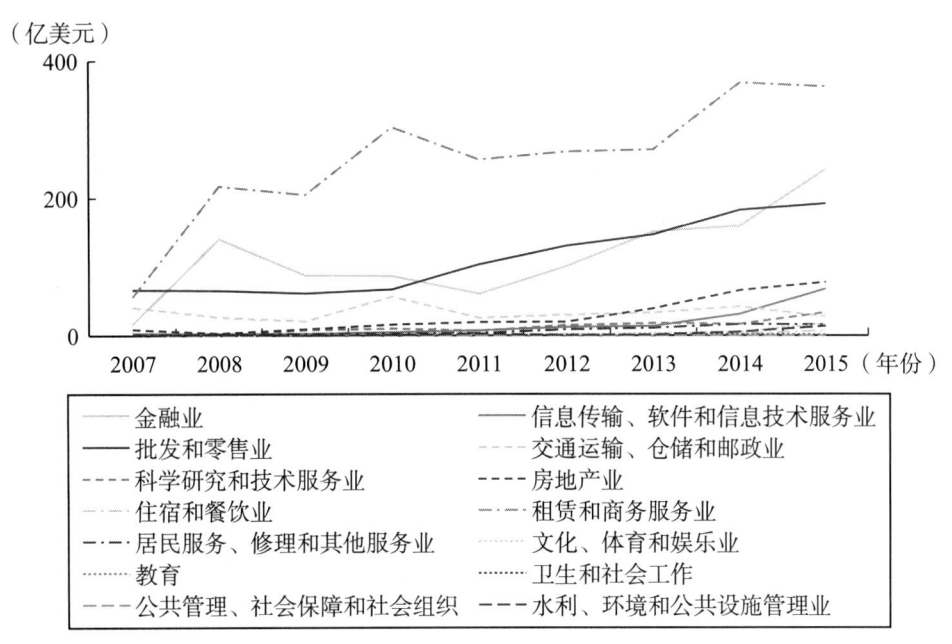

图 5-4　我国服务业分行业对外投资流量

图例：
- 金融业
- 批发和零售业
- 科学研究和技术服务业
- 住宿和餐饮业
- 居民服务、修理和其他服务业
- 教育
- 公共管理、社会保障和社会组织
- 信息传输、软件和信息技术服务业
- 交通运输、仓储和邮政业
- 房地产
- 租赁和商务服务业
- 文化、体育和娱乐业
- 卫生和社会工作
- 水利、环境和公共设施管理业

（二）投资存量

从投资存量的角度来看，我国服务业对外投资存量逐年增加，从 2007 年的 899.2 亿美元增加到了 2015 年的 8 226.9 亿美元，增长幅度达到 814.9%。服务业在我国对外投资存量中的份额 2007 年为 76.3%，随后到 2009 年一度下滑至 67.4%，在 2015 年恢复至 74.9%。从总体上看，服务业投资存量占比的变化情况和流量占比的情况相近，都表现出了趋于下降的特征（见图 5-5）。

从细分行业的角度来看，对外投资存量最大的三个行业依次是租赁和商务服务业、金融业、批发和零售业。2007～2015 年，上述三个行业的对外投资存量分别从 305.2 亿美元、167.2 亿美元、202.3 亿美元提高到了 4 095.7 亿美元、1 596.6 亿美元、1 219.4 亿美元，增长幅度也分别达到了 1 242.2%、854.9%、502.7%。除此之外，其他服务业的对外投资存量也出现了不同程度的增长，但是总体规模仍然远远落后于排名前三的服务业。此外，随着我国服务业对外投资流量的快速增长，服务业细分行业的对外投资存量增长速度也有所加快，表现为趋势线的斜率变得更加陡峭（见图 5-6）。

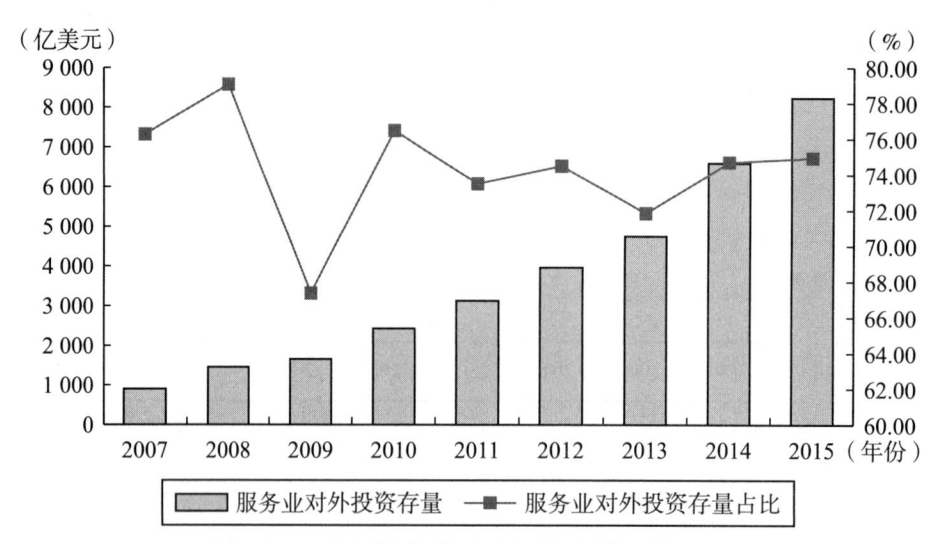

图 5-5 我国服务业对外投资存量及其占比

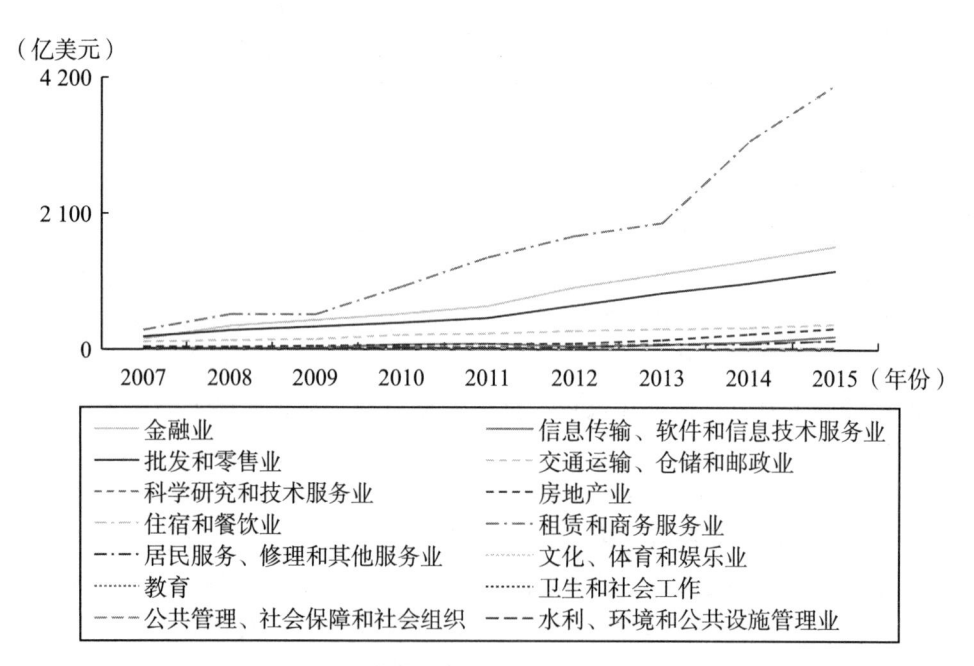

图 5-6 我国服务业分行业对外投资存量

(三) 行业份额

就服务业对外投资的流量分布情况来看,租赁和商务服务业所占份额最大,但是其份额已经从 2010 年的峰值 54.9% 下降到了 2015 年的 34.7%,五年间下降的幅度达到了 20 个百分点,与其他服务业相比的份额优势已经被大幅度缩减。

紧随其后的是金融业、批发和零售业，两个行业在 2015 年的服务业对外投资份额分别是 23.2% 和 18.4%。可以看到，排名靠前的三个行业对外投资份额加总超过了 3/4 的水平，其他十一个行业的份额加总还不到 1/4，差距较为明显，表明对外投资流量高度集中于排名前三的行业（见图 5-7）。

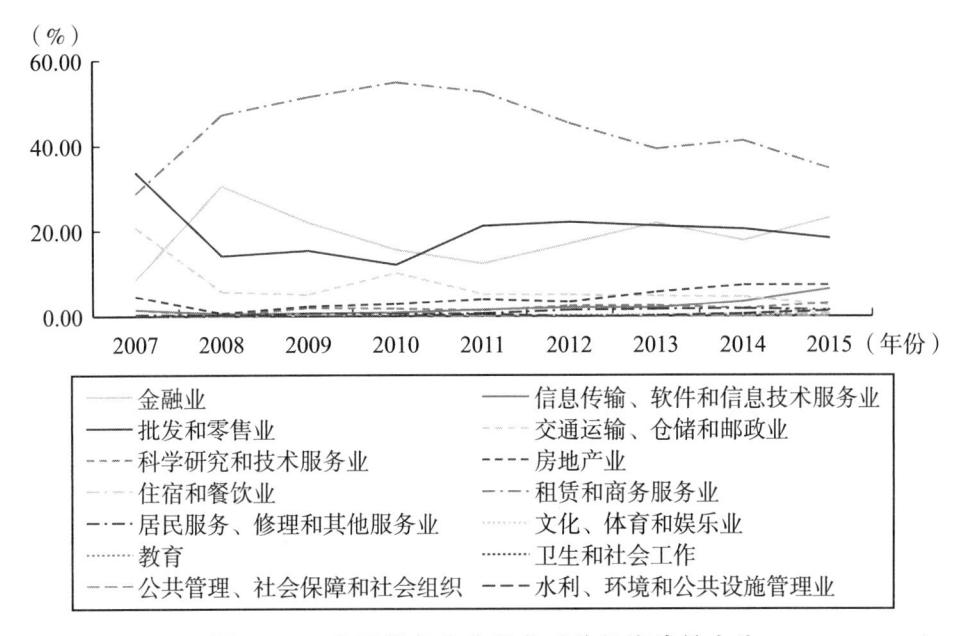

图 5-7 我国服务业分行业对外投资流量占比

服务业对外投资的存量分布情况和流量分布情况并不完全一致，排名前三的行业虽然同样依次是租赁和商务服务业、金融业、批发零售业，但是租赁和商务服务业的份额趋于上升，而后两者的份额则有所下降，存量份额差距有所拉大。具体来看，2007~2015 年，三个行业的存量份额分别从 34.3%、18.8%、22.7% 变为 49.9%、19.5%、14.9%。可以看出，租赁和商务服务业在存量份额中占据半壁江山的情形短期内仍然不会发生变化，而且排名前三的行业存量份额加总超过了 4/5，远远高于其他十一个行业的份额，资本集聚程度很高（见图 5-8）。

从分行业境内投资者构成的角度来看，2015 年我国服务业的境内投资者主要集中于批发和零售业、租赁和商务服务业、住宿和餐饮业以及信息传输、软件和信息技术服务业，境内投资者数量分别达到了 6 956 家、1 616 家、658 家和 627 家。金融业虽然无论是投资流量还是投资存量都进入了前三名，但是境内投资者数量并不多，没有进入前九名，凸显了金融业资本高度集聚化以及对外投资过程中的"数量少、规模大"特征。相比之下，批发和零售业、租赁和商务服务业的境内投资者数量众多，表明这两个行业在国内市场上更趋近于完全竞争格局。此外，其他行业的投资流量和存量相对较小，而境内投资者数量相对较多，反映了行业对外投资分散化的特征（见表5-5）。

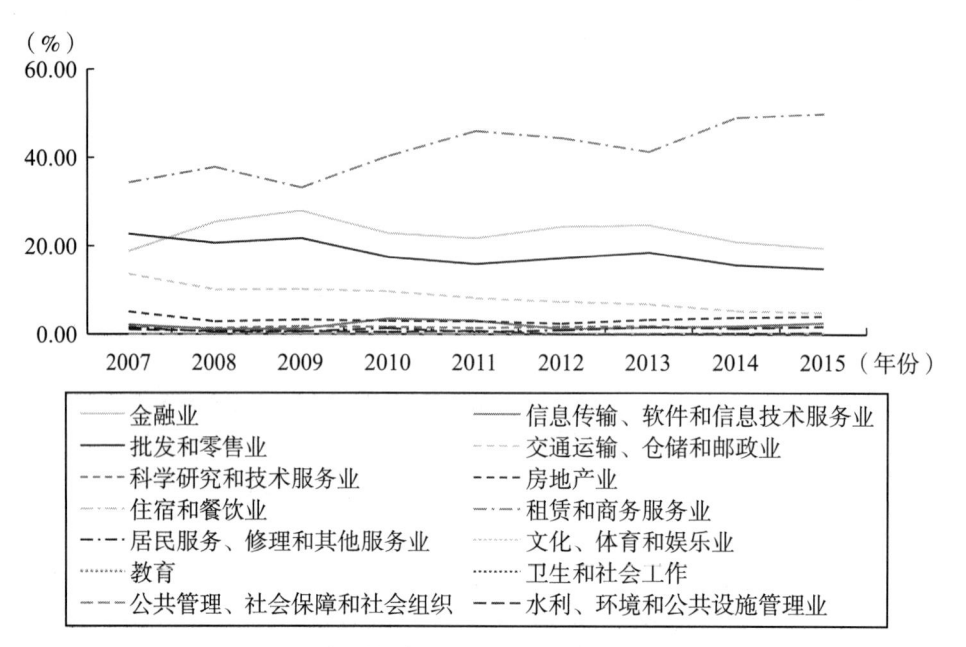

图5-8 我国服务业分行业对外投资存量占比

表5-5　　　　2015年我国服务业分行业境内投资者构成

行业	数量（家）	排名
批发和零售业	6 956	1
租赁和商务服务业	1 616	2
住宿和餐饮业	658	3
信息传输、软件和信息技术服务业	627	4
科学研究和技术服务业	442	5
房地产业	387	6
交通运输、仓储和邮政业	348	7
居民服务、修理和其他服务业	333	8
文化、体育和娱乐业	168	9

资料来源：《2015年度中国对外直接投资统计公报》。

（四）地区分布

从地区分布的角度来看，我国服务业对外投资高度集中于亚洲，在大洋洲和非洲的投资份额较小，在拉丁美洲、欧洲和北美洲的投资份额处于居中水平。值得关注的是，服务业在任意一个地区的投资存量中都占据了较高的份额，而且至少有两个细分行业在当地投资存量的所有行业排名中进入了前五强。其中，在服务业投资存量份额最高的拉丁美洲，在所有行业中排名进入前五的服务业就有租赁和商务服务业、金融业、批发和零售业以及交通运输、仓储和邮政业，四个行业的份额占比达到了77.2%。在服务业投资存量份额最低的非洲，也有两个服务业排名进入了前五强，分别是第四位的金融业和第五位的科学研究和技术服务业，两个行业的总份额仅为14.1%。相比之下，我国服务业投资存量在拉丁美洲和亚洲表现出了显著的集聚特征，而在非洲和大洋洲表现出了显著的分散特征（见表5-6）。

表5-6　2015年我国在各大洲对外投资存量排名进入前五名的服务业

大洲	行业	在所有行业中的排名	投资存量（亿美元）	占比（%）
亚洲	租赁和商务服务业	1	3 313.10	43.1
	金融业	2	1 030.90	13.4
	批发和零售业	3	1 004.30	13.1
	小计		5 348.3	69.6
非洲	金融业	4	34.2	9.9
	科学研究和技术服务业	5	14.6	4.2
	小计		48.8	14.1
欧洲	金融业	3	153.4	18.3
	租赁和商务服务业	4	80	9.6
	批发和零售业	5	58.6	7
	小计		292	34.9
拉丁美洲	租赁和商务服务业	1	602.5	47.7
	金融业	2	230.7	18.3
	批发和零售业	4	96.2	7.6
	交通运输、仓储和邮政业	5	45.5	3.6
	小计		974.9	77.2
北美洲	金融业	2	121.7	23.3
	租赁和商务服务业	3	65.7	12.6
	房地产业	5	37.6	7.2
	小计		225	43.1

续表

大洲	行业	在所有行业中的排名	投资存量（亿美元）	占比（%）
大洋洲	房地产业	2	29.9	9.3
	金融业	3	25.6	8
	租赁和商务服务业	4	23.4	7.3
	小计		78.9	24.6

资料来源：《2015年度中国对外直接投资统计公报》。

（五）行业并购

并购是我国服务企业"走出去"对外投资的重要方式。从2015年的情况来看，除了公共管理、社会保障和社会组织行业没有发生并购事件之外，其他13个服务业都出现了并购事件。并购金额最大的前五个行业依次是信息传输、软件和信息技术服务业，金融业，文化、体育和娱乐业，租赁和商务服务业，住宿和餐饮业，并购金额分别达到了84.1亿美元、66.1亿美元、32.3亿美元、31.3亿美元和27.1亿美元，合计并购金额在服务业并购总额中的占比达到了71.7%。相比较来看，2015年金融业并购数量为18起，远远低于租赁和商务服务业的77起，但是并购金额前者却是后者的两倍，凸显了不同行业间的并购情况存在较大差异，在制定相应的监管和激励政策时也需要区别对待（见表5-7）。

表5-7　　　　2015年我国服务业分行业并购情况

行业	数量（起）	金额（亿美元）	并购金额占比（%）	排名
信息传输、软件和信息技术服务业	58	84.1	25	1
金融业	18	66.1	19.7	2
文化、体育和娱乐业	21	32.3	9.6	3
租赁和商务服务业	77	31.3	9.3	4
住宿和餐饮业	11	27.1	8.1	5
批发和零售业	81	26.6	7.9	6
房地产业	21	20.7	6.2	7
科学研究和技术服务业	43	17.6	5.2	8
交通运输、仓储和邮政业	11	16.1	4.8	9
水利、环境和公共设施管理业	4	8.8	2.6	10

续表

行业	数量（起）	金额（亿美元）	并购金额占比（%）	排名
卫生和社会工作	10	4.3	1.3	11
居民服务、修理和其他服务业	12	1.2	0.4	12
教育	6	0.2	0.1	13
公共管理、社会保障和社会组织	0	0	0	14
合计	373	336.4	100	—

资料来源：《2015年度中国对外直接投资统计公报》。

二、我国服务业对外投资的发展趋势

基于对我国服务业对外直接投资现状的梳理和归纳总结，可以结合我国政策导向、行业周期、经济环境等因素，对未来我国服务业对外投资的发展方向和发展趋势进行判断，为深入分析我国服务业进一步扩大开放的"走出去"路径提供参考依据。具体来说，可以分别从投资规模、行业结构、地区布局、投资方式、投资主体等多个维度对我国服务业的发展趋势进行分析，从而更好地明确我国服务业对外投资的路径变化和布局调整。

（一）投资规模

结合近年来我国服务业对外投资额快速增长的现实情况来看，我国服务业对外投资额在未来一段时期内仍将处于上升通道，但是增长速度可能会有所减慢，而且服务业对外投资额在我国对外投资总额中的占比也会稳中趋降。上述判断的主要依据如下：

第一，我国构建更高层次的开放型经济新体系以及推动供给侧结构性改革的现实需要，有利于服务企业"走出去"对外开展投资活动。特别是，近年来我国制造企业在海外开展国际产能合作的意愿大幅度增强，制造业在海外市场的生产活动为服务业特别是生产性服务业提供了更多的合作机会和发展空间，为服务企业对外投资创造了条件。

第二，虽然我国服务业对外投资规模仍将持续扩大，但是受到对外投资审查和监管趋紧的影响，服务业对外投资的增长速度将会有所放缓。特别是，在文化、体育和娱乐业等领域的非主业投资短期内会受到较大影响，高速增长的势头难以维持。此外，对外投资基数的扩大也会导致服务业对外投资增长速度的放缓。因此，服务业对外投资增长速度会趋于下降。

第三，随着我国制造业部门海外投资步伐的加速，服务业对外投资占比也会有所降低。受到国家"一带一路"倡议布局的激励，以及国内生产要素成本快速上涨、国内市场利润率下降等因素的影响，我国制造业部门对外投资的意愿有所提升，制造业对外投资规模在未来一段时期内仍将维持持续扩大的态势，在对外投资结构中的占比也会有所增加，从而导致服务业份额的下降。

（二）行业结构

从行业结构的角度来看，生产性服务业在我国服务业对外投资总额中的地位和占比将会得到进一步的巩固和增强。我国制造业部门海外扩张进程的加速，对生产性服务业的对外投资活动也会产生较强的激励效应。具体来说，我国服务业对外投资结构中以下行业的规模和份额都会有所扩大和提升：研发设计与其他技术服务，货物运输、仓储和邮政快递服务，信息服务，金融服务，节能与环保服务，生产性租赁服务，商务服务，人力资源管理与培训服务，批发经纪代理服务，生产性支持服务。

从发展的趋势来看，虽然我国服务业对外投资各个细分行业的投资额都会持续增加，但是生产性服务业的份额将会远远超过消费性服务业、公共性服务业和基础性服务业。在国家"一带一路"倡议布局中，开展制造业部门的国际产能合作是重点领域之一，制造企业"走出去"开展对外投资活动也能够享受到更多的政策倾斜。在这一背景下，制造业与生产性服务业之间的联动效应会给服务业对外投资规模的扩张注入更多动力，从而进一步巩固和提升生产性服务业在服务业对外投资结构中的地位。

（三）地区布局

我国服务业对外投资目前主要集中在中国香港和欧盟等发达国家和地区，以及英属维尔京群岛、开曼群岛、百慕大群岛等地区。从地区布局的角度来看，未来东盟、非洲、中亚等"一带一路"沿线地区在我国服务业对外投资总额中的份额将会有所提高，而在英属维尔京群岛等地区的服务业投资流量和份额都很有可能会逐步下降。

一方面，受到我国与"一带一路"沿线国家和地区经济联系趋于紧密的影响，我国服务企业在上述国家和地区的对外投资额也可能会出现较大幅度的增长，从而提升了这些区域在我国服务业对外投资区域布局中的地位。另一方面，英属维尔京群岛、开曼群岛、百慕大群岛作为"避税天堂"，除了投资审批流程高度简化和税收优惠力度较大以外，在其他方面并没有较为凸显的竞争优势，而且缺乏实体经济的支撑。在国际监管环境趋于完善以及我国推进内外资企业无差别对待的背景下，国内服务企业前往上述地区进行对外投资所能获得的额外收益已经大幅度缩减。因此，可以预见的是，原有在"避税天堂"的服务业投资可能会转移至"一带一路"地区，形成此消彼长的"跷跷板"效应。

（四）投资方式

我国服务企业对外投资的方式主要有新建投资和跨国并购两种。根据《2015年度中国对外直接投资统计公报》，2015年，我国服务业跨国并购数量为373起，涉及并购金额336.4亿美元，在我国服务业当年对外投资总额中的占比为31.7%。虽然跨国并购目前在我国服务业对外投资方式中的占比还不高，但是从跨国并购的增长势头来看，这一投资方式的比重仍将持续上升，甚至有可能会成为未来我国服务企业开展对外投资活动的最主要方式。特别是，服务企业通过共同注资的方式联合开展跨国并购活动的案例也将更为常见，这一方面能够降低单个企业的投资风险，另一方面也大大提升了服务企业在对外投资活动中的议价能力。

另外，从具体的投资手段来看，随着近年来我国服务业对外投资活动的兴起，新增股权投资的份额也将得到巩固和提升。收益再投资和债务工具投资的规模虽然也会扩大，但是份额会有所降低。从长期来看，在我国服务业对外投资活动进入稳定期以后，部分新增股权投资的份额有可能会转移到收益再投资。此外，债务工具投资将会作为一种补充和辅助性质的投资手段继续存在，但是其份额将会远远低于新增股权投资以及收益再投资。

（五）投资主体

在投资主体的构成方面，当前我国金融业对外投资以国有企业为主，其他服务业对外投资则以非国有企业为主。在未来较长一段时期内，这一投资主体的总体结构仍将维持不变。同时，我国服务业投资主体的来源将会更加趋于多元化，这种多元化主要体现在以下几个方面：一是会有更多的中小型服务企业开展对外投资活动，改变当前服务业对外投资以大中型企业为主的情况；二是中西部地区服务企业在对外投资活动中发挥的作用也将有所提升，投资区域分布会相对更加均衡；三是开展对外投资活动的服务企业在行业分布上也将更加均衡，当前对外投资服务企业高度集中在租赁和商务服务业以及批发和零售业等少数几个行业的情况会有所改观。

服务业对外投资主体结构的变化趋势与我国经济新常态背景下的供给侧结构性改革密切相关。一方面，我国致力于协助企业拓展海外市场以及开展对外投资的专业化平台和企业数量不断增加，降低了服务企业对外投资的门槛，使得更多的中小型服务企业也得以开展对外投资活动。另一方面，随着我国供给侧结构性改革的推进，以科学研究和技术服务业为典型的生产性服务业将会获得更广阔的发展空间和更多的发展机遇，也会有更多的生产性服务企业跟随制造业对外投资的步伐而"走出去"提供配套专业服务，这些行业的对外投资将会进入快速增长时期，从而改变当前我国服务业对外投资结构中行业分布较不均衡的状况，提升服务业的总体国际竞争力。

三、小结

本节从投资流量、投资存量、行业分布、地区分布、并购进展等方面对我国服务业"走出去"的基本现状进行了归纳总结，在此基础上进一步对服务业对外投资的发展趋势进行了分析。从总体上看，服务业在我国对外投资总额中所占比重超过70%，是我国对外投资的主力军，而且服务业对外投资高度集中在租赁和商务服务业、金融业、批发零售业，这三个行业在我国服务业对外投资结构中所占比重超过了75%。在不同地区，服务业对外投资的流量、存量及其占比都存在较大差异，反映出东道国地区经济社会状况对服务业投资区位选择的影响有所区别。从未来的发展趋势来看，我国服务业对外投资仍将处于上升通道，但是在对外投资总体结构中所占的比重可能会有所降低。以金融业、科学研究和技术服务业等为代表的生产性服务业在服务业对外投资结构中将会扮演更为凸显的角色，而且当前行业投资高度集中的状况也将会有所改善。此外，跨国并购的数量和金额也将会得到大幅度的提升，并购将会成为更为重要的服务业对外投资方式。考虑到未来服务业对外投资结构可能出现的新变化、新情况，对进一步扩大服务业开放的"走出去"路径予以分析具有较强的现实意义。

第四节　我国服务业在东盟的"走出去"路径

东盟是我国21世纪海上丝绸之路的重要组成部分，主要涵盖了新加坡、印度尼西亚、泰国、越南、菲律宾、马来西亚、老挝、缅甸、柬埔寨、文莱十个国家。作为新兴经济体，东盟国家近年来经济增长速度有所提高，在全球经济格局中的地位也有所提升。在我国大力推进"一带一路"倡议布局的背景下，我国和东盟的货物贸易以及服务贸易规模不断扩大，东盟国家也正在成为越来越多企业开展对外投资活动的目的地。从发展趋势来看，我国服务业在东盟的投资规模和投资份额处于上升通道,为此,在归纳总结我国服务业在东盟投资情况的基础上,深入分析东盟的经济社会环境以及服务业投资限制政策,有助于为进一步优化设计我国服务业在东盟的"走出去"路径提供依据。

一、我国服务业在东盟的"走出去"概况

从行业布局的角度来看,我国服务业在东盟的投资高度集中于租赁和商务服务业、批发和零售业、金融业,这三个行业在我国服务业对东盟投资流量总额和存量总额中所占的份额分别超过了85%和80%,是行业布局的"第一梯队",其他九个服务行业的投资流量占比和投资存量占比合计不到15%和20%。特别是,租赁和商务服务业在东盟服务业投资中的流量份额和存量份额分别超过了60%和近50%,即便是把所有行业都考虑进来,其流量份额和存量份额也分别超过了45%和25%,可以看出优势地位较为凸显。行业布局的"第二梯队"包括了交通运输、仓储和邮政业,房地产业,水利、环境和公共设施管理业,科学研究和技术服务业等,其竞争优势和份额与排名前三的行业相比有较明显的差距。信息传输、软件和信息技术服务业,居民服务、修理和其他服务业,住宿和餐饮业,文化、体育和娱乐业,教育在行业布局中属于"第三梯队",无论是投资流量份额还是存量份额都不超过1%,教育行业甚至出现了撤资的情况(见表5-8)。

表5-8　　　　　　2015年我国服务业在东盟投资情况

行业	流量（万美元）	比重（%）	存量（万美元）	比重（%）
租赁和商务服务业	667 384	63.3	1 608 852	48.7
批发和零售业	174 324	16.5	753 721	22.8
金融业	91 178	8.7	435 619	13.2
交通运输、仓储和邮政业	6 092	0.6	178 260	5.4
房地产业	17 583	1.7	116 163	3.5
水利、环境和公共设施管理业	77 804	7.4	81 128	2.5
科学研究和技术服务业	8 479	0.8	74 361	2.2
信息传输、软件和信息技术服务业	6 347	0.6	24 607	0.7
居民服务、修理和其他服务业	3 922	0.4	18 259	0.6
住宿和餐饮业	1 319	0.1	9 995	0.3
文化、体育和娱乐业	1 765	0.2	4 678	0.1

续表

行业	流量 （万美元）	比重 （%）	存量 （万美元）	比重 （%）
教育	-2 444	-0.2	1 079	0
合计	1 053 753	100	3 306 722	100

资料来源：《2015年度中国对外直接投资统计公报》。

进一步地，从分行业在东道国布局的角度来看，我国服务业在东盟投资存量排名前五的行业中，租赁和商务服务业的投资存量主要集中于新加坡、越南、菲律宾、老挝等国；批发和零售业的投资存量主要集中于新加坡、印度尼西亚、越南、泰国、菲律宾、马来西亚等国；金融业的投资存量主要集中于新加坡、泰国、印度尼西亚、马来西亚、越南等国；交通运输、仓储和邮政业的投资存量主要集中于新加坡、泰国等国；房地产业的投资存量主要集中于新加坡、老挝等国。可以看出，新加坡在五个行业中都是最重要的投资目的地，其他东道国所承接的服务业投资重心则有所不同。

从东道国布局的角度来看，我国服务业在东盟的投资高度集中于新加坡，这是因为新加坡在东盟中的经济发展状况最好，营商环境和营商规则与国际高度接轨，服务业产业基础和要素禀赋优势突出，劳动力素质和教育水平最高，而且华人华侨数量众多，沟通交流成本相对较低。处于"第二梯队"的是印度尼西亚、老挝、缅甸、柬埔寨、泰国、越南和马来西亚，我国服务业在上述国家的投资分布相对较为均衡，但是其加总份额仍然远远不及我国服务业在新加坡的投资份额。处于"第三梯队"的是菲律宾和文莱，前者的经济状况较差，政策环境也难以满足服务企业的投资需求，后者虽然经济状况相对较好，但是地理面积极为狭小，因此我国服务业在这两个国家的投资规模相对较小。这也可以看出，东盟十国的经济发展水平和服务业营商环境有着显著的差异，我国服务业在东盟各国的投资规模也存在较大区别，因此，在设计我国服务业在东盟的"走出去"路径时，需要针对不同国家的情况进行差异化布局。

二、我国服务业在东盟面临的投资环境

我国服务业在东盟面临的投资环境主要可以从经济环境和政策环境两个方面进行考察，经济环境反映了服务业投资所面临的产业基础、资源禀赋、要素供给、市场空间等问题，政策环境则反映了服务业投资所面临的进入壁垒问题。一般来说，一个国家的经济发展水平越高、营商环境越好，其他国家在当地投资所

面临的进入壁垒就越低。通过分析东盟国家服务业投资所面临的经济环境和政策环境，能够为我国服务业进一步扩大在当地的投资规模、提升投资效率提供事实依据。

（一）经济环境

新加坡是东盟十国中经济发展环境最为优越的国家，主要表现为：人均 GDP 高达 52 244.6 美元，进入了高收入国家行列；对外贸易依存度和服务贸易依存度分别达到了 329.9% 和 102.1%，在东盟国家中是开放程度最高的国家；服务业增加值在 GDP 中的占比达到 73.8%，国民经济体系以服务业为主，为在当地开展服务业投资活动提供了很好的产业基础；成立一家新公司仅需要 2.5 天就可以完成相关注册手续，投资便利化程度远远优于其他东盟国家；税负在公司商业利润中的占比仅为 18%，在东盟十国中是税负占比低于 20% 的两个国家之一，有利于企业经营成本的降低（见表 5-9）。

表 5-9　　　　　　　　2015 年东盟十国的经济环境指标

国家	GDP（亿美元）	人均 GDP（美元）	服务业增加值占比（%）	对外贸易依存度（%）	服务贸易依存度（%）	劳动人员数量（万人）	成立公司需要天数（天）	税负在利润中占比（%）
新加坡	2 891.7	52 244.6	73.8	329.9	102.1	313.9	2.5	18
越南	1 545.1	1 684.7	44.2	178.8	13.8	5 526.1	20	39.4
印度尼西亚	9 881.3	3 827.5	43.3	41.9	6.2	12 574.9	47.8	29.7
泰国	3 936.8	5 733.9	54.9	126.6	26.1	4 032	27.5	32.6
菲律宾	2 660.6	2 615.7	58.8	62.7	18	4 475.7	29	42.9
马来西亚	3 299.5	10 739.5	55.1	134.2	25.2	1 458.4	7.5	40
老挝	103.7	1 556.7	49.4	74.2	9.6	336.4	87	25.3
缅甸	705.4	1 346	38.7	47.3	10	2 961.1	15	32.4
柬埔寨	159	1 024.9	41.5	127.9	—	858.4	87	21
文莱	136.4	32 661.9	37.5	84.9	17.7	20.4	14.5	8.7
均值	2 532	11 343.5	49.7	120.9	25.4	3 255.7	33.8	29

资料来源：世界银行 Development Indicator 数据库。

从各项指标的具体情况来看，人均 GDP 超过 10 000 美元的东盟国家有新加坡、文莱和马来西亚，表明这三个国家的人均收入水平相对较高；服务业增加值占比超过50%的东盟国家有新加坡、泰国、菲律宾、马来西亚,上述四国的服务业产业基础相对较好;对外贸易依存度超过100%的东盟国家包括新加坡、越南、泰国、马来西亚、柬埔寨,但是上述国家中只有新加坡的服务贸易依存度超过了30%,反映出除了新加坡以外的其他东盟国家仍然以商品贸易为主,服务贸易规模和份额相对较小;劳动者数量超过三千万的东盟国家就有越南、印度尼西亚、泰国、菲律宾四个国家,劳动力供给相对较为充裕;成立新公司需要时间低于10个工作日的东盟国家只有新加坡和马来西亚,耗时最长的老挝和柬埔寨都需要87个工作日才能完成新公司的审批和注册流程;而就公司税负在利润中占比这项指标,占比低于25%的东盟国家只有新加坡、柬埔寨、文莱,税负最重的菲律宾和马来西亚这一指标分别达到了42.9%和40%,体现出东盟国家之间的税收政策和税负压力也存在较大差异。

从总体上看,我国服务业"走出去"扩大在东盟投资的有利因素主要来自三个方面:一是劳动力资源较为充裕,东盟十国虽然地理面积不大,但是劳动者数量总和超过了3亿人口,能够为服务业投资提供充裕的劳动力资源;二是作为新兴经济体,东盟经济发展势头良好,经济增速有所提高,有望在国际金融危机后全球经济格局的调整中获得更多的市场份额和话语权;三是东盟对外开放水平逐步提升,总体的对外贸易依存度达到了120.9%,贸易的发展为开展投资活动创造了更多机遇。此外,东盟和我国地理区位相近,而且华人华侨和中资企业数量众多,都为我国服务业在当地的投资活动带来了便利。

与此同时,我国服务业在东盟的投资活动也面临着很多不利因素,主要的经济因素包括:第一,服务业增加值占比还不到50%,远远低于发达国家80%的水平,意味着服务业基础相对较弱;第二,对外贸易依存度达到了120.9%,但是服务贸易依存度仅为25.4%,说明服务贸易规模和份额较低,难以对服务业投资产生足够的示范和带动效应;第三,成立新公司平均需要等待审批和注册的时间接近34个工作日,对服务业投资极为不利,降低了服务业投资的效率;第四,税负在利润中的占比达到了29%,企业税收负担相对较重,减少了服务企业投资的收益。

(二)政策环境

从总体上看,东盟国家对服务业投资的限制相对较多,而且限制程度要高于全球平均水平。由于数据所限,仅以印度尼西亚、泰国、越南、菲律宾、马来西亚五个国家为例,上述国家服务业限制低于全球平均水平的只有印度尼西亚的金融业、电信业,泰国的零售业,以及马来西亚的电信业和零售业,其余服务业限制程度都显著高于全球平均水平。因此,我国服务业在东盟开展对外投资活动所面临的政策环境是相对较为不利的，需要根据当地的限制政策进行相应的调整。

就各国具体的情况来看，印度尼西亚的服务业限制主要体现在专业服务业、交通运输业和零售业三个领域。其中，专业服务业领域的会计、审计、法律咨询等行业禁止境外资本投资；交通运输业中的货运和铁路运输不向境外资本开放，航空客运和海运投资的外资所有权份额不得超过49%，而且需要投资委员会批准，对国有企业的收购需要众议院议长和各部门部长批准；零售业的限制为投资项目必须位于市区，经营场所面积不得低于2 000平方米，而且必须与当地中小企业合作经营。

泰国的服务业限制主要体现在专业服务业和电信业领域。其中，专业服务业领域的会计、审计、法律咨询等行业投资的外资所有权份额不得超过49%。电信业投资实施许可证制度，而且外资所有权份额不得超过49%，公司董事会半数以上的席位需由泰国公民担任。

越南的服务业限制主要体现在零售业领域。零售业的外资所有权份额不得超过99%，而且必须以与本地厂商合资的形式进入，对国有企业的收购份额不得超过30%；至少20%的雇员为越南公民，而且外资零售商不得从事轮胎和水泥的销售。

菲律宾的服务业限制主要体现在专业服务业和电信业领域。其中，专业服务业领域的会计、审计、法律咨询等行业禁止境外资本投资。电信业投资实施许可证制度，而且外资所有权份额不得超过40%，公司董事会半数以上的席位需由菲律宾公民担任。

马来西亚的服务业限制主要体现在专业服务业和交通运输业领域。其中，专业服务业中的会计和审计领域外资所有权份额必须低于30%，而且必须与马来西亚本地合作伙伴共同发起设立，而法律咨询服务业则禁止境外资本投资。在交通运输业，航空客运领域实施许可证制度，航空货运禁止境外资本投资；海运领域仅允许通过合资、兼并、代表处等形式进行投资，而且外资所占份额上限为30%；公路和铁路运输实施许可证制度，前者的外资所有权份额上限为49%，后者外资只能在获得许可证的前提下从事货运代理业务（见表5-10）。

表5-10　　　　　　　部分东盟国家服务业限制指数

行业	印度尼西亚	泰国	越南	菲律宾	马来西亚	全球平均水平
总体	50	48	41.5	53.5	46.1	28.6
（1）金融业	23.4	49.4	40.8	45.1	44.6	28.6
（2）电信业	25	50	50	50	25	28.7
（3）零售业	50	25	50	50	25	28.8

续表

行业	印度尼西亚	泰国	越南	菲律宾	马来西亚	全球平均水平
（4）交通运输业	66.4	47.1	38.6	44.2	55.4	28.9
（5）专业服务业	76	74	31.5	80	73	29

资料来源：世界银行 STRI 数据库。

三、我国服务业在东盟的"走出去"路径

根据服务业"走出去"路径的四个核心要素，结合我国服务业在东盟的对外投资现状以及东盟的经济发展环境和服务业政策环境，可以对我国服务业在东盟的"走出去"路径进行进一步的优化设计。在此之前，首先需要根据经济发展基础和服务业发展环境将东盟十国划分为几个不同的层次，处于第一层次的东盟国家是新加坡，处于第二层次的有越南、泰国、印度尼西亚、菲律宾、马来西亚，处于第三层次的是老挝、缅甸、柬埔寨，文莱由于情况相对特殊予以单独分析。在此基础上，可以进一步结合我国服务业在上述国家投资的行业布局、时机选择和投资模式进行优化设计。

对于处在第一层次的新加坡，我国服务业"走出去"路径在不同的时期和阶段应该各有侧重。就短期而言，应当充分利用新加坡优越的地理区位条件，进一步巩固和提升我国在租赁和商务服务业、批发和零售业、金融业这三个行业的优势地位，并且发挥这三个行业对外投资的示范效应，鼓励具有较强产业关联性的其他服务业在当地开展投资活动。就中期而言，要充分借助新加坡作为地区航运物流中心枢纽和金融服务枢纽的优势地位，增加我国交通运输、仓储和邮政业以及金融业在当地的商业存在，并且通过鼓励金融业在当地投资，为我国在东盟地区进行投资活动的企业提供投融资上的便利，在当地形成相互支撑的对外投资体系。就长期而言，由于新加坡经济发展水平较高，劳动力素质和科技创新实力在东盟地区较为凸显，可以依托金融业和高科技产业的发展，引导我国科学研究和技术服务业以及信息传输、软件和信息技术服务业等高附加值服务业在当地开展投资活动，通过国际合作提升我国知识密集型和技术密集型服务业的品牌知名度，并且为更好地服务我国高科技制造业"走出去"提供专业平台支撑。在投资模式上，因为新加坡对外开放程度较高，对于服务业投资形式和投资范围的限制相对较少，因此可以采取新建投资和跨国并购并进的方式扩大我国服务业在新加坡的投资规模。

对于处在第二层次的越南、泰国、印度尼西亚、菲律宾、马来西亚来说，这些国家的总体经济发展水平和服务业投资限制程度在东盟地区处于居中水平，因

此，适度多元化的"走出去"路径更为适合。受到我国大力推进"一带一路"建设、国内生产成本快速上涨等因素的影响，我国制造业在东盟地区的对外投资活动趋于活跃，而且制造业对外投资的目的地主要集中在上述五个国家。结合这一现象，我国服务业在这些国家扩大投资规模的重点应该聚焦于生产性服务业。就短期而言，考虑到上述国家对专业服务业、交通运输业和电信业等领域的投资限制相对较多，进入门槛和进入壁垒较高，我国应当优先鼓励租赁和商务服务业等一般性生产性服务业在当地开展投资活动，为我国制造业在当地开展生产经营活动提供配套服务。就中长期而言，我国需要在中央政府层面加强与东盟国家的经贸政策协调，通过推动区域全面经济伙伴关系谈判（RCEP）降低东盟国家的投资门槛和投资壁垒，为减少甚至消除限制服务业投资条款创造条件，从而为我国专业服务业、交通运输业等生产性服务业扩大在东道国投资打好基础。同时，我国服务业还可以充分把握上述国家人口数量众多、人口密度较大、潜在消费市场容量大等特征，加强在住宿和餐饮以及文化、体育和娱乐等领域的对外投资，为实现"民心相通"和实现我国"软实力"输出创造更多的机会。此外，由于处在第二层次的国家营商环境相对复杂多变，而且对外资独资的限制也相对较多，我国服务业在这些国家开展投资活动应当与本土企业建立更多的合作关系，采用合资的方式有助于降低在当地的投资风险。

对于处在第三层次的老挝、缅甸、柬埔寨来说，这三个国家的经济发展水平在东盟十国中处于下游位置，而且投资环境相对较差，投资审批流程烦琐、等待注册时间长、监管制度和流程不规范不透明等问题较为突出。因此，我国服务企业在上述三国开展投资活动尤其需要注意规避投资风险。就短期而言，我国服务业在当地的投资活动可以与当地的基础设施建设相结合，重点为我国企业在当地的基建项目提供配套服务，投资重点可以向水利、环境和公共设施管理等领域倾斜。在中长期，可以强化我国生产性服务业在当地的投资力度，为我国制造业在这些国家投资提供更为便利的服务。此外，对于人均收入较高，但是地理面积狭小而且人口较少的文莱而言，我国在当地的服务业投资重点应当集中在与旅游业相关的领域，充分利用当地的旅游资源增强在文化休闲、住宿餐饮等领域的对外投资，发展消费性服务业。

四、小结

作为新兴经济体之一，东盟在我国"一带一路"倡议布局中占有重要地位，同时也是我国制造业和服务业"走出去"的重要目的地。我国服务业在东盟的投资流量和投资存量都处于快速上升的通道，在我国服务业对外投资结构中所占的份额也有所增加。从行业布局的角度来看，我国服务业在东盟的投资高度集中于租赁和商务服务业、批发和零售业、金融业三个行业；从区位布局的角度来看，我国服务业在东盟的投资主要集中在新加坡，同时印度尼西亚、老挝、缅甸、柬埔寨、泰国、越南和马来西亚等国也是投资的主要目的地。

就我国服务业在当地投资所面临的经济环境和政策环境来看，新加坡是东盟地区最为适宜服务业投资的东道国。从总体上，我国服务业"走出去"扩大在东盟投资的有利条件包括劳动力资源充裕、经济发展势头良好、对外开放水平逐步提升、地理区位条件优越、华人华侨和中资企业数量众多等因素。不利因素在于：一是服务业增加值占比偏低，服务业基础相对较弱；二是服务贸易依存度较低，难以对服务业投资产生足够的示范和带动效应；三是服务业投资限制较多，而且注册成立新公司需要等待的审批时间较长；四是企业经营的税负压力相对较大，不利于服务企业的长期发展。

结合经济发展水平以及服务业投资环境等因素来看，我国服务业在东盟各国的投资路径不能一概而论，而是需要结合实际情况进行分析。具体来说，我国服务业在新加坡投资的重点领域在于生产性服务业特别是知识密集型和技术密集型生产性服务业，遵循从易到难的投资路径，投资模式的选择可以综合采取投资新建与跨国并购的方式进行。对于越南、泰国、印度尼西亚、菲律宾、马来西亚等国家来说，我国服务业在当地投资的重点在于与制造业生产流程结合较为紧密的生产性服务业，投资模式以合资并购与合资新建为主，强调与东道国企业之间的协同合作。对于老挝、缅甸、柬埔寨三个国家而言，我国服务业在当地的投资重点可以向水利、环境和公共设施管理等领域倾斜，侧重于在与当地基础设施建设相关的公共服务业领域进行投资。此外，我国在文莱的服务业投资重点可以集中在与旅游业相关的领域，充分利用当地的旅游资源增强在文化休闲、住宿餐饮等领域的对外投资，发展消费性服务业。

第五节 我国服务业在欧盟的"走出去"路径

欧盟是我国最主要的贸易投资伙伴之一，在我国对外经贸关系中扮演着重要的角色，目前拥有法国、德国、意大利、荷兰、比利时等 27 个成员国。作为发达经济体，欧盟在市场经济成熟度、制度环境透明度、营商环境公平度等方面的表现都要显著优于发展中国家和新兴经济体，对我国服务企业"走出去"进行投资具有较强的吸引力。在这一背景下，梳理总结我国服务业在欧盟投资的基本情况、经济社会环境以及服务业投资限制政策，有助于为进一步扩大我国服务业在欧盟的"走出去"路径提供新的思路。

一、我国服务业在欧盟的"走出去"概况

从投资存量的角度来看，我国服务业在欧盟的投资主要集中于金融业、租赁和商务服务业、批发和零售业，这三个行业在我国服务业对欧盟投资存量总额中所占的份额超过了75%，属于存量份额较高的"第一梯队"。即便是把所有行业都考虑进来，三个行业加总的存量份额也超过了40%，而且在所有行业的投资存量排名中分别位列第二、第四和第五位，优势地位较为凸显。房地产业，科学研究和技术服务业，交通运输、仓储和邮政业，住宿和餐饮业属于存量份额居中的"第二梯队"，在我国服务业对欧盟投资存量总额中所占的份额分别是8.9%、4.6%、3.5%和2.2%。而居民服务、修理和其他服务业，信息传输、软件和信息技术服务业，教育，文化、体育和娱乐业的存量份额都不超过1%，属于"第三梯队"。可以看出，在投资存量上，第一、第二、第三梯队之间存在显著差异。

从流量的角度来看，由于我国在欧盟的租赁和商务服务业于2015年出现了大规模的撤并调整，导致当年我国服务业对欧盟的投资流量为负。如果将租赁和商务服务业排除在外，我国服务业投资流量主要分布在金融业、科学研究和技术服务业、住宿和餐饮业这三个行业中。结合投资存量和流量的变化情况来看，虽然租赁和商务服务业仍然是我国在欧盟投资存量排名第二的服务业，但是由于出现了大规模的撤资现象，该行业的存量份额已经出现了显著的下滑，而且未来很有可能会被批发和零售业超过，下降至第三的位置。相反，科学研究和技术服务业、住宿和餐饮业等行业虽然投资存量份额相对较低，但是流量表现出了快速增长的势头，未来有可能会成为我国服务业对欧盟投资的重点行业。进一步地，从分行业流量在东道国布局的角度来看，我国金融业投资主要流向了荷兰、法国、卢森堡等国；住宿和餐饮业的投资主要流向了法国（见表5-11）。

表5-11　　　　　　2015年我国服务业在欧盟投资情况

行业	流量（万美元）	比重（%）	存量（万美元）	比重（%）
金融业	215 546	-26.4	1 502 123	44.6
租赁和商务服务业	-1 161 029	142.4	630 954	18.7
批发和零售业	21 026	-2.6	525 467	15.6

续表

行业	流量（万美元）	比重（%）	存量（万美元）	比重（%）
房地产业	5 684	-0.7	298 451	8.9
科学研究和技术服务业	58 666	-7.2	154 405	4.6
交通运输、仓储和邮政业	2 886	-0.4	117 358	3.5
住宿和餐饮业	36 930	-4.5	75 115	2.2
居民服务、修理和其他服务业	1 976	-0.2	28 426	0.8
信息传输、软件和信息技术服务业	1 029	-0.1	25 883	0.8
教育	438	-0.1	134	0
文化、体育和娱乐业	1 495	-0.2	7 012	0.2
合计	-815 353	100	3 365 328	100

注：因 2015 年英国尚未"脱欧"，因此当年统计数据中包括英国。
资料来源：《2015 年度中国对外直接投资统计公报》。

服务业在欧盟投资存量排名前五的行业中，金融业的投资存量主要集中于卢森堡、德国、荷兰、法国、德国、意大利等国；租赁和商务服务业的投资存量主要集中于荷兰、卢森堡、德国、爱尔兰等国；批发和零售业的投资存量主要集中于荷兰、德国、卢森堡、瑞典、意大利、西班牙、希腊等国；科学研究和技术服务业的投资存量主要集中在匈牙利、德国、捷克、瑞典等国。可以看出，欧盟作为经济共同体，其内部成员国之间的经济发展差异要小于其他地区，服务业投资在欧盟各东道国之间的分布也相对更为均衡。从总体上看，我国服务业在德国、法国、荷兰等国家的投资份额相对要更大一些，同时在瑞典、奥地利、保加利亚、芬兰等国家的投资也出现了快速的增长，表现出了均衡化分布的特征。

二、我国服务业在欧盟面临的投资环境

显然，欧盟作为世界最主要的发达经济体之一，其经济环境和政策环境与发展中国家和地区相比具有较为显著的优越性，我国服务业在欧盟所面临的投资环境总体上也要优于发展中国家和地区。然而，由于我国服务业的国际竞争力相对较弱，在欧盟的投资规模和在亚洲等地区的投资规模相比仍有较大差距。为此，通过梳理欧盟服务业投资环境中的产业基础、资源禀赋、要素供给、市场空间、进入壁垒等要素，明确我国服务业在欧盟开展对外投资活动所面临的机遇和挑

战,有助于为我国服务业在欧盟进一步扩大开放的"走出去"路径提供新的思路,提升我国服务业在欧盟的投资效率和竞争实力。

(一) 经济环境

从总体上看,欧盟各项经济环境指标表现出了如下特点:第一,经济体量大、人均收入水平高,2015 年的 GDP 规模将近 18 万亿美元,人均 GDP 也超过了 3.5 万美元,为高端服务业投资提供了充裕的市场空间;第二,对外开放水平高,总体对外贸易依存度超过 80%,超过一半的成员国对外贸易依存度超过了 100%,高标准的对外开放环境有利于跨国公司的发展;第三,服务业的产业基础扎实,服务业增加值占比和服务贸易依存度分别超过了 70% 和 20%,产业结构较为优化,表明服务业发展层次较高,要素禀赋条件优越;第四,投资便利化程度较高,成立新公司所需要的天数仅为 11 天,投资和营商环境透明化、便利化、公平化和法治化的特点较为突出;第五,企业的税负相对较重,由于欧盟相较其他国家和地区更为强调高福利,使得企业税负压力一直居高不下,公司税负在利润中占比达到了 41.5%(见表 5-12)。

表 5-12   2015 年欧盟成员国的经济环境指标

国家和地区	GDP（亿美元）	人均 GDP（美元）	服务业增加值占比（%）	对外贸易依存度（%）	服务贸易依存度（%）	劳动人员数量（万人）	成立公司需要天数（天）	税负在利润中占比（%）
欧盟	178 905.3	35 099.9	73.9	83.3	23.1	24 723.4	11	41.5
奥地利	4 111.9	47 629.6	70.4	102.1	27.9	446.2	22	51.7
比利时	5 081	45 067.8	77.1	164.2	48	501.9	4	58.4
保加利亚	546.4	7 612	67.3	128.1	24.3	333.8	25	27
捷克	2 238.4	21 224.6	59.7	159.8	23	532.6	15	50.4
克罗地亚	582.3	13 853.4	69.3	97.2	33.3	187.1	12	20
丹麦	3 410.1	60 000.8	75.8	103.3	39.9	293.1	3	24.5
爱沙尼亚	231.4	17 591.7	69.2	154.4	43	68.3	3.5	49.4
芬兰	2 477.4	45 211.7	70.6	74	23.3	268.2	14	37.9
法国	27 775.4	41 689.7	78.8	61.1	19.4	2 995.4	4	62.7
德国	36 966.1	45 253.6	68.9	86	16.8	4 293.8	10.5	48.8
希腊	2 443.1	22 578	80.2	63.7	22.2	477.7	13	49.6

续表

国家和地区	GDP（亿美元）	人均 GDP（美元）	服务业增加值占比（%）	对外贸易依存度（%）	服务贸易依存度（%）	劳动人员数量（万人）	成立公司需要天数（天）	税负在利润中占比（%）
匈牙利	1 429.1	14 518.8	64	172.5	32	453.9	7	48.4
爱尔兰	3 029.8	64 784.1	57.3	216.2	106.5	219.5	6	26
意大利	20 594.9	33 911.9	74	57.1	10.9	2 535.3	6.5	64.8
拉脱维亚	283	14 308.3	73.8	119	25.9	101.6	5.5	35.9
罗马尼亚	1 895.2	9 564.1	61.6	82.8	16.6	935.4	8	42
立陶宛	445.7	15 341.8	66.5	152.4	27.5	146.8	5.5	42.6
卢森堡	621.1	109 047.3	87.3	419.5	290.4	28.2	16.5	20.6
马其他	110.6	25 599.1	83.5	280.1	202.4	19.3	28	41.5
荷兰	8 682.6	51 255.1	78.2	154.1	39.1	902.1	4	41
波兰	5 561.8	14 641.6	63.4	96	16.4	1 836.9	37	40.3
葡萄牙	2 275.4	21 967.6	75.4	80.4	21.1	521	4.5	40.9
斯洛文尼亚	490.7	23 779.9	64.9	146.8	26	101.1	7.5	31
西班牙	14 148.6	30 461.4	73.8	63.9	15.4	2 308.3	14	50
瑞典	5 405.6	55 163.5	72.4	86.4	27.1	523	7	49.1
斯洛伐克	1 011.2	18 642.9	61.5	184.6	18.3	274	11.5	51.7
塞浦路斯	233.8	27 587.3	87.2	122.1	76	61.9	8	24.5

资料来源：世界银行 Development Indicator 数据库。

从 27 个欧盟成员国的具体情况来看，各个成员国在不同经济环境指标上的排名有所区别。其中，经济体量超过了万亿美元的成员国有法国、德国、意大利、西班牙，这四个国家也是欧盟经济发展的引领者；服务业增加值占比超过了 80% 的成员国有希腊、卢森堡、马其他、塞浦路斯，以地理面积较小、不适宜发展工业的国家为主；对外贸易依存度超过 100% 的成员国包括了奥地利、比利时、保加利亚、捷克、丹麦、爱沙尼亚、匈牙利、爱尔兰、拉脱维亚、立陶宛、卢森堡、马其他、荷兰、斯洛文尼亚、斯洛伐克和塞浦路斯等；成立公司所需天数低于 5 个工作日的有比利时、丹麦、爱沙尼亚、法国、荷兰、葡萄牙等；而税负在公司利润中占比低于 30% 的成员国包括了保加利亚、克罗地亚、丹麦、爱尔兰、卢森堡、塞浦路斯等国。可以看出，欧盟成员国虽然普遍经济发展水平较高，但是在开放程度、投资便利化程度和要素禀赋等方面仍然存在一定的差异性，每个国家的相对比较优势各有侧重。

从总体上看，我国服务业"走出去"扩大在欧盟投资的有利因素主要来自经济发展水平高、制度环境优越、对外开放水平高、服务业产业基础雄厚、投资便利化程度较高等方面，为我国服务业在欧盟开展投资活动提供了良好的经济和制度环境。与此同时，我国服务业在欧盟的投资活动也面临着一些不利因素，主要包括：第一，和欧盟的服务业相比，我国服务业在很多领域仍然显著落后，在欧盟的投资面临着来自本地企业的强有力竞争，而我国大部分服务企业的国际市场经验较为欠缺，容易在市场竞争中遭遇挫折；第二，欧盟作为发达经济体，人均收入水平较高，劳动力成本和其他地区相比偏高，因此我国服务企业在欧盟投资所面临的经营成本也比较高，给企业的经营活动带来了压力；第三，欧盟成员国大部分属于高福利国家，因此企业的税负也相对较重，总体的税负利润占比达到了41.5%，明显高于其他国家和地区，对服务企业的利润带来了压力。

（二）政策环境

从总体上看，欧盟国家对服务业投资的限制程度要低于全球平均水平，而且各个成员国的服务业开放程度也较为相近。在总体服务业限制指数得分上，大部分欧盟成员国的得分都处在10~20分的区间之内，而且在各个行业上的限制指数得分情况也较为相近。但是，对于不同服务业领域和部门来说，其限制程度有着显著差异，具体表现为：第一，金融业部门和电信业部门高度开放，两者的限制指数得分仅分别为4.2和0，显著低于全球平均水平的28.6和28.7；第二，零售业开放程度稍高于全球平均水平，而且包括德国、西班牙、荷兰等在内的半数以上的欧盟成员国限制指数得分为0，表明该领域开放程度也是较高的；第三，交通运输业的开放程度低于全球平均水平，限制指数得分为37.1，高于全球28.9的平均得分，表明欧盟在该领域存在较多限制；第四，专业服务业的开放程度显著低于全球平均水平，限制指数得分达到54，远远超过了全球29的平均得分。综合来看，欧盟虽然总体服务业开放程度较高，而且各个东道国之间的服务业开放程度也较为相近，但是在不同服务业领域有着非常显著的差异。为此，我国服务业在欧盟开展服务业投资活动时需要重点考虑不同行业领域的限制政策，避免出现投资受阻的情况（见表5-13）。

表5-13　　　　　部分欧盟国家服务业限制指数

国家和地区	总体	金融业	电信业	零售业	交通运输业	专业服务业
全球平均水平	28.6	28.6	28.7	28.8	28.9	29
EU-20	26.1	4.2	0	25	37.1	54

续表

国家和地区	总体	金融业	电信业	零售业	交通运输业	专业服务业
奥地利	17.8	1.3	0	0	31.6	58.5
比利时	22.5	1	0	25	31.8	46
保加利亚	15.5	0	25	0	10	55
捷克	16.6	11.1	0	0	26.8	44
丹麦	21	0.6	0	25	17.6	55
芬兰	25.6	20.8	0	25	23.5	47
法国	26.4	1.3	12.5	25	43.9	46
德国	17.5	1.3	0	0	24.4	59
希腊	18	1	0	0	44	39.5
匈牙利	17.5	7.4	0	0	45.2	40
爱尔兰	12.4	1.3	0	0	17.6	41
意大利	26.9	8.4	0	25	32.8	58
罗马尼亚	14.5	18.1	0	0	8.3	41.5
立陶宛	12.6	0.3	0	0	22.1	38
荷兰	12.2	0.6	0	0	18.9	39.5
波兰	11	1.3	0	0	20.3	31
葡萄牙	21.8	5.9	0	25	28.9	40
西班牙	16.1	1.3	0	0	30.6	45
瑞典	15.5	3.6	0	25	8.3	34

资料来源：世界银行STRI数据库。

实际上，大部分欧盟成员国之间的服务业限制并不存在显著差异，而且其政策无论是对于欧盟内部还是外部的服务企业来说通常都是无差异的，具体到不同的服务业领域来看：在金融业部门，只有立陶宛、芬兰、匈牙利等少数成员国在董事会需包含欧盟公民等条款上作出了规定，其他成员国对于境外资本投资没有特殊的规定。在电信业部门，除了保加利亚以外的其他成员国均可以进行投资。在零售业部门，境外资本在所有欧盟成员国都可以投资，但是芬兰要求公司董事会半数以上成员为欧盟公民，爱尔兰要求经过批准方可投资，西班牙和奥地利限制烟草类贸易投资，比利时、丹麦、法国、意大利、葡萄牙和瑞典适用ENT限制，要求新设立的大型零售百货公司满足一定的地域分布条件。在交通运输业部门，国际旅客空运领域的投资是开放的；海事服务领域虽然整体开放，但是芬兰、波兰、瑞典等国对于董事会成员构成和投资者资格提出了要求，其中波兰在仓储、通关、货柜等领域禁止外资进入；在道路运输领域，比利时、捷克、丹麦、法国、德国、希腊、匈牙利、爱尔兰、荷兰、葡萄牙、西班牙、奥地利、意大利都禁止外商投资，只有立陶宛、波兰、罗马尼亚、瑞典没有限制外资进入；在铁路运输领域，除了法国、比利时、西班牙、芬兰、希腊之外，其他欧盟成员国都允许外商投资。在专业服务业部门，会计领域在6个成员国中是完全开放的，但是其他欧盟成员国则对进入条件进行了限制；审计领域在西班牙是完全开放的，其他欧盟成员国存在进入限制；在法律咨询服务领域，保加利亚、奥地利、德国、荷兰不允许外商投资涉足本国法律咨询事项，其他成员国则是有条件接受外商投资。

三、我国服务业在欧盟的"走出去"路径

欧盟作为世界上资源整合程度最高的经济共同体，其内部成员国之间的经济发展水平、对外开放程度以及服务业投资政策都相对较为接近，因此，在探讨我国服务业在欧盟的"走出去"路径时，可以将其视为一个整体进行分析和研究。结合欧盟的经济发展环境和服务业投资政策环境，可以从行业分类的视角对我国不同类别服务业在欧盟的"走出去"路径进行优化设计。

生产性服务业是我国在欧盟"走出去"的重点投资领域，在我国对欧盟的服务业投资额中占据了较高比重。在此基础上，要进一步优化生产性服务业的投资结构、提升投资的效率和质量。首先，要巩固和提升金融业在欧盟的投资存量，并且强化金融服务于我国制造业部门投资和生产的能力，为我国制造业在欧盟开展并购活动提供投融资上的便利，形成两者间互为促进的关系。其次，要充分利用欧盟特别是德国在先进制造业和高科技产业上的技术优势和人才优势，鼓励我国更多的科学研究和技术服务企业以及信息传输、软件和信息技术服务业与当地企业建立业务联系，通过合资、合作、并购、新建投资等方式"走出去"，提升我国科学研究和技术服务业以及信息传输、软件和信息技术服务业在欧盟的投资流量和投资存量。就目前的情况来看，我国科学研究和技术服务业以及信息传输、软件和信息技术服务业在我国对欧盟服务业投资总额中所占的比重都没有超过5%，仍然具备较大的发展潜力和上升空间。为了更好地促进我国科学研究和技术服务业以及信息传输、软件和信息技术服务业在欧盟开展投资活动，可以采取"政府搭台、企业唱戏"的方式，由政府部门主办开展相关的项目对接洽谈会，为我国与欧盟的企业建立联系提供平台和机会，也为我国企业了解当地的投资环境和投资政策提供引导。特别是，包括金融业在内的上述三个行业在欧盟的投资限制相对较少，进入壁垒主要来自当地企业的市场竞争压力，我国企业在欧

盟开展投资活动时可以依据自身的市场地位和竞争实力灵活采用跨国并购、新建投资等方式进入当地市场。

在生产性服务业中的交通运输业和专业服务业领域，欧盟成员国对于具体的环节作出了详细的限制投资规定，部分环节禁止外商投资。为此，我国交通运输业对欧盟投资主要可以集中于开放程度相对较高的航空客运、海事服务和铁路运输领域，而开放程度相对较低的道路运输领域则需要审慎投资。考虑到航空客运、海事服务和铁路运输都具有较强的自然垄断特征，我国服务企业在进入上述领域时可以更多地通过组建财团联合收购的方式，借助被收购企业的资源和渠道优势打开市场。在专业服务业领域，由于欧盟各个成员国之间对于会计、审计、法律等都制定了不同的准入规则，服务企业在进入不同成员国市场时需要依据东道国的准入标准走差异化道路，充分满足东道国在投资份额、董事会结构、负面清单等方面的要求。从长远来看，我国可以和欧盟国家通过互惠性双边投资谈判降低在交通运输业和专业服务业领域的投资限制，提升双方投资的开放性水平和便利化程度，为双方企业开展更多的国际合作和投资提供便利。

除了生产性服务业以外，消费性服务业也是未来我国服务业对欧盟投资的一个重点培育领域。由于欧盟属于发达经济体，人均收入水平高，而且体育、文化、餐饮、酒店等行业都比较发达，增加上述领域的对外投资一方面有助于培育和提升我国服务业在上述领域的国际竞争力，另一方面也有助于我国服务业对外投资结构的整体升级。特别是，鼓励开展对足球等欧盟优势体育项目的对外投资活动，也有利于更好地促进我国与欧盟的体育交流，提升我国体育事业的竞争实力。由于当前我国消费性服务业的优势更多地体现在资本层面，而且消费性服务业投资也更需要与东道国市场需求高度契合，因此，并购投资比新建投资更为适用于我国消费性服务业在欧盟的对外投资活动。和新建投资相比，并购投资一方面能够通过被收购方的营销渠道和营销网络快速嵌入东道国市场，另一方面也有利于充分发挥东道国服务企业实践经验和商业模式的外溢效应，进一步提升我国消费性服务业在高端市场上的话语权和占有率。

四、小结

欧盟是世界上一体化程度最高的经济共同体，而且服务业发展水平较高，在研发创新、文化体育、专业服务等众多服务业领域都处于引领者地位。进一步扩大我国服务业开放在欧盟的"走出去"路径，对于提升我国服务业国际竞争力以及实现我国服务业结构的升级都具有较强促进作用。就当前的情况来看，我国服务业在欧盟的投资主要集中于金融业、租赁和商务服务业、批发和零售业；服务业投资在欧盟成员国之间的分布较为均衡，德国、法国、荷兰等国家的投资份额相对较高。

对于我国服务业在欧盟投资而言，有利的因素包括了经济发展水平高、制度环境优越、对外开放水平高、服务业产业基础雄厚、投资便利化程度较高等方面，不利因素则主要来自我国服务业国际竞争力总体偏弱、海外运营经验不足、欧盟人工成本较高、税负压力较重等方面。在服务业投资的政策环境上，欧盟虽然总体服务业开放程度较高，而且各个东道国之间的服务业开放程度也较为相近，但是在不同的服务业领域有着非常显著的差异。结合我国服务业供给侧结构性改革的需求以及欧盟服务业的发展环境来看，我国服务业在欧盟进一步扩大开放的"走出去"重点领域在于生产性服务业和消费性服务业。其中，生产性服务业的投资可以聚焦于金融业，科学研究和技术服务业以及信息传输、软件和信息技术服务业，消费性服务业的投资可以聚焦于文化、体育和娱乐业以及住宿和餐饮业，通过在上述领域的对外投资，培育我国服务业的国际竞争力。在投资模式的选择上，我国服务企业在欧盟开展对外投资活动时，可以更多地采用跨国并购模式，借助被收购方在资源和渠道上的优势更好地进入欧盟市场，并且充分激发对外投资的溢出效应和协同效应，提升我国服务企业的国际竞争力。

第六节　我国服务业在非洲的"走出去"路径

非洲国家数量众多，也是我国重要的经贸合作伙伴。同属"金砖国家"之一的南非共和国（以下简称"南非"）以及埃及、肯尼亚、坦桑尼亚等国家与我国建立了长期互惠共利的合作机制，为我国企业在当地投资提供了较好的环境。非洲国家虽然整体上经济发展水平相对滞后，但是其经济增长速度和发展质量近年来有所提高，有利于我国对非洲投资的增长。特别是，我国在对非投资的初期以工业项目和基建项目为主，服务业投资规模相对较小，难以充分满足工业项目和基建项目的后续维护、保养、服务等需求。可以预见，在中非经贸关系进一步提升的大背景下，我国服务业在非洲的投资也将会快速增长，其投资份额很有可能会超过制造业成为我国对非投资的主要行业部门。

一、我国服务业在非洲的"走出去"概况

从总体上看，非洲在我国服务业对外投资的区位布局中地位并不凸显，投资

份额相对较低，但是增长速度较快，是未来我国服务业"走出去"的重要目的地。由于非洲大多是发展中国家乃至欠发达国家，经济发展水平相对较低，主要依赖自然资源禀赋实现经济增长，因此我国在非洲的投资也以自然资源开采、基础设施建设和工业产品生产为主，服务业的份额相对较小。根据《2015年度中国对外直接投资统计公报》，截至2015年末，我国在非洲直接投资存量排名前五位的行业依次是采矿业、建筑业、制造业、金融业、科学研究和技术服务业，这五个行业的投资存量在我国对非洲直接投资存量总额中所占的比重达到82.3%。其中，金融业以及科学研究和技术服务业是我国服务业在非洲直接投资的主要行业，两者的投资存量分别是34.2亿美元和14.6亿美元，在我国对非洲直接投资存量中的占比分别是9.9%和4.2%。

但是，如果从投资企业数量的维度来看，我国对非洲的投资项目更多地集中于服务业而非其他产业部门。大卫（David，2015）梳理了1998～2012年中国企业对非洲投资数据，发现在2005笔投资项目的交易记录中，服务业的投资项目多达2 771个，远高于制造业投资项目的1 173个和采矿业投资项目的45个，在我国对非洲投资总数中的比重达到了69%。而且，投资项目数量最为集中的是商业服务业和批发零售业，两个行业的投资项目数量在此期间分别多达1 053个和693个。结合投资项目规模和投资企业数量两个维度来看，我国服务业对非洲直接投资具有规模份额小、企业数量多的特征，反映出我国服务企业在非洲的投资相对零散，单个项目的投资额相对较小，这既与非洲国家市场分割程度较高、市场容量相对较小密切相关，同时也凸显了我国服务业对非洲的直接投资仍然大有可为。特别是，在西方国家服务业也逐步进军非洲市场的背景下，我国服务企业有必要提升投资的规模和运营的效率，以增强自身在非洲市场的核心竞争力，巩固市场份额。

此外，从东道国布局的角度来看，我国服务业在非洲的投资主要集中于阿尔及利亚、埃及、埃塞俄比亚、刚果（金）、毛里求斯、南非、尼日利亚、坦桑尼亚、赞比亚等国家。上述国家是我国服务业在非洲直接投资的主要目的地，相比较而言，其他国家的投资规模都很小。比较我国服务业在非洲的主要流向，可以发现，吸收我国服务业投资比重相对较大的非洲国家大多具有以下特点：一是地理面积、市场容量和人口规模在非洲排名相对靠前，具有一定的网络规模效应，能够为服务业直接投资提供更高的回报；二是市场开放程度相对较高，对服务业投资的限制条件相对较少，有利于我国服务业在当地开展直接投资活动；三是经济社会状况较为良好，虽然存在不稳定因素，但是整体上政治波动风险相对较小，政权更替的频率相对较低，有利于服务企业在当地的长期经营。相比较而言，吸收我国服务业直接投资较少的非洲国家大多存在经济发展水平滞后、市场容量较小、服务业限制条件多、政治波动风险大、恐怖主义威胁等级高等问题，影响了我国服务业在当地的投资和经营。

二、我国服务业在非洲面临的投资环境

我国服务业在非洲面临的投资环境主要可以从经济环境和政策环境两个方面进行考察。非洲国家数量众多，部分国家由于存在市场发育不完全、市场容量太小、投资风险偏高等问题，我国在当地的服务业投资规模也很小，截至2015年，仍有九个国家在我国对外直接投资的区位布局中处于空白状态。因此，我们只是选取了我国服务业投资份额相对较高、市场份额和发展潜力相对较大的10个非洲国家作为样本进行分析，具体包括阿尔及利亚、刚果（金）、埃及、埃塞俄比亚、肯尼亚、毛里求斯、尼日利亚、南非、坦桑尼亚、赞比亚10个非洲国家。

（一）经济环境

从所选取10个国家的情况来看，非洲国家的经济发展环境普遍不尽如人意，对我国服务业在当地开展直接投资活动带来了负面影响。具体表现为：一是GDP总量相对较小，10个非洲大国的平均GDP规模仅为153.5亿美元；二是人均GDP水平较低，仅为3146.4美元，所有样本国家都处于发展中国家甚至欠发达国家的水平；三是成立公司所需要的申报时间较长，样本国家的平均值是22.5天，远远高于东盟等国家和地区，不利于企业投资；四是税负压力较大，平均而言税负在利润中的占比达到39.4%，显著高于很多国家和地区的税收水平（见表5-14）。

表5-14　　　　2015年部分非洲国家的经济环境指标

国家	GDP（亿美元）	人均GDP（美元）	服务业增加值占比（%）	对外贸易依存度（%）	服务贸易依存度（%）	劳动人员数量（万人）	成立公司需要天数（天）	税负在利润中占比（%）
阿尔及利亚	189.8	4 759.6	48.6	59.7	8.8	1 179.9	20	72.7
刚果（金）	29.8	391.5	35	59.3	6.2	2 961.3	11.5	54.6
埃及	250	2 665.4	52.5	34.8	10.8	3 007.7	12.5	44.9
埃塞俄比亚	48.7	487.3	43	39.7	12.3	4 817.2	35	37.8
肯尼亚	52.3	1 107.9	47.6	44.4	12.5	1 817.2	27	37.1

续表

国家	GDP（亿美元）	人均GDP（美元）	服务业增加值占比（%）	对外贸易依存度（%）	服务贸易依存度（%）	劳动人员数量（万人）	成立公司需要天数（天）	税负在利润中占比（%）
毛里求斯	12	9 468.9	74.7	107.6	43.5	60.7	6.5	21.5
尼日利亚	464.3	2 562.5	58.8	21.1	4.8	5 579	30.3	33.9
南非	418.3	7 566	68.5	61.8	9.6	2 134.9	46	28.8
坦桑尼亚	43.7	836	42.2	46.4	13.3	2 461.8	28	43.9
赞比亚	26.1	1 618.5	59.4	79.9	10.8	659.1	8.5	18.6
均值	153.5	3 146.4	53	55.5	13.3	2 467.9	22.5	39.4

资料来源：世界银行 Development Indicator 数据库。

从各项指标的具体情况来看，10个非洲国家中人均 GDP 接近 10 000 美元的只有毛里求斯和南非，其他国家的人均收入水平都低于 5 000 美元；服务业增加值占比超过 50% 的有埃及、毛里求斯、尼日利亚、南非和赞比亚，上述五国的服务业产业基础相对较好；对外贸易依存度超过 100% 的只有毛里求斯，而且服务贸易依存度无一超过 50%，大多处于 10% 的水平，反映出非洲国家仍然以商品贸易特别是大宗商品贸易为主，服务贸易规模和份额相对较小；劳动者数量超过 3 000 万的有埃及、埃塞俄比亚、尼日利亚等国家，劳动力供给相对较为充裕，但是高技能型的人力资本供应不足；成立新公司需要时间低于 10 个工作日的只有毛里求斯和赞比亚，埃塞俄比亚和尼日利亚分别需要长达 35 个工作日和 30.3 个工作日才能完成新公司的审批和注册流程；而就公司税负在利润中占比这项指标，占比低于 25% 的只有毛里求斯和赞比亚，税负最重的阿尔及利亚这一指标高达 72.7%，体现出非洲国家总体的税收政策和税负压力较大。

在所选取的 10 个非洲国家中，毛里求斯是服务业基础较好、营商环境良好的国家，表现为人均 GDP 水平、服务业增加值占比、对外贸易依存度、服务贸易依存度等指标都远远高于其他 9 个国家，同时成立公司所需要的天数仅为 6.5 天，而且公司税负在利润中的占比为 21.5%，显著低于平均水平（22.5 天和 39.4%）。但是，毛里求斯的 GDP 总量仅为 12 亿美元，在 10 个被选取国家中是最小的，可以承接的我国服务贸易投资额相对有限。

从总体上看，我国服务业"走出去"扩大在非洲投资的有利因素主要来自三个方面：一是竞争压力较小，欧美服务企业在当地投资额不大，有利于我国服务企业进入当地市场；二是受到"一带一路"倡议等积极因素的影响，中非经贸合作关系不断升温,为我国服务业在非洲开展投资活动创造了良好的外部环境;三是我国工业部门在非洲投资不断增长,后续的配套服务需求日益增加,有利于我国服务业依附于制造业而"走出去"到非洲进行直接投资。与此同时,我国服务业在非洲的投资活动也面临着很多不利因素,主要的经济因素包括:第一,经济发展水平较为滞后,人均 GDP 水平远远落后于世界平均水平,导致当地对服务业的需求也相对较小;第二,服务业基础相对较弱,服务业增加值占比远远低于发达国家 80% 的水平;第三,服务贸易依存度低,服务贸易规模和份额低于很多其他国家和地区;第四,成立新公司平均需要等待审批和注册的时间超过 20 个工作日,服务业投资效率低下;第五,公司税负较重,税负在利润中的占比远远高于其他国家和地区,加重了服务企业的负担。

(二) 政策环境

从总体上看,非洲国家对服务业投资的限制相对较多,而且限制程度要高于全球平均水平。从行业的角度来看,在 10 个被选取的非洲国家中,电信业和零售业的服务限制指数相对较低,金融业的服务限制指数处于居中水平,而交通运输业、专业服务业的服务限制指数相对较高。除了开放程度较高的电信业和零售业以外,其他服务业的限制指数都显著高于全球平均水平,反映出非洲地区服务业进入壁垒相对较高,而且在业务经营上面临较多的限制。因此,我国服务业在非洲开展对外投资活动所面临的政策环境是相对较为不利的,需要根据当地的限制政策进行相应的调整 (见表 5 - 15)。

表 5 - 15 部分非洲国家的服务业限制指数

项目	阿尔及利亚	刚果(金)	埃及	埃塞俄比亚	肯尼亚	全球平均水平
总体	38.3	51.7	52.1	88.2	29.5	28.6
(1) 金融业	35.8	39.5	42.8	89.7	23.4	28.6
(2) 电信业	25	50	25	100	25	28.7
(3) 零售业	0	75	50	100	0	28.8
(4) 交通运输业	79.8	55.4	49.7	72.9	31	28.9
(5) 专业服务业	47	35.5	81.5	84	73	29
项目	毛里求斯	尼日利亚	南非	坦桑尼亚	赞比亚	全球平均水平
总体	16.9	27.1	34.5	30.7	21	28.6
(1) 金融业	9	25.9	19.5	22.7	8.4	28.6
(2) 电信业	0	25	25	25	75	28.7

续表

项目	毛里求斯	尼日利亚	南非	坦桑尼亚	赞比亚	全球平均水平
（3）零售业	0	25	25	25	0	28.8
（4）交通运输业	30.5	23.8	40.6	29.4	9.5	28.9
（5）专业服务业	42	36	62	51.5	44	29

资料来源：世界银行 STRI 数据库。

从横向国家间比较的角度来看，在 10 个被选取的非洲国家中，服务业总体限制指数低于全球平均水平的有肯尼亚、毛里求斯、尼日利亚、赞比亚，高于全球平均水平的有阿尔及利亚、刚果（金）、埃及、埃塞俄比亚、南非、坦桑尼亚。其中，服务业开放程度最高的是毛里求斯，开放水平最低的是埃塞俄比亚。毛里求斯的服务业总体限制指数仅为 16.9，对电信业和零售业不设置进入壁垒，金融业的进入壁垒也很低，只有交通运输业和专业服务业的限制指数稍高于全球平均水平，较为有利于我国服务业在当地开展直接投资活动。相比之下，开放水平最低的埃塞俄比亚服务业总体限制指数高达 88.2，是全球平均水平的将近三倍之多，而且电信业和零售业完全不对外开放，金融业、交通运输业、专业服务业虽然允许外来投资，但是也设置了极高的进入门槛，在当地开展投资活动较为困难。从总体上看，非洲国家之间对服务业投资的限制水平存在显著差异，有些国家的进入壁垒很低，但是有的国家进入壁垒很高甚至不允许进入。因此，我国服务业在非洲开展直接投资活动时需要对不同国家的情况进行逐一分析。

三、我国服务业在非洲的"走出去"路径

根据服务业"走出去"路径的四个核心要素，结合我国服务业在非洲的对外投资现状以及非洲的经济发展环境和服务业政策环境，可以对我国服务业在非洲的"走出去"路径进行进一步的优化设计。在此之前，首先需要根据经济发展基础和服务业发展环境将非洲国家划分为不同的类型，在此基础上结合我国服务业在上述国家投资的行业布局、时机选择和投资模式进行优化设计。

第一种类型以毛里求斯为典型，特点是服务业开放程度较高，但是经济总量较小。对于这类小型开放经济体，我国服务业应该积极"走出去"到当地投资，占据市场主导地位。而且，由于服务具有无形性、可跨境的特点，服务提供商可以通过服务外包等方式提供跨境服务。因此，我国服务企业可以不仅在当地投资设立服务于当地的机构，还可以在当地设立区域分中心，将其作为进入其他非洲国家市场的前沿"阵地"。特别是，当前我国电信业在欧美国家市场遭遇到了较多的挑战和困

难，进入壁垒较高，因此更加需要重视拓展新兴市场，对这类开放型经济体给予更多的关注和投资，挖掘新的增长点。此外，非洲服务业开放程度较高的国家还有一个特点，就是大多位于濒海位置，可以更为便利地开展航运物流和交通运输活动，适合发展"港口＋园区＋城市"的一体化对外投资模式，服务业可以和制造业实现捆绑式对外投资。在投资方式上，因为这些国家对外开放程度较高，对服务业投资形式和投资范围的限制不多，因此可以采取以新建投资为主的方式进入当地市场。

第二种类型以南非和肯尼亚为典型，特点是服务业开放程度居中，经济总量相对较大。这些非洲国家由于经济体量相对较大，对服务业的需求也相对较多，但是自身服务业发展基础较差，需要更多依靠外国投资来弥补需求缺口。同时，这些国家往往在金融业、电信业、零售业上设置较低的进入壁垒，而在交通运输业和专业服务业上设置相对较高的进入壁垒。为此，就短期而言，我国应该重点推进金融业、电信业、零售业在当地的直接投资，巩固和提升我国在这三个行业的优势地位，进而发挥这三个行业对外投资的示范效应，鼓励具有较强产业关联性的其他服务业在当地开展投资活动。从长期来看，我国可以结合制造业在当地的实际投资和服务需求，通过配套服务的方式逐步推进交通运输业和专业服务业在当地的直接投资。同时，可以主要以新建投资方式进入这些国家市场的金融业、电信业、专业服务业，这些行业的专业化程度较高，可以更多地通过劳务输出的方式满足用工需求，并且在当地积极培养熟练的技能型工人，劳务输出与当地雇佣相结合；相比之下，进入这些国家的零售业和交通运输业则需要以并购投资为主，以更好地建立起当地市场的渠道网络，而且要更多地依赖当地工人，实行本土化的经营策略，以降低企业投资面临市场抵制的风险。

第三种类型以埃塞俄比亚为典型，特点是服务业开放程度较低，市场经济发育水平偏低。这类国家大多属于欠发达国家，经济发展水平滞后，而且投资环境相对较差，投资审批流程烦琐，等待注册时间长，监管制度和流程不规范、不透明等问题较为突出。因此，我国服务企业在开展投资活动的时候尤其需要注意规避投资风险。从短期来看，我国服务业在当地的投资活动可以与我国在当地的工业投资项目相结合，以提供项目配套服务为主。从长期来看，我国需要在中央政府层面加强与这些非洲国家的经贸政策协调，通过推动"一带一路"建设、打造命运共同体来降低其投资门槛和投资壁垒，为减少甚至消除限制服务业投资条款创造条件，从而为我国服务业扩大在东道国投资打好基础。

四、小结

非洲国家数量众多，虽然整体上经济发展水平相对滞后，但是其经济增长速度和发展质量近年来有所加快和提高,并且很多国家与我国建立了长期互惠共利的合作机制,有利于我国对非洲投资的增长。从发展的趋势来看,服务业的投资份额很有可能会超过制造业成为我国对非投资的主要行业部门。从行业分布的角度来看,金融业以及科学研究和技术服务业是我国服务业在非洲直接投资的主要行业;从东道国布局的角度来看,我国服务业在非洲的投资主要集中于阿尔及利亚、埃及、埃塞俄比亚、刚果(金)、毛里求斯、南非、尼日利亚、坦桑尼亚、赞比亚等国家。

本书选择了阿尔及利亚、刚果(金)、埃及、埃塞俄比亚、肯尼亚、毛里求斯、尼日利亚、南非、坦桑尼亚、赞比亚10个非洲国家作为样本来分析我国服务业在非洲投资所面临的经济环境和政策环境,结果发现非洲国家的经济环境大多不尽如人意,具体表现为经济发展水平较为滞后、服务业基础相对较弱、服务贸易依存度低、成立新公司需要等待时间偏长、公司税负压力较重等。在政策环境上,非洲国家电信业和零售业的服务限制指数相对较低,金融业的服务限制指数处于居中水平,而交通运输业、专业服务业的服务限制指数相对较高。除了开放程度较高的电信业和零售业以外,其他服务业的限制指数都显著高于全球平均水平,反映出非洲地区服务业进入壁垒相对较高,而且在业务经营上面临较多的限制。

结合经济发展水平以及服务业投资环境等因素来看,我国服务业在非洲各国的投资路径不能一概而论,而是需要结合实际情况进行分析。具体来说,对于服务业开放程度较高的非洲国家市场来说,我国服务业应该积极"走出去"到当地投资,占据市场主导地位;对于服务业开放程度居中的非洲国家市场来说,我国应该重点推进限制性因素相对较少的金融业、电信业、零售业在当地的直接投资活动,在此基础上推动其他相关服务业的发展;对于服务业开放程度较低的非洲国家市场来说,我国服务业在开展投资活动的时候尤其需要注意规避投资风险,可以更侧重于为我国在当地的工业投资项目提供配套服务。

第七节 我国服务业在美国的"走出去"路径

美国作为世界第一大经济体,是我国最为重要的贸易投资伙伴之一。虽然中美经贸关系面临很多的困难和障碍,中美经贸摩擦也可能会趋于增多,但是,从长远发展的角度来看,美国仍然将会是我国制造业与服务业"走出去"的主要目的地之一。特别是,美国作为发达经济体,在市场经济成熟度、制度环境透明度、营商环境公平度等方面的表现都较为优越,对我国服务企业"走出去"进行投资具有较强的吸引力。归纳总结我国服务业在美国投资的基本情况、经济社会环境以及服务业投资限制政策，有助于为进一步扩大我国服务业在美国的"走出去"路径提供新的思路。

一、我国服务业在美国的"走出去"概况

从投资存量的角度来看，我国服务业在美国的投资主要集中于金融业，在我国服务业对美国投资存量总额中所占的份额超过了40%，属于存量份额较高的"第一梯队"。租赁和商务服务业、批发和零售业、房地产业的投资存量份额都处于10%~15%的区间内，属于"第二梯队"。前两个梯队中的四个行业加总投资存量份额超过了80%，优势地位凸显，是我国服务业在美国投资的主要行业部门。相比之下，除了科学研究和技术服务业以外，其他服务业部门的投资存量份额都低于3%，属于"第三梯队"，按照投资存量份额的大小依次包括了交通运输、仓储和邮政业，信息传输、软件和信息技术服务业，文化、体育和娱乐业，水利、环境和公共设施管理业，居民服务、修理和其他服务业，住宿和餐饮业，教育等部门。可以看出，在投资存量上，第一、第二、第三梯队之间存在显著差异。

从流量的角度来看，由于我国在美国的金融业于2015年出现了大规模的撤资并调整，导致当年我国金融业对美国的投资流量为负。从2015年的数据来看，我国服务业对美国投资规模最大的是租赁和商务服务业，当年投资流量超过22亿美元，在服务业对美投资流量中的占比超过40%。值得注意的是，虽然租赁和商务服务业在美投资额出现了快速的增长，但是在较长的一段时期内，金融业仍然将会是我国在美国投资存量最大的服务业部门，租赁和商务服务业的投资存量在短期内仍然不可能超过金融业。除了租赁和商务服务业以外，科学研究和技术服务业以及批发和零售业也是在投资流量中占比相对较高的服务业部门。三个部门的流量占比合计超过了85%，显著高于其他服务业部门（见表5-16）。

表5-16　　　　　　　2015年我国服务业在美国投资情况

行业	流量（万美元）	比重（%）	存量（万美元）	比重（%）
金融业	-44 700	-8.8	1 031 535	40.3
租赁和商务服务业	223 931	44.3	371 605	14.5
批发和零售业	89 439	17.7	341 005	13.3
房地产业	18 352	3.6	340 602	13.3

续表

行业	流量（万美元）	比重（%）	存量（万美元）	比重（%）
科学研究和技术服务业	122 763	24.3	182 094	7.1
交通运输、仓储和邮政业	1 874	0.4	67 201	2.6
信息传输、软件和信息技术服务业	31 031	6.1	54 596	2.1
文化、体育和娱乐业	37 514	7.4	53 253	2.1
水利、环境和公共设施管理业	6 372	1.3	40 614	1.6
居民服务、修理和其他服务业	6 891	1.4	36 491	1.4
住宿和餐饮业	7 999	1.6	31 505	1.2
教育	4 341	0.9	7 609	0.3
合计	505 807	100	2 558 110	100

资料来源：《2015年度中国对外直接投资统计公报》。

值得关注的是，我国部分服务业对美投资流量可能会出现显著的下滑，主要体现为：一是我国对企业在海外开展直接投资活动实施了"分类指导"的策略，部分服务业部门处于不鼓励、限制乃至禁止清单中，房地产业以及文化、体育和娱乐业受到的冲击将会尤为显著，投资流量甚至投资存量都会有所下降；二是基于"美国优先"理念以及将中国视为竞争对手的做法，使得美国政府会采取一系列措施打压中国，导致中美贸易摩擦升温，中美正常经贸关系也会因此受到影响，其中，科学研究和技术服务业作为技术密集型的服务业部门，受到的冲击将会相对凸显。

二、我国服务业在美国面临的投资环境

从总体上看，美国的投资环境与发展中国家和地区相比具有较为显著的优越性，但是我国服务业在美投资也面临着自身竞争力不足、美国政府有意挑起争端等不利因素的影响。因此，我国服务业在美国面临的投资环境相对而言是比较复杂的，我国服务业在美国进一步扩大开放的"走出去"路径也需要根据实践情况进行优化调整。

（一）经济环境

美国各项经济环境指标具有以下特点：第一，经济体量大、人均收入水平高，是世界上最发达的经济体之一，为服务业特别是高端服务业的投资提供了充

裕的市场空间；第二，对外贸易依存度仅为30%左右，远远低于欧盟80%的水平，反映出美国经济对国际市场的依赖度并不高；第三，服务业的产业基础扎实，服务业增加值占比接近80%，同时服务贸易依存度在7%左右，表明美国服务业发展基础较好，同时对国际市场的依赖度也不高；第四，投资便利化程度较高，成立新公司所需要的天数仅为5.6天，相当于在欧盟成立新公司所需时间的一半左右，有利于企业的投资活动；第五，企业的税负相对较重，公司税负在利润中的占比达到了43.9%，而且工人福利待遇较高，对企业的绩效带来了一定程度的压力；第六，劳动力资源充沛，劳动人员数量超过1.6亿人，而且大部分劳动力接受了良好的基础教育和职业培训，属于劳动技能相对较好的熟练劳动者，对于满足服务业企业的用工需求形成了支撑作用（见表5-17）。

表5-17 2010~2015年美国的经济环境指标

年份	GDP（亿美元）	人均GDP（美元）	服务业增加值占比（%）	对外贸易依存度（%）	服务贸易依存度（%）	劳动人员数量（万人）	成立公司需要天数（天）	税负在利润中占比（%）
2010	14 964.4	48 373.9	78.4	28.2	6.5	15 702	—	—
2011	15 204	48 783.5	78	30.9	6.9	15 714.1	—	—
2012	15 542.2	49 497.6	78.2	30.7	6.9	15 843.2	—	—
2013	15 802.9	49 976.6	77.9	30.2	7	15 899.2	6.2	43.8
2014	16 208.9	50 881.1	77.9	30.2	7	15 977.1	5.6	43.8
2015	16 672.7	51 956.6	78.9	27.9	6.9	16 076.8	5.6	43.9

资料来源：世界银行Development Indicator数据库。

从总体上看，美国在多项经济环境指标上都要优于大多数国家，甚至也要好于欧盟等发达经济体。同时，美国的公司税负压力虽然相对较重，但是在美国政府推出减税计划以后，公司税负在利润中的占比有可能会有所降低，为降低企业负担、促进新增投资创造条件。显然，我国服务业"走出去"扩大在美国投资的有利因素和欧盟的情况类似，主要来自经济发展水平高、制度环境优越、对外开放水平高、服务业产业基础雄厚、投资便利化程度较高等方面。与此同时，我国服务业在美国的投资活动也面临着一些不利因素，主要体现为我国服务业国际竞争力不足，在进入美国市场时可能面临激烈的市场竞争。而且在美国投资的工资成本与福利支出相对较高、制度环境差异与潜在的文化冲突、中美经贸关系出现波折等因素，都有可能对我国服务业在美国的投资活动产生显著的不利影响，制约了我国服务业进一步扩大对美投资规模。

(二) 政策环境

从总体上看，美国对服务业投资的限制指数仅为17.7，不仅显著低于全球平均水平的28.6，而且也显著低于欧盟的26.1，反映出美国对服务业投资的限制条款相对是比较少的，市场进入壁垒也相对较低。与此同时，美国不同服务业领域的限制程度有着显著差异，具体表现为：第一，电信业、零售业、交通运输业高度开放，三个行业部门的限制指数分别是0、0、7.9，显著低于全球平均水平的28.7、28.8、28.9，同时也要优于欧盟的0、25、37.1；第二，金融业开放程度居中，高于全球平均水平，但是低于欧盟的开放度，三者的限制指数得分分别是21.4、28.6、4.2，可以看出美国在金融业部门的开放水平不如欧盟；第三，专业服务业开放程度较低，限制指数达到54，和欧盟的得分持平，显著高于全球平均水平的29。综合来看，美国虽然总体服务业开放程度较高，但是在不同的服务业领域有着非常显著的差异。为此，我国服务业在美国开展服务业投资活动时需要重点考虑不同行业领域的限制政策，避免出现投资受阻的情况（见表5-18）。

表5-18　　　　　　　　　美国服务业限制指数

	总体	金融业	电信业	零售业	交通运输业	专业服务业
美国	17.7	21.4	0	0	7.9	54
全球平均水平	28.6	28.6	28.7	28.8	28.9	29
欧盟	26.1	4.2	0	25	37.1	54

资料来源：世界银行STRI数据库。

具体来看，美国在部分服务业领域的关键限制如下：银行信贷，允许外资银行从事信贷业务，但是不得进行市场营销以及直接招标；汽车保险，禁止外资企业开展相关业务；人寿保险，基于各州规定执行，同时需要对保险费征收1%的联邦消费税；再保险，允许外资参与，不做特殊限制；通信业，包括固定电话业务与移动通信业务，对外资没有任何限制；批发零售业，必须以合资形式进入，而且外资比例不得超过25%，2/3以上的董事会成员以及公司CEO必须是美国公民；航空客运，包括国内航线与国际航线，对外资的限制与批发零售业相同；国际海运，对外资开放，但是对于政府有特定要求的货物运输除外，而且需要满足劳动要求等条件；财务会计，对外资开放；审计，对外资开放，但是法定审计工作需由本地专业持牌审计师承担；外国法律咨询服务，对外资开放，但是法律文书必须由获得许可的律师签字确认；国内法律咨询服务，没有获得美国许可的专业人士不得成为国内法律咨询机构的股东或者负责人；法庭律师代表机构，没有获得美国许可的专业人士不得成为此类公司的股东或者负责人。

三、我国服务业在美国的"走出去"路径

我国服务企业在"走出去"到美国开展直接投资活动的过程中，可以采取并购投资与新建投资相结合的方式。新建投资和并购投资两者各有优劣，需要根据实际情况进行选取。一方面，和新建投资相比，并购投资一方面能够通过被收购方的营销渠道和营销网络快速嵌入美国市场，另一方面也有利于充分发挥被收购企业实践经验和商业模式的外溢效应，进一步提升我国服务业在美国市场上的话语权和占有率。同时，我国部分服务业特别是科学研究和技术服务业在美国开展对外投资活动时，采取并购投资的方式相对比较容易引发争议，美国商务部可能会基于国家安全等方面的考虑而阻止部分并购标的较大的投资项目，此时采取新建投资的方式进入美国市场遇到的阻力相对会小一些。

从行业维度来看，生产性服务业是我国服务业在美国的重点投资领域，可以在此基础上进一步优化生产性服务业的投资结构、提升投资的效率和质量。一方面，美国金融业的进入壁垒相对较低，可以结合我国制造业在美国投资布局的需要，适当扩大金融业在美国市场的直接投资规模，形成制造业投资与金融业投资互为促进、互相驱动的关系，提高我国金融业在美国市场的竞争力，这也有助于我国金融业国际竞争力的提升。另一方面，要充分利用美国在先进制造业和高科技产业上的技术优势和人才优势，鼓励我国更多的科学研究和技术服务企业以及信息传输、软件和信息技术服务业与当地企业建立多种渠道、多种形式的业务联系。由于美国试图限制我国高科技企业以及研发机构在美投资，我国科学研究和技术服务企业在进入美国市场的时候要注意规避相关的投资壁垒与投资风险。在具有一定敏感度的行业领域特别是科技研发领域，更多地可以通过联合研发、合作研究、专利互认等方式"走出去"，实现更高水平的开放与对接。此外，美国在电信业、零售业与交通运输业等行业设置的进入壁垒也相对较低，我国服务企业可以结合自身国际化战略的需要，通过并购投资等方式进入美国市场，实现从本土企业向跨国公司的转变。

与此同时，我国可以和美国开展更高层次的经贸对话，寻求妥善的解决方案来缓和双方的经贸摩擦，致力于在WTO框架下解决各种贸易争端与纠纷，避免贸易摩擦升级成为贸易战。特别是，可以积极推进中美BAT谈判，通过互惠性双边投资谈判降低双方在专业服务业等服务业部门的投资限制，提升双方投资的开放性水平和便利化程度，为双方企业开展更多的国际合作和投资提供便利。在谈判取得进展的前提下，我国服务业可以灵活采取绿地投资、并购投资等方式加快在美国市场的布局，提升我国服务业的国际化水平。

四、小结

长期以来，美国都是我国最为重要的经贸伙伴之一，也是我国服务业重要的对外直接投资目的地之一。从投资存量的角度来看，我国服务业在美国的投资主要集中于金融业、租赁和商务服务业、批发和零售业、房地产业，上述四个行业加总投资存量在我国对美服务业投资存量中所占的份额超过了80%。从发展的趋势来看，在较长的一段时期内，金融业仍然将会是我国在美国投资存量最大的服务业部门，而租赁和商务服务业以及批发和零售业等服务业部门的对美投资份额则会有所提高。

从经济环境和政策环境的角度来看，美国总体上是较为有利于我国服务业在当地开展对外投资活动的。具体来说，在经济环境上，美国经济体量大、人均收入水平高，而且服务业产业基础扎实，投资便利化程度较高，劳动力资源也较为充沛。在政策环境上，美国对服务业投资的限制指数仅为17.7，不仅显著低于全球平均水平的28.6，而且也显著低于欧盟的26.1，反映出美国对服务业投资的限制条款相对是比较少的，市场进入壁垒也相对较低。其中，电信业、零售业、交通运输业高度开放，金融业开放程度居中，专业服务业开放程度较低。综合来看，美国虽然总体服务业开放程度较高，但是在不同的服务业领域有着非常显著的差异，需要予以区别对待。

考虑到中美经贸关系趋于复杂化，我国服务企业在"走出去"到美国开展直接投资活动的过程中，需要注意规避相关的风险，灵活采取并购投资与新建投资相结合的方式。与此同时，我国可以积极推进中美BAT谈判，通过互惠性双边投资谈判降低双方在专业服务业等服务业部门的投资限制，提升双方投资的开放性水平和便利化程度，为双方企业开展更多的国际合作和投资提供便利。在谈判取得进展的前提下，我国服务业可以加快在美国市场的布局，不断提升核心竞争力和国际化水平。

第八节　我国服务企业"走出去"——来自小肥羊的启示[①]

一、小肥羊简介

内蒙古小肥羊餐饮连锁有限公司（以下简称"小肥羊"）是从事餐饮服务的

---

① 本节相关数据由笔者根据相关资料整理。

连锁运营企业，在国内和国外拥有广泛的餐厅网络。其主营业务为经营特色火锅及特许经营，同时向上游产业链扩张，还经营火锅调味品和专用肉制品的研发、采购、加工及销售。公司于 1999 年 8 月成立，从内蒙古包头的一家小火锅餐厅起家。开业之后发展顺利，于是在仅仅一个月之后便连续开出了两家分店。2001 年 7 月，其正式成立了小肥羊餐饮连锁公司，品牌借势当时流行的加盟方式，规模进入快速增长期。

2003 年 11 月，小肥羊第一家海外门店在美国洛杉矶开业。早在 2006 年，小肥羊就引入了两家外资的投资机构，成为自己的股东。两家国外私募基金——美国 3i 投资集团和美国 Prax Capital 在进入之后，也纷纷为这个中国本土品牌注入了更多国际化经营的理念和人才。小肥羊于 2008 年 6 月在香港证券交易所成功上市，成为首家在香港上市的中国连锁品牌餐饮企业，被业界称为"中华火锅第一股"。选择在香港上市，可以看作是小肥羊把眼光放到全球的一个前瞻之举。截止到 2016 年，小肥羊在海外门店数达到 54 家（美国 28 家、加拿大 9 家、日本 17 家）。

2009 年，小肥羊启动了向后向一体化的垂直整合业务拓展，将经营范围扩张到包括汤料生产、羊肉加工，并同时开始从事小肥羊品牌食品的分销业务。目前，小肥羊已经在内蒙古拥有两个肉品加工基地和一个调味品生产基地，同时还自建了总仓加六个分仓的国内物流配送系统，拥有一个专门从事国际市场销售的境外公司，是经营覆盖国内 16 个地区餐饮市场、国际三大区域餐饮市场（日本、美国、加拿大）的大型跨国餐饮连锁企业。境外公司自设立以来，发展状况良好，成为该公司的一个重要利润增长点。

自 2009 年 3 月至 2011 年 11 月，百胜餐饮集团经过两次增资，最终收购了小肥羊的全部股权。2011 年 5 月，小肥羊以 46 亿港元现金的价格被百胜餐饮集团收购，成为中国餐饮服务企业和国际巨头结合的典型案例。

二、小肥羊经营历程分析

（一）第一阶段（2001~2003 年）：在国内外两个市场快速扩张

小肥羊早期以加盟为主要扩张模式，小肥羊品牌借由加盟得到了充分推广，实现了店铺数量在国内市场的快速增长，2002 年迅速达到 600 多家店面。2004 年，小肥羊名列全国餐饮企业百强第二，总营业额达到 43.3 亿元，国内市场门店数量最多时高达 721 家。

小肥羊的海外市场之路始于香港这一国际化跳板，走出去前期主要采用了直营控股的方式。2004年，进入香港市场初期，考虑到文化差异不大，小肥羊选择开直营店的模式，以全资掌控经营来熟悉境外市场。2005年进入日本和加拿大市场，继续采用了直营店经营模式。然而，对于不熟悉的海外市场，小肥羊则采取了合资经营的方式，通过严格筛选当地企业并与之合作，缓解经营风险，但小肥羊仍需要拥有控股权。

（二）第二阶段（2004~2007年）：逐步退出直营，规范特许经营

国内加盟模式导致门店数激增，同时，伴随而来的问题也开始引起管理层的警惕：扩张速度过快，企业管理能力出现了"瓶颈"，满足不了扩张的需求。因此，导致加盟店疏于管理，部分加盟商追求短期利益，以次充好，弄虚作假，经营理念与公司产生较大的偏离。

小肥羊一直在致力于上市日程，需要大幅提升管理水平。小肥羊先是整顿内部管理，规范了运营标准，建立了运营手册和管理体系。在此基础上，2006年7月，小肥羊引入了3i和Prax Capital两家私募基金，获得了共计2 500万美元投资。2004~2007年，小肥羊下决心调整成长战略，改扩张方式为"以直营为主，规范加盟"，并对加盟门店运用"关、延、收、合"政策进行整顿。"关"即关停不合格门店；"延"指对经营现状较差但能积极整改的门店允许限期完成整改；"收"指的是逐步收回各级到期总代理的代理权，并且不再续签合约，同时收购经营有序、盈利能力强的加盟店，使其成为自己的直营店。2006~2007年，小肥羊共花费了近1.7亿元，收回30间加盟店，小肥羊收购的这30间加盟店在2007年获得的利润占小肥羊利润总额的比例超过40%。"合"指的是与表现优秀的加盟商、代理商开展股权合资，以参股、控股等方式合作。例如，小肥羊与原甘肃总代理改变合作方式，将其收编为总部下属分公司，共同开发西部市场。截至2007年5月，小肥羊品牌门店数量已由最高峰时期的721家减少到326家，其中直营店105家，加盟店221家。大刀阔斧的清理整顿为小肥羊在香港上市做好了资产优化的准备。2007年5月28日，小肥羊公司重新启动加盟战略，但明显减缓扩张速度，进入"不唯数量重质量"的发展阶段。

（三）第三阶段（2008~2012年）：从上市到被跨国并购

2008年6月12日，小肥羊在香港成功上市，成为"中国火锅第一股"。2009年3月，百胜餐饮集团投资4.93亿港元，接手英国3i风险投资持有的小肥羊13.92%股权，同时向控股股东收购6.07%股权，以近19.99%的持股量成为小肥羊第二大股东。2009年10月，百胜餐饮集团再次增持小肥羊股份，股权比例达到27.3%。百胜餐饮集团的增持推动着小肥羊的经营业绩继续保持良好的增

长趋势（见图5-9）。2011年5月，小肥羊发布公告，百胜餐饮集团将以6.5港元/股的注销价格（溢价30%）、总额近46亿港元现金完成对小肥羊的私有化，直至2012年2月小肥羊在港股摘牌，至此百胜餐饮集团将小肥羊尽数收入囊中。

然而在这一阶段，小肥羊的海外经营绩效却不尽如人意。小肥羊年报显示，美国小肥羊2007年和2008年的净利润分别为15.1万和20.1万美元，但2009年，其净利润仅为9万美元。而小肥羊日本公司遭遇更恶劣的经营状况，2007年约亏损人民币121万元。

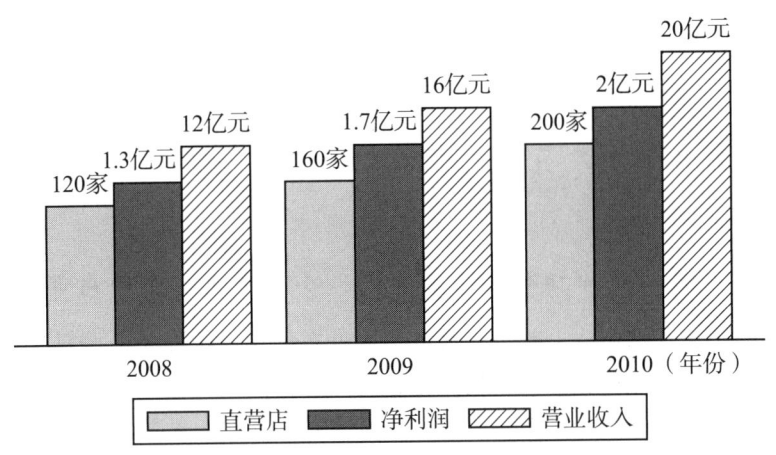

图5-9 2008~2010年小肥羊国内市场经营业绩

（四）第四阶段（2012年至今）：百胜餐饮集团全资收购后的中西文化整合

百胜餐饮集团正式收购小肥羊后，重点关注和解决小肥羊三大问题：管理体系松散、标准化程度低和扩张"瓶颈"期。刚接管小肥羊时，公司门店近半数是加盟性质，加盟商的自由度很大。百胜餐饮集团旗下有着肯德基、必胜客等国际连锁餐饮品牌，在连锁经营管理方面经验丰富，他们将集团原有的管理模式和信息化系统注入小肥羊，对小肥羊从菜单到员工培训、物流配送再到组织架构都进行了重新整合，工作量之大，耗时三年才完成这一重组。

除了组织重构以外，百胜餐饮集团收购小肥羊后还对原有品牌进行了升级，设计并发布了小肥羊2.0版本品牌形象，构建了新的运营标准体系，并大力改善餐厅就餐环境、菜品和服务质量。在继续传承和发扬小肥羊"一锅汤、一盘肉"的品牌核心形象的同时，百胜餐饮集团将自身拥有的卓越管理理念和管理技术融入小肥羊，尝试将小肥羊打造成为世界范围内的知名火锅连锁品牌。小肥羊在美国实现30多家门店的成功扩张就得益于百胜餐饮集团的悉心调教。美国人甚至对小肥羊火锅有着更丰富的文化解读,认为它将锅底一分为二,起源于中国道教太极的平衡思想,可以兼顾口味辣与不辣、素食与非素食、油腻与清淡,是饮食民主的最佳体现。

在新的小肥羊商标设计中,沿用了小肥羊可爱、阳光的视觉形象,字体和色彩更为简洁、现代,品牌标识让消费者更容易辨别。除了外观和服务升级外,为确保食品安全,小肥羊将全国性菜单进行了标准化,由百胜餐饮集团对羊肉进行统一集中采购和冷链配送,生鲜蔬菜、豆制品等采取地方采购,采购流程按照标准统一监督管理。除了保证全国消费者对火锅的统一口味外,小肥羊还力求满足区域性需求,区域菜单的标准化工作也顺利完成。

三、小肥羊对外直接投资动因分析

(一)火锅业务的标准化运营模式:小肥羊走出去的内部化优势

传统的中餐很难做大,被人诟病的原因就在于难以标准化,原料复杂、烹饪工艺复杂,从而在规模化扩张中遇到各种产品层面的问题,如门店之间的口味一致性无法保证、需要很大程度仰仗厨师的个人技艺。

中餐难标准化的问题,在国内扩张时本身就会成为很大的掣肘,在国际扩张的时候,问题便会进一步加剧。在国内原料充沛的情况之下,都无法保证口味一致,在国外原材料采购完全不充分的情况下,便会更加困难;烹饪无法实现流程化,在国外当地厨师人才缺乏、海外劳务签证收紧(国内厨师出不去)的情况之下,更可谓雪上加霜。

这时,火锅业态就显现出它的先天优势:从原料角度,火锅的食材相比于传统正餐,原料品项更少,采购管理压力小很多;从制备角度,火锅在完成汤底和一些其他半成品的中央厨房加工之后,就可以直接配送到门店使用,门店的再加工难度大大降低,几乎为零难度,只是某些品项的简单切配;从烹饪角度,火锅完全不需要后厨厨师,烹饪过程完全由消费者自己来进行,根据自己喜好动手制作。

(二)成熟的产业链上游生产能力和配套设施:小肥羊走出去的所有权优势

除了火锅的先天优势之外,小肥羊本身也在生产加工和物流配送方面,具备了完整的产业链上游生产能力和配套设施,为在海外发展打下了坚实的基础。

早在2006年,当两家外资机构进入之后,小肥羊除了投入建设自己的冷链物流设施之外，还大举建设了自己的羊肉和底料加工厂，进入了餐饮的产业链上游，即食品和原料生产环节。根据小肥羊2010年的财报（私有化之后，便无公开的详细财报信息），小肥羊的羊肉产品和调味品的营收达到4.2亿元人民币，占到了集团整体营收的21.7%。2011年更是投资自建了调味品工厂，小肥羊的火锅底料从一开始海外留学生出国行李的"压箱宝"，逐渐占据美国主流零售商超和在线电商的货架。

诸多国内餐饮企业在走出国门时，就首先吃了原料买不到、配料不正宗这些亏，可见在海外开店之前，必须国内扎根足够深。可以说，在走出去之前，除了在线下门店端的餐饮运营之外，小肥羊已经在上游积累了更多的生产经验和实际产能，这为品牌在进入一个陌生市场，面对全新的采购环境时，提供了极其有力的保证。

（三）中国饮食文化受国外人士追捧：小肥羊走出去的区位优势

加入WTO以后，伴随着中国综合国力和中国在世界上的影响力稳步提升，中国饮食文化越来越吸引国外市场消费者，中餐在国际上享有盛名，加之在中国国内已经积累了丰富的业务经验，小肥羊走出去的时机逐渐成熟。

尽管如此，小肥羊在海外选址决策上还是充分考虑了风险因素，首先选择华人聚集区域开店，经历半年及以上的考察期后，才会考虑向周边扩张。例如，小肥羊开辟北美市场的第一站选在了加拿大多伦多，店址位于多伦多的华人聚集区。自2005年10月12日正式开业以来，多伦多店除主营小肥羊火锅以外，还根据当地华人喜好粤式午茶的饮食习惯，增加了午茶产品，并聘请一流的面点师傅主理粤式及蒙式茶点，受到当地华人的普遍欢迎和广泛称赞。小肥羊之所以把北美市场第一站选在多伦多的华人聚集区，是因为这样的选址不仅使小肥羊饮食在海外市场容易站稳脚跟，同时也有利于以此为跳板将饮食文化由华人市场向西方消费市场渗透。在口碑营销作用下，小肥羊吸引了越来越多的西方顾客，西方顾客对小肥羊火锅的口味与品质很认同，对"不蘸料涮羊肉"的食用方式也非常青睐，到店就餐的西方顾客由开业之初占顾客总数10%上升到近40%。由此表明小肥羊成功地将中国火锅文化传播至西方社会并为之接受，也证明了小肥羊在国际市场上拥有巨大的增长潜力。

四、小肥羊对外直接投资进入模式

总体而言，小肥羊以中国香港、中国澳门等地为主发展直营店面，以绿地投资模式进入这些地区；在其他国家、地区则强调以加盟为主的海外市场进入策略。

(一) 前期阶段：以直营为主，注重合资

按照心理距离由近及远的路径，小肥羊的国际化把香港作为境外第一站，公司采取了直营的进入模式，小肥羊全资控股位于香港铜锣湾和旺角的门店，一改以前在国内市场以加盟为主的经营模式。在香港的初试国际化很成功，这是因为，一方面，中国内地与香港之间不存在较大的文化差距，地理距离也不远，原料的供应和管理模式的输出都比较顺畅；另一方面，直营店采取全资控股，决策权基本上掌握在小肥羊自己手中。事实证明，这是一个良好的国际化开端。2005年，位于香港的4家小肥羊门店为公司创造了1.4亿元的销售收入，净利润达到4千万元。

接着，小肥羊一鼓作气在加拿大、美国华人集中区开设直营店。出于对当地市场了解不充分的考虑，小肥羊在北美地区的经营采取了合资的形式规避风险，但自己仍掌握门店控股权。在加拿大市场，小肥羊和一家加拿大公司建立合资企业，一开始中方占比高达80%，但随着磨合期的安然度过，小肥羊中方占股比例已经下降到50%，将经营权放心交给外资合作伙伴。加拿大小肥羊店不仅深受当地华人欢迎，并受到外国人的追捧，这增强了公司海外扩张的信心。

(二) 发展阶段：逐步退出直营，完善加盟制度

随着在国外市场的不断扩张和经验知识的积累，小肥羊已经有足够的能力管理好海外加盟店，于是开始转换国际化成长战略为重视加盟，以使经营更好地融入当地文化。2009年底，小肥羊宣布，将美国小肥羊69%的股权转让给当地合作伙伴。转让完成后，美国小肥羊门店全部变为加盟店。而在此前，小肥羊已经相继转让出了加拿大、日本的控股子公司股权。至此，小肥羊已退出除了港澳以外的其他境外市场的直营，并解散了位于美国、加拿大、日本三大海外市场的三个管理子公司。

截至2011年，小肥羊先后在中国香港、中国澳门以及美国、日本、加拿大、东南亚等国家和地区开设了21家直营及加盟店面。其中包括6家直营店面、15家加盟店面。不可否认，"以加盟为主、重点直营"的经营策略为小肥羊公司的原始资金积累提供了条件，但由于加盟者素质、服务以及管理质量参差不齐，也出现了一些问题。为了维护企业的品牌，2006年，小肥羊停止了国外市场加盟渠道，专心做直营店，但允许合作伙伴参股合资。经过几年整顿提升，小肥羊重开海外加盟大门之后，成为其加盟店的门槛已经大大提高。小肥羊2009年重返海外加盟之路，从此没有在国外开过直营店，并已经作出了公司整体转型加盟方式的决定。截止到2016年，小肥羊在国内有240家门店，其中超过200家都是

加盟形式。在对加盟模式的积极探索过程中,小肥羊也摸索出一套完整的加盟管理流程,以及如何与当地合作伙伴沟通的经验。小肥羊把在国内成功的加盟模式复制到国外,通过加盟或者联营的模式,加速了这个外来品牌在当地市场的扩张。

小肥羊总部对于加盟本身已经制定了一套完整的管理体系,包括:

(1) 加盟商筛选流程;

(2) 统一标准的收费体系(一次性初始费用 5 万美元、保证金 1.5 万美元、5% 营收的加盟使用费);

(3) 对于门店的选址要求(面积、后厨大小、水电消防均有基础标准);

(4) 提供给加盟商的完善培训(包括汤料制作、食品摆盘指南、前厅后厨的管理手册、财务体系控制、库存管理规范、收银信息化系统);

(5) 为加盟商提供独家供应的汤底、配料、肉类原料、饮品,包括设备采购建议、建筑材料、员工服装等多方面的支持。

五、小肥羊对外直接投资的经营模式选择

小肥羊在海外市场经营火锅的主要模式,是在承继了国内传统火锅文化的基础上,充分考虑当地消费者需求,进行了一系列的适应性改进,具体体现为以下几点。

(一) 调整菜品,简化品类

国内消费者在吃火锅时,对于材料种类要求复杂,但外国消费者不需要那么多火锅种类。美国地区的消费者也不习惯吃动物肝脏这类的菜品。小肥羊进入海外市场后做的第一件事情,就是根据当地市场的消费需求,删繁就简(见表 5-19)。

表 5-19　　小肥羊在中国与美国店面推出的菜单品项类别数　　单位:种

国家	锅底	肉类	豆制品	烤物	甜点	套餐	其他	海鲜	蔬菜	冷盘	菌类	丸类	软饮	酒精饮料
中国	9	14	10	2	11	8	15	2	15	13	6	11	8	3
美国	4	6		7	4			1	22			2		

资料来源:笔者根据相关资料整理。

(二) 满足分食习惯,推出单人小锅

小肥羊国内基本上都是以大锅为主,一桌人围坐一起,食用同一口锅。在美国,为了保留这样的火锅传统,小肥羊经营还是以 2~4 人方桌的大锅为主。但

是考虑到美国人对于分食的需求，小肥羊也在门店特设一个吧台区域，设置单人食用的小锅，以便符合当地人长期以来的饮食习惯，这也是尊重当地传统文化的一种体现。

（三）简化订购，降低选择难度

对于许多外国消费者，无论是具有中国特色的食材，还是涮锅的方法，小肥羊都摸索出一种快速读懂、简单上手的指引。为了避免食材名称在翻译时，造成外国消费者的困惑不理解，菜单大量使用图片，一目了然；店内同时摆放了火锅的食用指南，将不同食材按照涮的时间长短分成三档，每个产品该煮多久，直接明确；推出各种套餐（肉类套餐、蔬菜套餐、鸳鸯锅），为第一次来消费的顾客提供更加方便的选项。

六、小肥羊对外直接投资的限制性因素

小肥羊海外经营面临着巨大的环境压力，这些压力主要源于文化差异带来的隐藏成本都需要企业自己承担。例如，劳工制度、供应链模式、管理体系与国内差别很大，在此基础上开店经营不可避免地会出现经营问题，所以会导致企业出现亏损的状况。

（一）关于产品的制度性壁垒

例如，肉品出口受限加大了企业境外经营成本的压力。在产品成本方面，由于食品进出口的相关规定，比如英国不承认中国的羊肉标准等，导致小肥羊除了中国香港、中国澳门以外，美国、加拿大、印度尼西亚等地的店面只能选用新西兰的羊肉，而非国内出口的羊肉。这是阻碍小肥羊在国外发展的重要壁垒：其一是新西兰的羊肉品质不如内蒙古的羊肉更适宜涮食；其二是新西兰羊肉品类比国内羊肉的品类少很多，降低了产品竞争力；其三是新西兰羊肉的成本要高于国内羊肉的出口成本。

（二）人力资源的限制

人力输出困难加大了小肥羊境外经营成本压力。在管理成本方面，小肥羊向国外输出人力非常困难，大部分工作人员出国以短期考察为由办理签证，且签证办理手续相当复杂，一定程度上影响国外机构的正常运营。如果在当地招聘工作人员又面临着短期内无法找到合适人员和人力成本过高的问题。

（三）商标权保护的复杂性

小肥羊在品牌国际化进程还处于起步阶段时，就特别关注商标注册的问题。早在海外扩张启动前，小肥羊就已经历了国内市场的鱼龙混杂，有较强的知识产权意识，于是在40个国家注册了商标。2002年起，小肥羊就在美国等26个国家和地区申请注册了"小肥羊""小肥羊卡通羊头图""小肥羊 LITTLE SHEEP 及图""小肥羊火锅连锁店及圆饼图""小肥羊及圆饼图""小肥羊及点图"等商标。而这些国家，都是小肥羊已经进入或预计很快进入的市场。

2004年底，4家国内餐饮企业联名请求国家工商行政管理总局撤销内蒙古小肥羊餐饮连锁有限公司"小肥羊 LITTLE SHEEP 及图"驰名商标认定的一场商标之争拉开了小肥羊致力于商标保护运动的序幕。海外也有很多以"小肥羊"命名的其他餐饮店。这些事件的持续发酵使小肥羊公司对海外经营中的商标权更为重视。

在海外注册商标，最为棘手的问题是不同国家有关商标注册的规定不同。一些国家规定商标的使用在先，商标因使用而自然产生，如果三年内没有被使用，其他企业可以随便使用并注册，美国、加拿大就是这一规定的范例；而另一些国家则是必须先注册才能使用，如中国、日本商标法都遵循这一原则。当小肥羊开始抢滩北美市场、走国际化道路的时候，却意外地发现，假小肥羊已经捷足先登。在许多国家，小肥羊面临着严峻的品牌打假难题，特别是在与中国文化最有渊源的一些东南亚国家和地区，以小肥羊形象经营的火锅店生意非常兴旺，而真正的小肥羊却还未正式进入这些市场。

事实上，从1983年开始，中国成为巴黎公约的成员国，中国企业可以享受其他成员国依据国内法给予与基本国国民同等的经营产权方面的权利和义务，而不管企业在请求保护国是否有永久住所或营业机构。因此，小肥羊商标应受巴黎公约各成员国法律保护。在国外假冒小肥羊商标、标识从事生产经营或者其他经营活动的，属于违法行为。在熟知这些法律规定后，小肥羊在海外积极维护自己的品牌权益。

（四）火锅业务的标准化程度高减缓了创新速度

产品标准化对于连锁经营而言是一把"双刃剑"，具有相互冲突的作用。经营初期确实有助于企业对标准模式进行复制，火锅这种餐饮业态具有业务高度标准化的特点，易于快速扩张。但火锅业务同时也具有特殊性，顾客消费频率不可能太高，如果频繁消费会产生厌倦感，并且产品和过程的标准化也造成菜品更新困难，创新方面难以与炒菜及西餐业态相提并论。特别是当百胜餐饮集团收购小肥羊后，其创业团队解散，原高管悉数退出，百胜餐饮集团新入主的管理层对中国火锅产品理念的理解不够深入,未能给顾客增添充分的新鲜感和意境。尽管引入西方资本的确有利于提升管理水平,但中餐所蕴含的饮食文化却是西方管理者所无法深入领略的,容易导致业务创新走向失败。

七、结论与启示

中国连锁餐饮企业的国际化扩张困难重重,这在行业内是普遍现象,即便有经营业绩突出的企业,但大部分也很难持续繁荣。连锁餐饮企业走出去,在海外市场多多少少会面临法律诉讼等制度性问题和运营成本高昂等管理性问题,国外市场不仅文化差异大、经营风险高,开店成本也比国内市场高出几倍,投资回收周期长,导致了不少中国餐饮企业海外扩张的止步。然而,小肥羊早期海外投资的成功为中国餐饮服务企业的对外直接投资提供了有价值的参考,主要成果因素可以总结为以下几个方面:

(1)坚持发源于中华文化的经营理念,并根据当地环境进行适应性调整,迎合海外消费者的口味偏好和饮食需求;

(2)采取标准化的管理模式,能够将一个区域的成功经验快速复制到另一个地区,有利于快速扩张和实现规模经济;

(3)以服务的对外投资带动产业链的国际化拓展,形成良性互动的对外投资与竞争力提升效应;

(4)强烈的知识产权保护意识,在对外投资的过程中注意保护商标的所有权,积极维护自身的品牌权益。

参考文献

[1] 卜永祥、靳炎：《中国实际经济周期：一个基本解释和理论扩展》，载于《世界经济》2002年第7期。

[2] 蔡悦：《对利用外资促进我国服务贸易发展的思考》，载于《改革与战略》2007年第2期。

[3] 曾繁华、何启祥、冯儒等：《创新驱动制造业转型升级机理及演化路径研究——基于全球价值链治理视角》，载于《科技进步与对策》2015年第24期。

[4] 查冬兰、吴晓兰：《服务业外国直接投资对服务业各行业经济增长的影响分析——以江苏省为例》，载于《国际贸易问题》2006年第11期。

[5] 陈景华：《承接服务业跨国转移的效应分析——理论与实证》，载于《世界经济研究》2010年第1期。

[6] 陈明、魏作磊：《中国服务业开放对产业结构升级的影响》，载于《经济学家》2016年第4期。

[7] 陈启斐、刘志彪：《生产性服务进口对我国制造业技术进步的实证分析》，载于《数量经济技术经济研究》2014年第3期。

[8] 陈锡康、杨翠红：《投入产出技术》，科学出版社2011年版。

[9] 樊瑛：《中国服务业开放度研究》，载于《国际贸易》2012年第10期。

[10] 葛顺奇、罗伟：《跨国公司进入与中国制造业产业结构——基于全球价值链视角的研究》，载于《经济研究》2015年第11期。

[11] 郭晶、刘菲菲：《中国服务业国际竞争力的重新估算——基于贸易增加值视角的研究》，载于《世界经济研究》2015年第2期。

[12] 国家发展和改革委员会、商务部：《外商投资产业指导目录（2017年修订）》，2017年。

[13] 国家发展和改革委员会：《发展改革委有关负责人就〈外商投资产业指导目录（2017年修订）〉答问》，国家发展和改革委员会官网，2017年。

[14] 国务院办公厅：《国务院办公厅关于印发自由贸易试验区外商投资准

入特别管理措施（负面清单）（2017 年版）的通知》，2017 年。

[15] 韩爱丽：《中韩服务业国际竞争力比较研究》，黑龙江大学硕士学位论文，2017 年。

[16] 李娜娜：《中国在全球价值链中的地位测度研究》，安徽大学硕士学位论文，2017 年。

[17] 郝红梅：《负面清单管理模式的国际经验比较与发展》，载于《对外经贸实务》2016 年第 2 期。

[18] 洪群联：《服务业开放与限制：美国的经验与启示》，载于《中国经贸导刊》2014 年第 36 期。

[19] 黄鹏、梅盛军：《上海自贸试验区负面清单制定与中美 BIT 谈判联动性研究》，载于《国际商务研究》2014 年第 3 期。

[20] 季剑军：《经济新常态下中国服务业对外开放研究》，知识产权出版社 2016 年版。

[21] 姜长云、洪群联、邱灵：《服务业大趋势》，浙江大学出版社 2015 年版。

[22] 李钢、聂平香：《新时期中国服务业开放战略及路径》，经济科学出版社 2016 年版。

[23] 李跟强、潘文卿：《国内价值链如何嵌入全球价值链：增加值的视角》，载于《管理世界》2016 年第 7 期。

[24] 李宏艳、王岚：《全球价值链视角下的贸易利益：研究进展述评》，载于《国际贸易问题》2015 年第 5 期。

[25] 李慧：《战略性新兴产业全球价值链及我国升级路径研究》，载于《国际贸易》2013 年第 5 期。

[26] 李玮：《全球价值链理论和发展中国家产业升级问题研究》，载于《工业技术经济》2017 年第 1 期。

[27] 梁琦、施晓苏：《中国对外贸易和 FDI 相互关系的研究》，载于《经济学》（季刊）2004 年第 3 期。

[28] 刘琳：《中国参与全球价值链的测度与分析——基于附加值贸易的考察》，载于《世界经济研究》2015 年第 6 期。

[29] 刘维林：《中国式出口的价值创造之谜：基于全球价值链的解析》，载于《世界经济》2015 年第 3 期。

[30] 刘艳、李文秀、QIU Yue-ming：《中国服务业的国际竞争力分析：基于附加值贸易的测算》，载于《中国软科学》2016 年第 7 期。

[31] 刘艳：《服务业 FDI 的前向关联和中国制造业生产率增长——基于行业面板数据的实证分析》，载于《上海对外经贸大学学报》2013 年第 3 期。

[32] 刘志彪:《全球价值链中我国外向型经济战略的提升——以长三角地区为例》,载于《中国经济问题》2007年第3期。

[33] 刘志中:《服务业国际转移及其溢出效应研究》,辽宁大学博士学位论文,2009年。

[34] 刘重力、赵颖:《东亚区域在全球价值链分工中的依赖关系——基于TiVA数据的实证分析》,载于《南开经济研究》2014年第5期。

[35] 陆建明、杨宇娇、梁思焱:《美国双边投资协议中签约双方负面清单的比较研究》,载于《外国经济与管理》2016年第2期。

[36] 陆建明、杨宇娇、于丹:《中国自由贸易试验区统一负面清单与美国BIT签约双方负面清单的比较研究》,载于《上海经济研究》2015年第10期。

[37] 吕越、吕云龙:《全球价值链嵌入会改善制造业企业的生产效率吗——基于双重稳健—倾向得分加权估计》,载于《财贸经济》2016年第3期。

[38] 吕政、刘勇、王钦:《中国生产性服务业发展的战略选择——基于产业互动的研究视角》,载于《中国工业经济》2006年第8期。

[39] 马晓芳:《中国服务业国际竞争力的分析》,南京大学硕士学位论文,2015年。

[40] 孟东梅、赵晓男、姜延书:《全球价值链视角下中国服务业竞争力的再评估》,载于《哈尔滨商业大学学报》(社会科学版)2017年第2期。

[41] 聂平香、戴丽华:《美国负面清单管理模式探析及对我国的借鉴》,载于《国际贸易》2014年第4期。

[42] 裴长洪、杨志远、刘洪愧:《负面清单管理模式对服务业全球价值链影响的分析》,载于《财贸经济》2014年第12期。

[43] 乔小勇、王耕、李泽怡:《全球价值链国内外研究回顾——基于SCI/SSSCI/CSSCI文献的分析》,载于《亚太经济》2017年第1期。

[44] 邱爱莲、崔日明、徐晓龙:《生产性服务贸易对中国制造业全要素生产率提升的影响:机理及实证研究——基于价值链规模经济效应角度》,载于《国际贸易问题》2014年第6期。

[45] 邱斌、杨帅、辛培江:《FDI技术溢出渠道与中国制造业生产率增长研究:基于面板数据的分析》,载于《世界经济》2008年第8期。

[46] 邱国栋、刁玉柱:《嵌入全球价值链高端的战略延伸模型——基于本土制造企业的跨案例研究》,载于《财经问题研究》2014年第4期。

[47] 曲艺:《中国服务业贸易国际竞争力评价与提升策略》,载于《河南社会科学》2017年第12期。

[48] 尚涛、陶蕴芳:《中国生产性服务贸易开放与制造业国际竞争力关系研

究——基于脉冲响应函数方法的分析》，载于《世界经济研究》2009年第5期。

[49] 申明浩、杨永聪：《基于全球价值链的产业升级与金融支持问题研究——以我国第二产业为例》，载于《国际贸易问题》2012年第7期。

[50] 石士钧：《WTO规则框架下我国服务贸易的市场准入研究：基于服务业外资进入经济效应的考察》，载于《产业经济研究》2012年第2期。

[51] 宋丽丽、刘廷华、张英涛：《多边服务贸易自由化促进了生产率提升吗？——基于中国工业行业数据的检验》，载于《世界经济研究》2014年第9期。

[52] 王厚双、李艳秀、朱奕绮：《我国服务业在全球价值链分工中的地位研究》，载于《世界经济研究》2015年第8期。

[53] 王然、燕波、邓伟根：《FDI对我国工业自主创新能力的影响及机制——基于产业关联的视角》，载于《中国工业经济》2010年第11期。

[54] 王恕立、胡宗彪：《服务业FDI流入与东道国服务贸易出口》，载于《国际贸易问题》，2010年。

[55] 王玉燕、林汉川、吕臣：《全球价值链嵌入的技术进步效应——来自中国工业面板数据的经验研究》，载于《中国工业经济》2014年第9期。

[56] 王直、魏尚进、祝坤福：《总贸易核算法：官方贸易统计与全球价值链的度量》，载于《中国社会科学》2015年第9期。

[57] 危旭芳、郑志国：《服务贸易对我国GDP增长贡献的实证研究》，载于《财贸经济》2004年第3期。

[58] 魏作磊、陈丽娴：《中国服务业发展物化消耗的国际比较——基于1995~2011年间的投入产出分析》，载于《经济学家》2014年第9期。

[59] 魏作磊、余颖：《生产服务业FDI对中国制造业竞争力的影响研究》，载于《国际经贸探索》2013年第1期。

[60] 魏作磊：《FDI对我国三次产业结构演变的影响——兼论我国服务业增加值比重偏低现象》，载于《经济学家》2006年第3期。

[61] 夏晴：《服务业FDI流入与制造业生产率：基于中国的经验研究》，载于《浙江树人大学学报》2011年第1期。

[62] 小岛清：《对外贸易论》，南开大学出版社1988年版。

[63] 熊英、马海燕、刘义胜：《全球价值链、租金来源与解释局限——全球价值链理论新近发展的研究综述》，载于《管理评论》2010年第12期。

[64] 徐宏毅、黄岷江、李程等：《生产性服务业FDI生产率溢出效应的实证研究》，载于《管理评论》2016年第1期。

[65] 徐现祥、周吉梅、舒元：《中国省区三次产业资本存量估计》，载于《统计研究》2007年第5期。

［66］徐咏钧：《CEPA 2017：新措施及香港的新机遇》，香港贸发局报告，2017 年。

［67］许晖、许守任、王睿智：《嵌入全球价值链的企业国际化转型及创新路径——基于六家外贸企业的跨案例研究》，载于《科学学研究》2014 年第 1 期。

［68］许南、李建军：《全球价值链研究新进展：俘获型网络的形成与突破对策》，载于《湖南师范大学社会科学学报》2011 年第 1 期。

［69］亚当·斯密：《国富论》，郭大力、王亚南译，商务印书馆 2015 年版。

［70］杨春妮：《全球服务业直接投资：理论与实证》，中国经济出版社 2007 年版。

［71］姚旦杰：《FDI 对我国贸易模式演进的影响》，合肥工业大学硕士学位论文，2008 年。

［72］姚战琪：《服务业真实开放度的提升对我国服务业竞争力的影响》，载于《北京工商大学学报》（社会科学版）2015 年第 6 期。

［73］姚战琪：《入世以来中国服务业开放度测算》，载于《经济纵横》2015 年第 6 期。

［74］姚战琪：《中国服务业开放的现状、问题和对策：基于中国服务业 FDI 视角的研究》，载于《国际贸易》2013 年第 8 期。

［75］尹伟华：《中、美两国服务业国际竞争力比较分析——基于全球价值链视角的研究》，载于《上海经济研究》2015 年第 12 期。

［76］喻美辞：《国际服务外包、技术外溢与承接国的技术进步》，载于《世界经济研究》2008 年第 4 期。

［77］张光南：《粤港澳服务贸易自由化："负面清单"管理模式》，中国社会科学出版社 2014 年版。

［78］张海洋：《R&D 两面性、外资活动与中国工业生产率增长》，载于《经济研究》2005 年第 5 期。

［79］张辉：《全球价值链动力机制与产业发展策略》，载于《中国工业经济》2006 年第 1 期。

［80］张辉：《全球价值链理论与我国产业发展研究》，载于《中国工业经济》2004 年第 5 期。

［81］张杰、刘志彪：《需求因素与全球价值链形成——兼论发展中国家的"结构封锁型"障碍与突破》，载于《财贸研究》2007 年第 6 期。

［82］张茉楠：《基于全球价值链的"一带一路"推进战略》，载于《宏观经济管理》2016 年第 9 期。

［83］张庆、刘云、蒋海军等：《北京市高技术产业集聚及在全球价值链中

的地位分析》，载于《中国管理科学》2013 年第 s2 期。

[84] 张艳、唐宜红、周默涵：《服务贸易自由化是否提高了制造业企业生产效率》，载于《世界经济》2013 年第 11 期。

[85] 张翊、陈雯、骆时雨：《中间品进口对中国制造业全要素生产率的影响》，载于《世界经济》2015 年第 9 期。

[86] 赵放、曾国屏：《全球价值链与国内价值链并行条件下产业升级的联动效应——以深圳产业升级为案例》，载于《中国软科学》2014 年第 11 期。

[87] 赵晋平：《对外开放关键领域的新突破》，中国发展出版社 2015 年版。

[88] 周黎安：《中国地方官员的晋升锦标赛模式研究》，载于《经济研究》2007 年第 7 期。

[89] 周申、廖伟兵：《服务贸易对我国就业影响的经验研究》，载于《财贸经济》2006 年第 11 期。

[90] 庄丽娟、贺梅英：《服务业利用外商直接投资对中国经济增长作用机理的实证研究》，载于《世界经济研究》2005 年第 8 期。

[91] Mattoo A., Rathindran R., Subramanian A. Measuring Services Trade Liberalization and Its Impact on Economic Growth: An Illustration. *Journal of Economic Integration*, 2006, 21（1）: 64 - 98.

[92] Agostino M., Giunta A., Nugent J. B., et al. The Importance of Being A Capable Supplier: Italian Industrial Firms in Global Value Chains. *International Small Business Journal*, 2016, 33（7）.

[93] AitziberElola, Jesús Ma Valdaliso, Santiago López. The Competitive Position of the Basque Aeroespatial Cluster in Global Value Chains: A Historical Analysis. *European Planning Studies*, 2013, 21（7）: 1029 - 1045.

[94] Macpherson A. The Role of Producer Service Outsourcing in the Innovation Performance of New York State Manufacturing Firms. *Annals of the Association of American Geographers*, 1997, 87（1）: 52 - 71.

[95] Deardorff A. V. *International Provision of Trade Services, Trade, and Fragmentation*. Working Papers, 2001, 9（2）: 233 - 248.

[96] Alfaro L., Kalemli - Ozcan S., Volosovych V. Why Doesn't Capital Flow from Rich to Poor Countries? An Empirical Investigation. *Review of Economics & Statistics*, 2008, 90（2）: 347 - 368.

[97] Hart N. Increasing Returns and Economic Progress. *Economic Journal*, 1928, 38（152）: 527 - 542.

[98] Antoine C. El Khoury, Andreas Savvides. Openness in Services Trade and

Economic Growth. *Economics Letters*, 2006, 92 (2): 277 – 283.

［99］Arnold J. M., Javorcik B. S., Mattoo A. Does Services Liberalization Benefit Manufacturing Firms? Evidence from the Czech Republic. *Social Science Electronic Publishing*, 2006, 85 (1): 136 – 146.

［100］Arnold J. M., Javorcik B., Lipscomb M., et al. Services Reform and Manufacturing Performance: Evidence from India. *Economic Journal*, 2016, 590 (126): págs. 1 – 39.

［101］Azmeh S. Transient Global Value Chains and Preferential Trade Agreements: Rulesof Origin in US Trade Agreements With Jor-dan and Egypt. *Cambridge Journal of Regions, Economy and Society*, 2015, 8 (3): 475 – 490.

［102］Barone G., Cingano F. Service Regulation and Growth: Evidence from OECD Countries. *Social Science Electronic Publishing*, 2011, 121 (555): 931 – 957.

［103］Hoekman B., Shepherd B. Services Productivity, Trade Policy and Manufacturing Exports. *World Economy*, 2017, 40 (3).

［104］Bertrand M., Schoar A., Thesmar D. Banking Deregulation and Industry Structure: Evidence from the French Banking Reforms of 1985. *Journal of Finance*, 2007, 62 (2): 597 – 628.

［105］Beverelli C., Fiorini M., Hoekman B. Services Trade Policy and Manufacturing Productivity: The Role of Institutions. *Journal of International Economics*, 2017, 104: 166 – 182.

［106］Blalock G., Gertler P. J. Learning from Exporting Revisited in a Less Developed Setting. *Journal of Development Economics*, 2004, 75 (2): 397 – 416.

［107］Blomstrom M., Lipsey R. E., Zejan M. *What Explains Developing Country Growth?* Nber Working Papers, 1992.

［108］Kendrick J. W. Convergence of Productivity: Cross – National Studies and Historical Evidence by William J. Baumol; Richard R. Nelson; Edward N. Wolff. *Oup Catalogue*, 1996, v62 (3): 809 – 811.

［109］Borensztein E. How Does Foreign Direct Investment Affect Economic Growth? *National Bureau of Economic Research*, Inc., 1995.

［110］Brainard S. L. An Empirical Assessment of the Proximity – Concentration Trade-off between Multinational Sales and Trade. *American Economic Review*, 1997, 87 (4): 520 – 544.

［111］Hansen B. E. Threshold Effects in Non-dynamic Panels: Estimation, Testing, and Inference. *Journal of Econometrics*, 1999, 93 (2): 345 – 368.

[112] John R. Bryson. Business Service Firms, Service Space and the Management of Change. *Entrepreneurship & Regional Development*, 1997, 9 (2): 93 – 112.

[113] Caves R. E. *Multinational Enterprise and Economic Analysis*. Cambridge University Press, 2007.

[114] Crespo N., Fontoura M. P. Determinant Factors of FDI Spillovers – What Do We Really Know? *World Development*, 2007, 35 (3): 410 – 425.

[115] Damijan J., Kostevc Č., Marek P., et al. Do Manufacturing Firms Benefit from Services FDI? – Evidence from Six New EU Member States. *Iwh Discussion Papers*, 2015.

[116] Doytch N. *Capital Flows and Growth: A Survey of the Empirical Evidence*. CUNY Graduate Center, Mimeo, 2005.

[117] Duggan V., Rahardja S., Varela G. Can Open Service Sector FDI Policy Enhance Manufacturing Productivity? Evidence from Indonesia. *World Bank Other Operational Studies*, 2013: 1 – 7.

[118] Geraets D., Carroll C., Willems A. R. Reconciling Rules of Origin and Global Value Chains: The Case for Reform. *Journal of International Economic Law*, 2015, 18 (2): 287.

[119] Edlin A., Haw R. Cartels by Another Name: Should Licensed Occupations Face Antitrust Scrutiny? *University of Pennsylvania Law Review*, 2014.

[120] Felix. Services Policies in Transition Economies: On the EU and WTO as Commitment Mechanisms. *C. E. P. R. Discussion Papers*, 2006: 415 – 443.

[121] Eschenbach F., Hoekman B. Services Policy Reform and Economic Growth in Transition Economies. *Review of World Economics*, 2006, 142 (4): 746 – 764.

[122] Fafchamps M., El Hamine S., Zeufack A. Learning to Export: Evidence from Moroccan Manufacturing. *Journal of African Economies*, 2008, 17 (2): 305 – 355 (51).

[123] Färe R., Grosskopf S., Norris M. Productivity Growth, Technical Progress, and Efficiency Change in Industrialized Countries: Reply. *American Economic Review*, 1994, 84 (5): 1040 – 1044.

[124] Fernandes A. M., Paunov C. Foreign Direct Investment in Services and Manufacturing Productivity: Evidence for Chile. *Policy Research Working Paper*, 2012, 97 (2): 305 – 321.

[125] Fernandes A. M. Structure and Performance of the Service Sector in Transi-

tion Economies. *Economics of Transition*, 2009, 17 (3): 467 – 501.

[126] Riverabatiz L. A. Europe 1992, and The Liberalization of Direct Investment Flows: Services Versus Manufacturing Francisco L. Rivera – Batiz. *International Economic Journal*, 1992, 6 (1): 45 – 57.

[127] Francois J. F., Schuknecht L. Trade in Financial Services: Procompetitive Effects and Growth Performance. *Cepr Discussion Papers*, 1999.

[128] Francois J., Woerz J. Producer Services, Manufacturing Linkages, and Trade. *Social Science Electronic Publishing*, 2008, 8 (3 – 4): 199 – 229.

[129] Francois J. F. Producer Services, Scale, and the Division of Labor. *Oxford Economic Papers*, 1990, 42 (4): 715 – 729.

[130] Gary Gereffi, John Humphrey, Timothy Sturgeon. The Governance of Global Value Chains. *Review of International Political Economy*, 2005, 12 (1): 78 – 104.

[131] Riisgaard L., Hammer N. Prospects for Labour in Global Value Chains: Labour Standards in the Cut Flower and Banana Industries. *British Journal of Industrial Relations*, 2011, 49 (1): 168 – 190.

[132] Görg H., Strobl E. Multinational Companies and Productivity Spillovers: A Meta – Analysis. *Multinational Enterprises and Host Country Development*, 2016.

[133] Greenfield H. I. Manpower and The Growth of Producer Services. *Economic Development*, 1966: 163.

[134] Helpman E., Melitz M. J., Yeaple S. R. Export Versus FDI with Heterogeneous Firms. *American Economic Review*, 2004, 94 (1): 300 – 316.

[135] Henderson J., Dicken P., Hess M., et al. Global Production Networks and the Analysis of Economic Development. *Review of International Political Economy*, 2002, 9 (3): 436 – 464.

[136] Nordås H. K. Does Mutual Recognition of Qualifications Stimulate Services trade? The Case of the European Union. *Applied Economics*, 2016, 48 (20).

[137] Hodge J., Nordas H. Liberalization of Trade in Producer Services-the Impact on Developing Countries. *South African Journal of Economics*, 2001, 69 (1): 93.

[138] Hoekman B. Liberalizing Trade in Services: A Survey. *Social Science Electronic Publishing*, 2006: 397 – 402.

[139] Hufbauer G. C., Nunns J. R. Tax Payments and Tax Expenditures on International Investment and Employment. *Columbia Journal of World Business*, 1975, 10 (3): 12 – 20.

[140] Humphrey J., Schmitz H. *Governance and Upgrading: Linking Industrial*

Cluster and Global Value Chain Research, 2004.

［141］ Mattoo A., Rathindran R., Subramanian A. Measuring Services Trade Liberalization and Its Impact on Economic Growth: An Illustration. *Journal of Economic Integration*, 2006, 21 (1): 64 –98.

［142］ Javorcik B. S., Li Y. Do the Biggest Aisles Serve A Brighter Future? Global Retail Chains and Their Implications for Romania. *Journal of International Economics*, 2013, 90 (2): 348 –363.

［143］ Javorcik B., Keller W., Tybout J. Openness and Industrial Response in a Wal –Mart World: A Case Study of Mexican Soaps, Detergents and Surfactant Producers. *World Economy*, 2010, 31 (12): 1558 –1580.

［144］ Jensen J. The Impact of Liberalizing Barriers to Foreign Direct Investment in Services-the Case of Russian Accession to the World Trade Organization. *The World Bank*, 2004: 482 –506.

［145］ Kaplinsky R., Morris M. A Handbook for Value Chain Research. *Prepared for the IDRC*. http: //asiandrivers. Open. ac. uk/documents/Value –chain –Handbook RKMM Nov 2001, pdf.

［146］ Khan M. A., Qayyum A., Ghani E. Trade Liberalisation, Financial Sector Reforms, and Growth [with Comments]. *Pakistan Development Review*, 2006, 45 (4): 711 –731.

［147］ Kogut B. *Designing Global Strategies: Comparative and Competitive Value –Added Chains*, 1985, 26: 15 –28.

［148］ Koopman R., Wang Z. Tracing Value –Added and Double Counting in Gross Exports. *Social Science Electronic Publishing*, 2014, 104 (2): 459 –494.

［149］ Kox H., Rubalcaba L. Business Services and the Changing Structure of European Economic Growth. *Mpra Paper*, 2007.

［150］ Alfaro L. Foreign Direct Investment and Growth: Does the Sector Matter. *America Economica*, 2003: 113 –170.

［151］ Lim E. G. Determinants of, and the Relation between, Foreign Direct Investment and Growth. A Summary of the Recent Literature. *Imf Working Papers*, 2001, 1 (175).

［152］ Lim S. H., Moon H. C. Effects of Outward Foreign Direct Investment on Home Country Exports: The Case of Korean Firms. *Multinational Business Review*, 2001, 9 (1): 42 –49.

［153］ Lipsey R. E. Home-and Host –Country Effects of Foreign Direct Investment. *Nber Chapters*, 2004: 333-382.

[154] Katouzian M. A. The Development of the Service Sector: A New Approach. *Oxford Economic Papers*, 1970, 22 (3): 362-382.

[155] Marchi V. D., Maria E. D., Micelli S. Environmental Strategies, Upgrading and Competitive Advantage in Global Value Chains. *Business Strategy & the Environment*, 2013, 22 (1): 62-72.

[156] Bas M. Does Services Liberalization Affect Manufacturing Firms' Export Performance? Evidence from India. *Journal of Comparative Economics*, 2014, 42 (3): 569-589.

[157] Markusen J., Rutherford T. F., Tarr D. Trade and Direct Investment in Producer Services and the Domestic Market for Expertise. *Canadian Journal of Economics/revue Canadienne Déconomique*, 2005, 38 (3): 758-777.

[158] Markusen J. R., Venables A. J. Multinational Firms and the New Trade Theory. *Journal of Internatinal Economics*, 1998, 46 (2): 183-203.

[159] Markusen J. R. Trade in Producer Services and in Other Specialized Intermediate Inputs. *American Economic Review*, 1989, 79 (1): 85-95.

[160] Marrewijk C. V., Stibora J, Vaal A. D., et al. Producer Services, Comparative Advantage, and International Trade Patterns. *Journal of International Economics*, 2004, 42 (1-2): 195-220.

[161] Mahutga M. C. Global Models of Networked Organization, the Positional power of Nations and Economic Development. *Review of International Political Economy*, 2014, 21 (1): 157-194.

[162] Mattoo A., Rathindran R., Subramanian A. Measuring Services Trade Liberalization and Its Impact on Economic Growth: An Illustration. *Journal of Economic Integration*, 2006, 21 (1): 64-98.

[163] Meng Y, He H. An Analysis of Comparison of Negative List between China and America. *International Conference on Society Science*, 2017.

[164] OECD. The Linkages between Open Services Markets and Technology Transfer. *Oecd Trade Policy Papers*, 2006.

[165] Shahbaz M. Does Trade Openness Affect Long Run Growth? Cointegration, Causality and Forecast Error Variance Decomposition Tests for Pakistan. *Economic Modelling*, 2012, 29 (6): 2325-2339.

[166] Mundell R. A. International Trade and Factor Mobility. *American Economic Review*, 1957, 47 (3): 321-335.

[167] Ruhr M. V. D., Ryan M. "Following" or "Attracting" the Customer? Japanese Banking FDI in Europe. *Atlantic Economic Journal*, 2005, 33 (4): 405 – 422.

[168] Nadvi K., Raj – Reichert G. Governing Health and Safety at Lower Tiers of the Computer Industry Global Value Chain. *Regulation & Governance*, 2015, 9 (3): 243 – 258.

[169] Hamilton – Hart N., Stringer C. Upgrading and Exploitation in the Fishing Industry: Contributions of Value Chain Analysis. *Marine Policy*, 2015, 63.

[170] Niforou C. Labour Leverage in Global Value Chains: The Role of Interdependencies and Multi – level Dynamics. *Journal of Business Ethics*, 2015, 130 (2): 301 – 311.

[171] Oro K., Pritchard B. The Evolution of Global Value Chains: Displacement of Captive Upstream Investment in the Australia – Japan Beef Trade. *Journal of Economic Geography*, 2011, 11 (4): 709 – 729.

[172] Pietrobelli C., Rabellotti R. Global Value Chains Meet Innovation Systems: Are There Learning Opportunities for Developing Countries? *World Development*, 2011, 39 (7): 1261 – 1269.

[173] Tejada P., Santos F. J., Guzmán J., et al. Applicability of Global Value Chains Analysis to Tourism: Issues of Governance and Upgrading. *Service Industries Journal*, 2011, 31 (10): 1627 – 1643.

[174] Porter M. E. *Competitive Advantage: Creating and Sustaining Superior Performance*. New York: The Free Press, 1985.

[175] Hye Q. M. A., Lau W. Y., Tourres M. A. Does Economic Liberalization Promote Economic Growth in Pakistan? An Empirical Analysis. *Quality & Quantity*, 2014, 48 (4): 2097 – 2119.

[176] Dash R. K., Parida P. C. FDI, Services Trade and Economic Growth in India: Empirical Evidence on Causal Links. *Empirical Economics*, 2013, 45 (1): 217 – 238.

[177] Rhee Y. W., Pursell G. *Korea's Competitive Edge*, 1984.

[178] Robert Koopman, Powers W. M., Zhi Wang, et al. Give Credit Where Credit is Due: Tracing Value Added in Global Production Chains. *Nber Working Papers*, 2010.

[179] Levine R. International Financial Liberalization and Economic Growth. *Review of International Economics*, 2001, 9 (4): 688 – 702.

［180］ Roy M. Services Commitments in Preferential Trade Agreements: An Expanded Dataset. *WTO Staff Working Papers*, 2011.

［181］ Wolf M. Service Sector Reform in China. *Policy Briefs*, 2015.

［182］ Waldron S., Brown C., Komarek A. M. The Chinese Cashmere Industry: A Global Value Chain Analysis. *Development Policy Review*, 2014, 32 (5): 589 – 610.

［183］ Soukhakian B. Financial Development, Trade Openness and Economic Growth in Japan: Evidence from Granger Causality Tests. *Int. J. Econ. Perspect*, 2007, 1 (3): 118 – 127.

［184］ Ponte S., Sturgeon T. Explaining Governance in Global Value Chains: A modular Theory-building Effort. *Review of International Political Economy*, 2014, 21 (1): 195 – 223.

［185］ Sturgeon T. J. *From Commodity Chains to Value Chains: Interdisciplinary Theory Building in an Age of Globalization*, 2008.

［186］ Timmer M. P., Vries G. J. D. Slicing up Global Value Chains. *Journal of Economic Perspectives*, 2014, 28 (2): 99 – 118.

［187］ Bansal D. World Investment Report 2004: The Shift Towards Services. *Finance India*, 2004 (December).

［188］ UNIDO. *Competing Through Innovation and Learning, Industrial Development Report* 2002/2003. https://zh.scribd.com/document/201105586/Industrial – Development – Report – 2002.

［189］ Biesebroeck J. V. Exporting Raises Productivity in Sub – Saharan African Manufacturing Firms. *Journal of International Economics*, 2005, 67 (2): 373 – 391.

［190］ Murinde V., Ryan C. The Implications of WTO and GATS for the Banking Sector in Africa. *World Economy*, 2003, 26 (2): 181 – 207.

［191］ Wang J. Y., Blomström M. Foreign Investment and Technology Transfer: A Simple Model. *European Economic Review*, 1989, 36 (1): 137 – 155.

［192］ Fatih Y. Causal Relationships between Financial Development, Trade Openness and Economic Growth: The Case of Turkey. *Journal of Social Sciences*, 2009, 5 (1): 33 – 42.

［193］ Wolfmayr Y. *Service Inputs and Competitiveness of Manufacturing Exports of OECD Countries*, 2008.

附 录

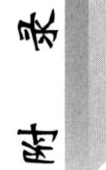

附表 1 1995～2011 年中美两国服务业细分产业部门 NRCA 指数

部门	1995年	1996年	1997年	1998年	1999年	2000年	2001年	2002年	2003年	2004年	2005年	2006年	2007年	2008年	2009年	2010年	2011年
中国服务业																	
C17	1.1627	1.0692	1.2060	1.3107	1.5643	1.5414	1.5379	1.5703	1.5603	1.8950	1.8982	1.4966	1.5594	1.5197	1.4043	1.4556	1.4876
C18	0.4277	0.3584	0.3009	0.3233	0.3338	0.3748	0.3768	0.3882	0.3251	0.2925	0.2877	0.2883	0.2883	0.2737	0.2414	0.2653	0.2857
C20	0.7760	0.7437	1.1245	1.1416	1.1924	1.1623	1.2041	1.2639	1.2095	1.1399	0.9171	0.8743	1.0288	1.0824	1.1049	1.1208	1.1350
C21	0.3779	0.3705	0.5917	0.5826	0.5986	0.6086	0.6027	0.6154	0.5722	0.5373	0.9003	0.9056	0.5115	0.5407	0.5352	0.5628	0.5708
C22	1.9618	1.8812	1.7867	1.7559	1.6662	1.5812	1.5704	1.6111	1.6402	1.4895	1.5186	1.4899	1.3984	1.4691	1.3977	1.4084	1.4342
C23	1.2080	1.2201	1.1563	1.1989	1.2796	1.3042	1.2808	1.3027	1.1743	1.1440	1.0939	1.0468	1.0029	0.9332	0.9139	0.9249	0.9375
C24	0.6149	0.5644	0.4719	0.8361	1.1830	1.5907	1.9493	2.4034	2.1306	1.9692	1.9286	2.0357	1.8352	1.8695	1.8379	1.7901	1.8641
C25	0.9318	0.8537	0.7476	0.7683	0.8177	0.9095	1.0191	1.0668	1.0330	0.9585	0.8569	0.8259	0.7698	0.8151	0.7526	0.8249	0.8538
C26	1.0851	1.0694	0.9668	0.7284	0.5512	0.4130	0.2892	0.1915	0.2357	0.2767	0.3368	0.3310	0.3581	0.3389	0.3037	0.3328	0.3430
C27	0.5376	0.5931	0.6588	0.6972	0.7519	0.8426	0.9033	0.9731	0.9670	0.9839	1.0355	1.0621	1.0495	1.0896	1.0330	1.1015	1.1333
C28	0.8581	0.7830	0.7546	0.7444	0.6857	0.6943	0.6470	0.6093	0.5778	0.5562	0.5683	0.6485	0.7807	0.8386	0.8351	0.8523	0.8595
C29	0.6219	0.5110	0.4974	0.4607	0.4227	0.3873	0.3768	0.3964	0.4275	0.4507	0.4925	0.5674	0.6425	0.5976	0.6656	0.7214	0.7209
C30	0.1481	0.1359	0.1538	0.2547	0.2625	0.2720	0.2867	0.3122	0.3419	0.3768	0.4080	0.4205	0.4091	0.4249	0.4113	0.4225	0.4328
C31	0.0768	0.0614	0.0315	0.0381	0.0479	0.0614	0.0726	0.0950	0.1038	0.0994	0.1138	0.1324	0.1211	0.1250	0.1396	0.1261	0.1151
C32	0.7499	0.6715	0.8582	0.8105	0.6839	0.5960	0.6002	0.5879	0.5796	0.5734	0.6573	0.7353	0.6517	0.7290	0.7856	0.7360	0.7153

续表

部门	1995年	1996年	1997年	1998年	1999年	2000年	2001年	2002年	2003年	2004年	2005年	2006年	2007年	2008年	2009年	2010年	2011年
中国服务业
C33	0.3968	0.2976	0.3061	0.4537	0.5385	0.6320	0.7369	0.7778	0.9125	0.9345	1.1786	1.3804	1.3999	1.5095	1.5448	1.4689	1.4322
C34	0.8580	0.9069	0.8995	0.9461	0.9992	1.1332	1.2403	1.3902	1.2017	1.0400	0.9511	0.8823	0.8447	0.8837	0.8519	0.8476	0.8586
美国服务业
C17	0.7704	0.6937	0.6548	0.6131	0.7427	0.7485	0.7713	0.6132	0.5998	0.5431	0.5202	0.5376	0.6140	0.6755	0.5888	0.5110	0.4696
C18	0.5776	0.5740	0.5609	0.5595	0.5705	0.6024	0.5933	0.6181	0.6040	0.5517	0.6188	0.6352	0.7057	0.7200	0.6264	0.7065	0.6901
C20	1.8722	1.8708	1.8135	1.8100	1.7897	1.7760	1.7385	1.7082	1.7722	1.8098	1.8565	1.8777	1.8418	1.6517	1.5469	1.5441	1.5225
C21	0.3738	0.3590	0.3624	0.3487	0.3376	0.3213	0.2956	0.2791	0.2755	0.2679	0.2698	0.2689	0.2750	0.2545	0.2193	0.2281	0.2225
C22	0.7779	0.7759	0.7529	0.7591	0.8000	0.7900	0.7940	0.8204	0.8307	0.7370	0.7519	0.7413	0.7329	0.7108	0.6349	0.7074	0.7192
C23	0.7713	0.7599	0.7577	0.7766	0.8167	0.7810	0.7957	0.7470	0.7664	0.7724	0.7796	0.7874	0.7963	0.8336	0.7865	0.7859	0.7783
C24	0.4790	0.5014	0.5008	0.5255	0.4957	0.5481	0.5220	0.4859	0.5108	0.4253	0.4046	0.5140	0.4978	0.2258	0.2316	0.1996	0.1993
C25	1.4659	1.4757	1.4471	1.4694	1.4676	1.3327	1.2397	1.3662	1.3899	1.4496	1.4842	1.4721	1.4326	1.6214	1.7075	1.7100	1.6941
C26	1.0821	1.1125	1.1210	1.1420	1.1430	1.2079	1.2380	1.3055	1.2738	1.3548	1.4420	1.4220	1.3340	1.2788	1.1872	1.2152	1.2185
C27	1.9212	1.8286	1.6767	1.5690	1.5307	1.5364	1.4943	1.4714	1.4521	1.4533	1.4993	1.4569	1.5144	1.4725	1.3648	1.3654	1.3435
C28	1.5598	1.5831	1.5933	1.6160	1.6235	1.7575	1.8255	1.8422	1.9008	1.9513	2.0687	2.0595	1.9343	1.9753	1.9846	2.0942	2.1064
C29	0.9783	0.9425	0.8993	0.8733	0.9213	1.0176	0.9963	1.0206	1.0475	1.1066	1.1532	1.0679	1.0548	1.0164	0.8818	0.7432	0.7090
C30	1.5800	1.5581	1.5279	1.4578	1.5230	1.4931	1.4982	1.5017	1.4839	1.4813	1.5133	1.5465	1.6076	1.6471	1.5530	1.6437	1.6820
C31	1.5296	1.9087	1.7485	1.5973	1.6625	1.6190	1.6682	1.7432	1.7595	1.7966	1.9180	1.9964	2.0294	2.3643	2.3252	2.3501	2.7411
C32	0.3697	0.3007	0.2791	0.2630	0.2373	0.2206	0.2039	0.1758	0.1576	0.1892	0.1935	0.2274	0.1868	0.2232	0.2449	0.2412	0.2408
C33	0.1886	0.1547	0.1423	0.1362	0.1076	0.1603	0.1483	0.0670	0.1245	0.0663	0.0561	0.0749	0.0959	0.1272	0.1250	0.1994	0.2096
C34	1.1543	1.1452	1.0517	1.0901	1.1562	1.1270	1.1339	1.2021	1.2353	1.2348	1.2059	1.2495	1.2557	1.2797	1.1961	1.2353	1.2604

附表 2　1995~2011 年中美两国不同类型服务业 RCA 指数

年份	基于增加值测算的 NRCA							基于总值测算的 TRCA					
	劳动密集型		资本密集型		知识密集型		劳动密集型		资本密集型		知识密集型	
	中国	美国	中国	美国	中国	美国	中国	美国	中国	美国	中国	美国
1995	0.7489	1.2351	0.8995	1.0272	0.4398	1.5008	0.8872	2.0059	0.7454	1.3260	0.4170	1.8028
1996	0.7192	1.2448	0.8584	0.9986	0.4098	1.5032	0.7377	1.9393	0.6710	1.3351	0.4017	1.7877
1997	0.9438	1.2290	0.8539	0.9588	0.4084	1.4742	1.6944	1.7986	0.5579	1.2865	0.3532	1.6803
1998	0.9178	1.2184	0.9103	0.9406	0.4617	1.4385	1.5600	1.8344	0.5994	1.3273	0.6172	1.6246
1999	0.9201	1.2053	1.0019	0.9814	0.4561	1.4860	1.5179	1.8495	0.6541	1.3301	0.5897	1.6876
2000	0.8972	1.2190	1.0564	0.9812	0.4712	1.5051	1.4941	1.8690	0.7283	1.2806	0.6276	1.6518
2001	0.8969	1.1846	1.0980	0.9642	0.4782	1.5251	1.5501	1.8713	0.8165	1.2631	0.6359	1.6524
2002	0.9152	1.1672	1.1723	0.9313	0.5002	1.5407	1.5885	1.9039	0.9446	1.2712	0.6583	1.7753
2003	0.8769	1.1877	1.1271	0.9298	0.4874	1.5477	1.4919	1.9274	0.9148	1.2508	0.5761	1.8193
2004	0.8289	1.1963	1.1877	0.9197	0.4882	1.5563	1.3443	1.9002	0.8827	1.2550	0.5207	1.9212
2005	0.8063	1.2234	1.1869	0.9246	0.5044	1.6055	1.2090	1.9210	0.8409	1.2168	0.4818	1.9395
2006	0.7851	1.2357	1.1179	0.9158	0.5307	1.6334	1.0768	1.9217	0.8129	1.1847	0.4590	1.9949
2007	0.7752	1.2310	1.10860	0.9335	0.5535	1.6370	0.9684	1.8881	0.7893	1.1842	0.4303	2.0135
2008	0.8077	1.1254	1.0844	0.9210	0.5823	1.6837	0.9934	1.5876	0.7896	1.0995	0.4471	2.1351
2009	0.8034	1.0367	1.0538	0.8576	0.5769	1.6271	0.9628	1.4126	0.7495	1.0199	0.3851	2.0956
2010	0.8324	1.0588	1.0954	0.8005	0.5889	1.7178	0.9789	1.6252	0.7939	1.0383	0.4277	2.1521
2011	0.8473	1.0481	1.1177	0.7790	0.5951	1.7576	0.9996	1.7660	0.8263	1.0184	0.4512	2.1841
平均值	0.8425	1.1792	1.0547	0.9274	0.5019	1.5727	1.2385	1.8137	0.7716	1.2169	0.4988	1.8775
标准差	0.0644	0.0673	0.1074	0.0626	0.0587	0.0887	0.2955	0.1576	0.1022	0.1067	0.0959	0.1862
标准差系数（%）	7.64	5.71	10.18	6.75	11.69	5.64	23.86	8.69	13.25	8.77	19.23	9.92

资料来源：《中国财政年鉴 2007》，中国财政杂志社 2007 年，第 129 页。

后 记

本书是教育部哲学社会科学研究重大课题攻关项目"进一步扩大服务业开放的模式和路径研究"（项目批准号：14JZD021）的代表性成果之一。在项目正式立项后，课题组分阶段落实了研究计划，重点对服务业开放与制造业发展的联动溢出效应、服务业国际竞争力的测算和比较、我国服务业进一步扩大开放的模式选择以及路径选择等内容进行了深入研究，基本达到了预期的研究目标。课题研究取得的成果包括45篇学术论文、2本著作类成果，以及7篇研究报告。其中，学术论文发表于《统计研究》《财贸经济》《国际贸易问题》等核心刊物，多篇论文获得转载以及多次引用；研究报告分别递交至中央办公厅、广东省省委、省政府等部门，其中《广东对外开放新格局：挑战与应对》一文获得时任政治局委员、广东省委书记胡春华批示，并且获得广东省第七届哲学社会科学优秀成果奖一等奖。

从总体上看，系列化的成果在学术研究领域和决策咨询领域都取得了较好的效果。一方面，发表于核心期刊的学术论文从多个维度检验了我国服务业开放的影响效应和作用机制，取得了一批引用率较高、学界反响良好的研究成果，对拓展服务业领域研究发挥了支撑作用。另一方面，递交至各级政府部门的研究报告充分发挥了服务决策咨询的作用，体现了课题依托单位的智库功能，为如何在新形势下进一步扩大服务业开放、打造对外开放新格局、提升我国经济发展质量提出了有针对性的对策建议，而且部分研究报告获得了省部级以上领导批示。此外，课题研究工作和相关活动还受到了《人民日报》《光明日报》《香港大公报》《21世纪经济报道》、ChinaDaily等媒体的关注和报道，充分体现了课题研究工作的社会服务功能。

需要说明的是，由于课题研究工作时间紧迫、任务繁重，本书仍然有一些缺点和不足，主要体现在以下三个方面：一是受到数据可获得性的影响，本书主要立足于相对宏观的行业数据进行分析，较少涉及微观的服务企业数据；二是由于课题组的调研工作主要在国内进行，对服务业开放的国际经验梳理主要基于对二手资料的收集和整理来完成，导致对国际经验的总结还不够到位；三是本书虽然对我国典型自贸区和服务业开放实践等进行了梳理，但是有关如何进一步扩大服务业开放的模式和路径研究仍有待进一步归纳与深化。在后续的研究工作中，如何立足于更微观的服务企业视角进行分析、增强对国际经验的总结和把握、对服务业开放的模式和路径开展前瞻性和探索性研究等，都是有待进一步扩展的研究领域。借助本书公开出版的机会，课题组也诚恳地希望得到相关领域专家学者和广大读者的批评和建议，为进一步推动扩大我国服务业开放的模式和路径研究提供更好的支持。

2020 年 9 月 5 日

教育部哲学社会科学研究重大课题攻关项目成果出版列表

序号	书　名	首席专家
1	《马克思主义基础理论若干重大问题研究》	陈先达
2	《马克思主义理论学科体系建构与建设研究》	张雷声
3	《马克思主义整体性研究》	逄锦聚
4	《改革开放以来马克思主义在中国的发展》	顾钰民
5	《新时期　新探索　新征程——当代资本主义国家共产党的理论与实践研究》	聂运麟
6	《坚持马克思主义在意识形态领域指导地位研究》	陈先达
7	《当代资本主义新变化的批判性解读》	唐正东
8	《当代中国人精神生活研究》	童世骏
9	《弘扬与培育民族精神研究》	杨叔子
10	《当代科学哲学的发展趋势》	郭贵春
11	《服务型政府建设规律研究》	朱光磊
12	《地方政府改革与深化行政管理体制改革研究》	沈荣华
13	《面向知识表示与推理的自然语言逻辑》	鞠实儿
14	《当代宗教冲突与对话研究》	张志刚
15	《马克思主义文艺理论中国化研究》	朱立元
16	《历史题材文学创作重大问题研究》	童庆炳
17	《现代中西高校公共艺术教育比较研究》	曾繁仁
18	《西方文论中国化与中国文论建设》	王一川
19	《中华民族音乐文化的国际传播与推广》	王耀华
20	《楚地出土戰國簡册［十四種］》	陈伟
21	《近代中国的知识与制度转型》	桑兵
22	《中国抗战在世界反法西斯战争中的历史地位》	胡德坤
23	《近代以来日本对华认识及其行动选择研究》	杨栋梁
24	《京津冀都市圈的崛起与中国经济发展》	周立群
25	《金融市场全球化下的中国监管体系研究》	曹凤岐
26	《中国市场经济发展研究》	刘伟
27	《全球经济调整中的中国经济增长与宏观调控体系研究》	黄达
28	《中国特大都市圈与世界制造业中心研究》	李廉水

序号	书名	首席专家
29	《中国产业竞争力研究》	赵彦云
30	《东北老工业基地资源型城市发展可持续产业问题研究》	宋冬林
31	《转型时期消费需求升级与产业发展研究》	臧旭恒
32	《中国金融国际化中的风险防范与金融安全研究》	刘锡良
33	《全球新型金融危机与中国的外汇储备战略》	陈雨露
34	《全球金融危机与新常态下的中国产业发展》	段文斌
35	《中国民营经济制度创新与发展》	李维安
36	《中国现代服务经济理论与发展战略研究》	陈宪
37	《中国转型期的社会风险及公共危机管理研究》	丁烈云
38	《人文社会科学研究成果评价体系研究》	刘大椿
39	《中国工业化、城镇化进程中的农村土地问题研究》	曲福田
40	《中国农村社区建设研究》	项继权
41	《东北老工业基地改造与振兴研究》	程伟
42	《全面建设小康社会进程中的我国就业发展战略研究》	曾湘泉
43	《自主创新战略与国际竞争力研究》	吴贵生
44	《转轨经济中的反行政性垄断与促进竞争政策研究》	于良春
45	《面向公共服务的电子政务管理体系研究》	孙宝文
46	《产权理论比较与中国产权制度变革》	黄少安
47	《中国企业集团成长与重组研究》	蓝海林
48	《我国资源、环境、人口与经济承载能力研究》	邱东
49	《"病有所医"——目标、路径与战略选择》	高建民
50	《税收对国民收入分配调控作用研究》	郭庆旺
51	《多党合作与中国共产党执政能力建设研究》	周淑真
52	《规范收入分配秩序研究》	杨灿明
53	《中国社会转型中的政府治理模式研究》	娄成武
54	《中国加入区域经济一体化研究》	黄卫平
55	《金融体制改革和货币问题研究》	王广谦
56	《人民币均衡汇率问题研究》	姜波克
57	《我国土地制度与社会经济协调发展研究》	黄祖辉
58	《南水北调工程与中部地区经济社会可持续发展研究》	杨云彦
59	《产业集聚与区域经济协调发展研究》	王珺

序号	书　名	首席专家
60	《我国货币政策体系与传导机制研究》	刘　伟
61	《我国民法典体系问题研究》	王利明
62	《中国司法制度的基础理论问题研究》	陈光中
63	《多元化纠纷解决机制与和谐社会的构建》	范　愉
64	《中国和平发展的重大前沿国际法律问题研究》	曾令良
65	《中国法制现代化的理论与实践》	徐显明
66	《农村土地问题立法研究》	陈小君
67	《知识产权制度变革与发展研究》	吴汉东
68	《中国能源安全若干法律与政策问题研究》	黄　进
69	《城乡统筹视角下我国城乡双向商贸流通体系研究》	任保平
70	《产权强度、土地流转与农民权益保护》	罗必良
71	《我国建设用地总量控制与差别化管理政策研究》	欧名豪
72	《矿产资源有偿使用制度与生态补偿机制》	李国平
73	《巨灾风险管理制度创新研究》	卓　志
74	《国有资产法律保护机制研究》	李曙光
75	《中国与全球油气资源重点区域合作研究》	王　震
76	《可持续发展的中国新型农村社会养老保险制度研究》	邓大松
77	《农民工权益保护理论与实践研究》	刘林平
78	《大学生就业创业教育研究》	杨晓慧
79	《新能源与可再生能源法律与政策研究》	李艳芳
80	《中国海外投资的风险防范与管控体系研究》	陈菲琼
81	《生活质量的指标构建与现状评价》	周长城
82	《中国公民人文素质研究》	石亚军
83	《城市化进程中的重大社会问题及其对策研究》	李　强
84	《中国农村与农民问题前沿研究》	徐　勇
85	《西部开发中的人口流动与族际交往研究》	马　戎
86	《现代农业发展战略研究》	周应恒
87	《综合交通运输体系研究——认知与建构》	荣朝和
88	《中国独生子女问题研究》	风笑天
89	《我国粮食安全保障体系研究》	胡小平
90	《我国食品安全风险防控研究》	王　硕

序号	书名	首席专家
91	《城市新移民问题及其对策研究》	周大鸣
92	《新农村建设与城镇化推进中农村教育布局调整研究》	史宁中
93	《农村公共产品供给与农村和谐社会建设》	王国华
94	《中国大城市户籍制度改革研究》	彭希哲
95	《国家惠农政策的成效评价与完善研究》	邓大才
96	《以民主促进和谐——和谐社会构建中的基层民主政治建设研究》	徐 勇
97	《城市文化与国家治理——当代中国城市建设理论内涵与发展模式建构》	皇甫晓涛
98	《中国边疆治理研究》	周 平
99	《边疆多民族地区构建社会主义和谐社会研究》	张先亮
100	《新疆民族文化、民族心理与社会长治久安》	高静文
101	《中国大众媒介的传播效果与公信力研究》	喻国明
102	《媒介素养：理念、认知、参与》	陆 晔
103	《创新型国家的知识信息服务体系研究》	胡昌平
104	《数字信息资源规划、管理与利用研究》	马费成
105	《新闻传媒发展与建构和谐社会关系研究》	罗以澄
106	《数字传播技术与媒体产业发展研究》	黄升民
107	《互联网等新媒体对社会舆论影响与利用研究》	谢新洲
108	《网络舆论监测与安全研究》	黄永林
109	《中国文化产业发展战略论》	胡惠林
110	《20世纪中国古代文化经典在域外的传播与影响研究》	张西平
111	《国际传播的理论、现状和发展趋势研究》	吴 飞
112	《教育投入、资源配置与人力资本收益》	闵维方
113	《创新人才与教育创新研究》	林崇德
114	《中国农村教育发展指标体系研究》	袁桂林
115	《高校思想政治理论课程建设研究》	顾海良
116	《网络思想政治教育研究》	张再兴
117	《高校招生考试制度改革研究》	刘海峰
118	《基础教育改革与中国教育学理论重建研究》	叶 澜
119	《我国研究生教育结构调整问题研究》	袁本涛 王传毅
120	《公共财政框架下公共教育财政制度研究》	王善迈

序号	书名	首席专家
121	《农民工子女问题研究》	袁振国
122	《当代大学生诚信制度建设及加强大学生思想政治工作研究》	黄蓉生
123	《从失衡走向平衡：素质教育课程评价体系研究》	钟启泉 崔允漷
124	《构建城乡一体化的教育体制机制研究》	李 玲
125	《高校思想政治理论课教育教学质量监测体系研究》	张耀灿
126	《处境不利儿童的心理发展现状与教育对策研究》	申继亮
127	《学习过程与机制研究》	莫 雷
128	《青少年心理健康素质调查研究》	沈德立
129	《灾后中小学生心理疏导研究》	林崇德
130	《民族地区教育优先发展研究》	张诗亚
131	《WTO主要成员贸易政策体系与对策研究》	张汉林
132	《中国和平发展的国际环境分析》	叶自成
133	《冷战时期美国重大外交政策案例研究》	沈志华
134	《新时期中非合作关系研究》	刘鸿武
135	《我国的地缘政治及其战略研究》	倪世雄
136	《中国海洋发展战略研究》	徐祥民
137	《深化医药卫生体制改革研究》	孟庆跃
138	《华侨华人在中国软实力建设中的作用研究》	黄 平
139	《我国地方法制建设理论与实践研究》	葛洪义
140	《城市化理论重构与城市化战略研究》	张鸿雁
141	《境外宗教渗透论》	段德智
142	《中部崛起过程中的新型工业化研究》	陈晓红
143	《农村社会保障制度研究》	赵 曼
144	《中国艺术学学科体系建设研究》	黄会林
145	《人工耳蜗术后儿童康复教育的原理与方法》	黄昭鸣
146	《我国少数民族音乐资源的保护与开发研究》	樊祖荫
147	《中国道德文化的传统理念与现代践行研究》	李建华
148	《低碳经济转型下的中国排放权交易体系》	齐绍洲
149	《中国东北亚战略与政策研究》	刘清才
150	《促进经济发展方式转变的地方财税体制改革研究》	钟晓敏
151	《中国—东盟区域经济一体化》	范祚军

序号	书名	首席专家
152	《非传统安全合作与中俄关系》	冯绍雷
153	《外资并购与我国产业安全研究》	李善民
154	《近代汉字术语的生成演变与中西日文化互动研究》	冯天瑜
155	《新时期加强社会组织建设研究》	李友梅
156	《民办学校分类管理政策研究》	周海涛
157	《我国城市住房制度改革研究》	高 波
158	《新媒体环境下的危机传播及舆论引导研究》	喻国明
159	《法治国家建设中的司法判例制度研究》	何家弘
160	《中国女性高层次人才发展规律及发展对策研究》	佟 新
161	《国际金融中心法制环境研究》	周仲飞
162	《居民收入占国民收入比重统计指标体系研究》	刘 扬
163	《中国历代边疆治理研究》	程妮娜
164	《性别视角下的中国文学与文化》	乔以钢
165	《我国公共财政风险评估及其防范对策研究》	吴俊培
166	《中国历代民歌史论》	陈书录
167	《大学生村官成长成才机制研究》	马抗美
168	《完善学校突发事件应急管理机制研究》	马怀德
169	《秦简牍整理与研究》	陈 伟
170	《出土简帛与古史再建》	李学勤
171	《民间借贷与非法集资风险防范的法律机制研究》	岳彩申
172	《新时期社会治安防控体系建设研究》	宫志刚
173	《加快发展我国生产服务业研究》	李江帆
174	《基本公共服务均等化研究》	张贤明
175	《职业教育质量评价体系研究》	周志刚
176	《中国大学校长管理专业化研究》	宣 勇
177	《"两型社会"建设标准及指标体系研究》	陈晓红
178	《中国与中亚地区国家关系研究》	潘志平
179	《保障我国海上通道安全研究》	吕 靖
180	《世界主要国家安全体制机制研究》	刘胜湘
181	《中国流动人口的城市逐梦》	杨菊华
182	《建设人口均衡型社会研究》	刘渝琳
183	《农产品流通体系建设的机制创新与政策体系研究》	夏春玉

序号	书 名	首席专家
184	《区域经济一体化中府际合作的法律问题研究》	石佑启
185	《城乡劳动力平等就业研究》	姚先国
186	《20世纪朱子学研究精华集成——从学术思想史的视角》	乐爱国
187	《拔尖创新人才成长规律与培养模式研究》	林崇德
188	《生态文明制度建设研究》	陈晓红
189	《我国城镇住房保障体系及运行机制研究》	虞晓芬
190	《中国战略性新兴产业国际化战略研究》	汪 涛
191	《证据科学论纲》	张保生
192	《要素成本上升背景下我国外贸中长期发展趋势研究》	黄建忠
193	《中国历代长城研究》	段清波
194	《当代技术哲学的发展趋势研究》	吴国林
195	《20世纪中国社会思潮研究》	高瑞泉
196	《中国社会保障制度整合与体系完善重大问题研究》	丁建定
197	《民族地区特殊类型贫困与反贫困研究》	李俊杰
198	《扩大消费需求的长效机制研究》	臧旭恒
199	《我国土地出让制度改革及收益共享机制研究》	石晓平
200	《高等学校分类体系及其设置标准研究》	史秋衡
201	《全面加强学校德育体系建设研究》	杜时忠
202	《生态环境公益诉讼机制研究》	颜运秋
203	《科学研究与高等教育深度融合的知识创新体系建设研究》	杜德斌
204	《女性高层次人才成长规律与发展对策研究》	罗瑾琏
205	《岳麓秦简与秦代法律制度研究》	陈松长
206	《民办教育分类管理政策实施跟踪与评估研究》	周海涛
207	《建立城乡统一的建设用地市场研究》	张安录
208	《迈向高质量发展的经济结构转变研究》	郭熙保
209	《中国社会福利理论与制度构建——以适度普惠社会福利制度为例》	彭华民
210	《提高教育系统廉政文化建设实效性和针对性研究》	罗国振
211	《毒品成瘾及其复吸行为——心理学的研究视角》	沈模卫
212	《英语世界的中国文学译介与研究》	曹顺庆
213	《建立公开规范的住房公积金制度研究》	王先柱

序号	书　名	首席专家
214	《现代归纳逻辑理论及其应用研究》	何向东
215	《时代变迁、技术扩散与教育变革：信息化教育的理论与实践探索》	杨　浩
216	《城镇化进程中新生代农民工职业教育与社会融合问题研究》	褚宏启 薛二勇
217	《我国先进制造业发展战略研究》	唐晓华
218	《融合与修正：跨文化交流的逻辑与认知研究》	鞠实儿
219	《中国新生代农民工收入状况与消费行为研究》	金晓彤
220	《高校少数民族应用型人才培养模式综合改革研究》	张学敏
221	《中国的立法体制研究》	陈　俊
222	《教师社会经济地位问题：现实与选择》	劳凯声
223	《中国现代职业教育质量保障体系研究》	赵志群
224	《欧洲农村城镇化进程及其借鉴意义》	刘景华
225	《国际金融危机后全球需求结构变化及其对中国的影响》	陈万灵
226	《创新法治人才培养机制》	杜承铭
227	《法治中国建设背景下警察权研究》	余凌云
228	《高校财务管理创新与财务风险防范机制研究》	徐明稚
229	《义务教育学校布局问题研究》	雷万鹏
230	《高校党员领导干部清正、党政领导班子清廉的长效机制研究》	汪　曣
231	《二十国集团与全球经济治理研究》	黄茂兴
232	《高校内部权力运行制约与监督体系研究》	张德祥
233	《职业教育办学模式改革研究》	石伟平
234	《职业教育现代学徒制理论研究与实践探索》	徐国庆
235	《全球化背景下国际秩序重构与中国国家安全战略研究》	张汉林
236	《进一步扩大服务业开放的模式和路径研究》	申明浩
	……	